现代篮球运动学程

王　军　编著

西南交通大学出版社
·成　都·

内容简介

《现代篮球运动学程》一书是根据高等体育专业本科教学计划培养目标及多年高校篮球课程的教学实践，在综合各类本科篮球教材的基础上，根据社会对篮球人才的需求，融入高等教育的新理念、新思想以及新方法编写而成的。

本书共分9个章节，主要以文化、技战术、教学训练理论与方法、能力培养、竞赛组织和裁判为线索展开，分别就篮球运动概述、篮球文化、篮球技术、篮球战术、篮球教学及训练理论与方法、篮球运动教学和训练能力的培养、竞赛的组织和裁判能力的培养、篮球运动竞赛的组织与编排工作、篮球裁判工作等方面进行了编写。

本书在参考大量教程资料的基础上，根据高校体育专业本科教学实践的检验，优选了实践教学认为较好的章节内容，依据教学相长的原则，从学生学习的角度对其进行了内容的编写和章节结构的组合，能真正实现学以致用。该书在运用成熟内容的基础上，大胆引入和更新了本学科的最新动态和内容，具有较强的现代性，突出系统性、现代性、实用性、科学性和教育性，更适合培养现代社会需求的体育人才。

图书在版编目（CIP）数据

现代篮球运动学程 / 王军编著. —成都：西南交通大学出版社，2013.3

ISBN 978-7-5643-2042-3

Ⅰ. ①现… Ⅱ. ①王… Ⅲ. ①篮球运动－高等学校－教材 Ⅳ. ①G841

中国版本图书馆 CIP 数据核字（2013）第 042174 号

现代篮球运动学程

王 军 编著

*

责任编辑 吴 迪

特邀编辑 邱一平

封面设计 何东琳设计工作室

西南交通大学出版社出版发行

成都二环路北一段 111 号 邮政编码：610031 发行部电话：028-87600564

http://press.swjtu.edu.cn

四川川印印刷有限公司印刷

*

成品尺寸：185 mm × 260 mm 印张：17

字数：425 千字

2013 年 3 月第 1 版 2013 年 3 月第 1 次印刷

ISBN 978-7-5643-2042-3

定价：35.00 元

图书如有印装质量问题 本社负责退换

版权所有 盗版必究 举报电话：028-87600562

图例说明

球

进攻队员

防守队员

6 号进攻队员 ⑥

6 号防守队员 □

持球人

教练员

移动路线

传球路线

运球路线

投篮

掩护

夹击

转身

目　录

第一章　篮球运动概述 …… 1

第一节　篮球运动发展简述 …… 2

第二节　篮球运动的哲学基础和基本规律及特点 …… 6

第三节　世界篮球运动的发展趋势 …… 10

第四节　中国的篮球运动 …… 11

思考与练习 …… 16

第二章　篮球文化 …… 17

第一节　篮球文化特点 …… 18

第二节　篮球文化功能 …… 19

第三节　篮球文化欣赏 …… 21

思考与练习 …… 37

第三章　篮球技术 …… 38

第一节　篮球技术简述 …… 39

第二节　移动技术 …… 41

第三节　运球技术 …… 48

第四节　传接球技术 …… 51

第五节　投篮技术 …… 56

第六节　持球突破技术 …… 63

第七节　防守对手技术 …… 66

第八节　抢篮板球技术 …… 69

第九节　抢球、打球、断球、“盖帽”技术 …… 72

思考与练习 …… 76

第四章　篮球战术 …… 77

第一节　篮球战术简述 …… 78

第二节　战术基础配合 …… 79

第三节　快攻与防守快攻 …… 92

第四节　半场人盯人防守与进攻半场人盯人防守 …… 103

第五节　全场紧逼人盯人防守与进攻全场人盯人防守 …… 115

第六节　区域联防与进攻区域联防 …… 129

第七节　区域紧逼防守与进攻区域紧逼防守 …… 146

第八节　混合防守与进攻混合防守 …… 159

思考与练习……163

第五章 篮球教学、训练理论与方法……165
第一节 篮球教学理论与方法简介……166
第二节 篮球教学理论与原则……168
第三节 篮球教学步骤与方法……170
第四节 篮球教学文件的制定……174
第五节 篮球教学课的组织……178
第六节 篮球教学评价……180
第七节 篮球训练理论与方法简介……182
第八节 篮球训练的理论与原则……184
第九节 训练课的组织与方法……185
第十节 篮球训练文件的制定……188
第十一节 训练水平的测量与评价……191
思考与练习……196

第六章 篮球运动教学、训练能力的培养……197
第一节 教学能力的培养……198
第二节 训练能力的培养……204
思考与练习……213

第七章 竞赛的组织和裁判能力的培养……214
第一节 竞赛组织能力……214
第二节 裁判能力……218
思考与练习……228

第八章 篮球运动竞赛的组织与编排工作……229
第一节 篮球运动竞赛的组织工作……229
第二节 篮球运动竞赛制度与编排方法……232
思考与练习……240

第九章 篮球裁判工作……241
第一节 篮球裁判工作的意义和要求……242
第二节 篮球运动主要规则阐释……242
第三节 篮球裁判员执裁技巧……247
第四节 记录台工作方法……261
思考与练习……266

第一章　篮球运动概述

【本章学习目标】了解篮球运动的起源和发展历史，掌握和理解篮球运动的基本规律和特点，了解和掌握世界篮球发展的趋势及篮球运动在中国的发展；识记一些关键时间、地点、人物、事件。

【本章学习要点】

1. 篮球运动于 1891 年起源于美国马萨诸塞州斯普林菲尔德市（即春田市），由教会学校的体育教师詹姆士·奈·史密斯发明。

2. 最初的篮球规则的内容是 5 个原则和 13 条规则。

3. 1936 年第 11 届奥运会将男子篮球列为正式比赛项目；女子篮球在 1976 年第 21 届奥运会上被列为正式项目。

4. 篮球运动的发展经历了 5 个阶段：① 初创试行时期（19 世纪 90 年代—20 世纪 20 年代）；② 完善传播时期（20 世纪 30—40 年代末）；③ 普及发展期（20 世纪 50—70 年代末）；④ 全面提高时期（20 世纪 70—80 年代末）；⑤ 创新发展时期（1990 年至今），每个阶段特点不同。

5. 篮球运动的哲学基础主要体现在：① 进攻与防守的矛盾；② 速度与节奏的矛盾；③ 高与矮、内与外的矛盾；④ 观形与造势的矛盾；⑤ 强、胜与弱、败的矛盾；⑥ 质量与数量的矛盾；⑦ 高空与地面的矛盾。

6. 篮球运动具有攻守转换规律、篮球运动的集体性规律、篮球运动的动态变化规律、篮球竞技比赛的对抗规律。其又具有空间对抗特点、内容多元特点、多变综合特点、健身增智特点、启示教育特点、职业商业化特点。

7. 世界篮球运动的发展趋势具体表现在以下几个方面：① 大众篮球运动在全球普及，且形式多样；② 学校篮球运动的教育功能显著；③ 竞技篮球呈现新特点；④ 职业篮球运动在全球扩展，商业化气息加强。

8. 现代篮球运动是 1895 年由美国基督教青年会的传教士来会理（Willard Lyon）传入我国天津基督教青年会的。经过一百多年的发展，篮球运动逐渐成为中国人民群众非常喜爱的体育运动项目。

9. 中国篮球运动发展分成 3 个时期，7 个阶段。① 传播和缓慢普及时期（1895—1948 年）；② 有限推广、停滞困惑、复苏发展时期（1949—1995 年）；③ 总结经验、深化改革、解放思想、更新观念、创新攀登的新时期（1996 年至今）。即：第一个阶段为 1895—1918 年的初始传播阶段；第二个阶段为 1919—1936 年的缓慢推广阶段；第三个阶段为 1937—1948 年的局部普及阶段；第四个阶段为 1949—1965 年的普及、发展阶段；第五个阶段为 1966—1978 年的徘徊、困惑阶段；第六个阶段为 1979—1995 年的复苏、提高阶段；第七个阶段为 1996 至今的创新攀登阶段。

10. 新世纪中国篮球运动面临着六个方面的任务：① 继续推进全方位的综合改革，展现新秩序、新面貌；② 从实际出发，狠抓训练工作，提高科学化训练水平；③ 严格有序地抓学校篮球活动，培养与储备篮球后备人才；④ 建立符合中国特色的篮球运动管理模式，抓好职业俱乐部和职业联赛的建设；⑤ 加速发展篮球产业；⑥ 倡导篮球运动的科学研究，使理论和实践紧密结合。

【基本概念】篮球运动、竞技篮球、职业篮球。

【关键名词】游戏、竞技体育项目、社会文化、起源、演进、基本规律、发展趋势、中国篮球运动发展历程。

第一节　篮球运动发展简述

一、篮球运动起源

19 世纪中叶以后，由于欧洲产业革命的发展，促进了生产力的提高，人们思想观念的转变，对追求文明健康的生活方式成为社会发展的潮流，在这个时期就涌现出许多的现代体育活动范畴的各种游戏，而其中的有些游戏经过实践的检验和理论的完善和创新，就发展成为了现代的各种体育竞技运动项目，篮球运动项目就是在此基础上完善和发展起来的。

现代篮球运动是由美国马萨诸塞州斯普林菲尔德市（旧译春田市），基督教青年会干部训练学校，在加拿大出生的体育教师詹姆士·奈·史密斯（J. N. Smith）（图 1.1、图 1.2）于 1891 年发明的。当时需要一项适合在冬季室内进行体育竞赛的运动项目，他看到当地儿童和工人在做摘桃投入桃筐的游戏而受此启发，发明了投篮游戏。后来詹姆士.奈.史密斯（J. N. Smith）把室外开展的篮球游戏移至室内，并将桃筐悬挂在室内两侧离地面约 10 英尺（3.05 米）高的墙壁上，以足球代替其他物体向篮筐中抛投，投球入篮得一分，按得分多少决定胜负。最初，篮筐底部是封闭的，投进的球不能下落，故每当球满后，便要架梯攀上将球取出，十分不方便。1893 年才以带网的铁篮圈代替竹筐。并将悬挂在墙壁上的篮筐安装在特殊的立柱上，移至场地两边进行游戏比赛。为了避免将球投掷到场外远处，曾在篮筐后部设有挡网，有些还用网形装置罩住周边场地。由于这项活动的游戏性和趣味性较强，有较好的健身作用，后来便在游戏的基础上很快充实活动内容，制定了某些限制性规则，不断改革比赛方式，从而逐步形成了现代篮球运动。

图 1.1

图 1.2　詹姆士·奈·史密斯

最初的篮球比赛，场地的大小和上场人数的多少，以及比赛的时间没有统一规定，为了防止粗野动作和抱球跑等现象，1892 年，奈史密斯编写了《青年会篮球规则》，内容包括了 5 项原则和 13 条规则。

5 项原则包括：

（1）采用不大的、轻的可用手控制的球；

（2）不准持球跑；

（3）严格限制队员之间的身体接触；

（4）球篮安装在高处，应该是水平面；

（5）任何时候都不限制两个队的任何队员获得正处于比赛过程的球。

13 条规则包括：

（1）球员可以用单手或双手向任何方向扔球；

（2）球员可以用单手或双手向任何方向抢、打球，但绝对不能用拳头击球；

（3）球员不能带球走；

（4）必须用手持球，而不允许用头顶、脚踢球；

（5）不允许球员用肩撞、手拉、手推、手打、脚绊等方法来对付另一方的队员。任何队员违反此规则，第一次被认为是犯规，第二次再犯规，就要被强行停止比赛，直到命中一个球后才能重新上场参加比赛。如果有意伤害对方球员，就要取消他参加整个比赛的资格，且不允许替补；

（6）用拳击球就是违反第 3 条和第 4 条规则；

（7）如果任何一方连续犯规 3 次，就要算对方命中一球。连续犯规的意思是指：在一段时间里，对方队员未发生犯规，而本方队员接连发生犯规；

（8）如果防守者没有触到球或干扰球，当球投入篮内并停留在篮里就算中篮。如果球停在篮筐上，而对方队员触动了篮筐，也算命中一球；

（9）当球出界，球将由第一个接触球者扔进场内。若有争论，裁判员将球扔进场内。掷界外球允许 5 秒钟，如果超过 5 秒钟，球判给对方；

（10）主裁判员是球员的裁判，他有权吹犯规。当某队连续 3 次犯规，他将通知副裁判员。他有权宣布取消某队员的比赛资格；

（11）副裁判员是球的裁判，他可决定什么时候球在比赛中，并要计时、决定球的命中、记录命中的球数以及承担通常裁判员应该承担的责任；

（12）比赛在两个 15 分钟内进行，中间休息 5 分钟；

（13）球命中最多的一方获胜，如果平局，经双方队长的同意，比赛可延至再命中一球为止。

——选自《中国篮球运动史》

这原始的 13 条篮球竞赛规则，虽然不系统，不完整，有些条文还不够明确，但对初期篮球运动的发展起着很大的推动作用。1936 年第 11 届奥运会将男子篮球列为正式比赛项目，并统一了世界篮球竞赛规则，此后，篮球规则随着现代篮球运动的不断发展而不断修改和调整。

二、篮球运动的演进过程

现代篮球运动由游戏演进为竞技篮球运动是经过一个漫长的实践过程的，它经历了从构思设计、无序戏试、建章完善、传播推广、立项入赛、全面普及、提高成学、创新发展和攀登飞跃等 9 个演进过程。若以其活动的方法和规则完善的过程划分，可简要地划分成以下 5 个时期。

（一）初创时期（19 世纪 90 年代至 20 世纪 20 年代）

（1）基本发展情况：① 1891 年 12 月 15 日，詹姆士 · 奈 · 史密斯博士在美国发明了篮球运动；② 詹姆士 · 奈 · 史密斯博士编写了《青年会篮球规则》；③ 初始无明确游戏规则，无人数、场地设备限制；④ 在活动实践中逐渐增加了一些关于场地设备、人数等的规则要求；⑤ 1895 年传入中国。图 1.3 为篮球场地的演进过程。

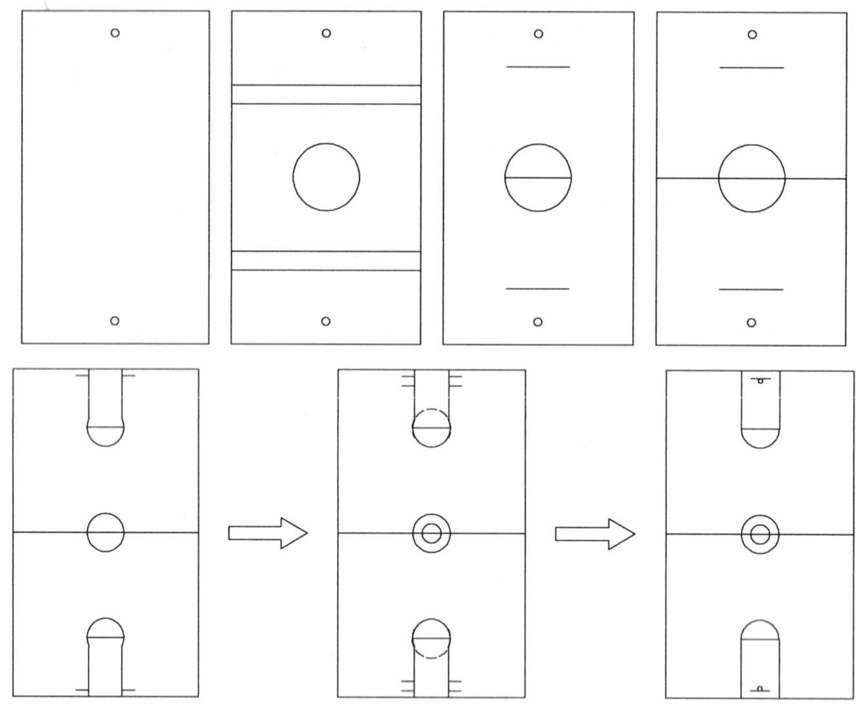

图 1.3　篮球场地的演进过程

（2）技战术特点：技术方面，攻防技术简单，动作结构单一；战术方面，以单兵作战为主，队员有位置分工，战术配合处于朦胧阶段。

（二）完善与推广时期（20 世纪 30 年代—40 年代末）

（1）基本发展情况：① 篮球运动向世界各国推广发展，成立了国际性的篮球组织，国际性的比赛交流增多，技战术有创新；② 1932 年在日内瓦成立国际业余篮球联合会，最初的八个成员国为瑞士、希腊、意大利、葡萄牙、阿根廷、罗马尼亚、拉脱维亚、捷克斯洛伐克；③ 1936 年男子篮球被列为第 11 届奥运会比赛项目，中国加入国际篮联，国际篮联出版了第一部国际统一的篮球规则。篮球场地、设备进一步规范（图 1.4，图 1.5）；④ 1939 年 11 月 28 日，詹姆士·奈·史密斯逝世，终年 78 岁；⑤ 20 世纪 40 年代后，由于高大队员的出现，篮球规则进行了较大的修改；⑥1949 年，美国成立了 NBA。

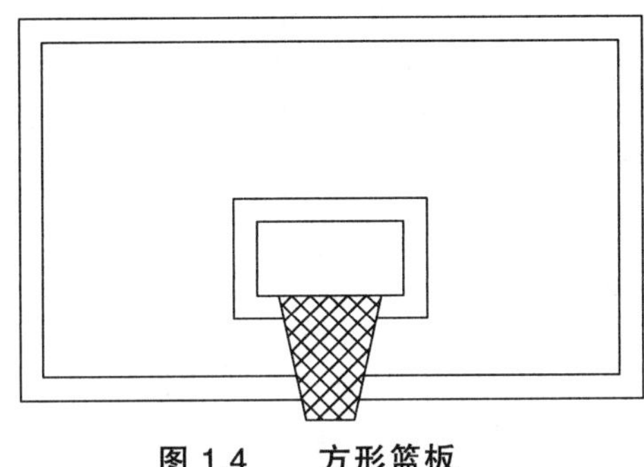
图 1.4　方形篮板

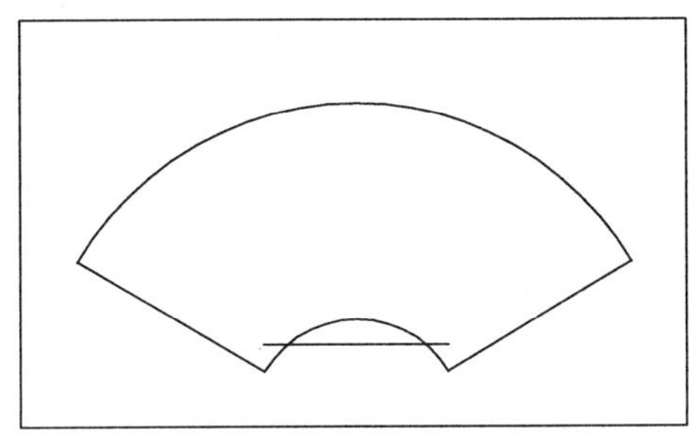
图 1.5　扇形篮板

（2）技战术特点：技术方面，出现单手和行进间技术，简单的组合技术出现，动作速度加快，技术创新不断。战术方面，多运用快攻、掩护、策应等战术，单兵作战已很少见，更强调集体性，人盯人、联防及混合防守广泛采用。

（三）普及发展时期（20 世纪 50 年代—70 年代末）

（1）基本发展情况：① 篮球运动在全球近百个国家与地区的广泛普及，会员国迅速增加，国际大型比赛将篮球列为正式项目；② 首届世锦赛男女篮球比赛在阿根廷和智利举行；③高大队员出现，高度成为决定篮球比赛胜负的重要因素；④ 队员技术趋于全面，形成了欧、美、亚不同的篮球流派和打法；⑤ 1963 年，亚洲业余篮球联合会成立；⑥ 中国篮球水平接近世界运动先进水平，“快攻、紧逼、跳投”成为中国篮球运动员的制胜绝招。

（2）技战术特点：技术方面，向全面化发展，更加强调高度、速度、力量和技巧的结合。战术方面，强打篮下和快攻以及区域联防和全场人盯人紧逼为主流。

（四）全面飞跃时期（20 世纪 70 年代—80 年代末）

（1）基本发展情况：① 篮球运动随着运动员素质的全面提高，向着攻守对抗日趋激烈，力量与技巧并重，高度和速度相融的方向发展；② 女子篮球在 1976 年第 21 届奥运会上被列为正式项目；③ 随着篮球比赛规则的数次修改，增加了如罚球和三分球的规定，场地又发生了变化（见图 1. 6），调整了进攻时间，提高了攻防转换速度，重新构建了篮球技、战术新体系。

（2）技战术特点：技术方面，运动员技术全面发展，技术的综合运用能力提高，向技巧化发展，个人的防守技术和能力更具有破坏力和威胁力。综合移动战术成为主流，破坏性更强的集体防守被广泛运用。

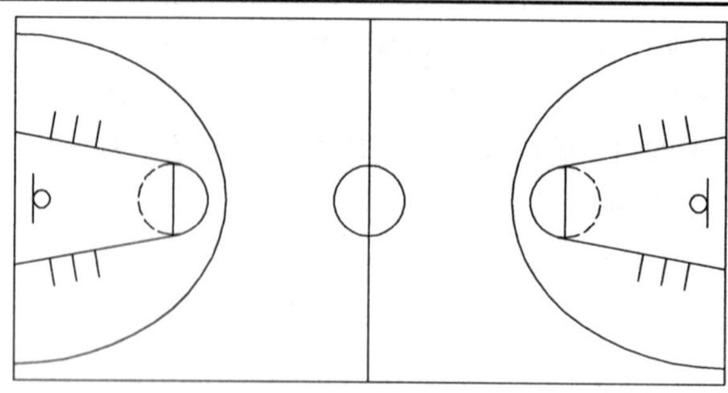
图 1.6　场地改进图

（五）创新发展时期（1990 年至今）

（1）基本发展情况：① 1990 年国际业余篮球联合会更名为国际篮球联合会，同意了职业篮球运动员参加奥运会比赛。美国“梦之队”在 1992 年西班牙第 25 届奥运会上展示了世界最高水平篮球运动技艺。世界篮球运动由此向科技化、智谋化、竞技化、技艺化、凶悍化、多变化、职业化、产业化融于一体的当代化方向发展；② 1996 年，中国开始举办篮球职业联赛；③ 篮球规则对比赛速度、高空争拼、场地区域及攻守技术、战术合理的运用，乃至全场比赛的时间、方式都进行了新的规定（改上下两半时为 4 节，每节 10 分钟，实行三人裁判制，交替拥有球权等，篮球场地也发生了变化，见图 1.7）。

（2）技战术特点：技术方面，优秀运动员技术日趋突出，身体对抗下完成技术的能力越来越强，女子技术男子化，明星球员的作用越来越大。战术方面，攻防转化越来越快，进攻技战术趋于简练、实用，更加强调教练员和运动员的智慧。

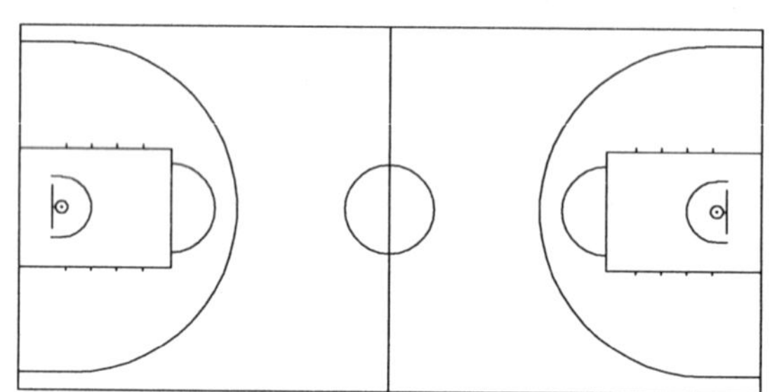
图 1.7　2010 年规则修改后的场地平面图

第二节　篮球运动的哲学基础和基本规律及特点

一、篮球运动的哲学基础

篮球运动的形成是建立在辩证唯物主义的哲学理论基础上的，依据辩证唯物主义这一哲学观点思考问题并且抓住篮球运动本身充满的矛盾，去正确认识、正确处理好这些内在的矛盾，就有助于进一步深化对篮球运动理论基础的认识，确立正确的篮球观念、观点和指导思想，就能增强我们对篮球运动演变规律的理解和更深层次的重新认识，推动篮球运动向更高的层次去发展。篮球运动内在矛盾的主要表现为以下几点。

（1）进攻与防守的矛盾。篮球比赛中的周而复始的一攻一守，以及双方在比赛时间里轮换有序地进行进攻防守的特点，要求每个队都力求做到攻守兼备、攻守平衡。在进攻过程中进攻是矛盾的主要方面，而防守是矛盾的次要方面，防守是潜在的；在防守的过程中防守是矛盾的主要方面，进攻是矛盾的次要方面，进攻是潜在的。如此就构成了在篮球比赛中，进攻中有防守、防守中有进攻的对立统一的关系。而篮球规则修改的一个重要因素，就是保存攻守之间的平衡。可见，进攻和防守是篮球比赛中的两个对立面，攻守技术、战术及与比赛规则交替制约发展是篮球运动本身的规律，为此一定要确立攻守平衡的篮球观点。

（2）速度与节奏的矛盾。篮球比赛中的快与慢通常都是相对的，通常是指篮球比赛的速度与节奏。攻守双方的移动中行动转移速度变化是比赛节奏的集中体现，能否在比赛中合理地掌握这种节奏，不仅能反映出一个球队的综合实力，而且也能反映出一名教练员在临场比赛中的指挥艺术。比赛中战术变化的关键在于节奏，而节奏的关键则是你能否掌握时间与速度，及时决策、行动和应变。为了争取比赛中的主动，必须要求运动员不仅要全面熟练掌握各种移动中完成的不同行动技术，而且要善于掌握动作节奏和应用变化，要充分利用技术动作的快与慢、动与静、连续与停顿的节奏变化，主动创造与防守运动员的时间差、空间差和位置差。因此说我们对速度的认识应该是相对的，能快则快，能稳则稳，能慢则慢，使对方按照我们队的节奏和速度来打，所以比赛中实力相当的队谁能够控制节奏，那么，谁就能掌握主动权，为获得比赛的最后胜利创造条件。

（3）高与矮、内与外的矛盾。篮球运动被称为“巨人游戏”，至 20 世纪 80 年代比赛场地的扩大和 3 分远投的确立，无疑对身材处于劣势的队是一种鼓舞，使高个在篮下投篮和抢篮板球的优势受到了某些限制，使身材矮小的队可以发挥快、灵、准的优势，利用扩大的外围场地区域在运动中作战，或远投、或快速突破、切入，使自身内线的弱点得到弥补。所以，正确理解和处理好高与矮（内与外）的辩证关系，扬长避短，树立符合自身特点的篮球观念是建队、训练指导思想并形成自己的特点、发挥优势的保障。

（4）观形与造势的矛盾。在篮球比赛中，掌握战机用以造势是从观形开始的，俗话说：“由形造势”。比赛中不仅要观自己的形、观敌形和观胜负形，还要能够观微形。即于无形中见有形。尤其是通过观察双方的比赛状态，进而思考对方教练员的想法和可能采取的措施和对策。这是掌握比赛主动权的重要因素，也是决定本方在比赛过程中所进行的个人或整体战术打法与调度使用运动员以及采取其他应变措施的依据。无数强队输给弱队或是先胜后输的战例屡见不鲜，其主要原因是强队被弱队受到暂时失事而迷惑，降低了警觉性和预见能力，因此，我们作为教练员应该特别能在无形中见到有形的内容，依形审势、因势利导、审时度势，并善于制定和处理好“乱”的办法，以转危为安。

（5）强、胜与弱、败的矛盾。运用辩证的观点分析强与弱是相对的，因为篮球比赛不仅是比技术与战术，还要比身体、心理、作风，更要比智慧。所以一场比赛的胜负是由多种因素决定的，强与弱是可以转变的。因此正确地认识和理解强与弱、胜与败的矛盾关系，客观地分析敌我双方的实力对比，不论在任何情况下依然保持高昂的斗志和气势，应时镇静地采取抑制对手的有力手段，就能取得出奇制胜或以弱胜强、以长制胜的好效果。

（6）质量与数量的矛盾。篮球比赛的“质”是指进攻和防守的成功率，“量”是指攻守次数，一般情况下，我们应该要求运动员做到次数和质量并重，而质量一定要建立在数量的基础上，但是如果没有一定数量上的进攻，也就很难维持进攻的优势，也就没有了质量上的进攻，也就是说低数量的高质量进攻同样会导致失败的。可是这也不能绝对化，在不同的情况下，可能有时强调成功率，有时又需要强调进攻次数。总之，质与量是一对矛盾，根据比赛中的具体情况正确处理好质与量的关系，才能取得比赛的主动。

（7）高空与地面的矛盾，篮球运动的特征就从某种意义上来说是高度对速度的竞争，争夺的最终要求是以“准确性”决定胜负。高度与速度的争夺是进一步推动篮球运动发展的重要因素之一，当前世界篮球运动高度发展的趋势反映为运动员身高的普遍增长，以此去获得第一制空优势。另外就是高空技术创新和高空战术配合的发展，反映在高空优势的争夺。总之，解决了高空与地面的矛盾，即高度和速度的关系能和谐、全面地发展，才能在比赛中立于不败之地。

二、篮球运动基本规律

1. 篮球竞技比赛的对抗规律

篮球运动项目归属于技能主导下的同场对抗性项群，其身体对抗下技术的运用就显得尤为重要，围绕空间的篮圈树立全方位对抗的观念，以智、以力、以技对抗，防中有抗、抗中求攻、守中有抗、抗中有守成为了现代篮球对抗的新特点。篮球运动的高速对抗，体现在采用合乎规则要求的手段（身体与技术、战术）在地面与空间制约对方。在比赛时间的限制下，加快进攻与攻守转换速度，提高运用技、战术间衔接的速率和战术变化的节奏，以增加攻击次数，提高得分的几率，已成为篮球运动攻守对抗中制胜的法宝。

2. 篮球运动的集体性规律

篮球运动是集体协同作战的一项运动，要取得比赛的胜利，必须依靠集体的力量，发挥团队作用，一切个人行动都要建立在全队整体的目的和任务之上。不仅要求比赛场上的 5 名队员协同配合，而且要求充分发挥教练员的指挥才能和场下替补队员的作用，将全队作为一个整体来设计战术，制定战略。

3. 篮球运动的动态变化规律

篮球运动的攻与守是一项动态性的运动。攻守双方布阵互动，动中守、动中攻、动中及时转换，不间断地实施谋略，以主动的“动”迫使对于被动地“动”。不断地变化动的节奏和方向，力争主动，这是现代篮球运动的基本规律和特点。“变”是篮球运动的灵魂，“动”是变的基础，“动”是绝对的。场上瞬息万变的形势与运动员心理上的微妙变化，都处在不停的动态变化之中。

4. 攻守转换规律

进攻与防守是篮球运动竞赛的一对基本矛盾。从总体上说，进攻是第一位的，只有进攻才能得分，只有得分才能赢得胜利。但在竞赛过程中双方在同一时间段里非攻即守，交替转换，一次进攻结束后就是另一次防守的开始，周而复始。一旦二者的平衡被打破，就意味着一方要承受失败的痛苦。在篮球运动竞赛中，尽管进攻占主导地位，防守相对居第二位，但若防守积极主动获球，不仅可加快由守转攻的进程，而且能有力地破坏对方的下一次进攻。现代篮球运动已经把进攻，攻守转换，防守和防守，守攻转换，进攻这三个不同阶段，组成一个完整的攻时与守时的密不可分的整体来训练，强化转化意识，构成了现代篮球运动新的体系。

三、篮球运动特点

现代篮球运动的具体特点反映在以下几个方面。

篮球运动最大的本体运动特征，在于它的运动方式是围绕高空的球篮和篮球而展开集体攻守对抗，其活动都是围绕着如何激励活动者能将篮球更快、更准、更多地投进高空篮筐和破坏对手投进高空篮筐中去而展开。所以说"高"是篮球竞技的运动目标，"准"是篮球运动的目的，因此说在高速度、高强度的对抗条件下争高求准是篮球运动的最大本体特征。具体可反映出以下特点：

（1）空间对抗特点。从运动竞技的特殊性而言，篮球运动有其自身的特殊高空性运动规律，并在此基础上从运动过程中显示出本体运动的制空特点。篮圈固定在离地 3.05 米的篮板上，篮球向篮圈内投射，因此瞬时主动拼争控制球与控制空间，促使参与篮球竞赛的双方展开多元素构成的不同战术阵形与技术手段的立体型进攻、防守，并不断转换，从而体现出现代篮球运动的独特高空运动特点。

（2）内容多元特点。现代篮球运动内容结构的多元性综合化，使它形成了自己独特的理论体系和技术、战术系统，已成为一门交叉着的边缘性学科课程。其具体内容有相关的现代科学和学科；特殊的运动意识、气质，身体形态条件，生理机能、心理修养、意志品质、道德作风；专门的基本功、专项技术动作与战术配合方法体系及其实战能力，等等，从而使篮球运动内容结构更趋科学化、独特化、多元化。

（3）多变综合特点。篮球运动是在动态中发展进化，由低级至高级，不断创新发展，已成为一项综合竞技艺术，从而使篮球比赛过程较其他球类复杂，技术动作繁多，战术阵形多样，明星队员掌握与创造性地运用篮球技术巧妙配合已达到技艺化、艺术化的程度，促使篮球比赛的过程充满生气和活力，而围绕空间瞬时变化开展的争夺，反映出个体单兵作战与协同集体配合相结合；空间攻守与地面攻守相结合；空间与时间相结合；拼抗性与计谋性、技艺性相结合，由此综合显示出世界各强队主体型的、各种类别的多变性攻守风格形式和打法特点。为此，在比赛中千变万化的情况下以不变应万变，掌握自主变化的主动权去扰乱对手，就能从变中赢得主动，从而也使比赛更为精彩，扣人心弦，体现出竞争过程的悬念贯穿始终，更具独特的戏剧性和观赏性。

（4）健身、增智特点。篮球运动属综合性的非周期性的集体运动，这是由其运动内容结构多元性和竞赛过程多变性、综合性特征而决定的，从事篮球竞赛和各种篮球活动，有助于培养活动者的综合素质，增进身体健康，活跃身心，增长知识，对锻炼综合才干与开发人的智慧、培养优良的道德品质和顽强的意志作风都起到积极影响。例如，篮球运动技、战术系统的实践操作与实战运用过程，是通过在对抗变化着的特定时间、距离、场地、设施条件要求下，运用跑、跳、投等手段来完成，在这一过程中无论智力、生理、心理都要承受各种复杂因素的综合影响，适量参加篮球活动，对促进人的生理机能，特别是内脏器官与感受器官的功能、中枢神经系统的支配能力，增进健康，以及综合发展身体素质、心理修养等有积极作用。

（5）启示、教育特点。篮球运动普及于世界众多的国家与地区，不仅是一项开展最广泛、最具群众性和特殊社会影响的体育项目，而且已经是全球性的社会文化、体育学科门类和现代人类社会活动的一种形式。由于篮球竞赛和各种篮球活动过程中给人以各种心理、生理和日常生活修养的启示，从而充满着教育因素的丰富内容。因此，它对提高社会成员的道德、精神、人格素质、集体主义精神和活跃社会生活、促进社会交往，以及增进国家与民族的自尊、自强都有自身的社会综合素质教育价值，为此，世界各大洲每年都以不同形式组织各种重大的篮球竞赛活动，吸引数亿万人们参与，充分显示着它特殊的社会教育活动价值。

（6）职业、商业化特点。自 20 世纪 90 年代国际奥林匹克委员会允许职业篮球运动员参加奥运会篮球赛后，篮球运动和篮球竞赛在世界范围内加速进入职业性和商品化，特别是近年来世界各国的职业篮球运动有了新的发展，除美、欧各国继续发展职业篮球运动外，在澳洲以及亚洲的中国、菲律宾、韩国、日本等国家都相继成立或筹划成立职业篮球队或职业篮球俱乐部组织，这对亚洲和世界篮球运动的进一步发展提高起到催化作用。以美国 NBA 职业联赛为典型代表，其商业化的程度，已成为美国几大产业中最有活力的新兴产业之一。随着 21 世纪世界范围篮球运动职业化程度的进一步发展深化，必将使职业篮球比赛、职业篮球运动员和运动队的运动技能水平和运动成绩商品化。

第三节　世界篮球运动的发展趋势

现代篮球运动发展的趋势首先表现为多层次性：职业竞技、群众业余、商业赞助等全方位发展，特别是群众业余篮球活动的迅猛开展，爱好者越来越多，3 人篮球赛的吸引力越来越大就是一个例证。其次是现代篮球运动的商业和社会价值被逐渐关注和开发，由于参与人数多，观赏性强等特点，引起了政府、社会和企业等的关注。来自政府及社会较大的投入极大地改善了篮球运动的环境。具体表现在以下几个方面：

1. 大众篮球运动在全球普及且形式多样

随着篮球运动的健身娱乐价值迅速提升，群众业余篮球活动的迅猛开展，篮球运动进一步在全球普及，成为名副其实的全球性社会文化和民众强身健体的手段。各种形式的篮球涌现出来，街头篮球、轮椅篮球、花式篮球丰富了篮球文化的内涵。

2. 学校篮球运动的教育功能显著

随着校园文化的丰富，篮球运动作为其载体在校园中的增智、健身、教育、宣传、社交功能越来越被认同。学校篮球运动已成为活跃校园文化生活、增强师生体质、提高健康水平、陶冶情操、锻炼意志、修养品行、培养团队精神、增强使命感和荣誉意识的特殊教育形式。

3. 竞技篮球呈现新特点

随着科学技术的不断发展，篮球运动训练的科学化程度越来越高，对运动员的竞技能力和运动成绩的发掘越来越深。未来的竞技篮球的对抗势必就是群体智慧和竞技能力等综合因素的较量。所以，其呈现出高度与灵活、快速与准确、凶悍与智取、全面与特长、整体与个人关系的新特点。在职业化和商业化推进的前提下，竞技篮球将继续沿着向“高”“快”“全”“准”“变”和女子篮球“男子化”、明星更加突出、技战术运用向“精练化”“技艺化”“智谋化”的方向发展。

4. 职业篮球运动在全球扩展，商业化气息加强

随着篮球比赛竞技水平的提高，职业篮球比赛的观赏性增强，产生了巨大的经济效益。职业篮球俱乐部作为一种新兴产业在全球范围内广泛建立。职业篮球运动组织形式、竞赛规则、竞赛制度与方法的不断变革，职业篮球运动竞赛的商业化气息已越来越浓。

第四节　中国的篮球运动

现代篮球运动是清朝末期（1895 年）由美基督教青年会传教士，传入我国天津基督教青年会的传播人为青年会第一任总干事来会理（Willard · Lyon）（见图 1.8）因此，天津市是我国篮球运动的起源地。1896 年，天津基督教青年会举行了我国第一次篮球游戏表演，此后逐步由天津向全国传播、推广。一百多年来，篮球运动逐渐成为广大人民群众喜闻乐见的体育运动项目。

图 1.8　来会理（Willard · Lyon）

一、现代篮球运动在中国的发展

篮球运动在我国的传播、普及、发展、提高受不同时期政治、经济、文化、教育等各方面因素的影响和制约。为了便于了解篮球运动在我国的发展历史，通常可以按篮球运动传入中国后的社会变迁，篮球运动及其技、战术在中国的发展和重大国内外竞赛活动、事件等综合（或分别）将中国篮球运动发展分成 3 个时期，7 个不同阶段。

1. 第一时期（1895—1948 年）

第一时期为传播缓慢普及时期，包括 3 个阶段：第一个阶段为 1895—1918 年的初始传播阶段；第二个阶段为 1919—1936 年的缓慢推广阶段；第三个阶段为 1937—1948 年的局部普及阶段。

该时期的中国社会正处于半殖民地半封建时期，篮球运动传入中国后，未能得到当局的重视和有组织的传播、普及，基本处于自流的状态。但由于篮球运动特有的趣味性和健身性深受青少年学生的喜爱，经过近十年的传播，篮球运动逐渐成为 20 世纪初中国大、中学校的主要体育活动并从学校传入社会。如：当时天津市的南开学校，北京市的清华学校、汇文学校，上海的圣约翰、沪江大学，南京市的金陵大学，苏州市的东吴大学等。

在 1910 年旧中国举行的第一届全运会上篮球被列为男子表演项目，1914 年的第二届全运会上被列为男子正式竞赛项目，1924 年第 3 届全运会上被列为女子正式竞赛项目。此后篮球项目便逐渐在社会上活跃开展起来。如在华北等地区性的运动会上篮球被列为正式的比赛项目。男子篮球队参加了 10 次远东运动会篮球比赛，在 1921 年的第五届远东运动会上获得了 1 次冠军。另外，在 1936 年和 1948 年我国曾派队参加了第十一届和第十四届奥运会篮球赛，但都未能进入决赛。这些对外交往在一定程度上对我国篮球运动的发展起到了推动作用。1936 年奥运会期间，我国加入了国际篮球联合会，篮球运动再次被我国更多人关注，社会篮球竞赛也较过去活跃。

进入 20 世纪 30 年代，在革命根据地由于边区政府重视开展体育活动，篮球运动更受广大人民群众和红军、八路军将士的喜爱。当时尤为引人注目的是由八路军 120 师师长贺龙和政委关向应亲自组建的“战斗篮球队”，以及抗日军政大学三分校以东北干部为主组成的“东干篮球队”。他们共同的特点是宗旨明确、纪律严明、斗志顽强、技术朴实、打法泼辣、体能良好，充分反映了中国共产党领导的革命军人优良道德品质和战斗风格，给根据地军民留下了深刻的影响。我国“八一”男子篮球队长时间保持国内榜首地位，是与继承光荣的革命传统密切相关的。

而在同一时期的国民党统治区和日伪占领区，因受政局的影响，篮球活动处于起伏停滞状态。1945 年抗日战争胜利后，篮球运动才有所活跃，特别是社会篮球竞赛活动较前频繁，天津、北京、上海以及东北地区涌现出了不少新球队。

2. 第二时期（1949—1995 年）

第二时期有限推广、停滞困惑、复苏发展时期，期间包括 3 个阶段：第一个阶段为 1949—1965 年的普及、发展阶段；第二个阶段为 1966—1978 年的徘徊、困惑阶段；第三个阶段为 1979—1995 年的复苏、提高阶段。

在 1949 年中华人民共和国成立前夕举行的解放区运动会上，篮球运动就被列项参赛。新中国成立后，由京津两地大学生组队参加了在匈牙利举行的第 10 届世界大学生运动会篮球赛，获得第十名。此后，我国篮球运动进入了空前的普及、发展和提高时期。经过几十年的实践，逐步形成了一部集篮球竞赛、社会群众性篮球活动、学校篮球教学、篮球科研与篮球基础理论为一体的中国篮球运动发展史。为了加速我国篮球运动水平的提高，20 世纪 50 年代初在北京成立了中央体训班篮球队。为了学习前苏联经验、加强国际交往，1950

年 12 月 24 日，世界强队苏联队访问了我国北京、天津、上海、南京、广州、武昌、沈阳、哈尔滨等 8 个城市，进行了 33 场比赛，对比之下充分暴露了我国篮球竞技水平的落后。为了摆脱这一状态，相关主管部门采取措施. 进一步加速组建专门队伍，学习先进经验、先进打法，并积极参加国际比赛。不久各大地区都组建了篮球集训队，篮球运动跨入了新的发展时期。

至 1955 年举行全国篮球联赛以后，我国开始有了相对稳定的分级的竞赛制度。这期间，由于当时的国际奥委会中一部分人蓄意制造“两个中国”，我国退出国际篮球组织，减少了参加国际大赛的机会，但国内竞赛仍十分活跃。随着普及与发展的需要，1956 年至 1957 年间又推行了篮球等级升降级联赛制度和教练员、裁判员等级制度。在 1959 年举办的新中国第 1 届全国运动会上，四川男队、北京女队获得冠军。当时我国篮球界提出了“以投为刚”，发扬狠、快、准、灵的风格和以我为主、以攻为主、以快为主、以小打大，积极防守的战术指导思想。经多年实践后，又在总结我国篮球运动发展历程和对比世界篮球运动发展现状的基础上，从实际出发，召开多次篮球训练会议，专门研究了篮球运动的训练指导思想，使我国篮球运动发展在思想建设、队伍建设、理论建设、赛制建设、科学研究等方面有明确的发展方向。

之后，随着篮球运动国际交往逐步增多，运动技术水平不断提高，战术上逐步形成了我国篮球运动以：“快攻”“跳投”“紧逼防守”为法宝的独特风格。至 1966 年“文化大革命”前夕，我国篮球运动已经接近世界先进水平，战胜了不少欧洲强队，后因十年“文革”影响而停滞，从而拉大了与国际强队的差距。

进入 20 世纪 70 年代后，体育战线全面“拨乱反正”，我国篮球竞技运动确立了赶超国际水平的新目标。1972 年 12 月，全国篮球训练工作会议总结经验，把握篮球运动规律和发展趋势，从中国实际出发，较全面完整地确定了“积极主动”“勇猛顽强”“快速灵活”“全面准确”的篮球运动训练指导思想和贯彻“三从一大”的科学训练原则。篮球运动得到了迅速恢复与发展。我国男、女篮球队开始重新活跃在国际赛场上。1975 年，中国篮球协会在亚洲业余篮球联合会取得了合法席位；1976 年，国际业余篮球联合会通过决议，恢复中国篮球协会在该会中的合法席位，并承认中华人民共和国篮球协会是在国际篮联中代表中国参赛的唯一合法组织；1979 年，国家实行改革开放政策，我国篮球界不负众望，深化改革，严格训练，严格管理，对外加强了交流，篮球运动进入了最佳发展时期，在世界级及洲际性竞赛中不断获得优异成绩。其中中国女队在 1983 年第 9 届世界锦标赛上和 1984 年第 23 届奥运会上均获得了第 3 名，进入了世界强队行列，先后涌现出一批如宋晓波、柳青、邓海霞、丛学娣等在国际上享有声誉的著名运动员。此后，中国女篮在 1992 年第 25 届奥运会上又获得亚军；在 1993 年世界大学生运动会上获冠军；在 1994 年第 12 届世界锦标赛上获亚军。男子则在蝉联亚洲榜首的基础上，在 1994 年第 12 届世界男子篮球锦标赛上第一次进入了世界前 8 名，表明我国篮球运动竞技水平已开始向世界最高水平冲击，跨入了百年来发展的黄金时代。然而 20 世纪 90 年代中后期，由于种种原因，我国男、女篮球队在国际大赛中成绩不尽如人意，呈滑坡状态。

随着我国社会主义市场经济的建立，体育战线进一步深化改革，我国篮球运动从更新观念、转变思想、大胆改革、勇于创新着手，一方面进一步抓好篮球运动的全面普及与全民健身活动的结合；另一方面针对我国男、女篮先后在竞技水平上处于滑坡的状态，狠抓竞技水平的提高，并从改革管理体制和竞赛制度，依靠社会办队着手，进行了大胆的实践。如引进外资与外援，举行职业化主客场制联赛，有力地促进了我国篮球运动的发展与提高，加快了与国际篮球运动的接轨。

3. 第三时期（1996 年至今）

第三时期即中国篮球运动随着国家政治、经济体制的改革，进入总结经验、深化改革、解放思想、更新观念、创新攀登的新阶段。

1995 年，篮球界在国家体委“坚持正确方向，抓住有利时机，继续深化改革，发展体育事业”的精神指导下，坚持“积极稳妥，健康有序”的改革方针，抓住了外商注资的机遇，与国际管理集团等外资合作，在 1996 年举办全国甲级队联赛的同时，举办了由前卫体协队、吉林队、北京体育师范学院（现首都体院）队、上海交大队等 8 个省市队、部队队、学校队参加的男子“职业”篮球联赛，当时称 CNBA 职业联赛。这是我国职业化联赛的开端，也是一次大胆的尝试，但不久因故暂停。此后，中国篮协决定进一步对竞赛制度进行改革，并以全国男篮甲级联赛赛制为突破口，以产业化、职业化为导向，开始加速篮球竞赛体制改革的进程。1997 年，国家体委成立了篮球运动管理中心，在管理体制改革上迈出了重要的一步，即把传统的甲级联赛正式命名为 CBA 甲级队联赛。通过至今 9 年的改革实践，我国篮球事业发生了深刻变化，带来了新的生机和活力，初步展现出广阔的发展前景。CBA 联赛的进行，吸引了众多篮球爱好者和社会的关注，姚明、王治郅、巴特尔和刘玉栋、孙军等人的出色表现，扩大了社会化、人文化和科技化篮球的影响。而巨大的潜在的篮球市场也吸引了众多国内外企业，为他们提供了有利的商机，同时也推动了我国篮球运动加快职业化、产业化的新进程。CBA、甲 A、甲 B 联赛赛事已成为国内外知名企业树立形象、体现实力、拓展市场的新舞台。在赛制改革的引导下，众多篮球俱乐部纷纷建立，一种适应篮球社会化、产业化发展需要的俱乐部管理体制已成雏形。篮球学校、训练中心，培训班等社会办篮球的形式开始出现。例如，1998 年中国大学生体育协会在企业资助下组织了 CUBA 全国大学生篮球联赛，对活跃高等学校校园文化生活，在学生中普及篮球运动起到了积极的推动作用。

二、新世纪中国篮球运动面临的任务

我国篮球运动几十年来有了长足的进步，也有过辉煌，但在 20 世纪 90 年代中期以来，未能在国际大赛中取得优异成绩。因此在新时期内需要抓好以下几项主要任务。

（一）继续推进全方位的综合改革，展现新秩序、新面貌

必须建立适应社会主义市场经济需要，符合现代篮球运动发展规律的社会化、产业化管理体制，形成依托社会、自我发展、良性循环的运行机制，为我国篮球事业更快、更好地发展提供机制保障。同时加强组织建设，强化县以上基层篮球协会的作用，形成从中央到地方以会员制相联系的篮球协会组织网络，因地制宜地建立多种形式的篮球俱乐部，职业篮球与

非职业篮球成体系，互为依托、相互促进，形成管理规范、运转有序、发展稳定的篮球俱乐部组织体系。

（二）从实际出发，狠抓训练工作，提高科学化训练水平

要全面提高篮球训练水平，努力攀登世界篮球运动技术高峰。采取扎实的措施建立起新的、多种形式和多种渠道相结合、层层相接的训练体系，形成合理的人才梯队结构。当前时期更要切实重视教练员的培养与管理，迅速提高管理、训练科学化水平。同时要十分重视提高运动队伍的思想文化素质，培养出一批德才兼备并具有世界水平的优秀运动员、教练员、裁判员队伍，要建立起后备人才培养网络，切实抓好后备队伍的衔接。

（三）严格有序地抓学校篮球活动，培养与储备篮球后备人才

要科学设计“学”“训”融合的构架模式，进一步扩大篮球运动普及面，继续发展篮球人口；要建立起一支篮球技术辅导队伍，增加篮球活动场地设施，针对不同阶层人群特点经常开展多种形式的篮球活动，让更多的青少年学生掌握篮球基本技能，使篮球运动成为我国参与人数最多的社会文化活动，并成为人们健身娱乐的重要运动项目。

（四）建立符合中国特色的篮球运动管理模式，抓好职业俱乐部和职业联赛的建设

建立符合中国特色的篮球运动管理模式，就是要形成有中国特色的职业化和产业化模式，抓好和建设好职业联赛和俱乐部。在建设俱乐部方面首先要明确发展中国职业篮球俱乐部的指导思想，在此基础上明晰产权，积极引导走上符合国情的发展道路。进一步完善篮球竞赛管理制度，建立起职业篮球和非职业篮球相结合、全国性比赛和地方性比赛相结合、适应提高运动技术水平和市场开发需要的篮球竞赛体系。更重要的是要进一步改革 CBA 联赛赛制，健全法规制度，提高水平，使之成为既符合国情又具有国际影响的较为规范的模拟化的职业联赛，有序地向职业联赛过渡。要增加各种形式的青年篮球比赛，大力提倡各省、地、县篮球联赛和各行业系统篮球联赛，积极支持、推动中学生和业余篮球俱乐部比赛的开展。

（五）加速发展篮球产业

在重视全面规划的同时，要有重点地采取特殊措施在一些省市培育开发篮球市场，内外结合、上下协调，采取多种形式，逐步形成较为规范的中国型的篮球产业市场，并以点带面调动社会各方面办篮球的积极性，形成多种所有制并存的合作开发机制，全面开发竞赛市场、训练（培训）市场、健身娱乐市场、标志产品市场和电视转播市场，形成规模的产业开发体系和确保稳定的资金来源；增强各省、市篮球协会、各俱乐部自我发展能力，着力培养篮球经营开发队伍。

（六）倡导篮球运动的科学研究，使理论和实践紧密结合

加强科学研究是中国篮球腾飞的翅膀，用新的理论、新的方法、新的科技指导于篮球运动之中，才能切实提高篮球水平，助推篮球运动的发展。

1. 根据现代篮球运动发展的总趋势和不同地区、不同国度的篮球风格、特点，思考中国竞技篮球运动的发展走向。
2. 根据中国篮球运动的发展历程，结合自身的体会评述 CBA 职业联赛对我国篮球事业发展的成效和问题。
3. 试述篮球运动产生曲社会基础及其演进的不同时期、不同阶段的概况。
4. 阐述现代篮球运动的特征与特点。
5. 中国篮球面临的任务是什么？

参考文献

[1] 李辅材，文福祥等:《中国篮球运动史》，武汉出版社 1991 年版。
[2] 叶国雄，陈树华:《篮球运动研究必读》，人民体育出版社 1998 年版。
[3] 王家宏:《球类运动——篮球》，高等教育出版社 2005 年版。

第二章　篮球文化

【本章学习目标】了解和识记篮球文化及其概念；理解掌握篮球文化的特点和文化功能；学会篮球文化欣赏。

【本章学习要点】

1. 广义上的篮球文化是指人们在从事篮球运动过程中所创造的物质和精神财富的总和。篮球文化在结构上包含了物态文化层、制度文化层、行为文化层和心态文化层。

2. 篮球文化的心态文化层是篮球文化的核心部分，是在篮球运动的长期实践过程中孕育出来的价值观念、审美情趣、成就体验及篮球思维方式等，这也被称为狭义的篮球文化。

3. 篮球文化具有独特性、地域性、交融性、共享性的特点。

4. 篮球文化具有价值整合、促进健康、休闲娱乐的功能。

5. 篮球赛事有奥运会篮球比赛、世界锦标赛、美国 NBA 职业联赛、中国 CBA 篮球联赛、中国 CUBA 篮球联赛。

6. 人们观赏篮球比赛主要通过现场观看和收看电视转播两种途径；观赏篮球比赛的内容根据扮演的角色不同而观赏内容不同。

7. 篮球文化的欣赏要学会从观看、品评到悟道的过程。

【基本概念】篮球文化、物态文化层、制度文化层、行为文化层、心态文化层、篮球运动观赏。

【关键名词】篮球文化、独特性、地域性、交融性、共享性、价值整合、促进健康、娱乐身心、篮球赛事、比赛观赏。

自篮球运动诞生之日起，随着社会的进步和其自身的发展，篮球运动已经由最初的游戏活动，发展为一种内涵丰富、技巧高超、对抗激烈的现代体育运动项目，并在全球得以广泛普及。篮球运动作为一种社会现象，是人类文明和社会发展到一定阶段的产物。目前，篮球运动已不再局限于游戏和体育的范畴，而是越来越多地被赋予社会文化的内涵，当代篮球已成为一种具有多元素的社会文化现象。

广义上，篮球文化是指人们在从事篮球运动过程中所创造的物质和精神财富的总和。篮球文化在结构上包含了物态文化层、制度文化层、行为文化层和心态文化层。狭义的篮球文化是指篮球文化的心态文化层。

篮球文化的物态文化层主要指有关篮球运动的物质生产活动及其相关产品的总和，以满足人们参与篮球运动的最基本需要为目的。篮球文化的制度文化层主要指规范篮球运动的各种规章制度，包括了篮球规则、竞赛制度、组织制度、管理制度，等等。篮球文化的行为文化层主要指人们在篮球实践活动中形成的行为模式和习惯，具有鲜明的地域特点和民族风格。篮球文化的心态文化层是篮球文化的核心部分，是在篮球运动的长期实践过程中孕育出来的价值观念、审美情趣、成就体验及篮球思维方式等。

第一节 篮球文化特点

篮球文化由于其文化结构上的不同，具有地域性、交融性、独特性和共享性的特点。

一、地域性

不同的民族由于地域的区分，其传统文化影响的不同，表现在人们的思维方式、价值观念、行为习惯的不同。表现在篮球运动上也是如此，不同地区传统文化的差异性也造成了地区间对篮球运动规律、本质和特征理解的特异性，以至于形成了不同特色的篮球风格和流派。现代篮球风格的三大流派中，以美国为代表的美洲流派形成了以技巧与体能为基础，强调对抗、重视个人能力和即兴发挥的篮球比赛风格。以俄罗斯为代表的欧洲流派形成的篮球比赛风格是讲究整体配合，注重在多人机动配合中发挥集体力量，但缺乏气势和活力。以中国为代表的亚洲流派在篮球风格上体现出快速灵活，注重集体的特点，但同时也缺乏应变和创新。

二、交融性

随着世界文化、经济、体育平台的搭建，各民族文化的地域性已逐渐开放，呈现出交融互补的态势。世界范围内经济、文化、人才的交流在交融过程中实现文化互补和文化变异，从而使篮球文化在多样性和地域性的基础上还表现出了共性。各地区的篮球运动为了突破自身发展的局限，不断地通过人才和技术的流动吸取其他地区优秀篮球文化，促进了篮球文化的交融，便捷的信息途径和传媒更加快了世界篮球文化的交融。国家和国家、地区和地区之间的人力、物力流动不断加剧。促使篮球竞技水平不断提高。

三、独特性

篮球运动具有独特的运动表现形式，要求参与运动的双方在有限的时间和空间内展开立体攻守对抗。这对参与者的体能、技术、心理等都有区别于其他运动项目的独特要求。篮球运动集技巧与体能、智慧与果敢、优雅与勇猛、身体和心理为一体，表现出独特的身体活动能力要求、强烈的团队意识和美学震撼力。篮球运动的参与者在活动过程中要处理好个人自由与团队协作之间的平衡与协调，要具有坚持不懈的顽强精神和公平竞争的观念。这些特质，也是社会生活对人的基本要求。篮球运动充分表现着人类超越自我、张扬个性和对身心全面发展的文化追求。篮球运动表现出独特的文化符号。篮球运动专门的技术动作、丰富的战术形式、特有的比赛方法和严密的竞赛规则构成了篮球文化的言语系统，特有的立体攻守对抗形式则孕育了篮球文化的精髓。这种独特的文化可以被继承与发展，可以被学习与传授，可以被交流与传播。此外，在篮球竞赛的策划、组织、宣传以及进行过程中所穿插的各种文艺活动和文化表现形式，也为观赏者提供了独特的篮球文化欣赏内涵。

四、共享性

篮球运动是一项世界性的体育运动，奥运会、世界篮球锦标赛、美国 NBA 职业篮球联赛等大型赛事，都已经成为了世界共享的、全球化的文化资源。美国 NBA 职业篮球联赛更是超越了地域的限制，它在整个经营和运作过程中体现出来的浓郁的文化内涵，被全世界篮球运动爱好者认可与喜爱。

篮球文化正在被不同种族、肤色，语言、性别的人们所共同理解和感悟。虽然从参与的规模和层次看，有正式的和非正式的、职业性的和业余性的、国际性的和地区性的、有组织的和自发的等各种不同形式和层次的篮球活动之分；从参与的主观愿望方面看，有健身、观赏、娱乐、交友、提高技术水平、获取竞赛名次等各种参与目的的区别。但这些个体之间的差异并不妨碍参与者借助篮球运动的言语符号，对篮球运动的技术、战术、规则、竞赛制度等的共同理解，对运动中体现出来的健与美、个性展现、智慧和谋略、态度与情感、拼搏与顽强、竞争与合作、赛场的环境气氛等文化内涵的共同感知。

第二节　篮球文化功能

一、价值整合

篮球运动要求在活动中实现“以人为本”的人文教育理念。它注重运动技能的获得，又追求参与者个性的释放和兴趣的满足；尊重个人的成就需要，又重视个体的职责，强调个人和集体之间的平衡；鼓励公平的竞争，又倡导相互的协作、相互支持；要实现人的生理功能的改善，又致力于人格素养、精神境界的提升。

不同的自然环境和不同社会人文环境造就了不同的篮球文化，不同的篮球运动参与者也有其不同的价值观念，整合不同的篮球文化，使参与者在篮球文化的核心文化层的影响下熔铸成为一个有机的统一整体，是篮球文化的一大功能。

参与篮球活动过程是一种实现德育、智育、美育和身体锻炼的教育方式，是一种人的社会化形式。

二、促进健康

按照现代健康理论，人的健康包括生理健康、心理健康和社会适应三个方面，世界卫生组织把健康定义为：“健康不仅是没有疾病或不虚弱，而是身体的、精神的健康和社会适应良好的总称。”篮球运动对人的健康的促进作用也同时体现在这些方面。

（一）篮球运动与生理健康

个体生理健康包括机体内部器官和系统功能的完善，功能的平衡，身体活动能力和身体素质的提高等多个方面。参与篮球运动能有效促进人的生理健康。参与篮球运动对促进人的生理健康主要表现在，能够改善和提高心血管系统、呼吸系统、消化系统、神经系统功能等多方面的功能。另外，篮球运动客观上要求所参加的人在力量、速度、柔韧、耐力、灵敏等方面具有较高的能力，同时篮球运动中也包含了关于这些基本身体素质的锻炼方法，因而参与篮球运动的人会在身体活动能力、身体素质和运动能力方面有较大的提高。同时，参与篮球运动还有助于控制体重和改变体型。

（二）篮球运动与心理健康

人的心理健康表现在：具有完整的人格，保持积极的情绪，有较好的自控能力和观察能力，能保持正常的人际关系，具有良好的社会适应能力，自尊、自爱、自信等多方面。这些心理健康特征也是篮球运动训练和比赛对参与者的最基本要求。

篮球运动对促进人的心理健康的积极影响主要表现在：改善情绪状态、降低焦虑水平，确立良好的自我评价，增强自信心，培养坚强的意志和团结协作精神，消除心理疲劳，缓解心理应激，让运动者在参与活动过程中学会调整自己的情绪和兴奋状态在一个适宜水平。

（三）篮球运动与社会适应

社会适应指一个人的心理活动和行为，能适应当时复杂的环境变化，为他人所理解，为大家所接受，参与篮球运动能增加人与人之间的接触和交往，使参与者能够尽快地适应周围的各种人和各种变化，尽快地被他人所接受、所理解。当前，篮球作为健身、娱乐、会友、提高生活质量、丰富生活内容的手段已经被越来越多的人群（包括老人、妇女和青少年）所接受，人们通过篮球运动增进了解、适应环境和社会。

三、休闲娱乐

篮球运动最初是作为一种游戏而存在的，因而，娱乐性就是一种根植于篮球运动中的原始特性。随着竞技水平的提高，商业的推广和艺术的包装，篮球文化中充满了休闲、娱乐的元素，这些元素，以一种特有的表现形式和作用方式，感召着大量篮球运动爱好者关注篮球运动的发展，并参与到篮球活动和篮球竞赛中，去体验篮球运动带给他们的快乐。

对于相当数量的爱好者而言，他们参加篮球活动的主要目的，并不是为了提高自己的篮球技战术水平和专项能力，而是为了缓解工作、生活中的压力，宣泄自己的情绪，追求愉悦身心体验、兴趣的满足及收获运动的快乐。另外，观赏有规模的高水平篮球比赛时，除了精彩的比赛对抗，穿插安排的娱乐活动，文艺演出、杂技表演、比赛音乐及整个赛场热烈的气氛，都能使观赏者在视觉、听觉、情感方面获得艺术的享受。

篮球爱好者从关注篮球，到产生兴趣，最后到热爱篮球、参与篮球运动的首要原因也在于，他们从篮球活动中获得了快乐体验，这种快乐体验又能持续地反作用于他们本身，强化他们对篮球运动的热爱和参与需求。可见，篮球文化的文化娱乐功能对于增强篮球文化的生命力，扩大篮球人口，开拓篮球市场等方面具有相当重要的价值。

第三节　篮球文化欣赏

一、篮球赛事简述

（一）奥运会篮球比赛

奥运会是世界体坛最高级别的综合赛事。1936 年第十一届奥运会上，男子篮球被列为正式竞赛项目，从此篮球运动登上了奥运会的竞技舞台。奥运会篮球比赛是奥林匹克运动会的重要项目之一，每四年举行一次，包括男、女篮比赛。

女子篮球竞赛于 1976 年第二十一届奥运会上被列入正式比赛，至今已举行了 8 届。从第二十一届至二十二届，参赛队有 6 支；第二十四届至二十五届，为 8 支。8 支女篮球产生的办法是：上届奥运会前三名、东道国队、世界选拔赛的前四名。1996 年亚特兰大第二十六届奥运会女篮球比赛的队伍增加到 12 支，产生的方法是：欧洲 3 名、亚洲 3 名、非洲和澳洲各 1 名，美洲 3 名、东道国 1 名。

我国第一次参加奥运会篮球赛（男子），是 1936 年 8 月在德国柏林举行的第十一届奥运会，在 2004 年的雅典奥运会上，我国男篮进入了世界前八强的行列（第 8 名）。1984 年在美国洛杉矶举行的第二十三届奥运会上，我国女子篮球队首次参加并获第 3 名，这也是我国第一枚奥运会篮球比赛铜牌。在 1992 年西班牙巴塞罗那举行的第二十五届奥运会上，我国女篮获得了我国第一枚奥运会篮球比赛银牌。

（二）世界锦标赛

世界篮球锦标赛是国际篮球联合会主办的重要的世界性比赛之一，男、女篮球世界锦标赛一般是每 4 年举行一次。男子首届比赛于 1950 年在阿根廷举行，女子世锦赛首届于 1953 年在智利举行。

历届世界男篮锦标赛的参加办法不完全相同，到 1978 年第八届时，参加办法是：上届奥运会前 3 名，上届锦标赛前 3 名，欧、美、亚、非、大洋洲锦标赛冠军队和主办国，被邀请国（按规程规定，主办国可邀请 1～2 个国家的球队参加比赛），共 14 个队分 3 组进行预赛，各取前两名，加上上届冠军和本届主办国队，共 8 个队采用单循环制决赛。

我国男子篮球队最早参加世界篮球锦标赛，是于 1978 年 10 月在菲律宾马尼拉举行的第八届世界男子篮球锦标赛。我国女子篮球队首次参加世界篮球锦标赛，是 1983 年 7 月在巴西举行的第九届世界女子篮球锦标赛，并取得了第 3 名。

（三）美国 NBA 职业联赛

NBA 是国家篮球协会（National Basketball Association）的缩写，成立于 1946 年 6 月 6 日。刚成立时称为 BAA——全美篮球协会（Basketball Association of America），有 11 支球队。在分别于 1949、1976 年先后吞并了 NBL（中西联盟）和 ABA（美国篮球协会）后，改名为 NBA，拥有 17 支队伍。NBA 比赛是全世界公认的最高水平的篮球联赛，无论是竞技水平还是市场运作，都居世界单项体育联盟之首。NBA 几乎云集了世界篮坛的所有巨星。

目前，参加 NBA 职业篮球联赛的职业篮球队伍已经发展到了 30 支，分别位于美国东、西部联盟。东部联盟有：大西洋赛区的凯尔特人队（Boston）、76 人队（Philadelphia）、网队（New Jersey）、猛龙队（Toronto）和尼克斯队（New York）；中部赛区的公牛队（Chicago）、活塞队（Detroit）、骑士队（Cleveland）、步行者队（Indiana）和雄鹿队（Milwaukee）；东南赛区的热火队（Miami）、奇才队（Washington）、魔术队（Orlando）、山猫队（Charlotte）和鹰队（Atlanta）。西部联盟有：西北赛区的超音速队（Seattle）、掘金队（Denver）、森林狼队（Minnesota）、开拓者队（Portland）、爵士队（Utah）；太平洋赛区的太阳队（Phoenix）、国王队（Sacramento）、湖人队（L. A. Lakers）、快船队（L. A. Clippers）、勇士队（Colden State）；西南赛区的马刺队（San Antonio）、小牛队（Dallas）、火箭队（Houston）、灰熊队（Memphis）和黄蜂队（New Orleans）。

其中西部联盟有：

（1）菲尼克斯太阳（Phoenix Suns）：球队建于 1968 年，菲尼克斯是亚利桑那州的首府，位于美国西海岸的沙漠中，年降水量稀少，阳光充足，以“太阳”为队名最有代表意义。

（2）圣安东尼奥马刺（San Antonio Spurs）：NBA 的创始球队之一，最早时球队大本营在达拉斯，队名为“达拉斯橡木队”，1970 年更名为“得克萨斯橡木队”，1973 年移师圣安东尼奥后改名为“马刺队”。“马刺”是骑马者钉在鞋后跟上的一种铁制的刺马针，以此为队名，可以反映出美国西部大开发的时代特征。

（3）西雅图超音速（Seattle Supersonics）：球队诞生于西雅图，是世界上最大的飞机制造商波音公司的总部所在地。1967 年球队建立的时候，波音公司正在开发制造超音速客机，而在波音公司帮助下创立的球队也选择了“超音速”这个名字。

（4）达拉斯小牛（Dallas Mavericks）：1980 年 3 月，球队老板在征集来的大约四千六百个名称中，选中“小牛”为球队的队名。

（5）萨克拉门托国王（Sacramento Kings）：该队更名之多是 NBA 其他球队望尘莫及的，刚成立时叫“罗切斯特皇家队”，1957 年更名为“辛辛那提皇家队”，1972 年改称“堪萨斯城—奥哈马国王队”，直到 1985 年才定居萨克拉门托，更名为“萨克拉门托国王队”。

（6）休斯敦火箭（Houston Rockets）：球队最早是在盛行军需产业的圣地亚哥，1961 年迁美国国家航空天局（NASA）所在地休斯敦后，“火箭”这个名字更加名副其实了。

（7）孟菲斯灰熊（Memphis Grizzlies）：灰熊队于 1995 年诞生，当时作为 NBA 海外扩张计划的一部分，主场设在加拿大的温哥华市，并以加拿大西部非常有代表性的动物“大灰熊”给球队命名，象征着篮球的力量。2001 年，灰熊队迁回美国田纳西州孟菲斯市，更名为孟菲斯灰熊队。

（8）洛杉矶湖人（L.A. Lakers）：1948 年加盟 NBA 时，湖人队还在明尼苏达阿波利斯，但是一次飞机失事，使湖人老板痛下决心，于 1960 年搬迁到了洛杉矶。队名也是征集来的名字，大意是在美国东北部五大湖工作或者居住的人。

（9）明尼苏达森林狼（Minnesota Timberwolves）：1989 年加盟 NBA，以明尼苏达地区的一种凶猛的野生动物“森林狼”命名。

（10）丹佛掘金（Denver Nuggets）：原名“丹佛火箭队”，是 ABA 创始球队之一。1974 年加入 NBA 后改名为“金块队”，因为 19 世纪美国家对西部进行大开发时，曾在丹佛发现了金矿。

（11）洛杉矶快船（L.A. Clippers）：1970 年成立于布法罗（Buffalo 水牛城），队名为“布法罗勇敢者队”。1978 年迁到圣地亚哥后，更名为“圣地亚哥快艇队”，1980 年又迁至洛杉矶。

（12）波特兰开拓者（Portland Trail Blazers）：成立于 1970 年，当时波特兰正好是西部大开发的中心地，因此用“开拓者”给球队命名也能反映出那个时代的特征。

（13）犹他爵士（Utah Jazz）：创建于 1974 年，当时主场在新奥尔良，队名为“新奥尔良爵士队”。1980 年移师犹他州的盐湖城后，依然沿用“爵士队”这个名字。

（14）金州勇士（Golden State Warriors）：1946 年诞生于费城，队名为“费城武士队”，是为表达对美国独立战争中牺牲的勇士的一种敬意。1962 年移师旧金山后改为“金州勇士队”。

（15）新奥尔良/俄克拉荷马黄蜂（New Orleans Hornets/Okelahoma）：1988 年在夏洛特组建并进入 NBA，球队的队标就是一只凶猛的班胡蜂，是从社会上征集来的作品，另外夏洛特市的市徽上也有蜂的图案。2002 年黄蜂队由夏洛特市搬迁到了新奥尔良。2005 年由于新奥尔良遭受百年不遇的飓风灾害，球队迁往“俄克拉荷马”。

东部联盟有：

（1）迈阿密热火（Miami Heat）：1988 年组建，球队位于四季温暖宜人的佛罗里达的迈阿密，所以在众多队名候选名单中选中了“热”，既显示出了迈阿密的气候条件，又希望球队能有个红红火火、蒸蒸日上的未来。

（2）底特律活塞（Detroit Pistons）：1948 年加入 NBA 时大本营在福特怀恩，老板是从事活塞制造业的，“活塞”就成了球队的队名。1957 年，球队迁到汽车城底特律后仍然沿用这个名字。

（3）波士顿凯尔特人（Boston Celtics）：1946 年，11 个冰球大老板商量成立新的篮球联盟，于是 BAA 应运而生，凯尔特人队是最初的 11 支球队之一。由于波士顿有许多爱尔兰移民，其中有不少移民是凯尔特人，所以球队初建时队名就叫“原始凯尔特人队”，后简化成“凯尔特人队”。

（4）克里夫兰骑士（Cleveland Cavaliers）：1970 年入盟，克里夫兰在给新成立的职业篮球队起队名时，在当地投票表决，结果 6 000 张选票中超过三分之一的票数都选了“骑士”。

（5）华盛顿奇才（Washington Wizards）：1961 年加入 NBA，球队大本营还在巴尔的摩时队名为“子弹队”，因为巴尔的摩的军需产业非常发达。球队迁往华盛顿后继续用“子弹队”这个名字，因为叫“子弹”有暴力倾向，直到 1997—1998 赛季才改为“奇才队”，也有人称之为“巫师队”。

（6）奥兰多魔术（Orlando Magic）：魔术队是 NBA 的新军之一，1989 年才加入 NBA。因为迪斯尼世界乐园是奥兰多的一大休闲娱乐场所而“Come to the magic”（来玩魔术）又是奥兰多人最爱说的一句话，魔术队也因此而得名。

（7）芝加哥公牛（Chicago Bulls）：1966 年加盟 NBA，因为飞人迈克尔·乔丹的缘故，芝加哥公牛队绝对是在全球拥有最高知名度的 NBA 球队。芝加哥畜牧业非常发达，该城的职业橄榄球队和职业棒球队各有一支以动物名称命名的球队，所以“公牛”便成了芝加哥职业篮球队的队名。

（8）费城 76 人（Philadelphia 76ers）：作为 NBA 中的一支老牌球队，在建队之初，当时的费城 76 人队既没有把主场设在费城，也没有取名为 76 人队，而是起了个非常富有爱国主义意味的名字——锡拉丘兹民族队（Syracuse Nations）。1937 年组建的锡拉丘兹民族队随着 NBL（国家篮球联盟）与 ABB（美洲篮球协会）的合并，于 1949 年加入 NBA，1963 年迁到费城后改成“76 人队”，因为费城是 1776 年美国宣布独立的地方。

（9）印第安纳步行者（Indiana Pacers）：也叫印第安纳溜马队。1976 年加入 NBA，步行者英文名字是“Pacers”，发音和“Pace car”非常相似，而“Pace car”是在“印第安纳 500”（和 F1 齐名的世界著名赛车盛事之一）比赛中在前方开道的先导车，其风头不让名赛车。球队以“Pacers”命名，自然也是想借“印第安纳 500”的人气一举成名。

（10）新泽西网（New Jersey Nets）：网队于 1976 年加入 NBA，“网”指的就是“篮网”，是篮球运动中不可缺的要素之一。网队之所以起这个名字，一方面是为了和篮球攀上点关系，另一方面是因为早在新泽西网球队成立之前，纽约已有棒球队 METS 和橄榄球队 JETS，当时这两支球队都已羽翼丰满，网队起了这两个队的谐音 NETS，其实也想沾一下他们的光。

（11）密尔沃基雄鹿（Milwaukee Bucks）：1968 年加入 NBA，和许多不知用什么动物名称给球队命名的球队一样，密尔沃基在给自己的球队命名时也曾举棋不定，最后在包括“臭鼬（Skunk）”“海狸（Beaver）”等一大堆动物名称中，选择了弹跳力好、而且是密尔沃基一带野生的“雄鹿”为球队的队名。

（12）纽约尼克斯（New York Knicks）：加入 NBA 的时间是 1946 年，正确的说法是“灯笼裤队”，因为纽约有大量荷兰移民，荷兰人最喜欢穿宽松肥大的灯笼裤，而“尼克斯”只是“灯笼裤”一词的译音。

（13）多伦多猛龙（Toronto Raptors）：猛龙队于 1995 年诞生，当时作为 NBA 海外扩张计划的一部分，主场设在加拿大的多伦多市，队名也是征集而来的，最后选中了凶猛、速度快、弹跳高的“龙”。

（14）夏洛特山猫（Charlotte Bobcats）：“山猫”，北卡罗来纳州山林中的野生动物，它机警、善于捕捉猎物，拥有猫科动物的所有习性。山猫队于 2004 年加入 NBA。

（15）亚特兰大老鹰（Atlanta Hawks）：最初命名为“三市黑鹰队”，是借用了酋长“黑鹰”的名字。1951 年迁至密尔沃基后易名为“鹰队”。1955 年迁至圣路易斯，1968 年迁到亚特兰大至今仍一直使用“鹰队”这个名字。

NBA 常规赛从每年 11 月初开始，至第二年 4 月 20 日左右结束。季后赛从 4 月下旬开始到 6 月中旬决出冠军为止。NBA 比赛采用主客场制，30 支球队在常规赛中进行 2 460 场比赛，每个球队参加 82 场，球队互相之间比赛场数不等，同一赛区联盟的球队相互间各赛 4 场，不同联盟之间的球队相互间比赛 2 场。常规赛结束后按照比赛胜率（胜场/82）的高低排出东西部的前 8 名，共 16 支球队参加季后赛，第 1 名对第 8 名、第 2 名对第 7 名、第 3 名对第 6 名、第 4 名对第 5 名。季后赛采用淘汰制，第一轮和第二轮（东西部联盟半决赛）采用 5 战

3 胜制，比赛根据 2—2—1 原则排定主客场，即常规赛排名靠前的球队将获得最先两个和最后一个共三个主场的优势，第三轮东西部联盟决赛和 NBA 东西部的总冠军决战，采用 7 战 4 胜制，主客场则根据 2—3—2 原则排定。

NBA 与 FIBA（国际篮球联合会）的规则之间最基本的区别有：①NBA 的 3 分线是 6.70 米，FIBA 是 6.25 米（现在是 6.75 米）；② NBA 球场面积为 90 英尺 × 50 英尺（27.48 米 × 15.24 米），FIBA 为 28 米 × 15 米；③ NBA 的限制区面积为 16 英尺 × 19 英尺（4.88 米 × 3.8 米）的长方形，FIBA 为 0.5 米 ×（3.6 米+6 米）× 5.8 米的梯形（现在为 5.8 米 × 4.9 米）；④ NBA 每场比赛暂停次数是 7 次，FIBA 是 4 次，决胜期暂停，NBA 为 3 次，FIBA 为 1 次；⑤ NBA 场上队员可请求暂停，FIBA 则是教练请求暂停；⑥ NBA 暂停时间是 1 分 40 秒，FIBA 是 1 分钟；⑦ NBA 在前半场（前两节）和下半场（后两节）各有一次 20 秒的电视广告暂停，FIBA 无；⑧ NBA 个人犯规限 6 次，FIBA 是 5 次；⑨ NBA 无紧逼防守下的 5 秒，FIBA 有。

在 NBA 联盟里涌现出了许多杰出的篮球运动员，如“篮球皇帝”张伯伦、“天勾”贾巴尔、“J 博士”欧文、“大鸟”伯德、“魔术师”约翰逊、“飞人”乔丹、“邮差”马龙等，还有现在正活跃在 NBA 篮坛上的沙奎尔·奥尼尔、科比·布莱恩特、阿伦·艾弗森、蒂姆·邓肯、凯文·加内特等。目前，NBA 已经发展为一个国际化的单项体育联盟，来自世界各地的许多著名篮球运动员也纷纷加盟，如德克·诺维斯基、托尼·帕克、史蒂夫·纳什、伊曼纽尔·吉诺比利等国际球星。2001 年，王治郅成为了亚洲首位进入 NBA 的中国篮球运动员。2002 年，姚明以选秀状元的身份加盟火箭队，经比赛的磨炼，他逐渐成长为该队的核心球员。此外，巴特尔也曾于 2001 年进入 NBA 并参加了 3 个赛季的比赛，并于 2002—2003 赛季随马刺队获得 NBA 总冠军。

波士顿凯尔特人队、洛杉矶湖人队和芝加哥公牛队是 NBA 历史上获得 5 次以上总冠军的球队。其中芝加哥公牛队战绩辉煌，创造了常规赛 72 胜 10 负的记录，并两次获得三连冠。迈克尔·乔丹是芝加哥的杰出球员，他以其高超的技术和魅力征服了世界，他把篮球所需要的速度、力量、弹跳、灵敏、技巧、意识和智慧完美地融为一体，展现在世人面前。他跳得高，滞空时间长，技术全面、变化多，头脑冷静、意志坚强，起跳后身体在空中如同飞行一样，因此赢得了“空中飞人”的赞誉。

（四）CBA 篮球联赛

CBA（中国篮球协会）男子甲级联赛，是我国国内最高水平和最大规模的篮球赛事。1995 年初，我国首次进行甲级男篮八强主客场制比赛。中国篮球协会于 1995 年正式推出了与国际接轨的赛事——中国男子篮球甲级联赛。首届 1995—1996 年度赛季，有 12 支球队参加，采用主客场制，分预、决赛两阶段。决赛阶段按预赛名次分为上区决 1～4 名，中区决 5～8 名、下区决 9～12 名。名次列 11、12 名的球队降至乙级队。1998—1999 赛季甲 A 再次改革了赛制，比赛由以前的 2 × 20 分钟上下半场比赛改为 4 × 12 分钟的四节制比赛（现在为 4 × 10 分钟的四节制比赛）；每次进攻时间由 30 秒改为 24 秒，控制球队球从后场进入前场的时间改为 7 秒（现在为 8 秒）；半决赛和总决赛均实行五战三胜制（7 战 4 胜）；而保级区则是综合常规赛和保级赛两个阶段四队相互之间比赛的成绩，也就是按 4 个循环的成绩来排保级区的名次（表 2.1）。

表 2.1 CBA 历届总冠军一览表

赛季	届次	冠军队得主	决赛赛制
1995—1996	一	八一双鹿队	（3 战 2 胜）
1996—1997	二	八一双鹿队	（3 战 2 胜）
1997—1998	三	八一双鹿队	（5 战 3 胜）
1998—1999	四	八一火箭队	（5 战 3 胜）
1999—2000	五	八一火箭队	（5 战 3 胜）
2000—2001	六	八一火箭队	（5 战 3 胜）
2001—2002	七	上海东方大鲨鱼队	（5 战 3 胜）
2002—2003	八	八一火箭队	（5 战 3 胜）
2003—2004	九	广东宏远华南虎队	（5 战 3 胜）
2004—2005	十	广东宏远华南虎队	（5 战 3 胜）
2005—2006	十一	广东东莞银行队	（7 战 4 胜）
2006—2007	十二	八一双鹿队	（7 战 4 胜）
2007—2008	十三	广东东莞银行队	（7 战 4 胜）
2008—2009	十四	新疆广汇队	（7 战 4 胜）
2009—2010	十五	广东东莞银行队	（7 战 4 胜）
2010—2011	十六	广东东莞银行队	（7 战 4 胜）
2011—2012	十七	北京金隅队	（7 战 4 胜）

目前，CBA 联赛已进入了一个健康有序、后劲十足的发展阶段。无论是在规模、社会影响，还是在竞赛水平、商业开发等方面都较以往有了很大提高，已经成为了国内最重要的体育赛事之一。CBA 男子篮球联赛中涌现出了许多的优秀球员。姚明、王治郅、巴特尔三大中锋都先后冲出亚洲挺进 NBA；胡卫东、刘玉栋、孙军、李楠等以他们出众的球技，良好的形象，强烈的事业精神得到人们的一致认可，在 2004—2005（第十个）赛季中他们仍然是各队不可缺少的精神支柱。杜锋、朱芳雨、莫克、孙悦、易建联、王仕鹏、周鹏等已经成为当今中国男篮的中流砥柱，年轻球员易立、翟晓川、朱彦西和段江鹏也在 CBA 中不断崛起，他们具有良好的身体条件和训练基础，是我国篮球未来的希望。

近几年来，CBA 还引进了许多优秀的外籍球员，外籍球员在比赛中以出众的身体素质、娴熟的球技和强烈的表演欲望赢得了观众的喜爱，为 CBA 的整体水平提高和中国篮球事业的发展起到了很大的促进作用。

（五）CUBA 篮球联赛

CUBA（中国大学生篮球协会）联赛是一个面向高校、面向社会，以培养高素质、高水平篮球人才为目标，采取社会化、产业化运作模式的大学生专项运动联赛。1996 年开始酝酿，1997 年建制立章，1998 年正式推行，现在该联赛已成为国内篮坛重要赛事之一。

CUBA 联赛的宗旨是“发展高校篮球，培养篮球人才”，坚持“竞技体育不能脱离教育，素质教育不能脱离教育”，从学校体育的功能出发，发展并丰富传统的篮球人才观，提出了篮球人才应当包括“五种人才”，即高水平的运动员、教练员、裁判员、从事与篮球相关工作的人员和广大球迷。

CUBA 联赛的会徽是以篮球为背景的“CUBA”四个英文字母和横向排列的五星（见图 2.1）；CUBA 联赛的会歌是由著名歌手刘欢作词、作曲的《CUBA 之歌》，歌词内容为“当我们处在别人都羡慕的年龄，当我们处在未来召唤着的年龄，让我们努力地把握人生最好的时光，举起手我们动起来让青春放射光芒，CUBA 我们一起来，CUBA 我们同在；在健康对于我们没有问题的年龄，在胜败对于我们都不坏的年龄，让我们尽情地享受人生最好的时光，跑起来我们跳起来让青春放射光芒，CUBA 我们一起来，CUBA 我们同在。”CUBA 联赛的吉祥物是一只名字叫“聪聪”的卡通形象的篮球（见图 2.2）；CUBA 联赛的主题口号大多语言生动、文字简练、格调清新、寓意深刻，从各个角度折射出 CUBA 联赛的特色、主张和文化气息。如“中国篮球新感觉”“上大学是我的梦想，打篮球是我的梦想，CUBA 是我圆梦的地方”“我要打篮球，我更要受教育”“今天是大学的篮球，明天是篮球的大学”“让篮球插上知识的翅膀腾飞”“领悟篮球、领悟体育、领悟文化”等。

图 2.1　CUBA 会徽

图 2.2　CUBA 吉祥物

CUBA 联赛从每年九月开始，至翌年六月结束，分 3 个阶段进行。

第一阶段，预选赛（每年 9—11 月）：由各省、自治区、直辖市、特别行政区分别组织预选赛，具体时间、地点和比赛办法由各省、自治区、直辖市、特别行政区大体协或在 CUBA 联赛组委会指导下成立的预赛领导小组确定。预选赛男、女冠军队直接晋级分区赛。

第二阶段，分区赛（翌年 3 月）：按照地域关系，全国（台湾地区未参赛）分东南、西南、东北、西北四个赛区，划分方法如下：

东南区：上海、江苏、浙江、安徽、江西、福建、广东、海南；

西南区：湖北、湖南、广西、贵州、云南、四川、重庆、西藏；

东北区：北京、天津、辽宁、吉林、黑龙江、河北、山东、澳门；

西北区：山西、陕西、甘肃、新疆、青海、宁夏、内蒙古、河南、香港；

分区赛保持 64 支参赛队的规模，每赛区有 16 支参赛队（男女各 8 支）。各赛区男、女组比赛均采用先分组循环后交叉淘汰形式，决出赛区冠军。各分区男女组冠亚军晋级全国决赛（八强赛）。

第三阶段，全国决赛（4—6 月）：女子八强赛采取赛会制，先通过单场淘汰决出两支进入总决赛的队伍，总决赛采取主客场两回合制。如赛会承办单位进入总决赛，则第二场决赛移师客队所在地，否则第二场比赛主场权由进入总决赛的双方队伍抽签决定。男子八强赛每一轮次均采取主客场两回合制，直至决出总冠军（表 2.2）。

表 2.2 CUBA 历届总决赛冠军表

赛季	届次	对别	冠军
1998—1999	一	男	电子科技大学
		女	上海交通大学
1999—2000	二	男	华侨大学
		女	中国矿业大学
2000—2001	三	男	东北师范大学
		女	天津财经学院
2001—2002	四	男	山东科技大学
		女	天津财经学院
2002—2003	五	男	华侨大学
		女	天津财经学院
2003—2004	六	男	华中科技大学
		女	天津财经学院
2004—2005	七	男	华侨大学
		女	天津财经学院
2005—2006	八	男	华侨大学
		女	天津财经学院
2006—2007	九	男	华侨大学
		女	天津财经学院
2007—2008	十	男	华侨大学
		女	天津财经学院
2008—2009	十一	男	中国矿业大学
		女	北京师范大学
2009—2010	十二	男	太原理工大学
		女	北京师范大学

CUBA 联赛在提升学校知名度，促进校际体育文化交流、推动校园文化建设和素质教育实施等方面发挥了积极作用，比赛的规模、影响力、队伍质量、竞技水平和运作水平持续提高。从 1998 年创立至今，CUBA 联赛保持着每届 600 ~ 700 支参赛队，近万名运动员和教练员，2 400 多场基层选拔比赛，160 场分区比赛和 15 场男八强、女四强赛的赛事规模，在全国高校产生了广泛、深入、持久的影响，在社会上树立起了积极、健康、向上的形象，竞赛体系日趋完善、竞技水平稳步提高、社会影响迅速扩大、优秀人才崭露头角、品牌建设和市场营造初见成效，被誉为中国篮球的“希望工程”。

（六）中国大学生篮球超级联赛

中国大学生篮球超级联赛（CUBS，Chinese University Basketball Super League），是由中国篮球协会和中国大学生体育协会创办的一项大学篮球赛事，于 2004 年 6 月 1 日在北京成立。与 CUBA 类似，该项赛事也是仿照美国 NCAA 而创办的，但是 CUBS 在人员准入条款方面与 CUBA 并不相同。该联赛的主要参与者和观众是参赛学校的学生。中国中央电视台有时会转播该项赛事的一些重要场次。

联赛目前拥有 16 支球队，分属 2 个赛区；南部赛区和北部赛区，每个赛区有 8 支球队。CUBS 赛季通常于每年 10 月开始，分为常规赛和季后赛两部分。常规赛为循环赛制；常规赛结束后，每个赛区的前四名将有资格进入接下来进行的季后赛。季后赛采用主客场双赛赛制；季后赛的最后一轮也称为总决赛，由半决赛胜出队伍争夺 CUBS 总冠军。该项赛事目前也开始举办女子篮球比赛。

CUBS 只有短短不到 10 年历史，但已经出现几次球队更迭。因为该联赛并不存在升降级制度，所以球队的更迭完全是由学校的意愿决定的。

竞赛规则：常规赛为循环赛制，各区积分最高的前四名晋级季后赛。季后赛采取主客场双赛决胜制：若一方两场全胜，则直接晋级；若一胜一负，则比较双方两场比赛总得分，更高者晋级；若总得分相同，则客场得分多者晋级；若客场得分仍相同，则将进行 5 分钟的附加赛，比分重新计算，如双方打平，继续进行附加赛，直至决出胜负。三四名决赛为单场决胜制。总决赛为主客场三战两胜制。男子 CUBS 历届冠亚军（见表 2.3）：

表 2.3　男子 CUBS 历届冠亚军

届数	总冠军	亚军
第一届	中国人民大学	清华大学
第二届	东北大学	广东工业大学
第三届	东北师范大学	辽宁大学
第四届	广东工业大学	厦门大学
第五届	广东工业大学	东北大学

CUBS 与 CUBA 的不同点：

根据官方对于两个联赛的介绍可以得知，CUBA 只允许全日制在校大学生代表学校出赛，而不允许任何在中国篮球协会注册的专业选手出赛，也就是说，CUBA 是一个纯业余的、完全由大学生篮球爱好者参与的比赛；而 CUBS 肩负着为今后世界大学生运动会中国代表队培养球员，为职业联赛培养人才的任务，所以该联赛允许有合法注册手续的在读大学的专业篮球运动员参赛。显然，从水平上讲，拥有专业运动员的 CUBS 水平会高于 CUBA，但 CUBA 更大地保证了业余体育的纯洁性。

二、篮球运动观赏

篮球运动是一项集趣味性、娱乐性和竞争对抗性为一体的竞技运动和文化娱乐活动，具有广泛的群众基础和特殊的社会影响力。高水平的篮球竞赛中所展示出来的健美、强悍、对抗、高超技艺、拼搏精神，以及在赛事组织、运作和包装等方面体现出来的浓郁的文化元素，不仅能给人们带来强烈的视觉冲击，而且还带给人们情感的震撼和美的享受。观赏高水平的篮球比赛已成为人们休闲、娱乐活动的重要组成部分。

（一）篮球运动观赏的概念

篮球运动的本质属于集体性的竞技性游戏，它以特殊的游戏运动方式反映现实生活。人们在观看篮球比赛的过程中，会产生一系列的情感体验和精神感受，这种感受与现实生活中观赏者的知识层次和结构、生活经历和运动体验、审美理想和审美标准等密切相关。因此，篮球运动观赏是人们在观看篮球运动竞赛和相关活动过程中产生的审美评价和审美享受活动，是在观看比赛过程中表现出来的欣赏篮球运动的能力。

（二）观赏篮球运动的目的与意义

正确地观赏篮球比赛可对广大青少年产生重要的教育作用，经常观看球赛能开发智力，娱情怡神，促进身心健康。而对于多数成年观众来说，观看篮球比赛的直接目的是为了休闲和娱乐。但由于观众的文化格调差异，对篮球运动的理解水平不同，使得观赏的目的存在很大差异，大体可归纳为以下三种类型。

（1）寻求赛场气氛的刺激，了解自己所熟悉球队的参赛表现，为自己支持的球队加油助威，在观赏中使自身的归属感得到满足，使期待感得到宣泄。

（2）欣赏运动员在比赛中表现出来的高超技巧，特别是观赏自己崇拜的明星运动员的不凡表现，在观赏中使情感的审美体验得到满足。

（3）对于高级球迷和篮球爱好者来说，观赏高水平比赛的目的是加深对篮球运动哲理的理解，在提高自己运动审美情趣的同时，领略比赛中拟像人生的自强不息和顽强拼搏精神。

（三）观赏的原理与原则

1. 观赏的哲学与美学原理

篮球运动是具有深刻哲学内涵的运动项目，观赏者的哲学修养在观看篮球比赛时会得到充分体现。在篮球比赛中，攻守对抗规律、攻守转化规律、制约与反制约规律等无不蕴涵着矛盾对立统一、否定之否定等哲学原理。篮球运动要素间的科学与和谐关系、结构与功能统一关系是历经上百年的历史演进而积淀下来的运动文化精华，篮球运动竞赛所倡导的互通友谊、公平竞技等优良文化精神体现了人类社会共同发展的美好理想。经常观赏篮球比赛，能够从中得到人文精神和哲学思想的启迪。

篮球运动还是蕴涵深刻美学原理的运动项目。在初次观赏篮球比赛时，观赏者仅从激动人心、群情激奋的比赛场面中受到熏染，从自己关心的球队领先和落后中获得直接的视觉、听觉器官的情绪高昂的舒适感，使最初的审美体验和归属感得到满足；而随着对篮球运动知识的逐步学习和了解，观赏者不再是观众，而是对篮球运动的技术表现力、球队配合的战斗力有着一定理解的爱好者。此时的观赏者得到的不仅仅是感官的舒适和归属感的满足，而是升华到对篮球运动和对国家、地区乃至单位荣誉的情感审美体验，把自己与球队融为一体，达到物我同一的境地。

随着对篮球运动审美能力的提高，观赏者对篮球运动有了更为深刻的哲理领悟，能够运用多学科知识揭示篮球运动的本质，并能创造性地提出篮球技术、战术发展的新趋势，这样的观赏者已经进入到审美的理性超越阶段，实现最高层次的审美体验。

2. 观赏的社会学原理

以社会学的角度来观赏篮球比赛，可把比赛看作是不同国家、地区乃至社会群体之间的竞争。大量社会学研究成果证明，风靡全球的“球迷现象”的背后，蕴涵着极大的民族精神和民族凝聚力，其原因在于观赏篮球比赛可最大限度地满足观赏者的民族归属感、团体归属感和乡土情结，人们在观赏比赛时把自身的期望与本国、本地区或本单位的球队成绩表现联系起来，使观众与球队之间形成相互依存的利益共同体。当自己的球队表现不俗并取得胜利时，观赏者的期待得以实现，感受到强烈的集体荣誉感和民族自豪感，这种情感体验使观赏球赛的行为得到进一步强化。

3. 观赏的体育学和教育学原理

就体育学的角度来观赏篮球比赛，可把篮球比赛看作健身、娱乐、休闲和竞技表演的具体形式。篮球比赛中运动员的健壮体魄，高超的技术技巧无不给观赏者以健与美的精神享受，许多青少年把篮球明星看作英雄，是学习和效法的榜样。正确地观赏篮球比赛，可建立和强化对篮球运动的兴趣，激发学习与掌握篮球运动方法，投身于篮球运动的热情。篮球明星们的行为对广大青少年具有重要的教育作用，经常观看高水平的篮球比赛，可促进青少年正确的世界观、人生观和价值观的形成，对于培养崇高人文精神意义重大。

4. 观赏的文化娱乐原理

篮球运动的本质是竞技性游戏，其重要功能之一是娱乐。在广大群众的文化生活中，篮球运动也是余暇文化交往及活动方式之一。篮球运动的全球化普及程度较高，除竞技篮球以外，在各国的民间还存在着不同的篮球运动方式，如街头三人篮球、一对一“斗牛”、水上篮球、冰上篮球、轮椅篮球、骑驴篮球、荷兰式篮球、无板篮球和扣篮表演，等等，构成了篮球运动多元化的文化形态。尽管篮球活动形态、形式多样，但却遵循相同的篮球原理——以投中篮为基本得分手段，得分多者名次列前。观赏篮球的各种比赛活动，从中不但能够了解到地域文化、经济、政治和社会发展水平，还能了解地域文化的习俗，从中透视当地民族的民风。

（四）篮球比赛的观赏内容和视角

人们观赏篮球比赛主要通过现场观看和收看电视转播两种途径。除了共同关注篮球比赛过程和结果外，现场观看更能感受到比赛的紧张气氛，更能融入到比赛情境之中，对篮球比赛的理解和感悟也更深。

不同性别、年龄和职业的观众根据他们的观赏目的、观赏喜好和对篮球运动的理解从多角度来欣赏篮球比赛，因而使篮球比赛的欣赏内容呈现出多样化的特点。

对于大部分青少年球迷来说，个性鲜明、技艺出众的篮球明星是吸引他们参与并喜爱篮球运动的最原始的动力。他们观看篮球比赛主要是欣赏球星的比赛风采和精湛球艺，关心自己喜爱的球星、球队的表现和胜负，通过观赏比赛，学习球星的技术运用，模拟球星的个性动作。对相当部分的成人球迷来讲，他们对于篮球运动有自己的见解，所欣赏的并不仅仅是球星的风采和技艺发挥，他们对于赛场上运动员精神面貌，职业道德，比赛双方的技战术能力发挥，攻守对抗的强度，教练员的临场指挥，裁判员的判罚情况等都予以关注和评论。对于一些从事篮球专业工作的人，其欣赏的内容，则以教练员的指挥艺术、比赛双方的技术运用和战术配合为重点，观察教练如何根据比赛形式的变化来实施针对性指挥，教练员每一次暂停、换人以后的战术变化情况及效果，比赛双方攻防节奏的控制，运用技战术的优点与不足等，并在此基础上思考比赛局势的变化与走向。另外，还有一些观众对于篮球运动的兴趣一般，观看篮球比赛的目的仅仅是消遣、调整心态和娱乐，对于比赛过程的变化、球队的胜负、裁判员的表现、教练员的指挥能力等的关注度降低，他们欣赏的重点在于运动员的精湛技艺、比赛间歇期间的文艺娱乐活动，如热情奔放、激情飞扬的拉拉队员的精彩表演、赛场的热烈气氛、高质量的场地器材设备等。

篮球运动内涵丰富，独具魅力。从审美的高度观赏比赛可体会到篮球运动哲学的深奥；从社会发展的角度观赏篮球运动可透视对人文精神的不懈追求；从篮球运动本身的特点来观赏篮球运动可赏析篮球战术运用的变化莫测、运动员出神入化的技术技巧。

总之，不同的人，从不同的角度观赏篮球运动，都会得到审美和人文精神的启迪。通常情况下，对于观赏一场篮球比赛，学过篮球或有过篮球运动体验的人与普通人在观赏篮球比赛时的视角会有所不同，侧重点不一。具体分析如下。

1. 侧重于篮球专业角度的观赏

一场篮球比赛，不论高水平还是低水平，不论比赛进程如何起伏跌宕，外部的包装如何，它都在篮球规则的约束下，遵循着篮球运动一些基本规律。那么对于学过篮球或有过篮球运动体验的人，在感受篮球运动带来的愉悦的同时，如何观赏一场比赛。下面按观赏的一般顺序，逐一列出。

（1）双方的出场人员：如果篮球比赛是一台戏的话，那么，运动员就是篮球比赛的主角。比赛一开场，首先要观察双方的首发队员，谁先上？阵容是“三大两小”还是“两大三小”。开局对一场比赛的胜负是非常重要的，人员的配备不是随意或偶然，各级教练员都很重视，所以，从双方首发阵容中我们就可窥测其中某些隐含着的战术意图。

（2）双方的排兵布阵与战术打法的选择：观察完双方的首发阵容，接下来就要看双方的排兵布阵和战术的选择。比赛中场面可能激烈、复杂，但我们要有重点地看。对于排兵布阵和战术的选择，首先看防守，然后再看进攻。篮球界有句行话：“表演看进攻，赢球靠防守。”所以，各队都非常注意防守。防守可从落位的形式看出该队的防守战术选择，盯人、联防、区域紧逼、还是综合防守？盯人是扩大还是缩小？联防是 2—1—2 还是 1—3—1？弄清楚防守之后再看进攻，从进攻的落位阵形，再看战术打法的选择。是“1—4 单中锋”落位、“1—3—1 双中锋”上下落位还是无中锋外线马蹄形落位，等等。进攻打法是围绕中锋展开，还是移动进攻或换位进攻。总之，几个回合下来，就应对双方的排兵布阵、基本战术打法有所了解。

（3）攻守转换的节奏：攻守转换是篮球比赛中一个重要的环节，它反映着一支球队的水平。看球时，重点观察双方在攻守转换上的节奏变化，是快还是慢？由守转攻，快攻由谁发动？快攻的意识如何？由谁组织推进？推进的速度如何，等等。由攻转守，如何堵截进攻？

如何布防？由谁来指挥，等等。

（4）重点攻击区和主要攻击手：重点攻击区是指相对多的攻击是在这一区域完成，如限制区（内线）45°、限制区外（外线）0～45°角或中路罚球区附近，等等。主要攻击手是指全队最后的投篮任务大部分由他（们）来完成。在比赛中每支球队都会根据自身条件与特点，设计相应的进攻配合战术，明确攻击区域和主要攻击手。就是由全明星组成的美国梦之队，虽然人人技术超群，都有很强的攻击能力，但他们也有相对集中的攻击区域和攻击手，因为，篮球是一项集体项目，允许个人发挥，但要保证全队整体的攻防效果。

（5）暂停与换人：暂停与换人在篮球比赛中很重要，它体现了教练员的临场指挥技巧和艺术。面对场上不断变化的形式，教练员要作出正确的判断和预测，何时暂停？何时换人？换谁？这些都很有学问。怎样判别教练员的指挥水平，可从两方面来看。一方面可从暂停换人的时机选择来判断；另一方面可从暂停、换人后的场上效果来看。

（6）裁判：裁判是篮球场上的法官，他们和运动员、教练员一起，共同完成一场篮球比赛。他们的水平和临场表现，直接影响着一场比赛运动员水平的发挥与比赛顺利进行。现代体育比赛，在利益的驱动下，时有假球黑哨。那么，如何判断一个裁判的水平？如何鉴别是规则允许的漏判（错判）还是“黑哨”？就临场而言，可从裁判员的行为和场上的效果来看。具体如下。

首先，裁判员跑动是否积极、选位是否到位、鸣哨是否及时果断、判罚是否合理、手势是否准确规范、姿态是否大方、双方配合是否协调等等；其次，在保持比赛公正的前提下，处理有利与无利，能控制好比赛，保持比赛的流畅性。再次，现代篮球比赛由于速度快、对抗激烈，允许在一场比赛中有错判和漏判，但如果屡屡有错判、漏判或反判，或在选位合理、视野清晰的情况下错判、漏判或反判，特别是关键球，这一判罚就有“黑哨”的嫌疑。

2. 大众性的观赏

对于一般大众而言，观看篮球比赛，主要是为了休闲、释放情感；同时获得篮球运动美的享受，启迪心智，受到教育。大众性观赏主要从以下几方面来赏视。

（1）篮球运动形式的哲学与美学观赏。

篮球运动蕴涵着深厚的哲学原理，其上百年的文化运行过程积淀了对运动者和观赏者产生巨大作用的科学与和谐原理。篮球运动技术与战术、时间与空间、场地与器材、球与球篮、运动高度与运动速度等要素之间都存在科学与和谐原理。例如，以上肢为主要控制球方式与场地面积之间存在和谐关系，投掷篮球的能力与篮圈高度之间也存在和谐关系，篮球场地和谐的黄金分割为所有运动者提供了最合理的运动空间，攻与守的对称平衡和攻与守的转换等无不展现篮球运动的哲学意蕴。这些和谐关系在篮球运动的长期发展中，因为已被人们熟知而淡漠，而正是这些和谐维系了篮球运动特有的魅力。

美是人们的一种心理愉悦感受，篮球运动也给人们提供了这种心理感受。投篮命中、技术表演、战术配合、顽强拼搏，等等，向不同的观赏者展现出不同层次的美感。对于初级的观赏者来说，看到投篮命中就能产生愉悦；中级的观赏者，注重欣赏有难度的进攻与防守，以及配合的默契；而高级的观赏者，既欣赏比赛本身，又欣赏比赛双方意志的对抗，并从中获得反思。篮球运动中的美来源于运动的和谐，又把和谐即篮球的魅力展现出来，它是人们观赏时要体会的重要内容之一。

（2）篮球运动技术风格的观赏。

篮球运动从发明到昌盛的100多年来，已经在世界各地广泛地流传。发展至今，其技术风格按照地域分为美洲、欧洲、亚洲、非洲和大洋洲5种风格。但由于非洲篮球发展非常缓慢，大洋洲与欧洲相似，实际上其风格主要分为美洲、欧洲和亚洲三大流派。

美洲是篮球运动的发源地，长期走在篮球运动的发展前沿，推动着现代篮球运动技术水平的提高，使之具有极大的魅力和更高的观赏价值。美洲流派技术风格的典型代表是美国队，其NBA职业队代表着世界最高水平，尤其是黑人运动员有着超人的身体素质，奔跑速度快，爆发力强，弹跳力惊人，在激烈的对抗中经常表演高空扣篮、补篮和盖帽等高难动作，技术全面熟练，战术配合快速灵活，攻防并重，地面争夺与空中争夺并存，全场紧逼防守，攻击性强，运动员智力、心理、身体、技术和战术达到高度统一。运动员表现突出，渴望对抗和胜利，个人表演欲望极强。

欧洲流派的特点是“力量型”。如苏联、南斯拉夫和立陶宛、克罗地亚等欧洲强队，不仅中锋身高体壮，连前锋也由高大队员来担任。因此，他们强调整体性、力量性、有效性和顽强性。队员技术全面扎实，强攻、强守是他们的战略指导思想。进攻时讲究配合，中远距离投篮命中率高，篮下攻击力强，防守具有杀伤力。与美洲流派相比，更讲究战术纪律，打法上不求好看，但求实用。所以说，看欧洲强队的比赛，仿佛就看到了篮球技战术的教科书。

亚洲流派的特点是：以中国和韩国为代表，具有鲜明的特点。除中国队外，由于队员普遍身材不高，缺乏高大全面的中锋，所以队员注重全面的技术，快速、灵活、准确、多变和突破能力强，中远距离投篮准确，战术以快速为主，攻强于守。近几年，随着选材和训练的科学化，涌现出了王治郅、姚明和巴特尔等高大中锋，使中国队的打法与欧美强队基本相似。而韩国队令人称道的是其队员充沛的体力、准确的外围远投和永不服输的韧劲，使其在亚洲乃至世界篮坛也占有一席之地。

女子篮球的流派与男子相似，但由于开展较晚，各流派的差别并不太明显，而且都在向着注重整体攻防能力和“女子动作男子化”的方向发展。

（3）篮球运动战术奥秘的观赏。

篮球战术是指篮球比赛中所运用的攻、守方法的总称，既是队员个人技术的合理运用，又是队员之间相互协同配合的组织形式。其目的是为了掌握比赛的主动权，制约对方，争取比赛的胜利。

正确的战略战术，在很大程度上决定着比赛的胜负。战术的灵活运用，要求个人与集体善于观察比赛中的变化，抓住战机，争取主动，掌握节奏，以求实效，最终达到取胜的目的。而观赏篮球运动战术奥秘，正所谓“内行看门道，外行看热闹”。发现战术之美才是篮球战术观赏的真正目的，以美来作为契机和手段，即运用一系列符合美的规律的原则和形式来指导和观赏篮球，才能发现战术奥秘美的真谛。篮球队员有前锋、后卫和中锋之分，他们的种种组合和变化，也就是各种战术的实施，都以一种类似图案的样式存在着、运动着。这种整个赛场的阵形变化（战术组合），一定是符合形式美的规律的，相当有层次、有秩序，充分显示出舒展、通达、呼应、对称、协调与和谐等美的特征。比赛中，哪一方战术的变化越有序、越流畅，就越有可能得到最终的胜利。我们在观看NBA比赛的电视转播中，经常可以看到在一次成功的战术配合后，画面上出现各种简洁的标志，解释整个战术的意图和过程，目的就是为了引导观众在观赏比赛的同时，去更深地发现篮球战术的奥秘之美。

观赏篮球战术奥秘，要具有一定的专业知识，不断提高自己的审美修养和审美能力，才能从更深层的意味上欣赏到战术之美。所以说，战术奥秘之美就在我们面前，只是在观赏比赛的同时，如何去发现它和欣赏它。

（4）球星队员的社会效应的观赏。

篮球名人的社会效应影响巨大，不容忽视。由于篮球运动极为普及，篮球名人作为这项运动的代表人物，其一举一动，无不影响着社会各阶层的篮球爱好者。作为公众人物，他们的形象、品格，甚至言谈举止都可能影响到一代或几代的篮球人口。所以，篮球名人拥有良好的品德，甚至与他在篮球比赛方面做出的贡献同等重要。从某种意义上说，篮球名人在社会上所代表的不仅仅是他自己，而且是篮球运动在其崇拜者心中的地位。他们的成名，一切源于人们对篮球运动的喜爱，所以篮球名人有义不容辞的义务让更多的人喜爱篮球运动。他们的个人魅力和优秀的品质反过来又是产生更大社会效应的关键。

NBA 曾将乔丹作为这个联盟最成功的象征，除了他在球场上那种舍我其谁的领袖气质和精湛的球技，更重要的是他对这项运动所投入的热情，所付出的艰苦努力，以及他在球场上表现出的良好的职业球员的素质。他以一个近乎完美的形象代表了这项运动的时代特征，进而由球员变成“世界篮坛战神”，使这项运动达到空前的繁荣，这是一个篮球运动名人创造推动篮球运动发展的成功范例。乔丹在美国的影响甚至超过总统，总统也无法享受到一个城市为其塑像的待遇。一个具有良好品质和迷人魅力的篮球名人，可以促使篮球运动进入良性循环，当然，品质恶劣的“名人”也有毁灭这项运动的危险。无论怎样，篮球名人具有如此巨大的社会效应，都是因为人们对这项运动的喜爱，正是篮球运动所具有的独特魅力才造就了这一切。

（五）篮球文化欣赏过程

篮球比赛的欣赏是一个由“看”到“品”再到“悟”的过程，这三种方法的选择取决于观赏者的兴趣、观赏目的和对篮球运动的理解程度，不同的方法也使观赏者获得不同的欣赏内容。

1. 观　看

欣赏篮球比赛首先是从观看比赛开始的。人们通过到现场观看或者收看电视转播，直接或间接地接触到篮球比赛。在这个阶段，人们欣赏到的是精彩的比赛场面、极具魅力的明星风采、精湛的篮球技术、流畅的战术配合、激情飞扬的娱乐表演、热烈的赛场气氛，从而感受到运动之美，篮球比赛的魅力，获得视觉、听觉的享受和精神上的满足。有了这种美的享受和精神的满足，才能培养起观赏者对篮球运动的兴趣，增强他们继续观赏比赛的愿望，进而慢慢激发起观赏者亲身参与篮球运动的需要。

2. 品　评

品评是对篮球比赛的品位和评价，是观看的深化，是建立在人们亲自参与篮球运动实践后，获得了对篮球运动的感性认识基础上的行为。观看篮球比赛获得的是对篮球运动的一种感性认识，是表面的，是比赛场景在观赏者头脑中的留驻痕迹。观赏者在经过大量的篮球活动实践，慢慢形成自己对篮球运动的认识后，在观看篮球比赛时，才能去品味比赛，评价比赛。这个阶段，观赏者欣赏到的是运动员技术运用的细节、战术打法的变化、临场指挥的谋略、攻守对抗中的睿智，从而真正领略到篮球运动的内在魅力。

3. 悟　道

悟道是在观看、品评篮球比赛时，借助积累的篮球运动实践经验，对篮球运动的哲学思考，是欣赏篮球比赛的最高层次。悟道，即感悟篮球比赛的正确方式、乐趣、价值、道理、规律、趋势，是对篮球运动的理性认识。“观”得全，“品”得透，才能“悟”得深。这种欣赏方法，有助于人们认识篮球运动、透析篮球比赛、把握篮球规律，能强化人们对篮球运动的热爱，增强参与的积极性，深刻感悟篮球运动的魅力。

（六）观赏篮球运动时应注意的问题

1. 正确认识篮球运动的价值

篮球运动是一项游戏，它作为健身娱乐的手段和竞技表演的体育项目，为人们提供了精神食粮，提供了交流场合，更创造出了大量的商业机会。但是，有些年轻人往往将篮球运动过分神化，认为篮球运动代表了一切，篮球运动也能创造一切，从而产生一些不切实际的想法，甚至出现一些过激行为。高水平的篮球比赛可以称为艺术表演，需要用艺术的眼光去欣赏，但是欣赏表演只是人们精神文化生活的一部分，而不是全部。因此，调整好心态是更高层次观赏篮球运动的基本要求。

2. 正确认识个人素质与观赏比赛之间的关系

不同层次的观赏者在观赏篮球比赛中，能获得不同类型、不同程度的愉悦，这主要是受观赏者知识结构的影响。人们常常形成某种误区，认为低文化水平的人欣赏不了高层次的篮球表演，从而把广大群众排除在外。其实，广大群众作为篮球观赏者的最大人群，一样有精神生活的需要，较低层次的观赏也是篮球运动观赏人群的组成部分。观赏的目的是精神享受，人人都有这个权利，这正是篮球运动魅力广博性的体现。此外，努力提高篮球人口的整体素质，是篮球推广工作的重要方向。让观赏者既了解篮球的历史、技术、战术、规则、裁判方法等篮球专项知识，又了解运动心理、运动生理、运动训练等专项基础知识，还了解社会学、美学等相关知识，才能使篮球运动观赏水平真正上一个台阶。

3. 正确认识篮球运动发展中的改革与多样化问题

近几年，篮球竞赛规则的变化较大，其他各方面也做了许多改革，一些特殊的规则也先后出台，以适应不同的篮球活动。

据国际篮联统计，全世界目前约有 3 亿多人参加篮球运动。篮球运动之所以能够发展到现在的规模，正是由于它有着雄厚的群众基础。但是，作为篮球运动主体的篮球竞赛，由于要求有规范的场地、专业的裁判员，要求队员有良好的身体素质，并掌握娴熟的技术和熟练的战术等条件，这显然不能使大多数篮球爱好者投身其中。在这种条件下，街头篮球（三人篮球）、轮椅篮球、舞台篮球等应运而生。由于篮球运动本身就是一种游戏，而参加者只是想从中得到乐趣，并找到一种终身锻炼的方法。他们在各式各样的篮球比赛和游戏中，体现自身的价值，宣泄自己对篮球运动的热爱，并以自己的行动和快乐感染和吸引更多的人投身于此项运动，使得篮球运动不断发展壮大。

可见，篮球运动中的改革和多样化实际上是篮球竞赛的完善和补充。满足不同民族、不同文化背景、不同层次和年龄的爱好者的需求，是篮球运动繁荣发展的重要手段和保证。

1. 试述培育文化氛围对我国 CBA 联赛的影响。
2. 谈谈对某一场篮球比赛的心得。
3. 试论现代篮球运动的属性。
4. 简述篮球文化的特点。
5. 简述篮球文化的功能。
6. 比较 CBA 和 NBA 的差异。
7. 观赏篮球运动时应注意的问题。

参考文献

[1] 王家宏:《球类运动——篮球》，高等教育出版社 2005 年版。
[2] 郭永波:《篮球文化的理论框架构建》，北京体育大学博士论文 2004 年版。
[3] 孙民治:《现代篮球运动教学与训练》，人民体育出版社 2003 年版。

第三章　篮球技术

【本章学习目标】通过学习篮球技术部分，认知和识记篮球进攻技术和篮球防守技术中的各种概念及分类，明确各种技术动作之间的关联和区别，学会各种技术动作的力学分析和动作要点，掌握各种技术动作的技术环节和练习方法。

【本章学习要点】

1. 篮球技术是指在篮球比赛中，运动员为了达到战胜对手的目的，合理有效地运用各种进攻与防守的专门动作、方法的总称。

2. 篮球技术分为进攻技术和防守技术，进攻技术主要包括传接球、投篮、运球、持球突破、移动、抢篮板球等；防守技术主要包括防守对手、抢打断球、移动、抢篮板球等。

3. 移动是在比赛中为了争取攻守主动所采用的各种脚步动作的总称。

4. 移动主要包括基本站立姿势（准备姿势）、起动、跑（加速跑、直线跑、曲线跑、变向跑、变速跑、侧身跑、后退跑等）、跳（单脚跳、双脚跳、原地跳、助跑跳等）、急停（跳步急停、跨步急停等）、转身（前转身、后转身）、防守步法（平滑步、斜滑步、上下滑步、滑步结合交叉步、追步）等。

5. 持球队员用手连续按、拍借助地面反弹起来的球的动作就叫运球。

6. 依据运球时球的反弹高度，可将运球分为高运球和低运球，常用的划分标准是运球者的腰部，若反弹高度在腰部以上，就是高运球，反之为低运球。依据运球行进的路线和方向变化等划分，又可以将运球分为直线运球、曲线运球、运球变速、运球变向等。而依据运球变向时球与身体的位置关系，又可以将运球变向分为体前变向(体前换手变向及不换手变向)、身后变向、胯下变向和转身（前、后转身）变向四种方法。

7. 运球技术由“身体姿势、手形、手触球和球运行”四个环节构成。

8. 传球就是指进攻队员之间有目的地转移球的方法，是进攻的纽带。

9. 依据传球时所参与的手，可分为单手传球和双手传球；依据球出手时的位置可分为头上传球、肩上传球、胸前传球、低手传球、体侧传球、勾手传球、身后传球、胯下传球等；依据传球者所处的状态可分为原地传球、行进间传球、跳起传球及面对传、侧对传、背对传等；依据球的运行路线可分为直线传球、弧线传球、折线（反弹）传球等。

10. 传球由“动作方法、球的运行路线和球的落点”三者构成，球的飞行路线有 3 种：即直线、抛物线和折线（反弹）。

11. 接球就是获得传球的动作。依据参与接球的手可分为单手接球和双手接球。

12. 依据接球时球的落点可分为头上接球、肩上接球、胸前接球、低手接球和接反弹球等；依据接球者接球时所处的状态，又可以分为原地接球、行进间接球、跳起接球及防守者贴身紧逼时的接球等。

13. 投篮是进攻队员为使球自上而下传过篮筐而采用的各种专门动作的总称。

14. 依据参与投篮的手可分为单手投篮和双手投篮；依据投篮时球离手的点可分为头上投篮、肩上投篮、胸前投篮、低手投篮和勾手投篮等；依据投篮者所处的状态又可分为原地投篮、行进间投篮和跳起投篮等。

15. 影响出手的主要因素有持球手法、用力、球离手。其中，手指手腕的弹拨和协调用力是关键。

16. 持球突破是持球队员得球后，在开始运球前，结合非中枢脚的蹬跨变化、推放球技巧和运球技术等，迅速超越对手的一项攻击性很强的技术。

17. 持球突破由“蹬跨、侧身（转体）探肩、推放球、加速”四个环节组成。

18. 持球突破可分为同侧（顺）步突破、交叉步突破。

19. 防守队员合理运用各种防守动作、积极抢占有利位置，阻挠和破坏对手的进攻意图和进攻行为，限制对手在有威胁的区域随意活动，并以争夺控球权为目的的动作方法叫防守对手。

20. 防守对手可分为防有球队员和防无球队员。

21. 攻守双方争夺投篮未中的球被称为争夺篮板球。

22. 抢篮板球分为抢进攻篮板球和防守篮板球。

23. 抢篮板球分为“判断抢位、起跳、抢球和得球后衔接动作”等几个环节。

24. 防守队员争抢篮板球，其主要突出一个“挡”字。进攻队员争抢篮板球，其主要突出一个“冲”字。

25. 抢、打、断球、盖帽是面对持球者进行防守时的、具有攻击性行为的防守技能。

26. 抢球：依据抢球时的动作形式，分为拉抢和转抢。打球：依据持球者的状态，分为打持球、打运球、打行进间投篮的球（抹球）、打投篮的球（盖帽）。断球：依据断球者的移动路线和球的运行路线，分为横断球、纵断球。也可以分为封断球（贴近持球者断其传球）和抢断球（贴近接球者断其接球）。

27. 抢球、打球、断球、“盖帽”是由准确的判断、快速的移动及合理的身体动作组成。

【基本概念】篮球技术、进攻技术、防守技术、传接球、投篮、运球、持球突破、移动、抢篮板球、防守对手、抢打断球。

【关键名词】移动、基本站立姿势、起动、跑、跳、急停、转身、防守步法、高运球、低运球、单手传球、双手传球、单手接球、双手接球、单手投篮、双手投篮、同侧（顺）步突破、交叉步突破、防有球队员、防无球队员、抢进攻篮板球、防守篮板球、抢球、打球、断球、“盖帽”。

第一节　篮球技术简述

篮球技术是指在篮球比赛中，运动员为了达到战胜对手的目的，合理有效地运用各种进攻与防守的专门动作、方法的总称。其是篮球比赛的基本手段，根据项群训练理论归属于技战能同场对抗性项群。

1. 篮球技术分类

传统上把篮球技术分为进攻技术和防守技术。其中，进攻技术主要包括传接球、投篮、运球、持球突破、移动、抢篮板球等；防守技术主要包括防守对手、抢打断球、移动、抢篮板球等。近年来也出现了不同的分类，即认为篮球技术是以投篮为中心的、以基本手法和步法为基础的、由获得球、支配球和一对一技能为主组成的系列（见图 3.1）。

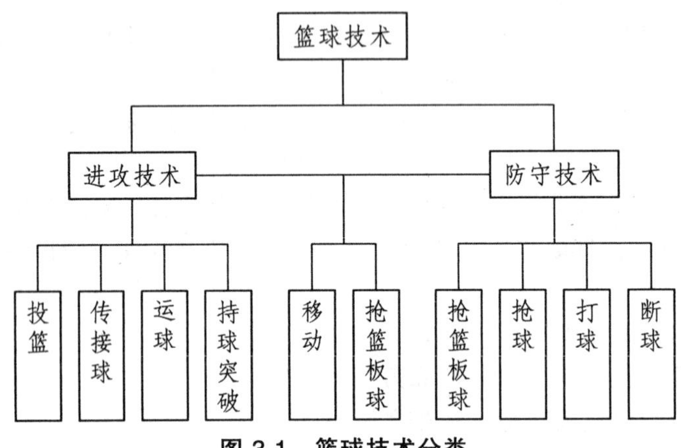

图 3.1 篮球技术分类

2. 篮球技术分析

（1）篮球技术是有一定标准规格要求的一个或一系列动作，是为更好地实现其本质目的而设计的。每个动作都是人体各关节的运动动作按一定顺序组合进行的运动，是以复杂的动作结合为基础的不固定动作，具有较大的变化性和个人差异性。

（2）篮球技术是在运动实践中逐步形成、发展和完善起来的，具有发展性。

（3）篮球技术很大程度上反映出队员的智慧、技能、运动素质心理品质和文化素养等，具有综合性及人性化的特征。

3. 篮球技术的主要形式（动作规格）及要点

篮球场上，为了更好地实现某一目的，需要一系列行之有效的动作方法（技术）。这些方法是人们在长期的篮球实践中总结出来的、符合人体运动科学及篮球运动实际特点的动作规格或运动形式。而在这些具体的方法或活动形式中，都有各自的关键环节（要点）来构成具体方法或动作规格的核心，为参与者提供指导、借鉴和参考。因此，在练习过程中，一定要注重这些技术方法的“要点”。

4. 篮球技术运用应注意的主要问题

（1）要考虑到篮球技术动作在原理上的普遍性、固定性与个人掌握运用时的特殊性、可变性。

（2）要考虑篮球技术动作随着项目及人的发展而呈现出的发展性和变化性。

（3）篮球技术的掌握与运用一定要在符合科学原理的基础上，结合个人的实际状况，注重实用性。

5. 练习与提高篮球技术的基本步骤

篮球技术、技能的提高是一个漫长的过程。这个过程中的首要前提是必须理解该项技术（技能）的核心环节，并在此基础上初步掌握（学会、学好）该项技术（技能）。然后，要通过大量有效的练习方法来巩固、促进和提高该项技术（技能）。最后在比赛中进行检验。如此循环，螺旋上升。因此，篮球技术（技能）的提高可以简要分为以下几个基本步骤：

（1）简单条件下学习掌握单个技术技能，并逐渐加快完成单个动作的速度，形成动作定型（或条件反射）。

（2）学习掌握组合技术，注意各组合动作之间的相互衔接和变换，并逐渐增加组合技术的练习速度和难度。

（3）在攻守对抗情况下，提高技术的综合运用能力。

另外需要指出的是：篮球的每一项技术（技能），都有不计其数的练习方法和练习手段。而且，这些具体的方法和手段又是在不断地发展和完善之中。因此，在选择练习方法时，必须要考虑到参与者之间的差异性，要参照不同的人、不同的基础、不同的发展阶段的客观实际，选择和采用与之相适宜的练习方法。在练习方法的选择上，没有最好，只有更好。

6. 篮球技术的检测与评价

每一项篮球技术、技能都有评价和检测的原则及标准，不同水平和起点的练习者可以根据自身实际和发展目标，结合不同水平的测评标准进行评价和诊断，并科学指导下一步的练习提高。

第二节　移动技术

一、移动的概念

移动是在比赛中为了争取攻守主动所采用的各种脚步动作的总称。移动的基本目标就是攻守双方努力争取时间上、位置上和空间上的优势。随着运动水平的不断提高，对移动质量的要求逐渐升级，成为评价篮球意识的最重要组成部分之一。

二、移动技术分类

移动主要包括基本站立姿势（准备姿势）、起动、跑（加速跑、直线跑、曲线跑、变向跑、变速跑、侧身跑、后退跑等）、跳（单脚跳、双脚跳、原地跳、助跑跳等）、急停（跳步急停、跨步急停等）、转身（前转身、后转身）、防守步法（平滑步、斜滑步、上下滑步、滑步结合交叉步、追步）等（见图 3.2）。

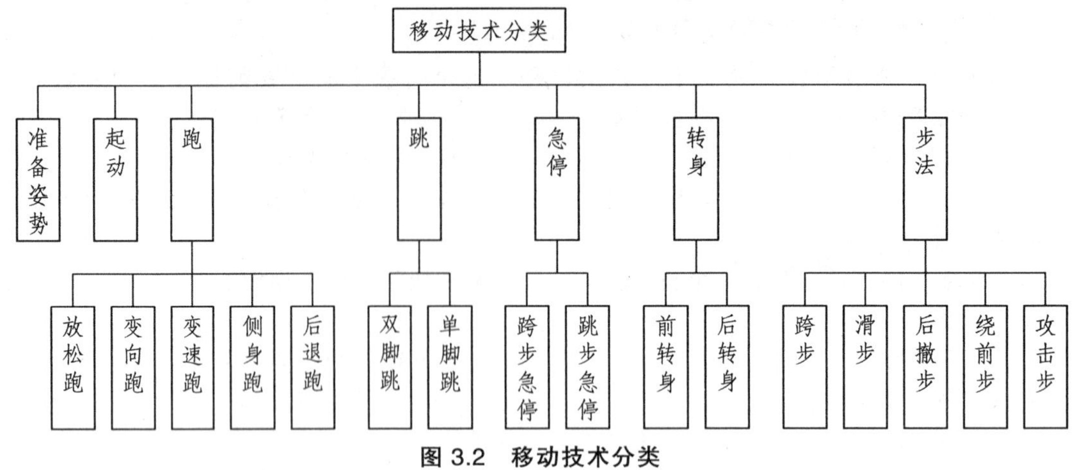

图 3.2 移动技术分类

三、移动技术分析

衡量各种移动技术质量的最关键指标就是看完成动作的速度和突然性。篮球场上又特别强调起动和制动的突然性。而对于人的任何移动，首先都必须通过脚前掌的蹬碾地并依靠地面给人的反作用力来获得动力，同时配合人体重心和腰腹、手臂等的协调配合来实现。较低的身体重心能减小蹬地发力的角度从而获得更大的水平分力，而这个水平分力正是我们移动的动力。因此，要想提高移动速度，必须要时刻保持身体重心低且靠前、落在前脚掌上，以便随时能够快速蹬地发力，迅速起动。同时，在整个移动过程中，要控制好身体重心，尽可能地保持好身体重心在较低姿势下的平稳移动，不要在移动过程中有明显的身体起伏，以便更好地衔接下一个动作。移动的质量受到遗传、生理、身体素质、技巧等多方面因素的影响。

为了更好的掌握移动技术，在教学中必须注意准备姿势的合理性和身体用力的协调性。

四、移动的主要方法及特点

1. 基本姿势

队员在场上需要有一个既稳定又机动的准备姿势，用来保持身体平衡和有较大的应变性，以利迅速地、协调地进行移动，去完成各种行动。准备姿势是两脚前后（或左右）开立，两脚间距离与肩同宽，脚掌着地，两膝微曲（大、小腿之间的角度大约在 135° 左右），身体重心的投影点（以下简称重心）落在两脚之间，上体微向前倾，两臂屈肘自然下垂置于体侧（准备接球或持球），两眼注视场上情况（见图 3.3）。

图 3.3

2. 起　动

起动就是突然加速，是球员由静止状态变为运动状态的起始，是获得位移初速度的方法。示范者用右脚蹬地、左脚迈出第一步进行突然加速。面对防守者向两边的侧前方突然起动时，最好能在起动前有虚晃的动作，让对手无法判断自己的起动时机与移动路线，更好地摆脱对手的纠缠。一般多用于摆脱防守和抢占有利位置。

关键点：重心的转移，突然的发力及高速的频率。

3. 跑

跑的种类很多，篮球场上的各种跑与通常的跑区别不大，关键是要随时注意场上的球、对手、队友等的情况变化。突然、及时地出现在最需要、最合适的位置。一般把跑分为放松跑、变向跑、变速跑、侧身跑和后退跑。

（1）变速跑。变速跑是队员跑动中利用速度的变换来争取主动的一种方法。加速跑时，要利用两脚突然短促而有力地连续蹬地，加快跑的频率，同时上体稍向前倾与手臂相应地摆动加以配合；减速跑时，利用前脚掌用力抵地来减缓快跑的前冲力，同时上体直起，保证身体重心的后移，从而降低跑速。

关键点：快慢起动的突然性。

（2）变向跑。变向跑是队员在跑动中突然改变方向来摆脱防守或堵截进攻的一种方法。变向跑时（以从右向左变方向为例），最后一步右脚着地，脚尖稍向内扣，用前脚掌内侧用力蹬地，屈膝，腰部随之左转，快速移重心，左脚向左前方跨出，这一步要快，右脚迅速随之跨出，继续加速跑动前进。

关键点：前脚掌内侧蹬地的突然性。

（3）侧身跑。侧身跑是队员向前跑动中为了观察球场上的情况，侧转上体进行攻守行动的一种跑动方法。其动作方法只是在跑动中头部与上体侧转向球的方向，而脚尖要朝着前进方向，既要保持跑速或加速，又要完成攻守的动作。

关键点：脚尖朝前，上体侧转，保持协调。

（4）后退跑。后退跑是队员在球场上背对前进方向的一种跑动方法，是为了观察场上攻守情况。后退跑时，两脚提踵，用前脚掌交替蹬地，提膝向后跑动，上体放松直起，两臂屈肘相应摆动，保持身体平衡，两眼平视，注意场上情况。

关键点：脚前掌蹬地，身体微后仰，保持协调。

4. 跳

跳主要指向各个方向的助跑及原地起跳等，与通常的跳跃不同的是，篮球场上需要随时随地能向各个方向（前、后、左、右、垂直）跳起及连续跳跃的能力。并且这些起跳往往是在对手的干扰、对抗和破坏下完成的。它一般分为单脚起跳和双脚起跳。

（1）双脚起跳。起跳时，两脚开立，两腿快速屈膝，两臂相应后摆，上体前倾。然后，两脚用力蹬地、伸膝、提腰，两臂迅速向前上摆，使身体向上腾起。上体在空中要自然伸展、收腰，下肢放松。落地时，用前脚掌先着地，并屈膝缓冲身体下落的重力，保持身体平衡，以便衔接下一个动作。双脚起跳多在原地运用，也可以在上步、并步、跳步或助跑情况下应用。

（2）单脚起跳。起跳时，踏跳腿微屈前送，脚跟先着地，并迅速屈膝过渡到前脚掌用力蹬地，同时提腰摆臂。另一腿提膝积极上抬，借以帮助重心向上移动，当身体上升到最终高点时，摆动腿放膝向下与起跳腿自然合并，使腾空动作协调。落地时双脚要分开，注意屈膝缓冲，便于迅速衔接其他动作。单脚起跳多在助跑情况下运用。

关键点：注意重心的转移和身体的平衡。

5. 急　停

分为跨步急停和跳步急停。持球急停时，要控制好身体重心、明确中枢脚，以防止由于重心不稳或变换中枢脚而造成的走步违例。

（1）跨步急停（两步急停）。队员在快速跑动中急停时，先向前跨出一大步，用脚跟先着地过渡到全脚抵住地面，并迅速屈膝，同时身体微向后仰，后移重心。然后再跨出第二步，脚着地时，稍向内转，用前脚掌内侧蹬住地面，两膝弯曲，身体稍有侧转，微向前倾，重心移到两脚之间，两臂屈肘时自然张开，帮助控制身体平衡（见图 3.4）。

图 3.4

关键点：脚后跟的制动，重心的转移和身体平衡的控制。

（2）跳步急停（一步急停）。队员在中慢速移动时，用单脚起跳（一般离地面不高），上体稍后仰，两脚同时平行落地，落地时全脚掌着地，用前脚掌内侧蹬住地面，两膝弯曲，两臂屈肘微张，以保持身体平衡（见图 3.5）。

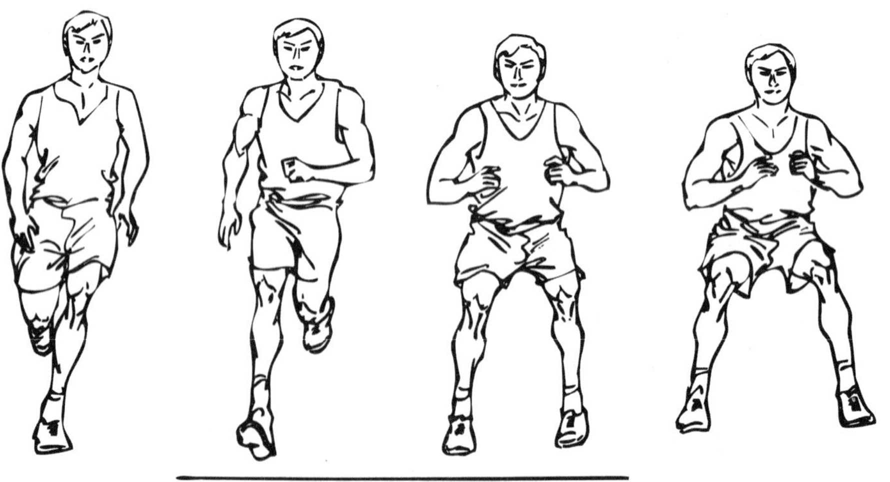

图 3.5

关键点：前脚掌内侧蹬地制动，重心的降低，腰胯的发力。

6. 转　身

转身是队员以一脚蹬地向前或向后跨出的同时，另一脚作中枢脚进行旋转而改变身体方向的一种动作方法。分为前转身和后转身。

（1）前转身。移动脚蹬地在中枢脚前方（身前）进行弧形移动的叫前转身。

关键点：转体蹬跨有力，重心降低转移快速，身体不要起伏。

（2）后转身。移动脚蹬地在中枢脚后方（身后）进行弧形移动的叫后转身。

关键点：转体蹬跨有力，腰胯带动躯干，保持平衡。

行进间运用后转身，是在队员靠近对手时，以前脚步为中枢脚旋转，后脚蹬地做后转身。由于跑动中惯性的关系，要适当减速，加大中枢脚碾地的力量，从而加快旋转的速度。要注意控制重心，保持身体平衡。

7. 步　法

步法主要包括攻击步、后撤步、滑步、跨步、绕前步。

（1）攻击步（前跨步）。攻击步是防守队员突然向前跨出的一种动作。这种步法是利用后脚蹬地，前脚迅速向前跨出，逼近对手。运用攻击步时，用前脚的同侧手伸出抢球、打球或干扰对手的进攻动作。

关键点：后脚蹬地突然。

（2）后撤步。后撤步是变前脚为后脚的一种起步方法。队员为了保持有利位置，特别是当进攻队员从自己前脚外侧持球突破或摆脱时，常用后撤步移动，并与滑步、跑等结合运用。

关键点：后撤要快，转跨要猛，身体不起伏。

（3）滑步类技术动作。滑步是防守移动的一种主要方法。它易于保持身体平衡，可向任何方向移动。滑步可向侧、向前和向后进行滑动来阻截对方的移动。

① 侧滑步。两脚平行站立，两膝较深弯曲，上体微向前倾，两臂侧伸。向左侧滑步时，右脚前脚掌内侧蹬地，左脚步向左（移动方向）跨出，在落地的同时，右脚紧随滑动，向左脚靠近，两脚保持一定距离，左脚继续跨出。在滑步时，要保持屈膝、低重心的姿势，身体不要上下起伏，重心保持在两脚之间，眼要注视对手（见图 3.6）。向右侧滑步时脚步动作相反。

图 3.6

关键点：重心在两腿之间，屈膝降重心，两腿不交叉，身体不起伏。

② 前滑步。两脚前后站立。向前滑步时，后脚的前脚掌内侧蹬地，前脚向前跨出一小步，着地后，后脚紧随着向前滑动。保持前后开立姿势。

关键点：重心在两腿之间，屈膝降重心，两腿不交叉，身体不起伏。

③ 后滑步。后滑步动作方法与前滑步相同，只是向后方移动。

关键点：重心在两腿之间，屈膝降重心，两腿不交叉，身体不起伏

④ 滑跳步（碎步）。多用于外线防守。

动作方法：两脚平行开立，稍比肩宽，两膝保持弯曲，移动时，不停顿地用前脚掌蹬地，用小而快的步法向左、右、前、后移动。移动时步幅小（小半步），保持平步防守姿势，上体不要起伏。

关键点：重心在两腿之间，屈膝降重心，步幅小，频率高。

五、移动技术运用应注意的主要问题

（1）应充分认识到移动的重要性。

（2）掌握正确的移动步法，以防止在快速移动中失去身体重心。

（3）根据实际，选择、组合使用不同的方法。

（4）行动要有预见性，真假结合，积极限制和调动对手，变被动为主动。

六、练习和提高移动技能的基本步骤与主要方法

（1）先在简单条件下掌握基本的方法，然后由慢到快、循序渐进地加快动作的完成速度。

（2）注重提高各种脚步动作的组合并与其他各项持球技术等组合运用。

（3）逐渐增加脚步动作的练习难度，并在对抗中巩固提高。

练习一：进攻步法练习。原地基本姿势——蹬跨（同侧步和交叉步，注意控制身体重心及中枢脚）——加速（左右两侧）——变向（顺步及交叉步）——急停（跳步及跨步）——转身（前转身及后转身）——蹬跨（同侧步及交叉步）——同前重复进行。也可持球进行本练习。

练习二：防守步法练习。原地基本姿势——侧后方向滑步——半转身后撤步——滑步——交叉步——追防步——半转身后撤步——交叉步——追防步——同前重复进行。

练习三：综合步法练习。徒手的一对一攻防对抗，选定好攻防目标及路线后，要求攻防对手在1步的距离内进行摆脱与防摆脱的较量，应选择速度相当或稍快于自己的不同的对手进行练习，以利于提高攻守综合步法的动作质量。

七、移动能力的检测与评价

衡量每一项移动技术水平的主要指标是看它的完成速度、方向变化等的突然性。它涉及遗传、意识、技术技巧、对手水平等多种因素的影响。常用的测量移动能力的指标有三角滑步和全场的见线折返跑，要求测试者按照具体的要求进行滑步和折返跑，根据完成移动所用

的时间来衡量移动水平。在各类青少年的素质测试和体育尖子生等的加试中，都有具体的规定和评价标准，可供参考。

八、移动技术的运用与教学提示

（一）技术运用

（1）每次移动要有明确的目的，要合理及时地在比赛中调整步法，借以摆脱或防住对手，因此必须善于观察场上的实际攻守情况，以便使每次移动变化有明确的目的性；技术运用要快慢结合、真假结合、主变与应变结合，做到合理、及时，灵活机动。

（2）要随时保持屈膝低重心和身体的平衡与放松。无论哪一项移动技术，或几项移动技术组合或与其他技术动作组合运用时，运动员身体重心都不能上下起伏，要平稳，但身体也不要紧张。

（3）要解决好移动技术动作之间及与其他技术的衔接与组合。在比赛中，为完成攻守任务，移动技术经常是由几个脚步动作组合而成，或是与其他技术动作组合在一起加以运用的。如起动——跑、接球急停——转身运球、滑步——起跳——断球、运球——跳起投篮或传球、转身挡人——起跳空中争抢篮板球，等等。因此，在掌握单个移动技术的基础上，要加强组合技术动作的练习，解决好动作之间的衔接，提高运用移动技术的质量。

（4）良好的身体素质是移动技术运用的基础。移动技术是由起动、跑、跳、急停、转身、跨步等组成，技术动作突然、快速，并要随时保持平衡或打破平衡、改变方向，所以，运动员良好的腰腹、腰胯、脚踝力量和身体的协调性、灵活性是移动技术运用的基础。

（二）学习提示

（1）移动技术的教学，一般是在开始阶段比较集中地进行，为学习其他技术打下基础。移动技术的教学顺序可以按跑、急停、转身、跳、滑步等分别组合进行，在这些动作教学的同时，要结合基本站立姿势、起动、跨步、撤步、交叉步等动作的学习。在教学方法安排上，从单一技术到组合技术，从单一的模仿练习到对抗练习；从消极防守到积极防守；速度也是从慢到快，提高运用各种脚步动作的能力。

（2）移动技术动作的讲解要明确、形象、生动，可以联系生活实际，让学生易于联想，示范要正确，使学生较快地形成正确的动作概念。

（3）移动技术练习较为枯燥，应提高运动员对脚步动作重要性的认识，在教学与训练中应多采用游戏的方法或综合练习；在组织专门性的练习时，应在逐渐增加动作的数量、练习强度的同时，不断变换练习条件，以提高学生的兴趣和积极性。

（4）在移动技术教学、训练中，要重视对学生视觉、听觉能力的练习，培养篮球意识，提高判断能力和反应能力。

（5）移动技术的教学与训练，应把提高脚步动作的突然性、快速性、灵活性作为重点，在各种移动练习中，都要强调站立姿势的正确、重心的稳定和转移。

（6）移动技术的教学与训练，应与提高专项身体素质紧密结合，还应与其他攻防技术、基础配合结合进行。在考核篮球技术中，移动技术应列为考核考试内容之一。

第三节　运球技术

一、运球及运球突破的概念

持球队员用手连续按、拍借助地面反弹起来的球的动作就叫运球。而借助运球技巧和脚步动作超越对手的行动被称为运球突破。运球及运球突破是评价球性熟练程度的重要指标之一。

二、运球的分类

依据运球时球的反弹高度，可将运球分为高运球和低运球，常用的划分标准是运球者的腰部，若反弹高度在腰部以上，就是高运球，反之为低运球。依据运球行进的路线和方向变化等划分，又可以将运球分为直线运球、曲线运球、运球变速、运球变向等。而依据运球变向时球与身体的位置关系，又可以将运球变向分为体前变向（体前换手变向及不换手变向）、身后变向、胯下变向和转身（前、后转身）变向四种方法（见图 3.7）。

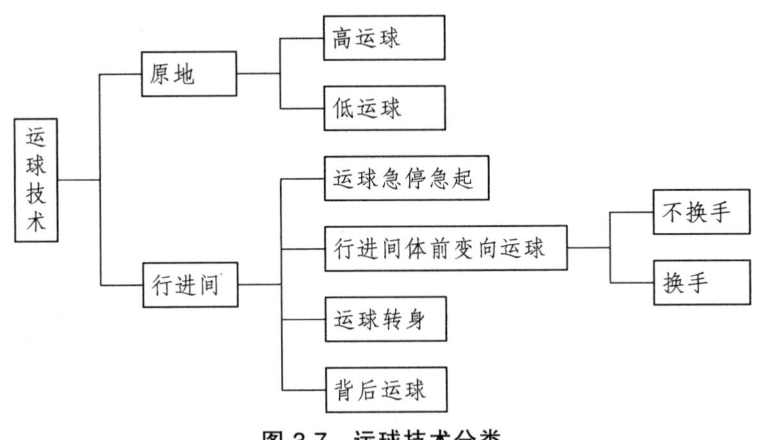

图 3.7　运球技术分类

三、运球分析

运球技术由“身体姿势、手形、手触球和球运行”四个环节构成。其中手触球的部位及动作形式等决定了球的反弹角度、速度和高度。运球技术的关键是手对球的控制能力，脚步移动的熟练程度以及手、脚及身体等之间的协调配合。运球突破能力是衡量运球技术质量的一个显著标志，而运球突破的核心在于运球时速度和方向变化的突然性。

四、运球主要方法及要点

（1）高运球。运球时，球的反弹高度超过运球者的腰部以上，多以肩关节为轴，带动肘关节及手腕手指发力运球，多用于无防守队员接近时的运球推进。

关键点：拍球部位要合理，手脚配合协调。

（2）低运球。运球时，球的反弹高度在运球者腰部或膝部以下，运球时以肘关节或腕关节为轴，带动手腕或手指发力运球，多用于靠近防守者或准备运球突破时。

关键点：短促有力拍球，重心降低。

（3）运球变速（加速和急停）。与无球时的变速一样，都要求注重加速或急停时的突然性，只是多了控球而已。要求加速时以球领人，防止由于球太靠近身体而影响了速度的发挥。此时，球与身体的协调一致成为影响动作质量的关键。

关键点：脚步重心转移快，身体协调一致。

（4）运球变向。在运球前进的过程中突然改变行进的方向，称为运球变向。与无球时的变向跑一样，方向改变的突然性成为影响动作质量的关键。而运球变向只是增加了控球而已，更强调人体运动与球的运动协调一致，尽量使球成为身体的一部分。根据变向时球与身体的位置关系，可以将运球变向分为以下几种方法。

① 运球体前换手变向。左手运球接近对手，并向左侧运球加速以吸引防守者偏离正常防守位置，而后突然用左手向右侧运球，经过体前改变运球前进的方向并侧身加速，变向后，换成远离对手的右手运球，运球加速争取超越对手。

关键点：降重心，蹬转探肩，变向换手后加速。

② 运球体前不换手变向。基本同体前换手变向。右手运球接近对手，向左侧运球蹬跨并配合身体晃动使对手产生错觉偏离正常防守位置，而后突然由左侧变为向右侧的加速，并迅速侧身插肩运球加速，争取超越对手。整个动作过程中一直用右手运球。

关键点：身体重心转移要快，横拉动作要快、熟练。

③ 运球身后变向。运球行进时在身体后方完成方向的改变。右手运球接近对手，向右侧运球，右脚蹬地发力、左脚采用交叉步加速，诱使对手偏离正常的防守位置，右脚跟上左脚的同时，突然改变前进的方向，准备向左侧变向，同时，右手控球引向身体的右后侧方，经过身体后方将球运向左侧前方，左手迎球、右脚落地并迅速蹬地发力，迈出左脚加速，左手运球继续加速，争取超越对手。

关键点：拍球的部位合理，跨步及时，身体协调。

④ 运球胯下变向。运球行进时在胯下完成方向的改变，右手运球行进过程中，将球运向两腿之间空隙的地面，并用左手迎接借助地面反弹的来球，完成一次胯下运球变向。

关键点：拍球部位合理，落地点准确，身体协调。

⑤ 运球后转身变向。运球接近对手，以左脚的交叉步蹬跨加速，吸引诱使对手偏离正常防守位置，突然以左脚为轴，配合右手控球做后转身动作，完成后转身，立即换左手运球并加速，争取超越对手。

关键点：持球手型要正确，转身要快，身体重心不要起伏动作协调连贯。

五、运球运用时应注意的主要问题

（1）注意运球时机，不轻易运球，一旦开始运球后则不轻易停球，滥用运球将贻误战机。

（2）运球时要抬头，扩大视野，捕捉战机。

（3）运球时要注意用身体等保护好球。
（4）尽量不要在边、角等处停球。
（5）结合假动作迷惑对手。

六、练习和提高运球技能的基本步骤与主要方法

（1）从一开始就要养成抬头运球的习惯。
（2）先学习掌握原地的各种运球技术，尽可能提高运球节奏。
（3）小范围行进间的快节奏运球，由慢到快，提高全身协调配合能力。
（4）提高运球时的突然变化能力（起动、急停、变向及结合假动作的上述练习）。
（5）增加防守的攻击性以提高练习难度。
（6）注重提高运球技术和其他技术的衔接水平。

练习一：快频率运球，单位时间内计算触球次数。

练习二：运球快跑及接力比赛。也可以设立若干标志物进行变速、变向运球练习或比赛。

练习三：增加防守干扰下的运球练习，根据运球者的水平，要求相应的防守对抗。也可以用 2 人防守 1 人运球。

七、运球技术的运用与学习提示

（一）技术运用

1. 进攻队员要熟悉本队战术，全面观察场上情况，扩大视野

在比赛中合理的运球可以创造有利的进攻机会，但滥用运球则会贻误战机。所以，进攻队员在场上要熟悉本队战术，了解战术中的每一个进攻机会，全面观察场上局势，掌握好运球时机。

2. 队员要合理地选用各种运球技术，并与其他进攻技术结合，提高运用技术的灵活性

在运球时，队员要善于运用假动作迷惑对手，根据场上的具体情况，合理地选用各种运球技术或技术组合，以摆脱防守阻挠。同时应把运球与传球、投篮等技术结合起来，增加技术运用的灵活性和进攻的有效性。

3. 运球队员要准确地判断，及时地捕捉传球或投篮时机

当同伴摆脱防守，抢占有利的进攻位置时，运球队员要及时地把球传给同伴；在防守队员失去有利的防守位置时，运球队员要及时地运球投篮。

4. 抢到防守篮板球后遭堵截，可用运球突破摆脱防守，创造快攻机会

在组织和发动快攻过程中，抢到防守篮板球时，防守队员积极封第一传、堵截接应队员，受阻时持球队员可用运球突破摆脱防守，然后迅速地把球传给接应队员或快下队员；在快速

推进和结束过程中，快下队员被对方严密防守时，可用运球快速推进或运球投篮。

5. 在组织阵地进攻中，根据需要可用运球实施战术

当对方扩大防区时，可用运球压缩防守；当进攻位置不合适时，可用运球突破，打乱对方的防守部署；在采用控制球战术时，可以运用运球拖延时间。

（二）学习提示

（1）运球的教学顺序一般为：原地运球，行进间直线高、低运球，运球急停急起，体前变向运球，背后运球，转身运球，胯下运球。

（2）运球的关键是手对球的控制能力和手脚的协调配合。所以，应加强熟悉球性练习，培养球感，提高控制球、支配球的能力。同时要提高脚步动作的速度、灵活性。

（3）训练中要注意加强弱手的练习，使左右手的运球能力均衡地发展；训练和比赛中运球时，要强调屈膝、抬头、眼平视，保护球和观察场上情况，养成好的习惯。

（4）运球技术教学、训练中，要将运球技术与抢篮板球、传接球、投篮和突破等技术结合起来，并在训练中融入战术意识的培养，掌握好运球的时机。

（5）训练中要逐步增加训练的难度（在速度和对抗强度方面）。如带上运球眼镜运球，一对一攻守对抗（由消极到积极）、以多防少练习等，磨炼运球技巧，提高在各种不同的防守情况下合理地运用运球技术的能力；提高运球的攻击性。

（6）教学、训练中，对学生完成的技术动作，应及时地作出评定，肯定优点，指出错误，分析产生错误的原因，并采取纠正错误的辅助练习和训练手段。

第四节　传接球技术

一、传球技术

1. 传球的概念

传球就是指进攻队员之间有目的地转移球的方法，是进攻的纽带。若接到传球后直接投篮得分，则这个传球被称为“助攻”。

2. 传球的分类

依据传球时所参与的手，可分为单手传球和双手传球；依据球出手时的位置可分为头上传球、肩上传球、胸前传球、低手传球、体侧传球、勾手传球、身后传球、胯下传球等；依据传球者所处的状态可分为原地传球、行进间传球、跳起传球及面对传、侧对传、背对传等；依据球的运行路线可分为直线传球、弧线传球、折线（反弹）传球等。一般分类以传球时所参与的手为主。（见图 3.8）

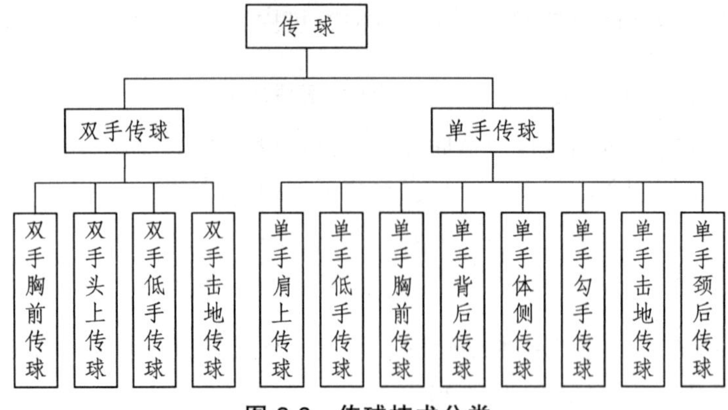

图 3.8 传球技术分类

3. 传球分析

传球由"动作方法、球的运行路线和球的落点"三者构成，这是评价传球质量的重要指标。不论何种传球，都应该是全身协调用力，最后通过手指、手腕的抖动和弹拨，使球体自然而均匀地旋转离开指端。手腕、手指的用力程度可以反映出传球的技巧高低。球的飞行路线有 3 种，即直线、抛物线和折线（反弹），运用时要符合场上的具体实际。

双手持球手法：两手手指自然分开，拇指相对成"八"字形，用指根以上部位持球，手心空出（见图 3.9）。两肘自然弯曲于体侧，将球置于胸腹之间的部位，身体成基本站立姿势。

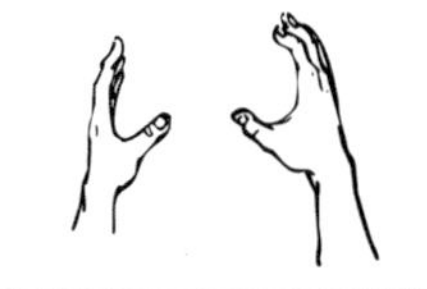

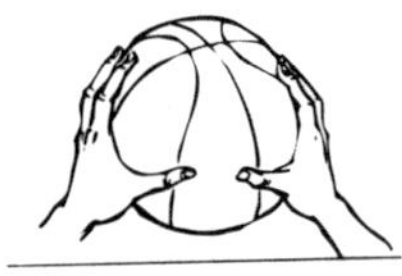

图 3.9

4. 传球的主要方法及要点

（1）双手胸前传球。

双手胸前传球是比赛中最基本、最常用的传球方法，可在不同的方向、不同的距离中使用，便于和投篮、突破等动作结合运用。

动作方法：由双手持球的基本姿势开始，双臂借助下肢蹬地及腰腹等的协调力量迅速向传球方向前伸，同时，前臂内旋，双手大拇指快速下压，手腕快速前屈、抖动，通过食指、中指的拨球使球自然产生均匀的向后旋转，飞向预定目标。出球后，双手及手臂自然随向出球方向。

关键点：持球用力协调连贯，中指、食指拨球。

（2）双手低手传球。

这是一种近距离的递交传球，多用于内线队员进行策应或外围队员交叉跑动时。

动作方法：双手持球于腹前或腹侧，两脚左右或前后开立，屈膝。传球时，前臂外旋，手腕前屈，小指、无名指和中指用力拨球，将球柔和传出，注意传球的方向和力度，考虑人、球的空间位置，做到以球领人。

关键点：力度要适宜，高度要合适。

（3）单手肩上传球。

这是单手传球中一种最基本的方法。这种传球的力量大，飞行速度快，经常用于中、远距离传球。

动作方法：以右手传球为例，双手持球于胸前，两脚平行开立。传球时，左脚向传球的方向迈出半步，同时将球引到右肩上方，肘关节外展，上臂与地面近似平行，手腕后仰，右手托球，左肩对着传球方向，重心落在右脚上，右脚蹬地，转体，前臂迅速向前挥臂，手腕前屈，通过食指、中指拨球，将球传出。球出手后，随着身体向前迈出半步，保持基本站立姿势。

关键点：蹬地、扭转肩，挥臂扣碗，自上而下，发力连贯。

（4）单手胸前传球。

这是近距离传球的一种传球方法。这种传球方法容易和其他技术动作结合。
动作方法：以右手传球为例，持球方法与双手胸前传球基本相同。传球时，上体稍左转，左手离开球，右手持球的侧后下方，伸臂，屈腕，拨指，最后通过手指拨动，将球传出。

关键点：手腕动作要突然，动作幅度要小。

（5）单手低手传球。

这是一种近距离的递交传球方法。这种传球由于出球点低，动作幅度小而快，内线队员进行策应和外围队员交叉掩护时运用较多。

动作方法：以左手传球为例，持球方法与双手胸前传球基本相同。传球时，右脚向传球的方向迈出一步，右肩斜对传球方向，上体前倾，同时双手持球于体侧，左臂前摆，屈腕，拨指，将球传出。

关键点：动作要隐蔽。

5. 传球运用时应注意的主要问题

（1）传球的基本宗旨是“准确、及时、隐蔽、多变”。

（2）传球时应选择合理的传球方式，多用手腕手指的抖动和弹拨，减少手臂的用力幅度，提高运用的技巧。

（3）传球时应多通过“眼、手、身体”等假动作迷惑对手，真假结合。

6. 练习和提高传球技能的基本步骤与主要方法

（1）首先要注重强调中近距离传球时的用力顺序及手法技巧的掌握提高。

（2）要能熟练运用左右手掌握多种传球手法，控制和运用好多种传球路线及落点。并多与其他技术（如突破、投篮等）组合使用。

（3）多配合眼、头、肢体等身体多个部位的假动作迷惑对手，出其不意。

练习一：快接快传练习。可在墙上选定目标后，对此目标连续快传快接，也可以与一个或多个伙伴一起练习。要求在手形、用力及出手等方面都正确的前提下，尽可能地加快动作速度。

练习二：3 人一组，2 人传球，中间 1 人断。

练习三：抢截球练习。外围几人围一圆圈相互传接球，中间几人抢断。

练习四：在半场或全场的比赛时规定不许运球。可以根据实际情况增加相应的防守队员。

二、接球技术

1. 接球的概念

接球就是获得传球的动作。良好的接球技巧能够弥补传球的不足，接球就是传球的开始，接到球后就应该最好“三威胁”的动作。

2. 接球分类

依据参与接球的手可分为单手接球和双手接球；依据接球时球的落点可分为头上接球、肩上接球、胸前接球、低手接球和接反弹球等；依据接球者接球时所处的状态，又可以分为原地接球、行进（见图 3.10）。

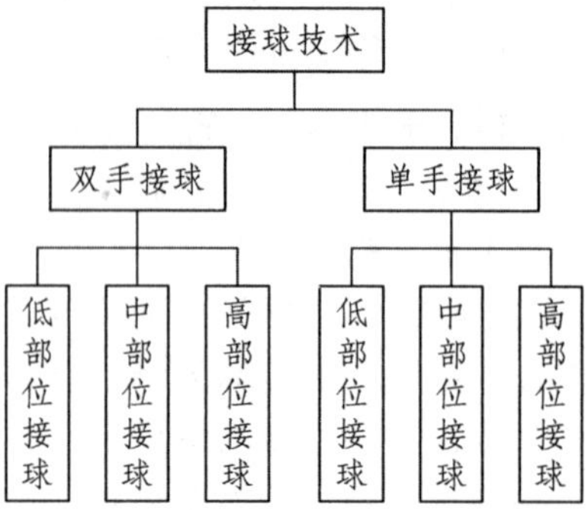

- 接球技术
  - 双手接球
    - 低部位接球
    - 中部位接球
    - 高部位接球
  - 单手接球
    - 低部位接球
    - 中部位接球
    - 高部位接球

图 3.10 接球技术分类

3. 接球技术分析

无论何种接球，都是由伸臂迎球和缓冲握球等动作组成。接球时，要伸臂迎球，手指自然分开成球状，双手迎球时，手形要外大里小。无论接任何方向的来球，都要先伸出手去“截住”球的运行路线，以防止漏球。当指端触球的瞬间，手臂要顺势后引，曲肘缓冲来球的惯性后持球。有对手靠近或贴身防守时，要先卡位置堵住防守者后再要球，以防止被破坏或抢断。控制球后要随时保持好“能投、能突、能传”的“三威胁”攻击姿势，并尽快衔接下一个动作。分接中部位的球；接高部位的球；接低部位的球。

4. 接球的主要方法及要点

（1）双手接球。两臂先伸出迎球，双手十指自然分开成半球状，手指指端触球瞬间，双臂随球缓冲来球的力量后，自然持球于胸腹之间，保持好“三威胁”的姿势。

关键点：迎球缓冲，做好下一个动作的准备。

（2）单手接球。五指自然分开成弧形并伸出手臂迎球，手指指端触球的瞬间顺势缓冲控球。同时，借助另一手的辅助成双手持球的“三威胁”姿势。

关键点：迎球缓冲，接球准确，双手持球。

5. 运用接球时应注意的主要问题

（1）无球队员接球前，要积极利用脚步的速度和方向的变化来摆脱防守者，抢得位置上的优势。在摆脱抢位时，即使不能完全超越防守者，也要注意侧身插肩，争取“一肩半步”的优势，利用自己的身体把防守者挡在身后，以便获得更好的位置，接球攻击。

（2）接球后要尽快衔接下一动作，特别是要做好投篮的一切准备，以减少准备时间。若在篮下近距离得到球后，首先要考虑的就是投篮，除非队友有比你更好的投篮机会。若在离篮圈较远的地点得到球，要立即观察最近的投篮点附近是否有自己的队友，并做好给他传球的准备。切忌获球后只顾球不看人或盲目运球。

（3）要注意接球后与其他多项技术的有效衔接。例如接球后与投篮、突破、传球、蹬跨、转身等技术的组合及相互转换等。借此来掩盖真实意图、迷惑防守者，以便实施更有效的攻击。

（4）尽可能在接球前就注意到下一个技术动作的衔接及应变等。

6. 练习和提高接球技能的基本步骤与主要方法

（1）接球往往与传球及摆脱等技能结合练习，以相互促进和提高。

（2）先双手后单手，先原地后行进间，再结合到对抗中练习提高。

（3）要注重接球前后的衔接技术和“卡位—迎球”的时机练习。

由于接球往往需要和传球结合，因此，主要的方法也可参考传球章节。

7. 练习方法

（1）学生成几列横队，左右前后间隔 2 米。学生随教师的口令做传接球的徒手练习。

（2）原地传接球练习，两人一组一球，面对面相距 3 ~ 4 米，做原地传接球练习。

（3）原地三角、四角双手胸前传接球练习，学生成 3 ~ 5 人一组站成近似等边三角形或正方形，相距 4 ~ 5 米按顺时针或逆时针方向依次传球。

（4）迎面跑动传接球，学生 6 ~ 8 人一组，分成两纵队站立，距离 4 ~ 6 米，相互传球后跑至对方排尾。

（5）全场两人跑动传接球练习，两人一组一球，相距 3 ~ 5 米，进行全场传球接球练习。

三、传接球技术的运用与学习提示

（一）技术运用

1. 进攻队员要熟悉本队的进攻战术，使传球更具针对性、准确性

进攻队员要熟悉本队的进攻战术，了解战术中每个进攻机会，便于掌握传球时机；要了解同伴的进攻特点，便于观察、判断他的进攻行动，采取具有针对性的传球方式；同时也要了解对方的防守战术和防守对手的优缺点，以便提高传球的准确性。

2. 传球时，应根据防守队员与接球队员的位置、移动速度决定传球用力的大小、方向和传球方式

当同伴摆脱对手抢占有利进攻位置的瞬间，一般是将球传到远离防守人一侧的位置上，这样既可以避免对手的抢断球，又便于接球人顺利地完成下一个进攻动作。远距离传球时，要传得快速有力；近距离传球时，要隐蔽、突然、及时、到位；传球给近距离迎面跑来的接球人时，传出的球要柔和；传给顺着球飞行方向前跑的接球人时，传出的球既要快速有力，又要有适当的弧度，以球领人，做到人到球到。

3. 持球队员要扩大视野，全面观察场上情况，隐蔽自己的意图

持球队员要扩大视野，全面观察场上情况，准确地判断，及时捕捉传球时机，一般来说，在后场由防守转入进攻时，应先看前场，再看后场，首先争取长传快攻的机会；在阵地进攻时，应先看内线，再着外围队员，首先是争取内线的有利进攻机会。

4. 持球队员传球前要有攻击动作或假动作

持球队员传球前要有攻击动作或假动作，传球前要敢于靠近防守人；要和投篮、突破、运球等攻击动作或假动作紧密结合，以便能声东击西，利用时间差和位置差，获得良好的传球机会。当持球队员错过良好的传球时机时，不要着急，更不要停球时间过长，应该在运球移动中继续组织进攻配合，耐心地寻找有利的传球时机。

5. 接球前要先观察攻、守双方情况，然后摆脱防守，上步抢位迎球

接球前要先观察攻、守双方情况，接球时，必须摆脱防守，上步抢位，伸手迎球，接球后迅速持球于身前，保持身体平衡，根据场上需要，衔接下一进攻动作。

（二）学习提示

（1）传、接球的教学、训练应从接球动作开始，先教接球，再教传球，把传球和接球的教学与训练结合起来。

（2）教学、训练时对动作要领严格要求。应从原地传接球开始，在掌握动作规范的基础上进行移动传、接球的教学与训练；再进行与其他技术相结合的训练；最后再进行有防守情况下的训练，提高在实战中的运用能力。

（3）在教学过程中先教传平直球，再教传折线球，最后教传高吊球。并以 3 种传球路线交替进行练习，促使传接球正确手法的形成。

（4）在传接球的教学、训练中，要重视接球的教学与训练，形成正确的接球手法，养成接球结束就是传球或其他进攻动作的开始的习惯。

（5）在传接球教学、训练中，要注意传球前隐蔽视线的训练和弱手的训练。

（6）传接球的训练过程中，要在全面掌握各种传球技术的基础上，结合队员个人的身体、技术和位置的实际，逐步形成个人传球的特点。

（7）在教学、训练中，对学生完成的技术动作应及时做出评定，肯定优点，指出错误及其产生原因，并及时采取纠正错误动作的辅助练习和训练手段。

第五节　投篮技术

一、投篮的概念

投篮是进攻队员为使球自上而下传过篮筐而采用的各种专门动作的总称。是篮球运动所有技术、战术、技能的最终目的，是篮球比赛中唯一的得分手段。投篮的能力和水平是制胜的最关键因素。

在篮球竞技的对抗中，所有的进攻行动都是在努力创造出更好的投篮机会，也就是说所有的进攻技战术都是在为投篮服务。而所有防守的努力也都是为了阻止和破坏对手的投篮。所以，投篮能力是篮球运动中最核心的基本技能。

二、投篮分类

依据参与投篮的手可分为单手投篮和双手投篮；依据投篮时球离手的点可分为头上投篮、肩上投篮、胸前投篮、低手投篮和勾手投篮等；依据投篮者所处的状态又可分为原地投篮、行进间投篮和跳起投篮等（见图 3.11）。

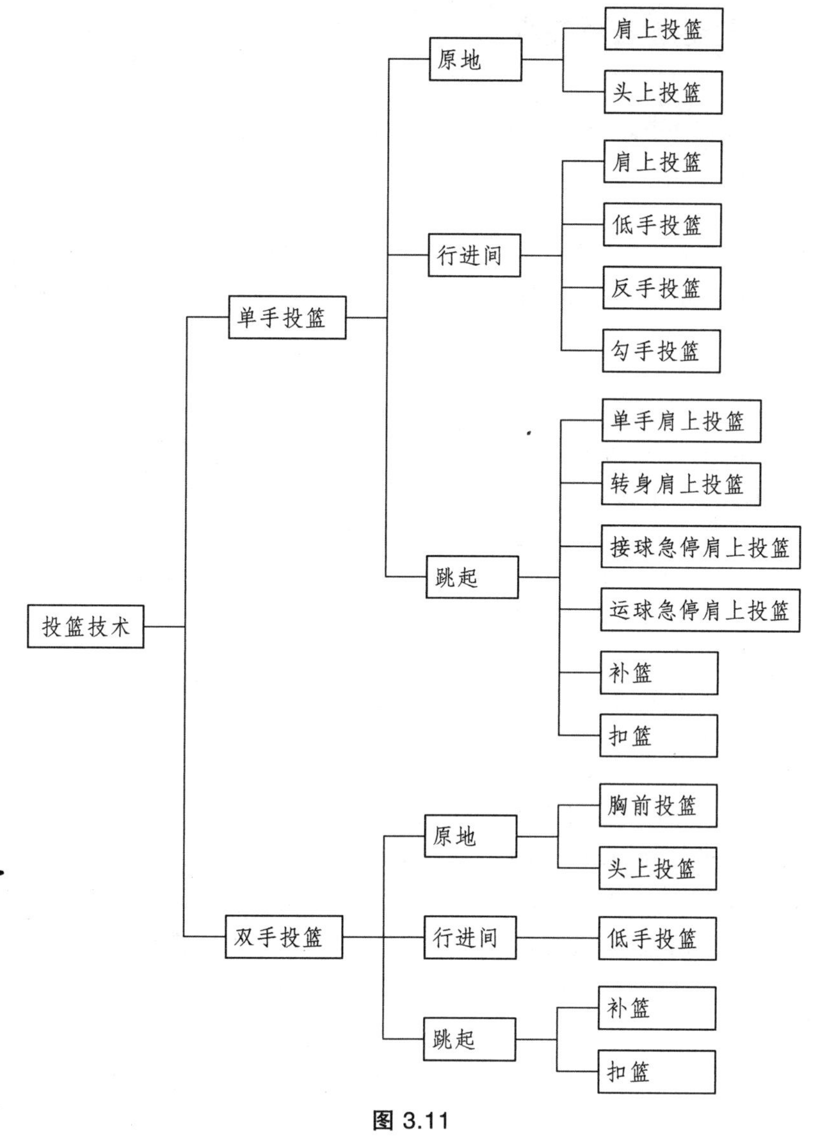

图 3.11

三、投篮分析

一般情况下，球在离开控球者的手后是无法改变其运动轨迹的，所以说投篮的球在离开手的一瞬间，就决定了它的命中与否。因此，投篮的关键就在于出手。所以，初学者一定要抓好“出手”这一关。影响出手的主要因素有持球手法、用力、球离手。其中，手指、手腕的弹拨和协调用力是关键。投篮时球离开手后产生的旋转反映出手指手腕用力的程度。由于投篮的动作方法与用力方向和作用各有不同，所以，球的旋转也有所不同。中远距离投篮或篮下近距离勾手投篮时，球将绕横轴向后旋转；面对篮板低手投篮时，球则围绕横轴向前旋转；篮下侧向或背向篮板需要采用反手等打板投篮时，应使球侧旋或后旋，这样更有利于提高命中率。篮下近距离投篮时，要能熟练运用远离对手的手投篮。

四、投篮的主要方法及要点

（一）投篮动作方法

1. 原地投篮

原地投篮是最基本的投篮方法，是行进间投篮和跳起投篮的基础。这种投篮方法身体比较平稳，便于身体协调用力，是一种比较容易掌握的投篮技术。一般在中、远距离投篮和罚球时运用较多。

（1）双手胸前投篮。

它是双手投篮中最基本的动作方法，虽然这种投篮的出手点较低，易被防守干扰，但它出手力量大，稳定性好，便于与传球、运球和突破相结合。比赛中多被女运动员用于远距离投篮。

动作方法：双手持球于胸前，两肘关节自然下垂，两脚前后或左右开立，两膝微屈，重心落在两脚上，眼睛注视瞄篮点。投篮时，下肢蹬地发力，腰腹伸展，两臂向前上方伸直，前臂内旋，两手腕同时向内翻转（旋内动作），拇指下压，食、中指用力拨球，通过指端将球投出。球出手时身体随投篮出手方向自然伸展，两脚跟微提起。

关键点：屈肘下垂，上下肢协调用力，前臂内旋，两臂用力均匀。

（2）单手肩上（头上）投篮。

它是比赛中运用比较广泛的一种投篮方法，是行进间单手肩上（头上）投篮和跳起单手肩上（头上）投篮的基础。具有出手点高，便于结合其他技术动作，能在不同位置和距离上应用的特点。

动作方法：以右手投篮为例，右手持球于右肩上方或头上，左手扶球的左侧，上臂与肩关节约成水平或稍高于肩关节，前臂与上臂约成 90°。两脚前后或左右开立，两膝微曲，重心落在在两脚之间，眼睛注视瞄篮点。投篮时，下肢蹬地发力，腰腹伸展，右臂向前上方伸直，手腕前屈，食、中指拨球，通过指端将球投出。球出手时，身体随投篮方向伸展，两脚跟稍抬起。

关键点：抬肘伸臂，下肢发力，中指、食指柔和拨球，并控制方向。

2. 行进间投篮

行进间投篮是比赛中广泛应用的一种投篮方法，一般多在快攻或切入篮下时运用，也可以在中、近距离运用。

行进间投篮动作方法很多，但动作结构基本相同，都是由跨步接球起跳、腾空举球出手和落地三部分组成。其脚步动作的共同特点是：跨第一步的同时接球，跨第二步的同时跳起空中投篮，投篮出手后，两脚同时落地屈膝缓冲。在实际运用时，应根据投篮的距离、角度以及防守队员所处位置来决定投篮的方法。在投篮时要控制好身体平衡。跨步的步幅、快慢及方向也应根据场上情况的不同而有所变化。

（1）行进间单手低手投篮。

它是在快速跑动或运球超越对手后在篮下的一种投篮方法，具有速度快、伸展距离远的优点。

动作方法：以右手投篮为例，右脚跨出一大步的同时接球，左脚接着跨出一小步并用力蹬地起跳，右腿屈膝上提，同时双手向前上方举球。当身体接近最高点时，左手离球，右手掌心向上托球，并向球篮的上方伸直，接着屈腕，食、中指拨球将球投出。

关键点：身体腾空要向前伸展，拨球向前转。

（2）行进间单手肩上投篮。

行进间单手肩上投篮又称行进间单手高手投篮。这种投篮可在篮下和中距离运用。

动作方法：以右手投篮为例，右脚跨出一大步的同时接球，接着左脚跨出一小步并用力蹬地起跳，右腿屈膝上抬，同时双手举球于右肩上方。当身体接近最高点时右臂向前上方伸直，手腕前屈，食、中指拨球将球投出

关键点：用力适度，拨球向后转。

（3）反手投篮。

这种投篮多在沿底线突破到篮下，人处于篮圈下面时使用。

动作方法：以从球篮的右侧沿端线超越篮下右手投篮为例，右脚跨出一大步的同时接球，左脚跨一小步并制动蹬地向上起跳，身体向后仰，抬头看球篮，两手向上举球，当身体接近最高点时，左手离球，右手托球向球篮方向伸直，前臂外旋，屈腕，食、中、无名指和小拇指用力拨球，通过指端将球投出，碰板入篮。

关键点：动作伸展，手指腕的用力及入篮角度。

（4）勾手投篮。

它是背向球篮或斜插到篮下接球后经常采用的一种投篮方法，特别是中锋队员在篮下运用较多，具有远离对手和出手点高的优点。

动作方法：以右手投篮为例，右脚跨一大步的同时接球，左脚向球篮方向跨一小步，并以左脚为轴向球篮方向转身侧对篮圈，左脚蹬地起跳，右腿屈膝上提，同时双手持球从胸前向右上方做弧形摆动举球，左手自然离球，当球举至头侧上方接近最高点时，目视球篮，屈腕，食、中指拨球，通过指端将球投出。

关键点：出手的稳定性和角度。

（5）快速高抛投篮。

这种投篮是在小个子队员接近篮下时，为了躲避高大队员的封盖，快速将球以超乎寻常的弧度投出。

动作方法：以右手高抛投篮为例，运动员突破至篮下的时候，在遭遇高大队员封盖之前，右手单手迅速向前上方伸展，手指拨球以高弧度将球抛出。

关键点：腾空和出手的稳定性。

3. 跳起投篮

跳起投篮简称跳投。它具有突然性强、出手点高、不易防守的优点。可以与传接球、运球突破和其他技术动作结合运用，是现代篮球比赛中普遍运用的主要投篮方式。跳起投篮有原地跳起投篮和急停跳起投篮两种。

（1）原地跳起单手肩上（头上）投篮。

以右手投篮为例，双手持球于胸前，两脚前后或左右开立，两膝微屈，重心落在两脚之间。起跳时两脚（或一脚向前迈半步）用力蹬地向上跳起，双手举球至肩上（头上），右手托球，左手扶球的左侧方。当身体接近最高点时，左手离球，右臂向前上方伸直，手腕前屈，

食、中指拨球，通过指端将球投出。落地时屈膝缓冲，保持身体平衡。

关键点：垂直起跳，腾空的稳定性，出手的协调性。

（2）急停跳起投篮。

它是进攻队员在行进间运用突然急停摆脱防守进行跳起投篮，有接球急停跳起投篮和运球急停跳起投篮两种基本方法。

① 接球急停跳起投篮。

在快速移动中接球，用跨步或跳步急停，急停的同时两脚突然快速有力蹬地起跳，两手持球迅速上举，当身体接近最高点时，前臂向前上方伸直，手腕前屈，食、中指拨球，通过指端将球投出。

② 运球急停跳起投篮。

在快速运球中，用跨步或跳步急停，同时两脚突然快速有力蹬地起跳，两手持球迅速上举，当身体接近最高点时，前臂向前上方伸直，手腕前屈，食、中指拨球，通过指端将球投出。

关键点：急停后的稳定和重心的转移，突然性。

（3）转身跳起投篮。

以右手投篮为例，背向或侧向球篮站立，投篮时，用左（右）脚为轴做前（后）转身面对球篮，两脚迅速蹬地向上跳起，同时两手持球上举。当身体接近最高点时，右前臂向前上方伸直，手臂前屈，食、中指用力拨球，通过指端将球投出。

关键点：腾空后的稳定和转身的突然。

4. 补　篮

补篮是指队员在球未投中而从篮圈或篮板反弹出来时，迅速判断球的反弹方向，及时起跳在空中直接托球或点拨球入篮的投篮方法。

补篮可以用双手，也可以用单手。原地跳起补篮一般是双脚起跳较好，行进中则最好用单脚起跳。补篮时托球入篮比较稳，但出手点低，而点拨球出手快且高，但准确性较差。

关键点：动作的伸展和准确。

（1）双手补篮。

当球从篮圈或篮板反弹时，要准确地判断球的反弹方向，迅速起跳，身体向上伸展，两手臂向球的方向伸出，当身体跳至最高点，两手接触球的一刹那，用手指、手腕的力量将球托入篮圈，或用双手点拨球入篮。

（2）单手补篮。

当球从篮圈或篮板反弹时，要准确地判断球的反弹方向，迅速起跳，身体向上伸展，手臂向球的方向伸出，当身体跳至最高点，手臂接触球的一刹那，在空中用单手托球入篮或用单手指尖将球点拨入篮。

5. 扣　篮

扣篮是队员跳起在空中用双手或单手将球由上至下扣入篮圈的一种难度较大的投篮方法。它可以在原地起跳和行进间起跳后将球扣入篮圈，也可以跳起在空中抢到篮板球或接球后直接将球扣入篮，还可以跳起在空中改变身体位置后反身扣篮。

随着运动员身高不断增长，身体素质不断提高，空间争夺日趋激烈，扣篮技术运用越来越多。

扣篮的关键是运动员要有良好的身体素质，爆发力要好，跳得高，手指、手腕控制球能力强。

动作方法：原地或行进间跳起后，身体在空中充分伸展，双手或单手尽量将球高举超过篮圈，用屈腕动作把球自上而下扣入篮圈

关键点：扣篮的力度和技巧。

五、投篮运用时应注意的主要问题

（1）规范、稳定地投篮出手（手法）是准确投篮的关键环节。

（2）要善于捕捉投篮时机，出现机会应大胆出手。

（3）投篮动作要与突破、传球等技能组合使用，并配合脚步动作，做到随机应变，真假结合，使对手防不胜防。

六、练习和提高投篮技能的基本步骤及主要方法

（1）初学者首先应该解决好持球，然后以投篮的手法对空或对墙练习用力及出手，等手法规范定型后再对篮圈近距离投篮。

（2）在巩固手法的基础上，先掌握近距离、原地投篮的方法后，再逐渐增加投篮距离及学习行进间、跳投等。

（3）多与其他技术（突破、传球、假动作等）相结合，以迷惑对手，锻炼节奏，减少干扰。

（4）基本掌握投篮技术后，应逐渐增加投篮及相应组合技术的完成速度。

（5）逐渐增加练习的难度（加快出手速度、提高生理和心理负荷下的投篮、增加防守对抗等）来提高投篮水平。

（6）比赛中常见的投篮组合主要有：快接（球）快投、运球结合突破的急停快投、假动作之后的投篮、结合位置差及空间差的投篮等。应结合自身实际逐步提高练习的难度，提高投篮水平。

练习一：手法练习。限制区附近 5 点（两侧底线、两侧 45°角及中间）的自投，主要检验自身的出手有无问题。命中率稳定在较高水平（超过 60%以后，可适当延长投篮距离或加快出手速度）。

练习二：自投自抢。连续、快速命中 10 个球为 1 组，投篮的位置可以根据自身水平选择篮下、限制区外或 3 分线外，投篮的方式可以选择双手、单手、原地、行进间或跳投等，也可以考虑在不同的位置并快速变换投篮点的投篮练习。

练习三：篮下脚步及投篮组合练习。篮下近距离持球后的投篮（真假投）、突破（两侧）、急停（跨步、跳步、转身等）、晃动（真假投篮）、蹬跨及转身、真假投篮、错位起跳投或变换动作投等一系列动作组合及其变化练习。可在罚球线处、篮下限制区两侧及底线两侧等多角度、多路线练习。

练习四：2 人 1 球快接快投。一人连续投 10 次，另一人负责传球，完成后互相交换。或者，投篮者出手后立即冲抢篮板，快速传给另一人，并拉出寻找投篮点。而另一人快接快投后，也冲抢篮板，并快速传给伙伴投篮。依次连续进行。连续命中若干球或连续投篮若干次为一组。投篮位置可以选择篮下、限制区附近或 3 分线外，投篮的方式也可以选择跳投、原地投等。

七、投篮技术的运用与学习提示

（一）技术运用

1. 在比赛中，队员要熟悉本队的战术，通过观察、判断，寻找良好的投篮时机

在比赛中，队员要熟悉本队的战术，注意观察、判断。如，当防守者距自己比较远或没有防投篮的准备时，当同伴占有抢篮板球的有利位置时，当经过配合后出现了预期的投篮机会时，在自己投篮比较有把握的位置上得球后，进攻队员应果断投篮。在特定的战略、战术需要时，也可强行投篮。

2. 在比赛中，队员要利用假动作和其他技术的组合变化，创造投篮机会

在实际比赛中，进攻队员要找到一个完全无人防守的机会投篮会非常困难。因此，进攻队员要利用假动作、快速移动中的节奏变化以及和其他技术结合，创造出时间差、位置差进行投篮。

3. 在比赛中，队员要善于利用自己的身体完成投篮攻击

当投篮者和防守者发生身体接触时，投篮者身体接触的部分一定要紧张用力，发生碰撞时才能保持身体平衡；而投篮手臂一定要放松，保持投篮的准确性。

4. 在比赛中，投篮队员要有稳定的心理素质

投篮的命中率不仅取决于队员的投篮技术、身体素质水平，而且还取决于队员的心理素质。特别是在紧张的比赛中，如果队员患得患失，就不能正常发挥技术；相反，如果充满信心，选好投篮时机，就能发挥技术，投得准。因此，稳定的心理素质对投篮命中率至关重要。

（二）学习提示

（1）教学与训练的顺序。开始学习原地投篮，接着学习行进间单手肩上投篮、单手低手投篮，再学习原地跳起、急停跳起、转身跳起投篮的动作方法。

（2）教学与训练的方法步骤。通过讲解、示范，建立正确的技术概念。练习中对技术动作要严格要求，掌握正确的投篮手法，以形成规范的技术动作定型。在掌握基本动作的基础上，从强度、密度、次数、距离、命中率和对抗条件等方面逐渐增加练习的难度，反复磨炼。

（3）在投篮技术训练中，要把投篮与摆脱防守、传球、接球、运球、突破、脚步动作、假动作、抢篮板球等技术结合起来，培养其应变能力。

（4）重视投篮的心理训练，提高投篮命中率。通过比赛和一些特殊的训练手段，提高队员的抗干扰能力，使队员能在一定的心理压力下，保持较高的投篮命中率。

（5）在战术背景下进行配合投篮训练，培养队员配合意识，提高队员运用投篮技术的能力。

（6）在教学、训练中随时注意观察，发现错误动作，找出其产生的原因，及时采取针对性的措施加以纠正，以免形成错误的动力定型。

第六节　持球突破技术

一、持球突破的概念

持球突破是持球队员得球后，在开始运球前，结合非中枢脚的蹬跨变化、推放球技巧和运球技术等，迅速超越对手的一项攻击性很强的技术。一般是在接到球、且防守者又很靠近时使用。持球突破与投篮、传球等的结合及相互转换，更能提高运用效果。

二、持球突破的分类

持球突破可分为同侧（顺）步突破、交叉步突破。

三、持球突破分析

持球突破由“蹬跨、侧身（转体）探肩、推放球、加速”4 个环节组成，蹬跨是由接球急停时非中枢脚来完成的，侧身（转体）探肩是为了抢占有利位置，在中枢脚离地之前一定要及时推放球，而后利用加速彻底摆脱防守。在实际运用中，4 个环节密不可分，相互间的结合与转化的速度越快，效果也就越好。另外，突破前应该利用眼、头、肢体以及非中枢脚蹬跨等动作迷惑防守者，伺机突破对手。

四、持球突破的主要方法及要点

同侧步突破也叫顺步突破，持球攻击者以左脚为中枢脚，突破前先降低身体重心并晃动，同时，右脚可试探性地向右前方跨出一步，并控制好身体重心，若防守者没有做出相应反应，则左脚迅速蹬地，右脚快速落地并立即转体侧身插肩，随后在左脚离地前推放球，并蹬右脚发力，形成交叉步运球加速，继续加速，力争超越对手。

关键点：中枢脚的确定，放球突破后的加速。

异侧步突破也叫交叉步突破。持球攻击者以右脚为中枢脚，突破前先降低身体重心，左脚做同侧步蹬跨，以吸引防守者向左侧运动，同时，迅速将左脚的同侧步蹬跨变为交叉步蹬跨，并立即转体侧身探肩，右脚（中枢脚）发力蹬地开始加速，在右脚蹬地离开地面以前，将球推离出手，形成交叉步运球加速，继续加速，争取超越对手。

关键点：中枢脚的确定，假动作的吸引及蹬转探肩。

五、持球突破运用时应注意的主要问题

（1）树立敢于突破的信心，特别是对手贴身防守时要敢于突破。

（2）重视突破前的假动作，特别是非中枢脚的蹬跨及与其他技术的衔接等假动作。

（3）正确把握突破时机（对手防守差、犯规多、战术需要时等）。

（4）正确选择突破路线，若对手斜步防守时，一般应选择其前脚外侧。

六、练习和提高持球突破技能的基本步骤与主要方法

（1）先学习掌握原地持球的蹬跨、移动重心等的练习，强调两脚都能做中枢脚。

（2）先学习掌握交叉步突破，后再顺步及转身突破。

（3）注重持球突破与其他技术组合（特别是与蹬跨、投篮、传球等项技术的结合）的练习与提高。

练习一：在罚球线附近面向球篮接球后，结合蹬跨（交叉步及顺步等）、投篮、传球等组合动作，伺机突破投篮。

练习二：在罚球线附近背向或侧向球篮接球后，结合蹬跨、投篮、传球等组合技术进行前、后转身的突破练习。

练习三：增加防守的上述练习，要求防守者尽量贴近持球对手，持球攻击者要多利用脚步的蹬跨、结合投篮、传球等组合技术，伺机选择突破方式和突破路线。

七、持球突破技术的运用与学习提示

（一）技术运用

1. 广阔的视野，良好的判断，是突破的重要前提

持球队员不能盲目乱突，否则不但突破受阻，而且还会造成带球撞人。因此，突破前要进行观察，做出正确的判断。要观察判断的内容有：对手的脚步移动速度、位置、距离、重心、步法和整体防守的布置等。

（1）对手的脚步移动：速度慢，可立即突破。

（2）对手的防守位置：偏右从左边过人，偏左从右边突破。

（3）对手的防守距离：防守距离近，可立即过人。

（4）对手的重心：双腿直立，重心上提、重心前移、重心静止或失掉平衡，出现上述情况，应立即突破。

（5）对手的步法：如果对手是平步防守，应从对手弱侧脚的侧面过人。如果对手是斜步防守，应从对手的前脚的外侧突破。

（6）整体防守的弱、强区域：从弱的一侧突破。

2. 用各种假动作突破过人

（1）投篮是唯一的得分手段，也是防守人最敏感的动作，只要持球人做一瞄篮假动作，防守人就会做出反应，持球人根据防守人封盖投篮时重心上升或防距缩短的变化立即过人。

（2）用传球假动作。

持球队员做任何一种方式或向任何一个方向做传球动作，防守队员都会做出相应的封堵动作。进攻队员可以根据这些封堵动作选择突破口。例如，持球队员做头上传球动作，防守人就会举起双臂封堵传球，持球人根据防守人重心上升的变化立即突破，如果持球人做单手向一侧的传球动作，防守人就会封堵这一侧，持球人即可以从另一侧突破。

（3）用跨步假动作。

持球队员摆动腿做向左向右的跨步动作，诱使防守人跟随持球人摆动脚移动来堵截持球者，持球人乘机从防守人右边或左边突破过人。

（4）利用半转身的假动作。

当防守人逼近持球人时，持球者做一个向后的半转身，头转的度数要更大一些。头的转动一方面是为了观察判断防守人的位置，另一方面也起到了使假动作更加逼真的作用。如防守人堵截转身的路线，持球人立即向回做前转身，从原来的方向突破过人。如果防守人没有移动位置，持球者可以把半转身变成真转身的动作，加快动作速度突破过人。

3. 利用跳步接球突破过人

原地持球突破是从静止状态开始，一般速度较慢，过人比较困难。利用跳步接球过人一般能抢占良好的突破位置和产生一定的初速度，使过人速度加快，突破比较容易成功，对防守人来讲，具有更大的威胁性。

（1）利用向前的跳步接球突破过人。当防守人距离无球人较远时，无球人向自己防守人前面做跳步接球急停，这样进攻者就缩短了与防守队员之间的距离，同时又获得了一定的初速度，故持球后就容易过人了。

（2）利用向两侧跳步接球突破过人。向左或向右跳步接球可以造成持球人和防守人之间的位置差别，使防守人来不及调整位置，即刻突破，往往容易奏效。

4. 持球突破应根据本队战术的需要合理运用

运用持球突破必须根据本队战术的要求，盲目乱突会贻误战机，打乱整体作战方案，使进攻队陷于被动。出现以下情况时，可以大胆突破。

（1）对方扩大防守，需要用突破压缩防区，为自己和同伴创造攻击机会。

（2）形成一对一局面，对方很难进行协防，强行突破投篮。

（3）某防守队员 4 次犯规或对方全队在一节中犯规累计已达 4 次，为杀伤对方主力队员或创造罚球机会，可大胆突破。

5. 持球突破要和投篮、传球结合起来运用

投篮得分是比赛的最终目的，持球突破是完成投篮的手段。因此，突破要和投篮、传球结合起来运用才能发挥突破的威力。利用突破吸引防守顺利地完成传球任务。做突破动作迫使防守后退，此时，利用出现短暂的位置差立即投篮。突破后会出现 3 种情况：一是通往篮下的道路无人防守，可以立即加速上篮；二是突破后有人补防，此时，要急停跳投；三是突破后发现同伴有良好的机会，要即刻分球给同伴投篮。所以突破后要和加速上篮、急停跳投以及传球技术衔接好。

6. 具备勇猛、顽强的作风

持球突破技术是在快速移动中为抢占有利的位置，同防守队员发生激烈身体接触的一项技术，所以突破队员必须具备勇猛、顽强的作风。一旦选择了突破方向，就要果断地进行，不怕碰碰撞撞、拉拉扯扯，动作不仅快速、有力，而且还要善于用力，避免无谓的犯规。

7. 要很好地保护球，做到两脚都能为中枢脚

在摆脱防守接到球后，一定要做到两脚都能为中枢脚，这样能及时地向不同方向突破，使突破更具威力。

在突破的整个过程中，要用上体、两脚和手臂保护球，避免被防守人打掉或抢截。

（二）学习提示

（1）注意教学训练的顺序和重点，教学顺序依次为交叉步突破——同侧步突破——前转身突破——后转身突破。交叉步和同侧步是教学训练的重点。

（2）教学训练步骤和方法应遵循由易到难、由简到繁的原则。先学单个技术动作，再学组合技术动作，最后在消极防守和积极防守中学会运用。在练习中应学会两脚均能作中枢脚，防止走步违例。

（3）重视培养良好的突破意识，提高观察判断能力，掌握突破时机，不断提高持球突破的能力。

（4）注意培养勇猛、顽强的作风，敢于在贴身紧防中运用突破技术。同时也应注意掌握灵活的突破技巧，逐步学会利用位置差、假动作和节奏变化等方法，发挥突破的威力。

（5）在教学训练过程中，应重视师生之间、学生之间的多项信息交流。通过不断反馈和强化学习，形成正确技术动作并能及时纠正错误动作。

第七节　防守对手技术

一、防守对手的概念

防守队员合理运用各种防守动作、积极抢占有利位置，阻挠和破坏对手的进攻意图和进攻行为，限制对手在有威胁的区域随意活动，并以争夺控球权为目的的动作方法叫防守对手。

二、防守对手的分类

防守对手可分为防有球队员和防无球队员。

三、防守对手分析

防守的核心就是干扰和破坏对手的投篮并以夺回控球权为目标。对手控球的一瞬间就是自己（或本队）进攻的结束和防守的开始，而获得控球权也意味着防守的结束，同时也标志着进攻的开始。防守位置选择的正确与否是防守成败的关键所在。防守者必须时刻明确对手、球、篮圈等的位置，并在此基础上依据对手、球、篮圈等的具体位置，积极移动和调整防守的选位，抢占最有利的位置。同时，还应充分利用“堵、抢、打、断、抹、封、盖”等具有攻击性的防守技能，时刻给对手施加压力，以夺取和破坏对方的控球权为核心展开争夺。而且，对无球队员的防守能力更能体现出防守者的水平与质量。

四、防守的主要方法及要点

（1）防有球队员：抢位应在对手和篮筐之间，主要防其投篮和突破，干扰和破坏其传球：并伺机进行抢、打、断球，争取尽早夺得控球权；另外，一定要注意对手的球离手后（传球或投篮）的行动，要及时抢位和堵防，否则，很容易造成对手的传切和冲抢篮板球的机会。这是最容易被忽视的问题之一。特别是对于初学者，更要养成完整防守的习惯，培养良好的篮球意识。

关键点：人球一体的防守，根据具体情况有针对性的防守。

（2）防无球队员。抢位应在对手和篮筐之间偏向有球的一侧，突出“堵位”意识，限制对手向有威胁的区域随意移动，防止其在有威胁的区域内得球。

关键点：防守位置的选择，根据球、球篮、进攻队员的位置选择。

五、防守对手应注意的主要问题

（1）要认识到防守、特别是对无球队员防守的重要性。

（2）时刻考虑到“人、球、区”等因素，及时移动，抢占有效的防守位置。

（3）要特别注意防守无球队员。

（4）对手运球前要保持一定距离，对手运球后要逼其停止、减速或变向。一旦对手结束运球，一定要贴身紧逼。

（5）时刻保持警惕，随时注意抢、打、断球。

六、练习和提高防守对手能力的基本步骤与主要方法

（1）熟练掌握基本防守步法，提高防守质量。

（2）加强判断，并利用假动作迷惑对手。

（3）强调正确的防守位置。

七、防守对手的技术运用与学习提示

(一)技术运用

1. 具有顽强的意志和主动攻击的精神

在防守中最重要的是要有一定能防得住的坚定信心和不让进攻者随意接球投篮的顽强精神。对手突破或空切，敢于用身体阻挡进攻者的移动路线，不怕碰撞、不怕摔倒，要在士气上压倒进攻者。要做到这些，必须要有充沛的体力，快速、灵活的脚步动作，全面的防守技术和勇猛、顽强的战斗作风。

2. 观察全面、判断敏锐、有预见性

在防守中，应时刻观察球的变化和进攻人的活动，要保持高度的警觉，像击剑运动员一样，时刻准备应对对方的任何袭击。防守队员应经常进行自我暗示，了解进攻队和所防守对手的想法。如进攻者是善投还是善突。突破是习惯从左边还是从右边。在防守无球前锋时，首先掌握无球前锋的进攻意图，无球前锋必须通过移动接球后才能进攻，因此，防守队员必须明确无球前锋的五条移动路线。即底线移动接球、腰线移动接球、策应接球、上压上提摆脱移动接球和下压、上提再反切移动接球。如果防守无球前锋的队员知道这 5 种移动路线，特别是前 3 种路线接球最危险，防守队员的行动就会有的放矢，做到提前防守，堵死最危险的通道，减少防守漏洞。

3. 善于做假动作、出假情况迷惑进攻者

防守和进攻一祥，经常做假动作，出假情况，往往会收到良好的防守效果。例如：一名防守底线突破的队员，可以使用欲擒故纵的计谋，先把底线让出来，给持球者以假象，似乎底线无阻碍，可以长驱直入。待持球者刚一起动，防守者立即堵向底线，即可造成突破者带球撞人或出界违例。

4. 积极移动、抢占位置，勤动腿、少动手

在防守中抢占有利的位置是重要的，通过积极地移动堵死进攻者通往篮下的道路，使进攻者绕道通行或离开限制区。要做到抢占有利的位置，就要靠积极、灵活、快速的脚步滑动，用臀、背、胸和手臂堵住进攻者的路线，就是做打球、抢球动作也要在不失掉有利位置的基础上完成。

5. 防住对手，协助同伴

防守中，必须有协防的意识。篮球运动本身是集体项目，攻、守都是 5 人完成的。目前进攻队多采用基础配合或 5 人成队战术发动攻击，而防守队也要采用集体防守破坏进攻队战术。如果进攻队采用全队战术对付松散的个人防守，那防守将是不堪一击的。因此，每名防守队员必须在防好自己对手或区域的基础上，协助同伴防守临近的对手或区域，时刻注意关门、换防、补人或夹击，1 个人要顶 1 个半人用。

6. 防住两点：重点和特点

重点是指进攻队的重点人，他们或许是得分手，或许是进攻组织者。特别是指全队的进攻特

长。重点人用什么方式进攻，是善投还是善突。进攻队员以内线进攻为主，还是以外线进攻为主，是善打快攻，还是善打阵地进攻。每名队员都必须在防守过程中掌握对方的重点人和重点人的攻击特点，做到心中有数，掌握对方的应变策略和手段，防守就能不出漏洞或少出漏洞。

（二）学习提示

（1）防守训练中，首先要树立“攻击防御”的指导思想，培养积极主动的抢、防意识，敢于贴近对手，攻击球和干扰持球者，树立顽强拼搏的防守作风。

（2）在防守对手的训练中，应重视防守基本姿势、脚步动作和手臂动作相互协调配合的训练。

（3）教学训练的顺序，先教单个动作，再教组合技术，先在无对抗的情况下练习，再过渡到消极对抗中练习，最后在积极对抗中练习。

（4）防守技术训练要结合在防守基础配合和全队防守战术配合中进行训练。

（5）要重视加强有球到无球、无球到有球、强侧到弱侧、弱侧到强侧的防守转化和衔接训练。

第八节　抢篮板球技术

一、抢篮板球的概念

攻守双方争夺投篮未中的球被称为争夺篮板球。它是获得球的最主要手段之一，是篮球比赛中攻守转换的标志和核心。控制好篮板球意味着终结对手的攻击或自己又一轮进攻的开始。

二、抢篮板球的分类

抢篮板球分为抢进攻篮板球和防守篮板球，也被称为争夺前场篮板和后场篮板。

三、抢篮板球分析

身体条件、拼抢意识和争夺技巧等是影响篮板球争夺能力的主要因素。传统上，把抢篮板球分为“判断抢位、起跳、抢球和得球后衔接动作”等几个环节。抢位就要依据投篮者出手的位置、角度、用力大小等具体情况，迅速抢占篮板球可能出现的最佳位置。起跳即分单、双脚跳，原地、行进间跳，冲跳等。得球后动作是在保护好球的前提下尽可能快地发出一传或快速二次进攻。

四、抢篮板球的主要方法及要点

1. 防守队员争抢篮板球

当进攻队投篮后，防守者不要立即转身冲向篮下，而是应该先观察对手的意图，并积极阻止对手的行动，当对手想冲向篮下时，要积极上步转身，紧贴对手并将其挡在身后，始终用背部感觉对手并用脚步移动阻止对手绕出，看准来球后及时起跳控球，也可以根据实际情况将球点拨给位置更好的队友。其主要突出一个“挡”字。

关键点：先挡后抢。

2. 进攻队员争抢篮板球

当队友投篮瞬间，攻方队员由于受到对手的严密堵防，因此先向右侧虚晃，诱使对手偏离正常位置. 而后突然变向，从左侧加速超越对手，并迅速将对手压在身后以抢占有利位置准备起跳争夺篮板球。其主要突出一个“冲”字。

关键点：摆脱冲抢。

五、抢篮板球应注意的主要问题

（1）培养“有投必抢”的良好意识和勇猛顽强的拼抢精神，永不放弃。

（2）先判断抢位，而后再争夺球，并注重拼抢技巧的培养。

（3）控制篮板球后，要尽快衔接下一动作，以免贻误战机。

六、练习和提高争夺篮板球技能的基本步骤与主要方法

（1）注意培养争夺篮板球的意识和精神。

（2）注意培养提高争夺篮板球的技术技巧。

（3）循序渐进，由简单到复杂再到对抗，逐步提高。

练习一：自抛自抢。面对篮板抛球后根据反弹落点跳起得球。

练习二：篮板下 5 人以列纵队，排头者对篮板抛球后，后面的人依次跳起，并在空中控球后立即出手碰板。连续进行。

练习三：2 人 1 组在篮下面向篮板站立，外围投篮，2 人争抢。

练习四：2 人 1 组攻防对抗，外围投篮后，守方堵、攻方冲，2 人对抗抢位争抢篮板球。

练习五：半场教学比赛中培养攻守双方的抢位（攻方冲、守方堵）意识。

七、抢篮板球技术的运用与学习提示

（一）技术运用

1. 必须具备勇猛、顽强的作风和强烈的抢篮板球的意识和愿望

当代篮球运动已是高水平的全面抗衡，运动员之间发生身体接触已是司空见惯的事了，

尤其是抢篮板球时发生的身体碰撞更是频繁和激烈。那些怕顶、怕撞、不敢身体接触的运动员是抢不到篮板球的。“两强相遇勇者胜”，必须树立勇猛、顽强、敢抢、敢拼的作风。

另外，还必须懂得抢篮板球的规律，准确判断投篮不中时球反弹的方向、落点，抢占良好的位置，及时地起跳。并养成有投必抢、外投内抢、左投右抢、右投左抢的良好习惯，增强抢篮板球的意识和愿望，才能取得抢篮板球的主动权。

2. 要掌握投篮不中时球反弹方向的基本规律

了解和掌握投篮不中球反弹的基本规律，是抢占良好位置的前提。投篮不中球反弹的方向与投篮距离、角度、弧度、篮圈、篮板和球本身的弹力都有密切的关系。一般的情况下，投篮的距离远，则球反弹的距离远。投篮的距离近，球反弹的距离也近。投篮的角度不同也影响着球反弹方向的不同。一般有三种情况：第一种情况是在 45°角投篮时，有弹向对侧 45°角或反弹回同一地区的倾向；第二种情况是在中间地区投篮，一般有落在正面地区的倾向；第三种情况是在 0°角投篮时，有弹向对侧 0°角或反弹回同一地区的倾向。投篮的弧度不同，球反弹的落点也不相同，如投篮的弧度高，则球反弹也高，落点较近。如投篮的弧度低，球反弹的弧度也低，球的落点远。擦板投篮，反弹的力量小，球落点较近。如果篮板、篮圈和球的弹力大，则球反弹的距离远，反之，球反弹的距离近。近期研究证明，97%的反弹球落在 5.4 米（以篮圈中心到地面投影点为圆心）的半径范围内。因此，必须熟知和掌握球反弹的规律，准确判断球反弹的方向，快速移动，及早抢占有利的位置，为抢得篮板球创造良好的机会。

3. 掌握挡人和冲抢动作，抢占良好的位置

抢占良好的位置是抢篮板球最关键的环节。当投篮出手时，应力争抢占对手和球篮之间的位置，把对手挡在身后。如果抢不到内线位置，也应该力争抢占对手侧面的位置。若已被对手挡在身后，应力争挑、拨球到有利自己再起跳抢球的位置上。

抢防守篮板球，关键是挡人，可利用前后转身的方法把对方挡在身后，堵死进攻队员向篮下冲抢的路线。同时伸出双臂增加挡人的面积，防止对手挤进来。

抢进攻篮板球时，关键在冲抢。由于进攻人身处外线，所以当投篮出手后，球在空中飞行时，就要判断可能反弹的方向，利用突然的起动，插向防守人的身前，或借助于虚晃等动作绕过防守人，或用后转身插到防守人的身侧，抢占有利的位置。

4. 及时起跳，充分伸展，扩大空间控制范围

及时起跳是在最高点抢到篮板球的关键。因此，在起跳前，两腿弯曲，上体稍前倾，眼睛注视球，进一步判断球反弹的方向、高度和落点。起跳时，两脚用力蹬地，提腰、两臂用力上摆，同时手臂向上充分伸展，争取在最高点球和手相遇。如果起跳后球落在侧方或后方，那就要用腰腹的力量，配合上体把手臂伸向球的方向抢球。起跳的步法可采用原地上步、撤步或跨步的双脚起跳，也可以是原地双脚起跳，有时可采用助跑单脚起跳。如果起跳前和对方已有身体接触，那么接触的部位要主动用力，顶靠住对方，以便先于对方起跳抢球和维持身体平衡。

5. 空中抢球要牢固，落地后要保护好球，并迅速转换为下一个攻击动作

在起跳抢球的过程中，对抗性异常激烈，抢到球的队员必须把球握牢，否则，极容易得而

复失。为此，起跳腾空后，要用肩、背挡住对方，手臂和身体充分伸直，用双手（或单手）抢球。当手指尖触球后，腰、腹用力，屈指、屈腕，回收手臂，拉球于腹前。单手抢球时，另一手应及时扶住球。抢球后一般是双脚同时落地，屈膝降重心，上体稍前倾，保持身体平衡。要利用转体、跨步、转身，不断移动球的位置，或把球放在远离对手的一侧，保护好球。同时，抢得前场篮板球应立即衔接二次进攻。抢得后场篮板球应快速运球突破或传球发动反击快攻。

（二）学习提示

（1）首先讲解抢篮板球技术在篮球比赛中的重要地位，明确抢篮板球技术的重要作用，培养学生勇猛顽强的作风和提高抢篮板球的积极性和参与抢球的意识，养成每投必抢的习惯。

（2）抢篮板球技术教学可采用先分解再完整的教学方法。先练原地起跳、空中抢球、获球落地动作，再练移动挡人抢位或冲抢、起跳空中抢球、获球落地的完整动作，最后再在对抗中和比赛中进行抢篮板球训练。

（3）注意抢篮板球技术和其他技术结合训练，抢防守篮板和一传、运球突破技术相结合，抢进攻篮板球和补篮或二次进攻相结合训练。

（4）注意抢篮板球要在战术背景下练习，把抢篮板球技术战术结合训练。

（5）强调抢篮板球技术的实战训练，加强抢篮板球的对抗练习，抢防守篮板球强调先挡人后抢球。抢进攻篮板球强调先占据有利位置再抢球。

第九节　抢球、打球、断球、“盖帽”技术

一、抢、打、断球、“盖帽”的概念

抢、打、断球、“盖帽”是面对持球者进行防守时的、具有攻击性行为的防守技能。所谓抢球就是夺取进攻队员手中的球；打球就是击落进攻队员手中的球；断球就是截获进攻队员之间的传球；“盖帽”就是防守队员将进攻队员刚投出的球或处于上升阶段的球打掉。

二、抢、打、断球、“盖帽”的分类

（1）抢球：依据抢球时的动作形式，分为拉抢和转抢。打球：依据持球者的状态，分为打持球、打运球、打行进间投篮的球（抹球）、打投篮的球（“盖帽”）。

（2）断球：依据断球者的移动路线和球的运行路线，分为横断球、纵断球。也可以分为封断球（贴近持球者断其传球）和抢断球（贴近接球者断其接球）。

三、抢、打、断球、“盖帽”的分析

抢球、打球、断球、“盖帽”是由准确的判断、快速的移动及合理的身体动作组成。

（一）准确的判断

准确的判断就是正确地了解球的位置、球的移动路线，以及球的速度和球将要到达的位置。了解对方的配合、意图及习惯动作，然后不失时机地、准确地出击。

（二）迅速的移动

在判断的基础上，行动要迅速，起动要突然。不管抢球、打球或断球，突然性很重要。突然跃出，接近对手，才能使对方措手不及。

（三）身体动作正确

在进行抢、打、断和“盖帽”时，手臂的伸、拉、挡、截，手腕和手指的拍击、点拨、扭转、封盖等动作要迅速果断，动作幅度不要太大。身体姿势正确，用力不要过猛，要控制身体平衡，以免犯规。

（四）迅速回位

抢球、打球、断球、“盖帽”不成功时，要以最快的速度恢复正确的防守姿势和重新选位。

四、抢、打、断球的主要方法及要点

（一）抢球、打球、断球、盖帽技术动作方法

1. 抢　球

抢球是从进攻队员手中夺取球。抢球时，首先要判断好时机，在持球队员注意力分散或没有保护好球而使球暴露比较明显时，迅速接近对手，以快速、敏捷、有力的动作，把球抢夺过来。抢球时手部的动作方法有两种。

关键点：准确判断，准确下手。

（1）拉抢。

防守队员看准对手的持球空隙部位，迅速用两手抓住球后突然猛拉，将球抢夺过来。

（2）转抢。

防守队员抓住球的同时，迅速利用手臂后拉和两手转动的力量，将球从对方手中抢过来。

抢球时，可以利用转体动作，把球抢过来。如果抢球不成功时，应力争与对手造成“争球”。

抢球的主要时机有：当对方刚接到球时；当对方持球转身时；当对手跳起接球下落时；当对方运球停止时；当持球队员只注意注视他的队员，而忽略其他防守队员时。

2. 打　球

打球就是打落对方手中的球。当进攻队员持球、运球和行进间投篮时，防守队员快速地移动，接近对手，掌握好时机，根据对手持球位置，采用向上、向侧打球。打球时，动作不

可过大，用力不要过猛。

关键点：动作幅度小，准确，突然，选好打球位置。

（1）打持球队员手中的球。

当对手持球时，注意力分散，防守队员迅速上步打球。持球队员持球部位较高，一般采用由下而上的方法打球。打球时，掌心向上，用手指和指根击球的下部。如持球较低，则多采用由上而下的方法打球。打球时，掌心向下，用手指和手掌外侧击球的上部。

（2）打运球队员的球。

以右手运球为例，当运球队员向前推进时，防守队员用侧后滑步移动，用右手臂堵住运球队员的左面，防止他向自己的右侧变向运球，左手臂干扰运球，当球刚从地面弹起，尚未接触运球队员的手时，及时用手以短促的手指、手腕和前臂的力量从侧面将球打出，并及时上前抢球。

如运球队员从防守队员右侧突破时，防守队员可以左脚为轴立即前转身，右脚跨出一大步，在运球队员的背后用手指手腕和向前伸臂的抄打动作击球的后侧部，将球打出。

（3）打行进间投篮队员手中的球。

进攻队员运球上篮时，防守队员要随之移动，当运球队员跨出第一步时，就要靠近他，当他跨出第二步起跳举球时，迅速移动到他的左侧稍前方，用手从他的胸部向下将球打出。

在打球过程中，防守队员的脚步应伴随投篮队员移动，保持适当的距离，这样才能掌握打球的时机以及取得有利的打球位置。

3. 断　球

断球是截获对方传接球的方法。根据传球方向和断球队员所处的位置，一般分为横断球、纵断球和封断球 3 种。

关键点：选位和判断。

（1）横断球。

横断球是从接球队员的侧面跃出截获球的动作。断球时，屈膝，身体重心下降，判断来球的方向和高度，当球刚由传球队员手中传出的一刹那，迅速起动，用单脚或双脚蹬地跃出，身体伸展，两臂前伸，将球截获。

（2）纵断球。

纵断球是从接球队员身后或侧后跃出截获球的动作。当防守队员从接球队员的右侧向前断球时，右脚先向右侧前方跨出半步，然后侧身跨左脚绕到接球队员的前方，左脚或双脚用力蹬地向前跃出，身体伸展，两臂前伸，将球截获。

（3）封断球。

封断球是在封堵持球员传球时截获球的动作。当持球队员暴露了自己的传球意图，或传球动作较大，防守者可在对方球出手的一刹那，伸臂封盖或将球截获。

4. “盖帽”

防守队员将进攻队员刚投出的球或处于上升阶段的球打掉，称为“盖帽”。“盖帽”前，要根据进攻队员的投篮动作及其身高和弹跳等特点，迅速接近他，选择好恰当的位置和距离，准确地判断他球出手的时间，及时跳起，手臂高举，当对方球出手时，将球拍出或打掉。对于行进间投篮的"盖帽"，可以保持较远的距离，从球将要经过的路线进行拦截。打球时，动作不可过大，用力不可过猛。
关键点：防守的选位和击球的时机。

五、抢、打、断球运用时应注意的主要问题

（1）抢球、打球、断球、"盖帽"技术比较复杂，教学训练中要循序渐进，首先掌握正确动作，然后由慢到快，由单一技术到综合技术和配合技术，由消极对抗到积极对抗练习，并在比赛中大胆运用。

（2）抢球、打球、断球、"盖帽"的技术训练要与顽强拼搏的作风训练结合起来。

（3）比赛中，抢、打、断球的成功，为快速反击创造有利条件，在教学训练中，要结合全场紧逼和快攻战术进行练习。

（4）在教学训练中，要强调动作的规范，掌握运用时机，一旦发现错误，及时采取有力措施，加以纠正，以免形成错误动力定型。

（5）有效的抢球、打球、断球是建立在准确的判断、快速的运动及合理的手部动作的基础上。

六、练习和提高抢、打、断球技能的基本步骤与主要方法

1. 抢球练习

（1）体会持球者摆动球时的抢球时间。

3人一组，2人相距1米，中间1人持球向两侧摆动，两侧无球队员根据球的部位，及时抢球。然后持球队员逐步改做转身跨步和摆脱护球动作，另外2名队员伺机抢球。完成一定次数后，攻守轮换练习。

（2）抢接球队员手中的球。

4人一组，2个进攻队员互相传接球，另2个人进行防守。当进攻队员接球刹那，防守队员立即上步抢球，不成功时，立刻后撤保持正确的防守位置和姿势，练习一段时间后，攻守交换练习。

2. 打球练习

（1）接球时的打球。

2人一组，距1.5米，面相对。持球人把球传给另一队员后，立即上步打球。2人轮流打球练习。要求上步快，手脚协调配合，打球动作要短促有力。

（2）正面打运球队员的球。

在半场或全场一攻一守练习中，防守队员紧紧跟随运球队员，当球刚从地面弹起的时候，突然打球。2人轮流攻守练习。

3. 断球练习

体会断球动作。2人传球，另2人在侧面或后面练习断球，体会横断球和纵断球的步伐和手臂动作。攻守交换练习。要求难度逐渐加大。

4."盖帽"练习

"盖帽"反应练习。2人一组练习，进攻队员做投篮动作，当球离手的一刹那，防守队员迅速跳起封盖对方的球。

七、抢、打、断球、盖帽技术的运用与学习提示

（一）技术运用

（1）首先要判断好时机，抢球的动作要敏捷；打球时要掌握好时机，动作幅度要小；断球时要选好防守位置，最好堵位断球；盖帽要根据对手的投篮动作和身高和弹跳等特点，选择好位置，掌握好起跳时间，运用正确的打球动作。

（2）这类技术属于攻击性较强的技术，存在的犯规风险较大，在运用中一定要谨慎。

（3）运用中技术动作要规范，要善于掌握运用时机。

（二）学习提示

（1）教学顺序是先教抢球，然后再教打球、断球和"盖帽"。

（2）教学中要循序渐进，在掌握正确动作的基础上，逐步在比赛中运用。

（3）要善于发现错误动作并加以纠正，反复强调技术动作的规范。

（4）此类技术教学在掌握基本技术动作的基础上，要结合实战演练进行练习。

1. 篮球技术有哪些？其是如何分类的？
2. 练习与提高篮球技术的基本步骤是什么？
3. 篮球技术分析应遵循什么样的原则？
4. 篮球技术动作结构有哪些环节？分别述之。
5. 篮球技术运用应注意哪些问题？

参考文献

[1] 孙民治：《现代篮球运动教学与训练》，人民体育出版社2003年版。

[2] 郭永波：《篮球运动教程》，北京体育大学出版社2005年版。

[3] 篮球编写组：《球类运动——篮球》，高等教育出版社1994年版。

第四章　篮球战术

【本章学习目标】通过学习篮球战术，认知和识记篮球战术体系的基本概念、分类，了解篮球战术攻防体系的基本形式和类型。掌握攻防战术的原则和基本要求，掌握教学训练中的方法和手段，能根据原则，掌握、设计战术并能在实践中合理运用。

【本章学习要点】

1. 篮球战术是篮球比赛中队员间相互协调配合，有效地运用技术的组织形式。

2. 战术基本配合是两三人之间有目的、有组织的、协同作战的配合方法。

3. 战术基本配合包括进攻和防守两部分，进攻基础配合是指两三名进攻队员为了创造攻击机会，合理运用技术而组成的合作方法，其包括传切配合、突分配合、掩护配合和策应配合。防守基础配合是指两三名防守队员之间为了破坏对方进攻配合，或同伴防守出现困难时，及时相互协作的方法，其包括：挤过、穿过、绕过、夹击、关门、补防、交换防守。

4. 快攻是由防守转入进攻时，进攻队以最快的速度，力争在对方立足未稳之际，合理、果断地进行攻击的一种进攻战术。

5. 快攻的基本构架是由发动与接应、推进和结束三个阶段所组成。

6. 快攻的形式有长传快攻、短传快攻（结合运球推进）及运球突破快攻三种。

7. 快攻的接应分固定接应和机动接应两种。

8. 推进的形式有传球推进、运球推进、传球与运球结合推进等形式。

9. 发动快攻应是在跳球后获球、抢球、断球、抢得防守篮板球时和掷端线界外球等多种时机。

10. 防守快攻是指比赛中由攻转守的瞬间及时组织防守阵形，积极组织力量阻止和破坏对方发动快攻的防守战术。

11. 防守快攻的方法有：提高投篮命中率，拼抢前场篮板球；提高以少防多的能力；堵截接应点和接应人；合理地防守快下队员；积极封堵第一传。

12. 半场人盯人防守是指由攻转守时，全队以最快的速度有组织地退回到后场，在半场范围内进行人盯人的防守，并根据全队防守策略组成整体的防守战术。

13. 半场人盯人防守战术在实战运用中主要有半场缩小人盯人和半场扩大人盯人两种。

14. 进攻半场人盯人防守战术是由传切、突分、掩护、策应等基础配合组成的全队战术打法。进攻半场人盯人防守战术是根据对方防守的区域范围和队员的防守能力，结合本队的实际，扬长避短而设计的全队进攻战术。

15. 全场紧逼人盯人防守是由攻转守时防守队员以最快的速度在全场范围内迅速寻找对手，并紧紧盯防各自的对手，以积极的个人防守和全队的协同配合而展开的一种攻击性很强的防守战术。

16. 全场紧逼人盯人防守的方法，防守对手可分为防守固定对手和防守不固定对手两种。

17. 进攻全场紧逼人盯人防守，是指进攻队在防守队运用全场紧逼人盯人防守时，有针对性采用的进攻方法，是现代篮球战术体系中进攻战术系统的一种战术。

18. 区域联防是由攻转守时，防守队员退回后场，每个队员分工负责一定区域，并严密防守进入自己防区的球和进攻队员，并与同伴密切协同防守，积极移动补位，用一定的队形，把每个防守的区域有机地联系起来，形成一种集体的联合防守战术。区域联防的形式常用的有“2—1—2”“3—2”“2—3”“1—3—1”等。

19. 进攻区域联防是针对区域联防特点及队形变化所采用的进攻战术。进攻区域联防常用的阵形有：“1—3—1”“2—1—2”“1—2—2”“2—2—1”等。

20. 区域紧逼是按区域紧逼盯人，不断组织封堵夹击并以争夺球为目的的积极防守战术。根据比赛需要和本队的条件，区域紧逼可分为全场区域紧逼、3/4 场区域紧逼和半场区域紧逼。

21. 进攻区域紧逼是根据区域紧逼的特点，抓住防守的薄弱环节，有针对性地进行攻击的方法。

22. 混合防守是将区域联防和人盯人防守混合在一起运用的一种特殊形式的防守战术。常用的混合防守的形式有：1 人盯人 4 人区域联防；2 人盯人 3 人区域联防；3 人盯人 2 人区域联防。

23. 进攻混合防守是针对混合防守而采取的进攻方法。

【基本概念】篮球战术、进攻基础配合、防守基础配合、传切配合、突分配合、掩护配合、策应配合、挤过、穿过、绕过、夹击、关门、补防、交换防守、快攻、半场人盯人防守、进攻半场人盯人防守、全场紧逼人盯人防守、进攻全场紧逼人盯人防守、区域联防、进攻区域联防、区域紧逼、进攻区域紧逼、混合防守、进攻混合防守。

【关键名词】战术基本配合、长传快攻、短传快攻（结合运球推进）、运球突破快攻、固定接应、机动接应、传球推进、运球推进、传球与运球结合推进、半场缩小人盯人、半场扩大人盯人、防守固定对手、防守不固定对手、区域联防的形式、全场区域紧逼、3/4 场区域紧逼、半场区域紧逼。

第一节　篮球战术简述

篮球战术是比赛中队员个人技术合理运用和队员之间相互协调配合的组织形式。

篮球的比赛过程是其战略和战术筹划、选择运用的过程，其比赛的胜负，很大程度上取决于战略与战术运用的正确与否。战略是研究比赛全局规律性的，是在一定指导思想下制定的计谋；战术是指比赛中具体的攻守方法。它根据比赛的双方身体条件。技战术风格，攻守打法、心理、生活特点以及比赛性质、任务、场地、器材等方面进行全局性的筹划和指导。

任何战术目的都是通过一定地组织形式使每个队员有组织、有目的地协调行动，使分散的个体形式有机的联系为整体，通过具体地配合方法，充分发挥每个队员的个人技术特长，制约对手，力争掌握比赛的主动权，获得比赛的胜利。虽然战略和战术都是研究比赛的理论与实践的问题，但各自研究的范围和内容不同。从整体看，战略占主导地位，战术应服从战略的目的，而实现战略目的又直接取决于战术任务的胜利完成。所以，它们依从又从属，相互适应，相辅相成。

篮球战术是由技术、方法和形式这 3 个基本要素组成。

技术是组成篮球战术的基础，是队员进行比赛的手段。在篮球比赛中，战术的构成和运用，需要通过队员在一定的时机、地点、条件下合理地运用一定数量和质量的技术动作。队员掌握的技术越全面、熟练、实用、准确，那么，战术的实现越有保障。

方法是战术组成的核心部分，是战术的具体内容。战术方法具体表现在队员的个人行动上，队员的局部配合行动、全队整体行动的组织与动作配合上，是完成比赛任务中攻防所制定的行动程序，包括队员的位置部署和移动路线、技术动作的选择与组合应变、动作的时间、攻击地区、防守范围与侧重防区等具体内容。在完成这一战术过程中，它依赖于队员的技术运用能力，又需要一定的形式来保证它的实现。

形式是战术的外部表现，任何战术方法都有自己的表现形式，一定的战术形式必须反映一定的战术内容。如：区域联防战术有“2—1—2”“2—3”“3—2”等不同形式；快攻战术有长传快攻、短传快攻和结合运球突破快攻等不同的组织形式。形式可以是全场的、半场的，也可以是快的或慢的。不同的攻守战术形式体现着各自不同的攻守战术的内容和特点。

技术、方法、形式。三者紧密联系，互为依从、互相影响、互相促进、缺一不可。一个队具有熟练地技术和掌握了多种配合方法，那么，在比赛中选择不同战术形式的可能性就大，个人与集体的力量就越能得到发挥，战术运用的灵活性就越强。

根据篮球运动攻守相互对抗，交替转换进行的特点和比赛实施的主要内容，篮球战术分类为进攻战术和防守战术两大体系。根据队员在比赛中完成进攻与防守任务的行动组织原则，其又分为个人战术行动，2～3 人的局部配合行动，全队队员的整体行动。

篮球战术组织应从实际出发，根据本队和本队队员的实际，有针对性地设计篮球战术，扬长避短，体现本队风格。在阵容配备上要优化组合，出奇制胜，使全队竞技实力得到最大限度的发挥。

篮球战术设计必须注意攻守平衡，在实施战术的过程中，队员位置的分布、移动的路线、强侧与弱侧，都应保持攻守平衡。

总之，篮球战术训练要把意识、技术、形式和方法融为一体。意识支配行动，只有队员有较强的意识，才能在行动上提高定向、抉择、反馈和支配的能力。

第二节　战术基础配合

战术基本配合是两三人之间有目的、有组织、协同作战的配合方法。它包括进攻和防守两部分，是技术运用的基本组织形式；是全队攻守战术配合组成的基础；是培养队伍篮球意识的重要手段，熟练掌握和灵活运用是个人技术特长发挥的保障。

一、进攻基础配合

进攻基础配合是两三名队员之间，在进攻中通过有目的的，有组织的协调行动的方法，借助相互的帮助，创造进攻条件和机会的简单配合。其是组成全队进攻战术的基础，熟练和灵活掌握才能使全队战术更加灵活，更加有效。进攻基础配合的目的是在进攻中帮助同伴或借助同伴的帮助而创造有利的投篮条件和机会。

（一）配合方法

进攻基础配合包括传切配合、突分配合、掩护配合和策应配合，由于配合的位置，移动路线以及完成配合的技术动作不同，所以传切配合分一传一切、空切；突分配合分持球突分和运球突分；掩护配合分前掩护、后掩护、侧掩护，给有球队员掩护、给无球队员掩护；策应配合分内策应和外策应。不管何种配合形式，一定要对配合的位置、路线、时机和技术动作做严格的要求，保证完成的质量。

1. 传切配合

传切配合是持球队员利用传球和切入技术超越防守，并接同伴的回传球进行投篮的一种配合方法。根据位置的特点可分为纵切和横切，正切和反切，根据有无球的关系分为一传一切，空切。

【示例一】如图 4.1 所示，⑤传球给④后，立刻摆脱对手❺向篮下切人，接同伴④的回球投篮。

【示例二】如图 4.2 所示，④传球给⑤后，迅速摆脱对手向腹地横切，接同伴⑤的回传球投篮。

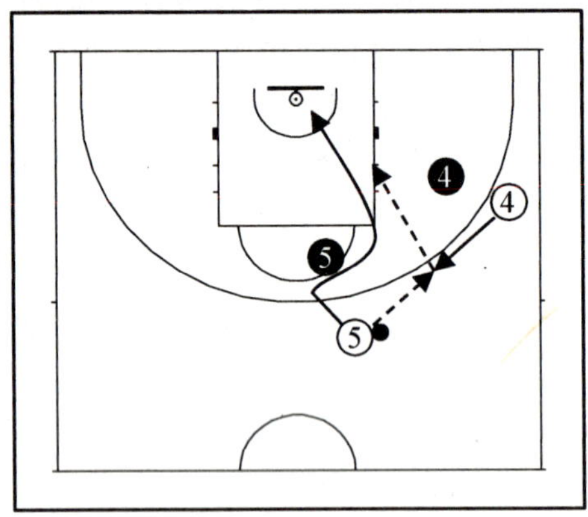

图 4.1

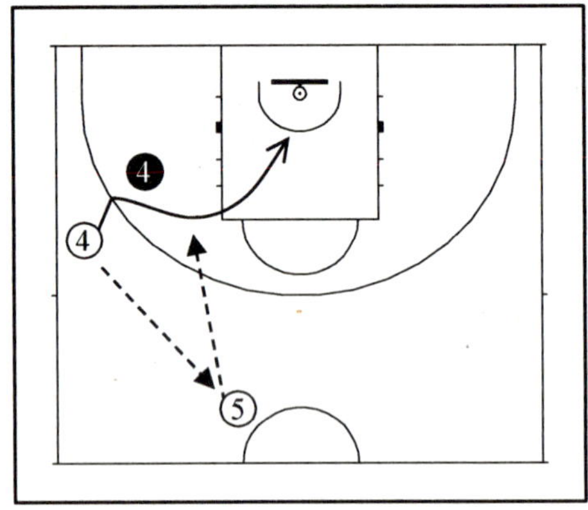

图 4.2

【示例三】如图 4.3 所示，④传球给⑤时，⑥乘防守队员不备，突然横切或从底线切向篮下，接⑤的传球或吊球投篮或扣篮。

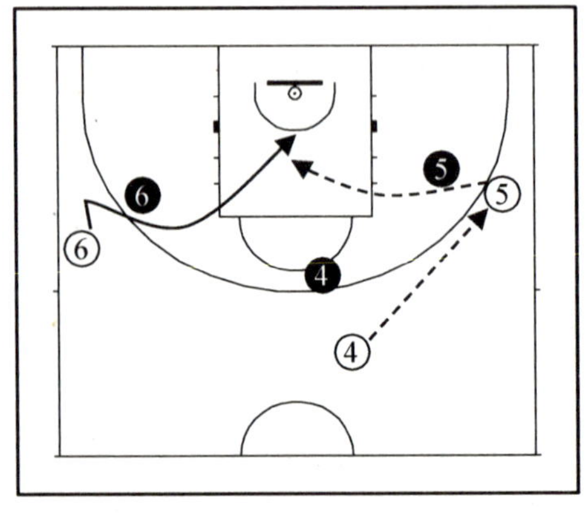

图 4.3

要求：

（1）切入队员要善于掌握切入时机。对手防守较紧时，要用假动作或动作方向、速度的变化摆脱对手，切入篮下。

（2）持球队员要利用瞄篮、突破、运球或假动作吸引、牵制对手，当切入队员摆脱对手并能接到球时，应及时准确地将球传给他。

（3）队员之间要形成默契，传球的形式要多样化、准确化。

2. 突分配合

突分配合是进攻队员运用运球技术或持球技术，突破对手后，遇对方队员补防和“关门”时，能根据实际情况，主动或应变性地传球给无人防守的同伴的方法。

【示例一】如图 4.4 所示，⑤接④的传球，持球突破上篮，防守❺封盖，使⑤由上篮变传球，将球传给切入的⑥，⑥投篮。

【示例二】如图 4.5 所示，⑤持球从底线突破❺，遇到❻补防时，及时传球给纵插到有利位置的④或⑥投篮。

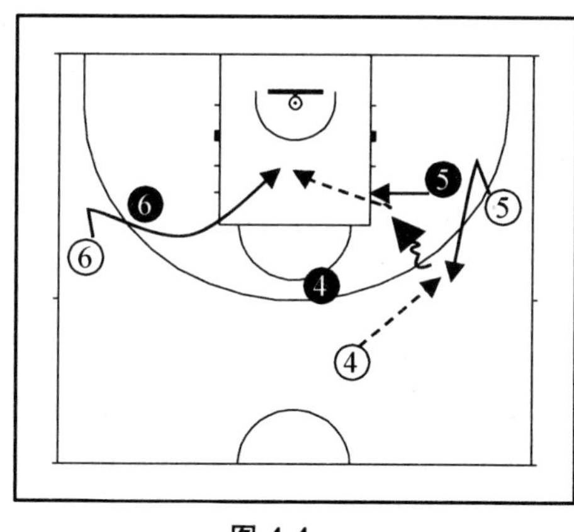

图 4.4

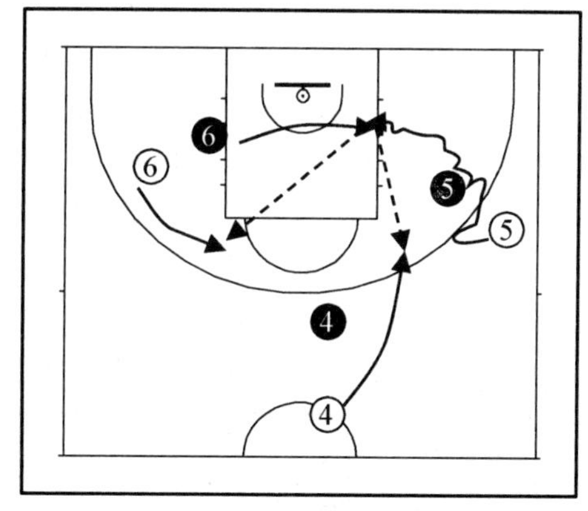

图 4.5

要求：

（1）队员突破要降低重心，侧肩护球，动作要突然、快速和有力。突破中要有预见性，要根据攻守队员行动和位置的变化，既要做好投篮的准备，又要及时、准确地传球给摆脱后处于空位的同伴。

（2）其他进攻队员要把握好摆脱对手的时机，抢占有利位置接球攻击。

3. 掩护配合

掩护配合是指进攻队员之间合理运用身体挡住防守同伴的对手的移动路线，使同伴借以摆脱防守的一种配合方法。

掩护配合有多种形式和方法，根据掩护者作掩护时站位的不同，有前掩护、侧掩护和后掩护 3 种形式。根据掩护者的移动路线、方法和变化，有反掩护、双掩护、运球掩护、定位掩护、行进间掩护和连续掩护等。从掩护的应用范围来讲，有球队员为无球队员做掩护、无球队员为有球队员做掩护和无球队员之间的掩护配合。

【示例一】侧掩护是比赛中最为常用的掩护配合之一，是掩护队员站在同伴的防守者的侧面，用身体挡住防守的移动路线，使同伴借机摆脱防守接球进行攻击。如图 5.6 所示，⑤传球给④后，即向相反方向跑动给⑥做掩护，当⑤跑到⑥侧面掩护到位时，⑥摆脱防守切入篮下接④的传球投篮。

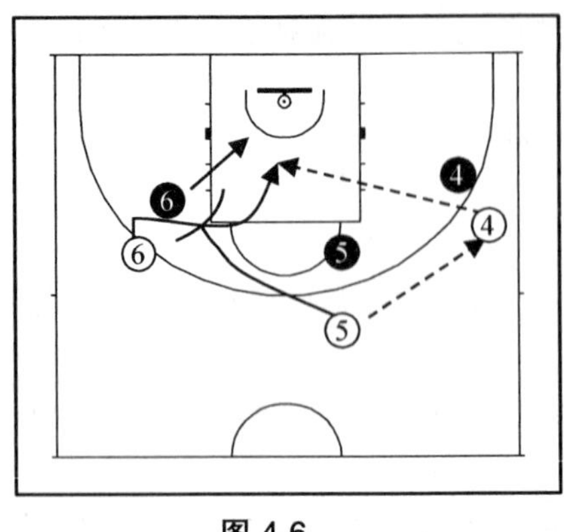

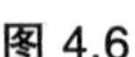
图 4.6

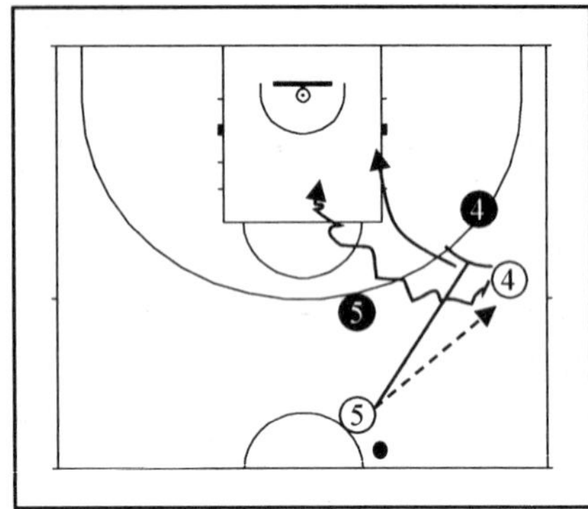

图 4.7

【示例二】如图 4.7 所示，⑤传球给④后跑到❹的侧面做掩护，④接球后做投篮或突破的假动作，吸引❹的防守，当⑤掩护到位时，④突然持球起动从❹的右侧突破投篮或分球。⑤掩护后迅速后转身移动到有利位置去接球或抢篮板球。

【示例三】前（后）掩护是掩护队员站在同伴防守者的前（后）面，用身体挡住防守者向前（后）移动路线，使同伴借机摆脱防守移动到有利位置或接球进行攻击。前掩护（图 4.8），⑥跑到⑤的前面给⑤作前掩护，⑤利用掩护拉出，接④传来的球投篮或做其他攻击行动。后掩护，⑤传球给⑥时，④跑❺到身后给⑤做后掩护，⑤传出球后做向左切入假动作吸引❺的防守，当④掩护到位时突然向右侧切入篮下，接⑥的传球投篮。

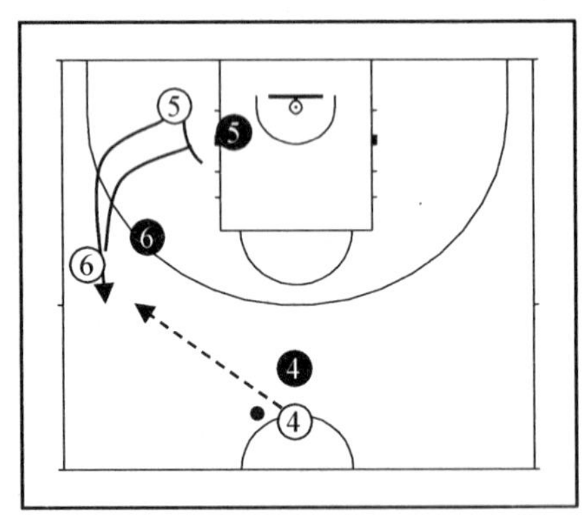

图 4.8

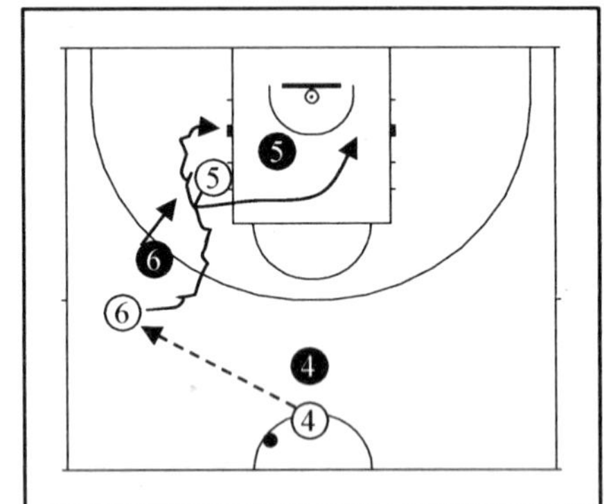

图 4.9

【示例四】定位掩护是被掩护者主动利用同伴的身体作定位掩护使自己摆脱防守。如图 4.9 所示，⑤占据罚球站位区的有利位置，⑥运球佯做向腹地突破，当把❻诱到⑤身旁时，突然变向运球，从底线突破利用⑤的定位掩护摆脱❻的防守进行攻击，⑤及时后转身切向篮下抢篮板球，若❻补位防⑥，⑤则传球给切入篮下的⑤投篮。

【示例五】行进间掩护是指两个不同角度或方向移动的队员在跑动中形成交叉时，相互创造摆脱对手的机会。如图 4.10 所示，⑤做向下跑动时，④向上移动，两人交叉时，⑤挡住❹的移动路线，给④创造摆脱接球的机会。这种行进间交叉掩护也可在底线运用。

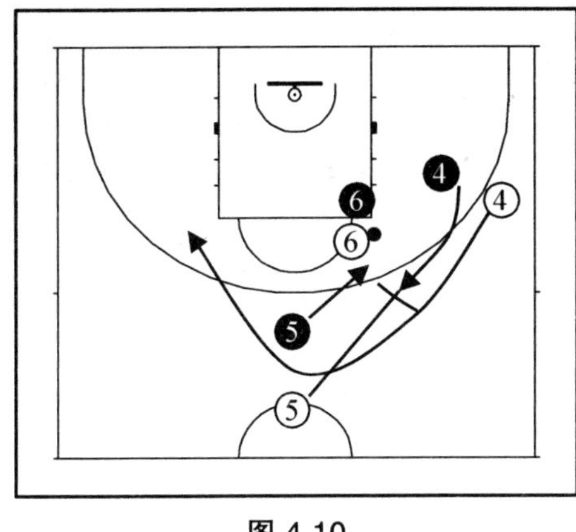

图 4.10

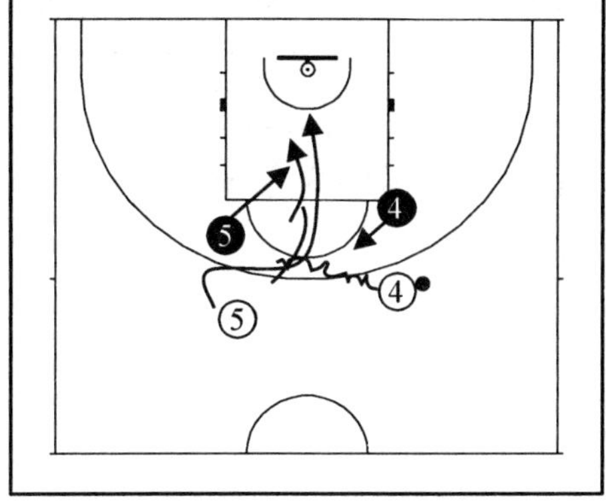

图 4.11

【示例六】运球掩护是持球队员运球给同伴做掩护为同伴创造空切、投篮的机会。如图 4.11 所示，④向❺体侧运球给⑤作掩护，⑤先向左侧下压，将❺带入掩护位置，然后突然改变方向，跑向④形成的掩护并接④的传球，跳投或突破。④后转身挡住❺的路线后，向篮下空插。

要求：

（1）掩护时同伴之间要形成默契，掌握好配合行动的时间。

（2）掩护动作是两脚开立，两膝微屈，两臂屈肘于胸前，上体稍前倾，扩大掩护面积。掩护要符合规则规定，根据防守者的视野所及的范围，保持适当的距离。

（3）要善于用假动作吸引自己的对手，行动要及时、突然。

（4）掩护时，要注意同伴之间的配合时机、角度，被掩护的队员要隐蔽行动意图与方向。并根据情况变化，采取应变措施，争取第二个机会。

4. 策应配合

策应配合是进攻队员背对或侧对球篮接球后，以他作枢纽，与同伴空切相配合，借以摆脱对手，创造各种进攻机会的一种配合方法。策应配合根据策应的位置分为内策应与外策应（也称低位策应和高位策应）。

内策应：内策应是内线队员位于内策应区域抢占有利位置接球，与空切或外线同伴形成的配合方法。一般指策应区域是在限制区两侧的位置，如图 4.12 所示，它主要是由内线进攻中锋队员和外线前锋队员构成的。

外策应：外策应是中锋或高大前锋抢占罚球线附近区域，获得球后随时观察场上情况，及时将球传给最有利进攻的同伴，或把握自己的进攻时机。形成内、外、真、假的配合方法。策应区域是在罚球线外附近的范围，它是由进攻中锋或高大前锋为策应队员与外围队员形成的配合。

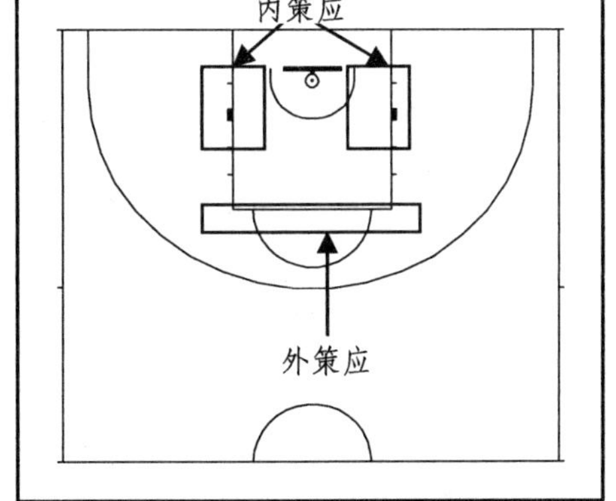

图 4.12

【示例一】如如图 4.13 所示（低位策应），⑤获球后，另一侧的⑥突然插入对侧的策应区接⑤的传球，⑤向下移动，佯作接⑥的回传球投篮，⑥利用假动作吸引对手，并观察同伴战术意图和行动，发现另一侧的④迅速摆脱空切，及时隐蔽将球传给④投篮。

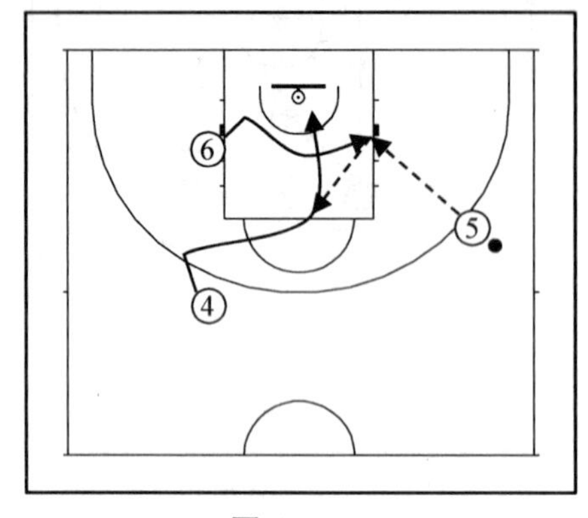

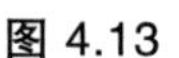
图 4.13

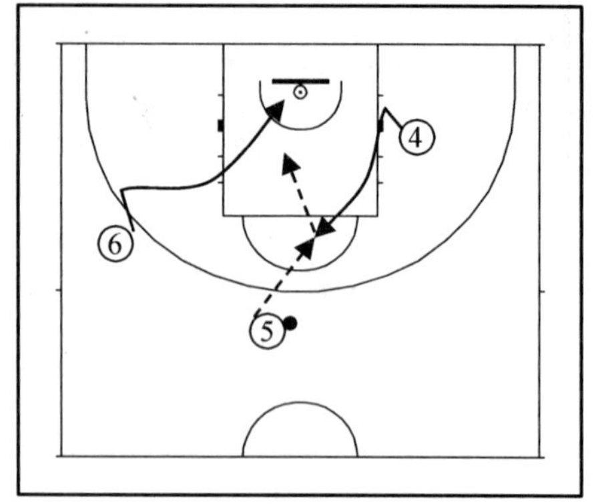

图 4.14

【示例二】如图 4.14 所示（高位策应），⑤持球或运球，当④突然上提到罚球线附近并抢占到有利位置时，将球传给④，⑥迅速摆脱空切到腹地，及时隐蔽地将球传给⑥投篮。

要求：

（1）策应队员应积极抢占有利位置，安全的接到球，接球后保持正确的身体姿势。即接球时两脚开立，用身体和躯干将对手挡在背后，两手持球于胸前，两肘外展，保护好球。

（2）高大队员策应时，把球最好举起在头上方，灵活调整脚步，利用转身和步伐吸引防守者。

（3）在策应时要用转身、跨步、假动作及时调整策应的方向和位置，以便协助同伴摆脱防守，增加策应的变化与成功率。

（4）配合队员要根据策应者的位置，及时将球传给策应者远离防守人的一侧，做到人到球到。

（二）进攻基础配合的教学与训练

1. 教学建议

（1）进攻基础配合的教学顺序为：先教传切配合，再教突分配合，后教掩护配合，最后教策应配合。

（2）掩护配合的教学顺序为：先教无球队员之间的掩护，再教无球与有球队员之间的掩护；先教原地掩护，后教行进间掩护。

（3）传切配合先教纵切，后教横切。

（4）策应配合先教 2 人配合，再教 3 人配合。

（5）教进攻基础配合时，应遵循战术教学的步骤，首先通过讲解与示范，使学生建立战术配合的完整概念，再通过练习掌握配合的人球移动路线、配合时间等配合方法。在此基础上进一步学习配合的变化，以及在对抗与比赛情况下提高配合的运用能力。

（6）在教学中应重视对学生配合意识的培养，注意配合的节奏与变化，不断提高学生的应变能力。

2. 练习方法

（1）传切配合练习。

【练习一】无防守的横切、空切练习。首先可通过不同位置的徒手横切、纵切练习，让练习者掌握正确的移动路线、动作方法和切入时机，然后结合球进行练习。如图 4.15 所示，全队分成两组，⑤将球传给移动上来的④，然后向左做切入假动作后，突然快速从右侧切入。④接球后做传球的假动作，然后把球传给⑤组的第二人⑦，接着做假动作，突然向篮下切入。切入篮下的队员分别跑到另一组队尾，依次进行练习。

要求：利用假动作摆脱，切入者动作要突然、快速，侧身看球。

【练习二】如图 4.16 所示，全队分成 3 组，④和⑤组每人持球，④传球给⑥后，向左侧做摆脱假动作，随后迅速从右侧切入接⑤的传球投篮，⑤传球给④之后，做摆脱假动作，随后迅速横切接⑥的传球投篮。④⑥抢篮板球，按顺时针方向换位，依次进行练习。

要求：注意切入的先后顺序，切入要侧身看球，队员之间传球要到位、方式要多样，跑动路线要合理，投篮要准确。

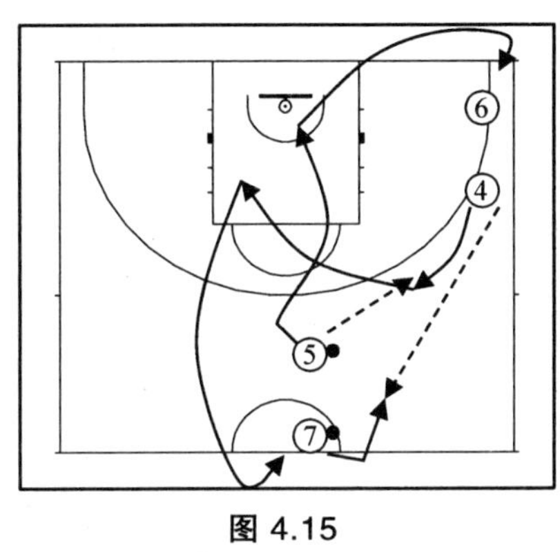

图 4.15

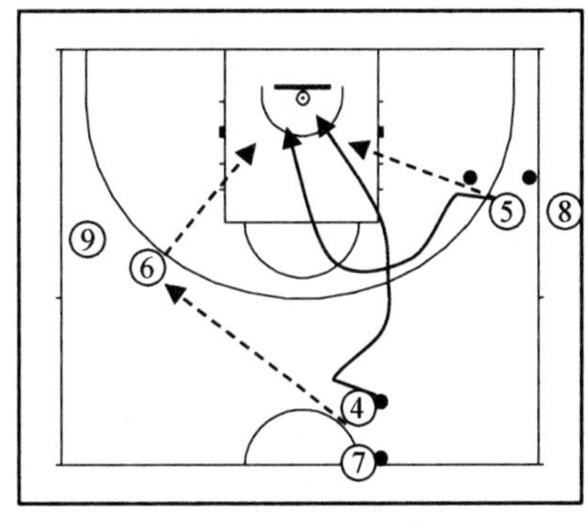

图 4.16

（2）突分配合练习。

【练习一】无防守的连续突分练习（见图 4.17），⑤持球从右侧突破，将球传给另一侧摆脱移动中的④，④从右侧突破传球给⑦，依次练习。待熟练后，可让练习者从左侧或变换不同的角度突破。要求接球人一定要在移动中接球并迅速衔接下一技术动作。

要求：突破要迅速，传球要准确。

【练习二】如图 4.18 所示，⑤从防守者的左侧突破，❹协防，封堵⑤向篮下突破的路线，此时④及时跑到有利的进攻位置，接⑤的球投篮，或做其他进攻配合。

要求：善于利用突破吸引防守队员，根据同伴跑位方向准确分球。

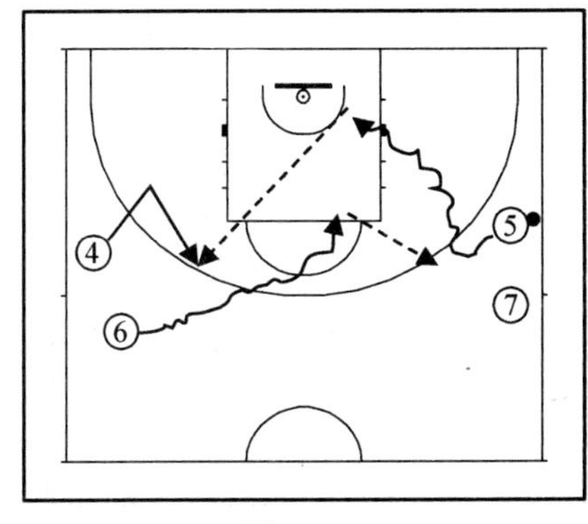

图 4.17

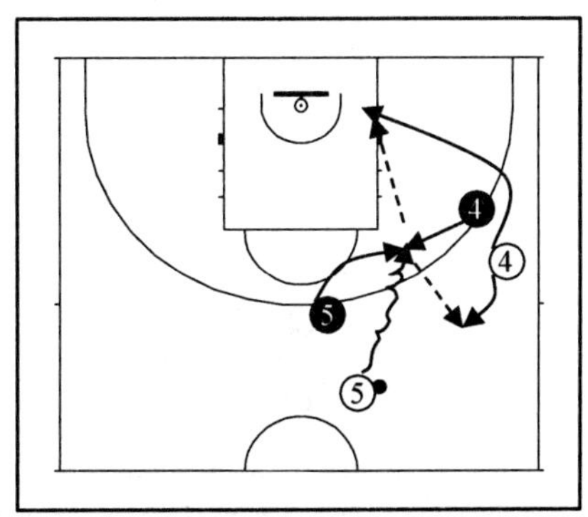

图 4.18

（3）掩护配合练习。

【练习一】给运球队员掩护挡拆配合。如图 4.19 所示，④向左侧运球突然变向，⑤内插上提给④做掩护挡住❹逼防的移动路线，待④运球突破从身边过去时，突然后转身向内插入，接④的传球上篮，随后换位。

要求：掩护动作正确合理，距离适当，掩护后转身跟进要迅速。

【练习二】运球连续“∞”字掩护配合。如图 4.20 所示，④运球给⑥做掩护，⑥摆脱接④的传球后，运球给⑤做掩护，⑤摆脱接球运球给④掩护，伺机运球突破或跳投，依此循环练习。

要求：掩护者要到位动作正确、合理。配合时机要准确。

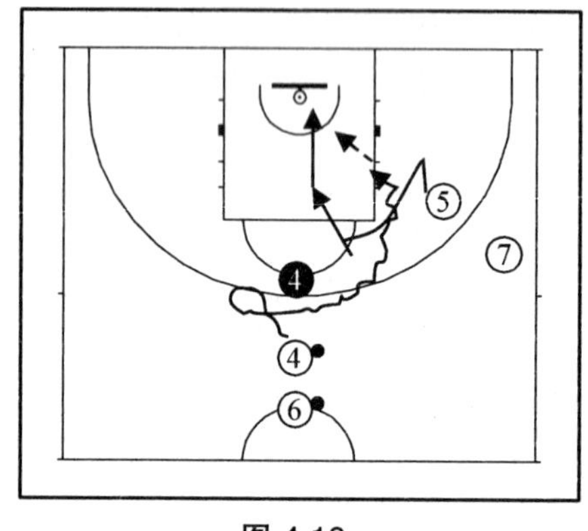

图 4.19

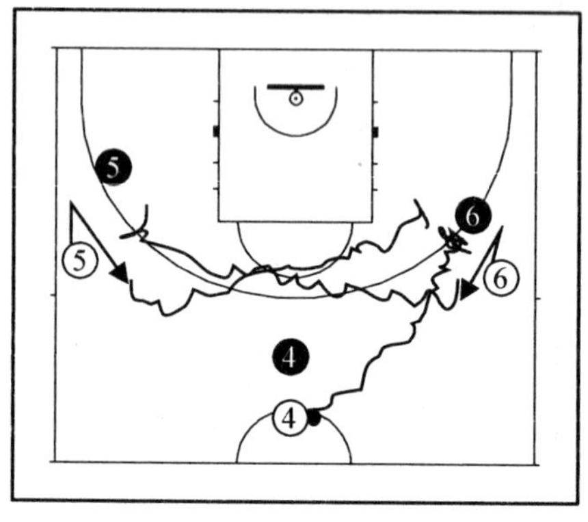

图 4.20

（4）策应配合练习。

【练习一】中锋插上策应配合。如图 4.21 所示，3 人一组，⑤和⑥在外围互相传球，当球传给⑥时，④突然摆脱防守，上插罚球线后接⑥的传球做策应。⑥传球后摆脱对手切入，并与⑤交叉后接球进攻。⑤切向④的侧前方准备接球进攻。④根据情况传球给⑥或⑤均可，出现机会也可以自己进攻。

要求：策应前要有摆脱防守的动作，要主动上步卡位安全接球，注意时机，准确、合理传球。

【练习二】中锋的策应配合。如图 4.22 所示，⑥组每人持球，④突然上提罚球线，接⑥的传球，⑤和⑥分别摆脱，并以④为枢纽进行交叉跑位。⑤向内纵切，⑥向外下插。④根据场上情况，可传球给⑤上篮，也可传球给⑥跳投。

要求：策应的动作正确到位，传给策应者的球要隐蔽、准确，做到人停球到。

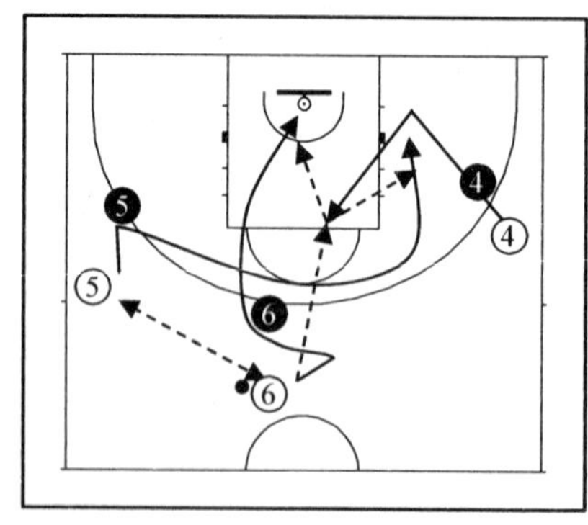

图 4.21

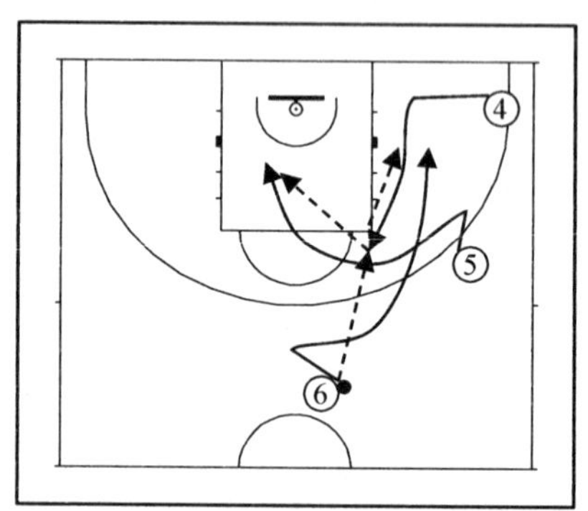

图 4.22

二、防守基础配合

防守基础配合是指两三名防守队员之间为了破坏对方进攻配合.或同伴防守出现困难时，及时相互协作的方法。它包括：挤过、穿过、绕过、夹击、关门、补防、交换防守。

（一）配合方法

1. 挤过配合

挤过配合是对方采用掩护进攻时，防守者为了破坏对方的掩护配合，当掩护者临近的一刹那，被掩护者的防守人主动靠近自己的对手，并从两个进攻人之间侧身挤过去，继续防住自己的对手。

【示例一】如图 4.23 所示，④传球给⑤后给⑥做掩护，❻在④靠近自己的一刹那，迅速抢前一步贴近⑥，并从⑥和④中间挤抢过去继续防守⑥。

要求：防守者要善于发现对方的掩护行动，挤过时要贴近对手，向前侧抢步要及时，动作要突然，防掩护的队员要及时提醒。

2. 穿过配合

穿过配合是当进攻队员进行掩护时，防守做掩护的队员要及时提醒同伴并主动后撤一步，让同伴及时从自己和掩护队员之间穿过，以便继续防住各自的对手。一般在掩护配合无投篮威胁时采用。

【示例二】如图 4.24 所示，⑤传球给⑥后去给④做掩护。❺要及时提醒同伴，❺当⑤掩护到位前一刹那主动后撤一步。从⑤和❺中间穿过去，继续防守④。

要求：防守掩护的队员要主动提醒同伴并撤步，使同伴通过并迅速调整防守位置和距离。

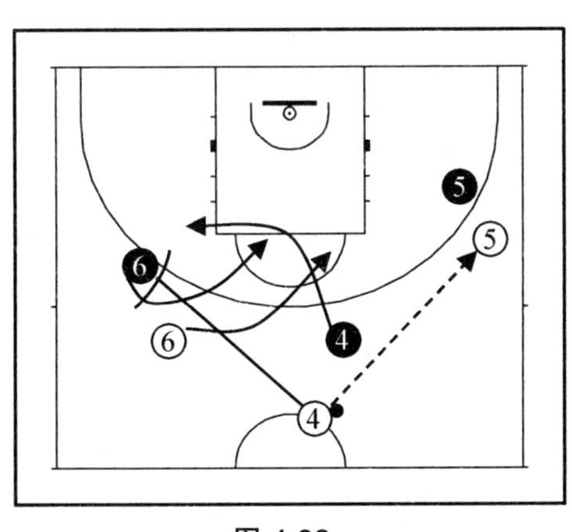

图 4.23

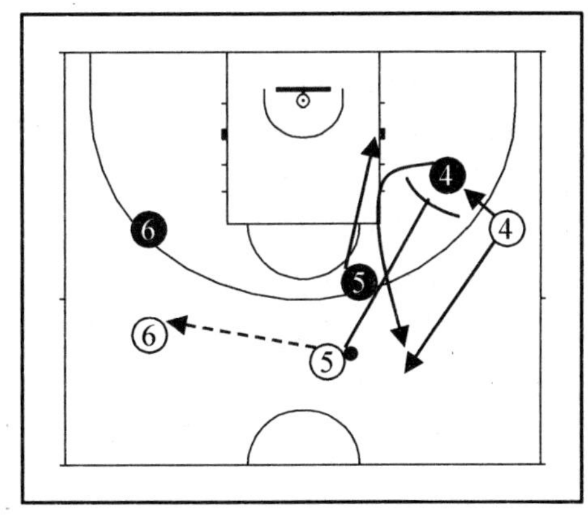

图 4.24

3. 绕过配合

绕过配合是当进攻队员进行掩护时，防守做掩护的队员主动贴近对手，让同伴从自己的身后绕过，继续防住各自的对手。

【示例三】如图 4.25 所示，⑥传球给⑤并给他掩护，⑤传球给④后利用⑥的掩护向篮下切入。❺从❻和⑥的身后绕过继续防守⑤。

要求：防掩护者要及时提醒同伴并贴近自己的对手，绕过队员要及时调整位置和距离，跟防。

4. 交换防守配合

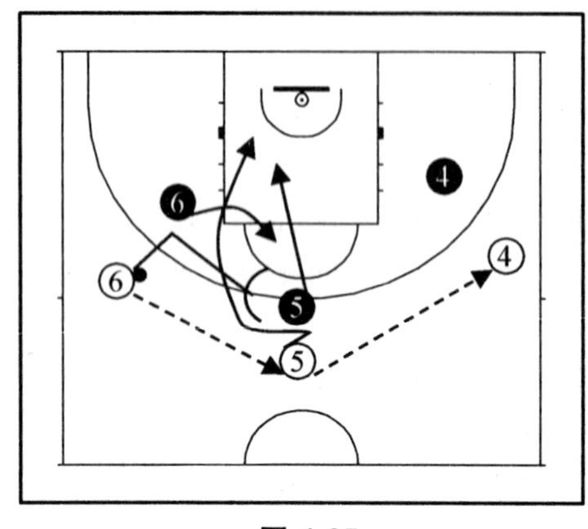

图 4.25

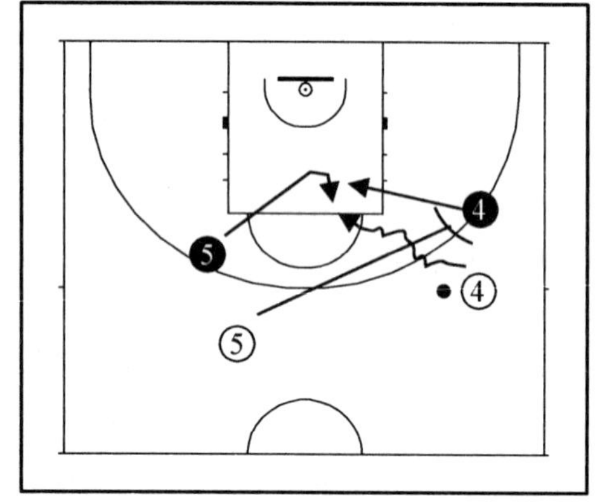

图 4.26

交换防守配合是为了破坏进攻队员的掩护配合。当进攻队员进行掩护时，两防守队员之间及时地交换自己所防守对手的一种配合方法。熟练地运用交换防守，不仅能破坏进攻配合，弥补防守漏洞，还能争取断球。交换防守在对方横向侧掩护时多用，在对方纵向掩护时少用。

【示例四】如图 4.26 所示，⑤去给④做掩护，❺要主动给同伴发出换人的信号，及时堵截④向篮突破的路线。此时❹应及时调整自己的防守位置，防止⑤向篮下空切。

要求：两个防守队员要默契，要及时通知同伴换防，切记不调整防守位置，不抢占人篮之间或人球之间的有利位置，让掩护者把自己挡在外侧。

5. “关门”配合

“关门”防守配合是邻近的两名防守队员协同防守突破的配合方法。

【示例五】如图 4.27 所示，当⑤向右侧突破时，❹和❺进行“关门”；向左突破时，❻和❺进行“关门”。

要求：“关门”时，防守者要预先了解同伴协防的位置，迫使对手向协防的一侧运球，协防者应错位防守，防守队员应积极堵截突破路线，临近突破一侧的防守者要及时向同伴靠拢进行“关门”，不给突破者留有空隙。

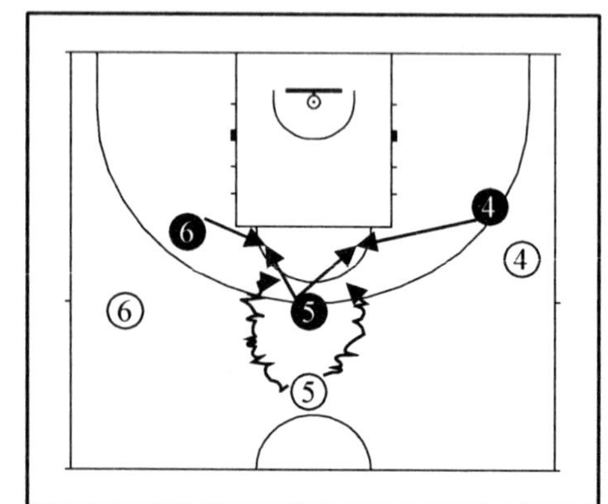

图 4.27

6. 夹击配合

夹击是两个防守者采取突然的行动，封堵和围守边角运球和停球队员的一种配合方法。夹击配台是一种攻击性和破坏性极强的防守配合，它能给对手心理上造成巨大的压力，造成对方失误或违例。

【**示例六**】如图 4.28 所示，④从底线突破，❹封堵底线，迫使④停球，❺同时迅速向底线跑去与❹协同夹击④，封堵其传球路线，迫使其违例或失误。

要求：

（1）选择好夹击的位置和时机，当对方在边角和中线角附近埋头运球或停球时是夹击的良机。

（2）夹击的目的是造成对手失误和违例，所以，要充分利用身躯和手臂，封堵传球角度，切忌不要急于抢球，以免犯规。

（3）夹击形成时，邻近的防守者应及时移动切断其传球路线，准备断球。

7. 补防配合

补防配合是两三个防守队员之间的一种协同防守方法。防守队员在同伴漏防时，立即放弃自己的对手，去补防威胁最大的进攻者，而漏人的防守队员应及时换防。

【**示例七**】如图 4.29 所示，⑤传球给④后，突然摆脱❺的防守直插篮下，此时，❻放弃对⑥的防守而补防⑤，❺去补防⑥。

要求：补防时，动作要快，要随时观察本队防守情况，一旦出现漏防，邻近队员要果断补防，漏防队员及时调整防守。

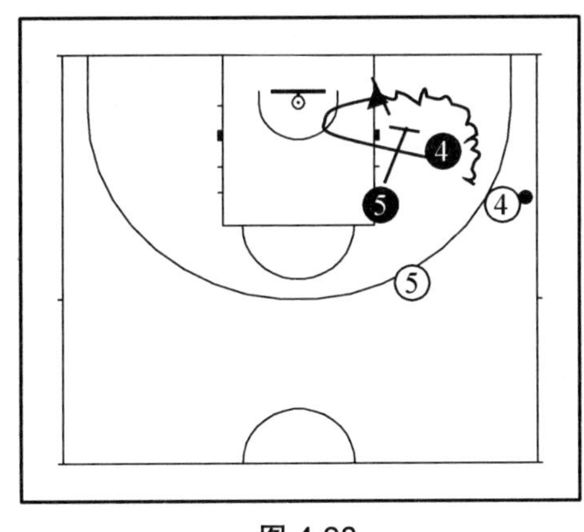

图 4.28

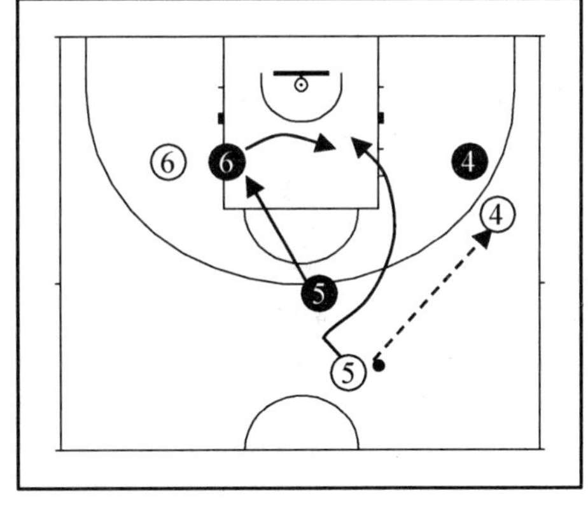

图 4.29

（二）防守基础配合教学与训练方法

1. 教学建议

（1）防守基础配合的教学与训练，应先从抢过防守开始教，而后教补防、夹击配合、“关门”配合，最后教交换、穿过、绕过、配合。

（2）在防守基础配合的教学与训练中要严格要求，在提高个人防守能力的基础上掌握防守基础配合的方法。注意配合中位置的选择与调整，时间要合理及时。

（3）在练习防守技术与基础配合时，要与进攻技术和基础配合结合，由固定到变化，由消极到积极，由局部到全部，由个体到整体，逐步提高防守基础配合的运用能力，并将不同的防守基础配合结合起来进行练习，提高队员的意识和应变能力。

（4）练习方法要从防守的实际出发，要结合进攻的基础配合有针对性的练习，充分考虑配合的时机、地点和空间。

2. 练习方法

（1）挤过、绕过、穿过、交换防守配合练习。

【练习一】三对三徒手练习，根据教师的要求练习挤过、穿过、绕过和交换防守配合。如图 4.30 所示，④给⑤做掩护，当④接近❺时，⑤同时移动的瞬间，❺要及时向前抢跨一步贴近⑤，并从⑤与④之间侧身抢过继续防守⑤。当⑤给⑥做掩护时，❺抽后撤一步，让❻从⑤与❺之间穿过。依此方法进行挤过、穿过、绕过、假换防和交换防守的练习。

要求：防守过程中要扩大视野，当对方进行掩护时，要相互提醒，挤过及时、快速。

【练习二】如图 4.31 所示，⑧传球给④的同时，⑤给④做后掩护，④将球回传给⑧后借助掩护切入篮下，这时❺一边跟防一边呼应❹，当④切入时，❺突然换防④，并准备抢断⑧传给④的高吊球，此时❹要抢占内侧防守位置，防止⑤接⑧的球。④切入后给⑥做后掩护，⑤拉向左边线，依此循环练习。

要求：球的转移要快，掩护要到位，被掩护队员要要在掩护队员的帮助下善于摆脱，注意球转移和队员跑动节奏的同步。

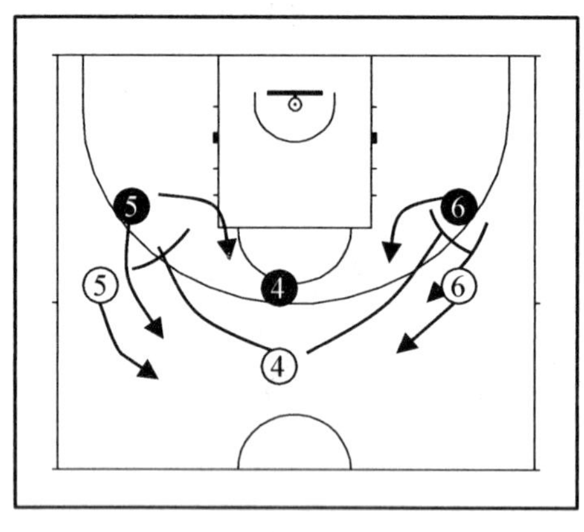

图 4.30

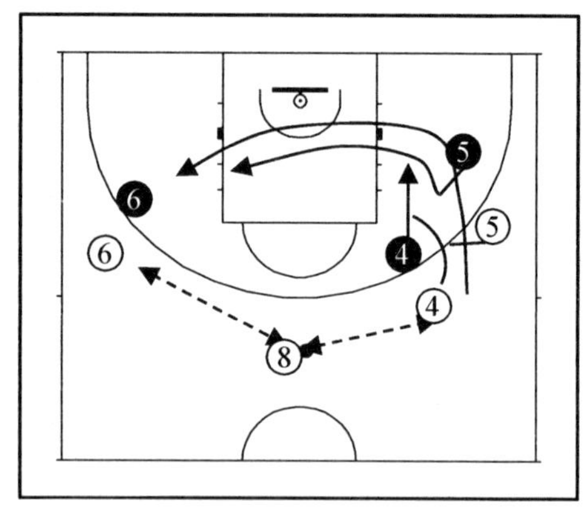

图 4.31

【练习三】四对四攻守配合。如图 4.32 所示，固定④分别给⑤、⑥、⑦做掩护。❹和其他防守队员按规定的防守配合进行练习，每组练习结束后按图示换位。当④和❹落在底角时，⑤和❺开始练习。依次反复练习若干次后，攻守互相交换。也可采用运球掩护的方法按此练习进行。

要求：掩护到位，注意先后顺序。

（2）“关门”配合练习方法。

【练习一】如图 4.33 所示，半场二对二，④突破时，❺协同❹“关门”，若④传球给⑤时，❺迅速回防⑤。⑤突破时❹协同❺进行“关门”。反复练习数次后攻守交换练习。

要求：注意关门的时机及位置，配合要熟练、默契。

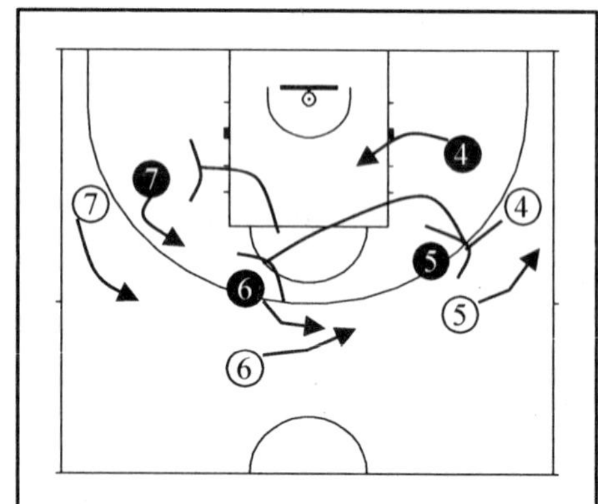

图 4.32

【练习二】如图 4.34 所示，④、⑤、⑥在外围相互传球，寻找机会从❹、❺或❻之间突破。❹、❺或❻除了要防住自己的对手外，还要协助邻近同伴进行“关门”，不让对方突破到篮下。当进攻者突破不成，把球传出时，“关门”的队员应快速分开去防自己的对手。

要求：根据有无球侧，选择有利的防守位置。

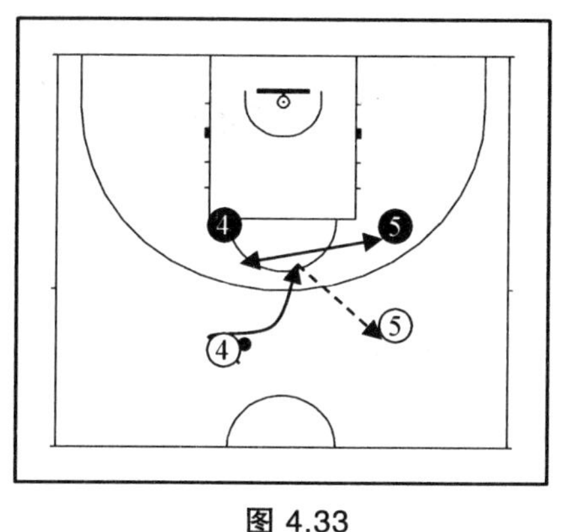

图 4.33

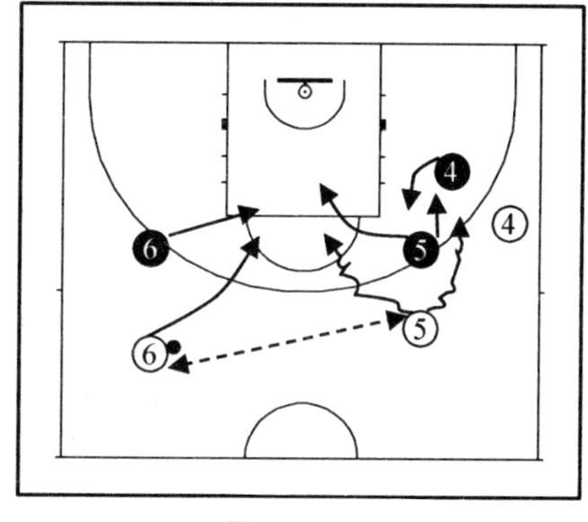

图 4.34

（3）夹击与补防配合方法。

【练习一】夹击与补防配合.如图 4.35 所示，④传球给⑤，⑤接球后沿边线向底线运球，❺抢先堵其从底线突破的路线。同时❹有意向❺靠拢，一旦⑤停球，❹迅速果断与❺夹击⑤，❻向左侧后方移动补防④，并准备断⑤传给④与⑥的球。

要求：根据球的转移，注意位置的调整，夹击要突然。

【练习二】三人轮转补防换位。如图 4.36 所示，⑦将球传给④，当④接球后运球突破时，❻放弃对⑥的防守去补防④，❺去补防⑥，❹迅速去补防⑤，依次 3 人轮转补防。

要求：补位要及时，配合要默契。

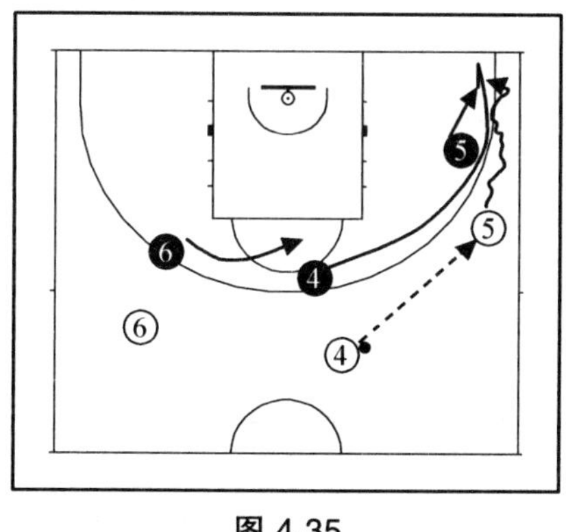

图 4.35

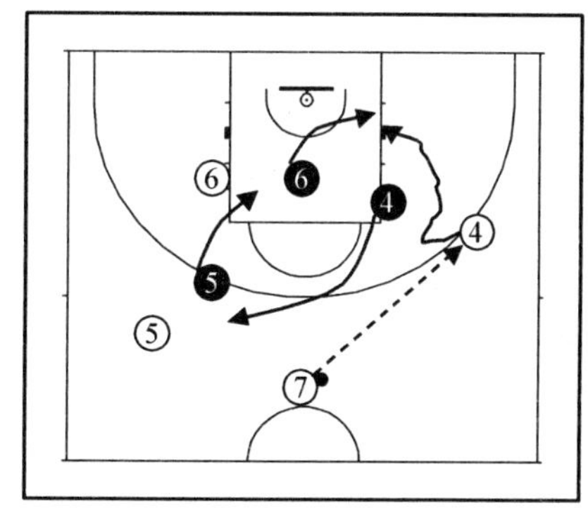

图 4.36

【练习三】如图 4.37 所示，④沿边线运球推进，❹在④的侧前半步防守，控制其运球行进的速度和方向。当④运球刚刚过中场时，❼及时而迅速地上去迫使④停球并与❹一起夹击④。两组可以同时练习，队员按逆时针换位进行练习。

要求：提前预判，边角夹击。

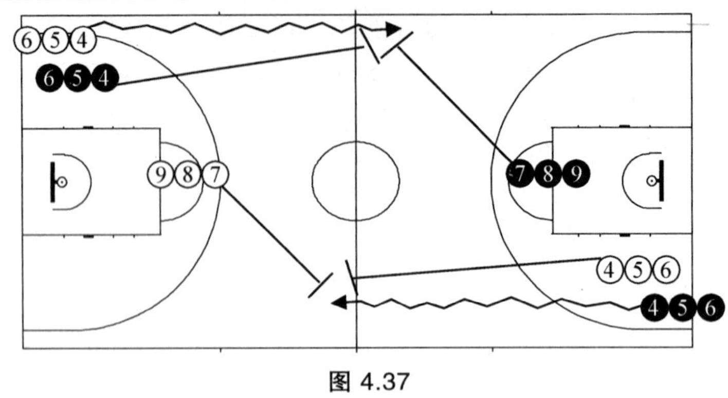

图 4.37

第三节　快攻与防守快攻

一、快　攻

快攻是在攻防转换过程中，立足对方未稳之际，进攻队以最快的速度，最短的时间，抓住战机，以多打少，合理、果断地进行攻击的一种进攻战术。

快攻是进攻战术的重要组成部分，它体现了现代篮球运动中智勇结合、积极主动、快速灵活的基本特征。它对运动员的积极主动、勇猛顽强作风的培养将起到积极的促进作用。反击的意识和转攻行动的快慢是发动快攻的重要因素。现代篮球发展的规律决定了快攻形式的多元和内容的丰富以及手段的多样，并注定快攻的风格是其发展的主流方向。

（一）发动快攻的时机

发动快攻的时机主要有：① 抢获后场篮板球；② 抢、断球后；③跳球后；④ 掷界外球后；其中抢后场篮板球发动快攻的机会最多，抢、断球后发动快攻的成功率最高。

（二）快攻的结构和类型

1. 快攻的结构

组成快攻的基本构架是由发动与接应、推进和结束 3 个阶段所组成。

（1）发动与接应阶段。

根据篮球比赛攻守相互转换规律，发动快攻应是在跳球后获球、抢球、断球、抢得防守篮板球时和掷端线界外球等多种时机。跳球后发动快攻，有两种情况，一是跳球给站在前场的队员直接攻击；二是跳球给其他队员，由其他队员传球或运球组织发动快攻。抢、断球快攻也是如此，如果抢到或断到球的队员，处于前沿，则可直接进行攻击，如果处于全队的后阵，则通过传球或运球突破，转入快攻。抢防守篮板球和掷端线界外球快攻相对比较复杂，一般需要一传和接应，但也可以由抢篮板球的队员直接突破运球向前推进。当防守抢得篮板球时，全队要迅速分散，控球的队员要根据场上情况迅速、及时、准确地进行第一传。一般来说，先是长传快攻，再与接应队员配合，接应队员应迅速摆脱防守，及时选择有利位置接应一传准备推进。

快攻的接应分固定接应和机动接应两种。固定接应又包括固定地区固定队员接应、固定地区不固定队员接应、固定队员不固定地区接应等形式。机动接应是防守队抢到篮板球后，根据对方的具体情况，将球传给最有利发动与接应组织快攻的同伴。这种接应不易被对方发现，机动灵活，更能争取时间。

（2）推进阶段。

推进阶段是快攻战术中承前启后的衔接阶段，是指快攻发动与接应后，至快攻结束前中场配合的阶段。在推进过程中，全队队形要快速有层次地散开，5 名队员要保持前后、左右的纵深队形，以便快速顺利地完成推进任务。

推进的形式有传球推进、运球推进、传球与运球结合推进等形式。

传球推进是队员间运用快速传球向前场推进。这种推进特点是速度快，行进间传球的技术要求高。推进过程中队员间要保持纵深队形，无球队员要积极摆脱防守，并随时准备接球。有球队员要判断准确，传球及时，尽量斜传球，避免横传球。

运球推进是指接应队员接球后立即快速向前场运球突破。运球推进中要随时观察场上情况，及时将球传给快下的同伴，以免影响快攻的速度。

传球与运球结合推进是根据场上情况，及时快速向前场推进，机动性较大。在推进过程中能传不运，不能传要立即快速运球突破，以保持推进速度。

（3）结束阶段。

结束阶段是快攻的最后攻击阶段，也是快攻成败的关键。要求持球队员判断准确、传球或投篮及时果断。其他无球队员对防守的意图加以预测和判断，并及时选择进攻点，伺机接球投篮，积极冲抢篮板球或补篮。

2. 快攻的类型

快攻的形式有长传快攻、短传快攻（结合运球推进）及运球突破快攻 3 种：

（1）长传快攻。

队员在后场获球后，立即把球长传给迅速摆脱对手的前场快下队员的一种偷袭快攻。此时，无论是抢篮板球的队员或接应队员应由远及近地观察场上的情况，当发现同伴处于有利位置，及时将球传给同伴。如图 4.38 所示，此战术是建立在准确的长传技术和快速奔跑、强

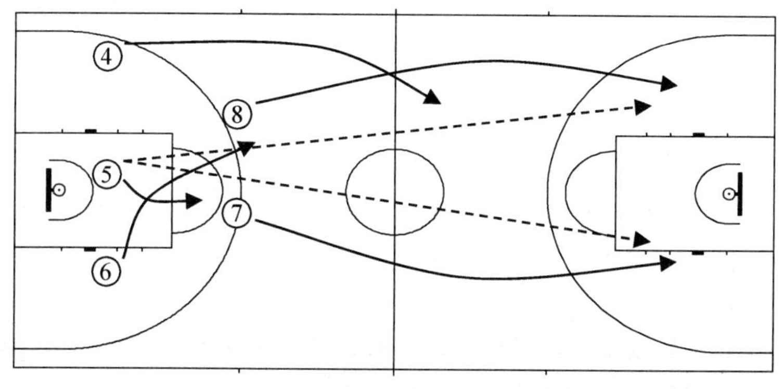

图 4.38

行突破上篮或中、远距离跳投等技术的基础之上。由于长传快攻只有战术的发动阶段和结束阶段，因而进攻时间短，速度快，配合简单，是一种成功率较高的快攻战术形式。

（2）短传与运球结合快攻。

防守队获球后，立即以快速的短距离传球的方式，直逼对方篮下进攻的一种快攻形式。如图 4.39 所示，这种快攻具有灵活、机动、多变的优点，参与配合的人数较多，容易造成以多打少的局面。它也经常与运球突破结合运用。

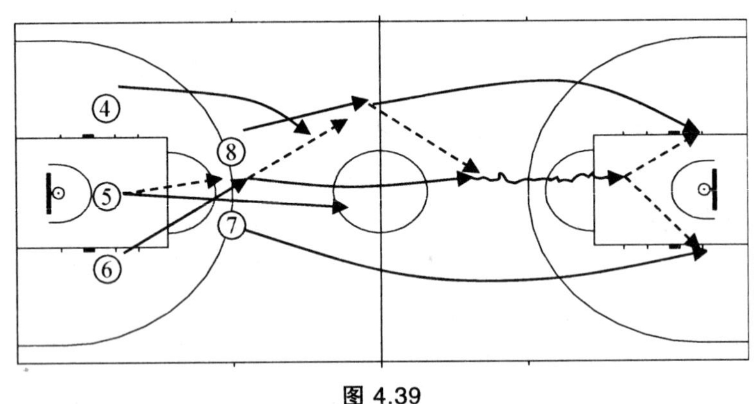

图 4.39

（3）运球突破快攻。

防守队员获球后，利用运球技术超越防守，自己投篮得分或传球给比自己投篮机会更好的同伴进行攻击的方法。这一方法的特点是：抓住战机，减少环节，加快进攻速度。主要是个人攻击或给跟进者投篮（见图 4.40）。

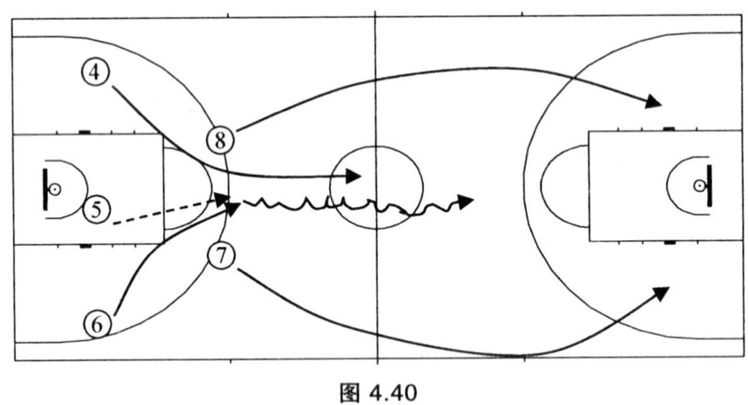

图 4.40

（三）快攻战术运用

（1）快攻战术成功的关键在于获球转攻的瞬间，队形分散要快，快下纵深层次清晰合理，一传和接应要快，推进速度要快。能传不运，不能传要立即运球突破，以保持推进速度。最后快攻结束投篮要稳和准。

（2）接应点要尽量靠近中线，接球位置一般在罚球线延长线向前两侧空位的区域。

（3）球在中路推进时要与两侧队员形成反三角形，两侧在前，中路在后，其他跟进队员应在“反三角形”之间移动跑位。持球队员根据场上情况，及时、准确地将球传给快下队员或运球突破。

（4）快结束时要采用行进间投篮、中远距离跳投、“一传一扣”“一投一补”等多种手段。

（5）快攻受阻时，其他队员要及时跟进接应，在快速移动中将快攻与衔接阶段和阵地进攻有机地结合起来。

（四）快攻战术教学与训练

1. 教学建议

（1）快攻是进攻战术教学的主要内容，一般安排在攻、防战术基础配合之后进行。

（2）教学中应分段教学，根据教学过程不同阶段穿插安排，提高运用技术和战术的能力。

（3）教学中，先教长传快攻，再教短传和与运球相结合的快攻；先教快攻的发动与接应，再教快攻的结束阶段，最后学习快攻的推进和全队配合。

（4）快攻战术教学的练习方法应坚持固定形式到机动情况下的过渡，从无防守过渡到消极防守再到积极防守进行练习。

（5）快攻教学以抢后场篮板球发动进攻、短传与运球结合的推进、以多打少的结束段为教学训练的重点。

（6）在教学中要及时提醒全队队形分散和队员跑位，中路推进分球和突破坚决、果断、不误时机，反复进行结束段段抓三攻二和二攻一等配合，以提高队员的接应能力。

（7）教学中先学习抢篮板球的快攻，再学断球快攻、发后场界外球快攻和跳球快攻。

（8）要明确快攻的相关概念和结构形式，把抢篮板球后的短传快攻作为重点。

2. 快攻的练习方法

（1）抢篮板球后发动与接应练习，熟悉一传与接应跑动路线。如图 4.41 所示，⑦将球传给篮下的⑥，⑥用球碰篮板，⑧抢篮板球后将球传给同侧跑向边线附近接应的⑤，⑤沿边线运球后传球给⑦。⑦接球后再传篮下⑧，练习同上，依此连续进行练习。

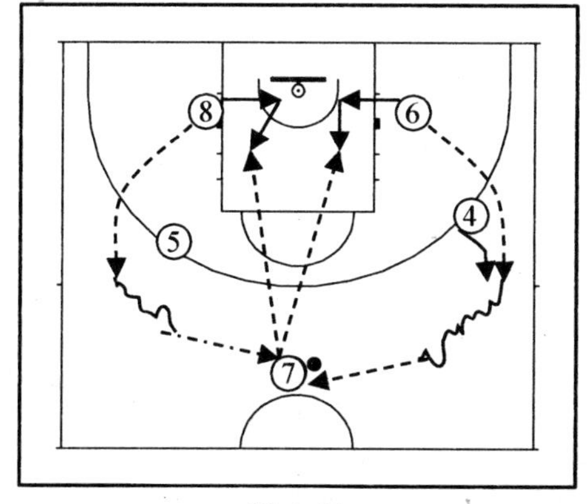

图 4.41

（2）抢、传、接应能力练习。如图 4.42 所示，⑦自抛篮板球，⑤同侧接应，⑤接球后沿边运球，传球给⓪后切向篮下，接⓪回传球，运球上篮。⑥抢篮板球后传给同侧跑向边线接应的④，④练习同⑤，练习后依次轮换位置。依此连续进行练习。

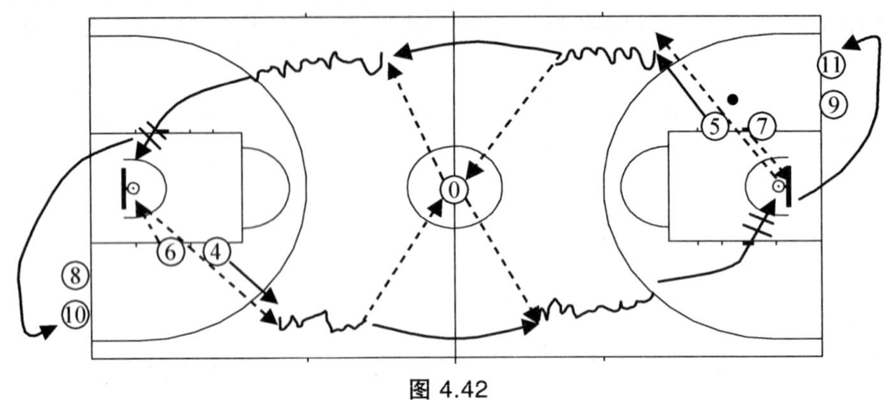

图 4.42

（3）抢断球后快攻的发动与接应。如图 4.43 所示，4 人一组，④、⑤相互传球，❹、❺随时准备断球。当❺断到球后，❹迅速快下，❺在运球推进中传球给❹，❹再回传给❺上篮，并跟进补篮和抢篮板球。然后攻、防交换练习。此练习由攻转防时，应先消极防守，有一定技术基础后，再结合防守积极抢断，堵截练习。

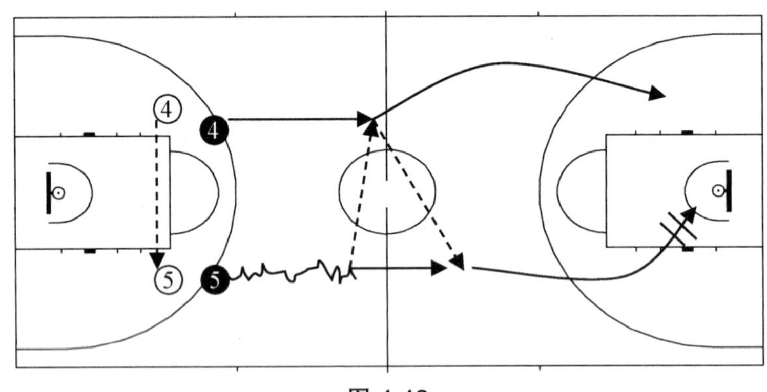

图 4.43

（4）如图 4.44 所示，④抢到篮板球后，将球传给接应的⑥，⑥又把球传给插中路的⑤运球推进。⑦和⑧沿边线快下，⑤根据情况将球传给⑧或⑦投篮，④和⑥随后跟进。

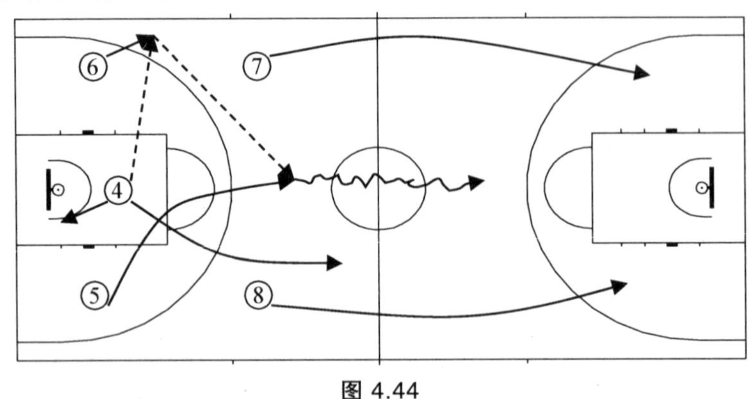

图 4.44

（5）运球突破推进练习。如图 4.45 所示，④插边接应⑤的第一传，向中路运球突破推进，

⑥和⑦沿边线快下，⑧和⑤跟进。

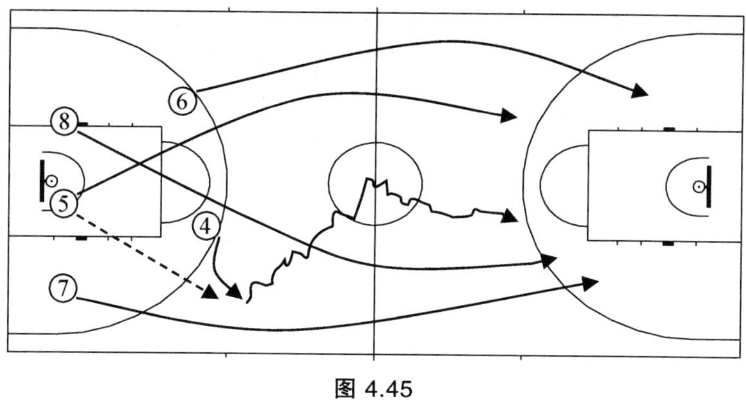

图 4.45

（6）平行二攻一。如图 4.46 所示，⑤运用运球突破❹迎上防守，给同伴④创造了良好的进攻机会。若❹假迎上真撤步防守时，⑤可直接投篮。

（7）三攻二练习（防守平行站位）。如图 4.47 所示，④运球向两个防守者之间突破，其中有一防守者堵截，就将球传给那一侧的同伴。

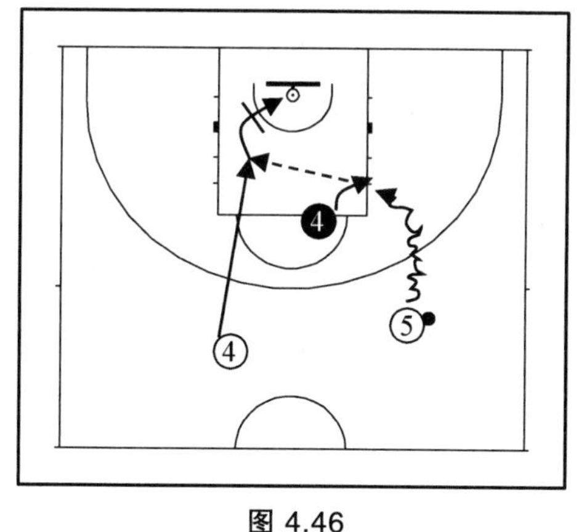

图 4.46

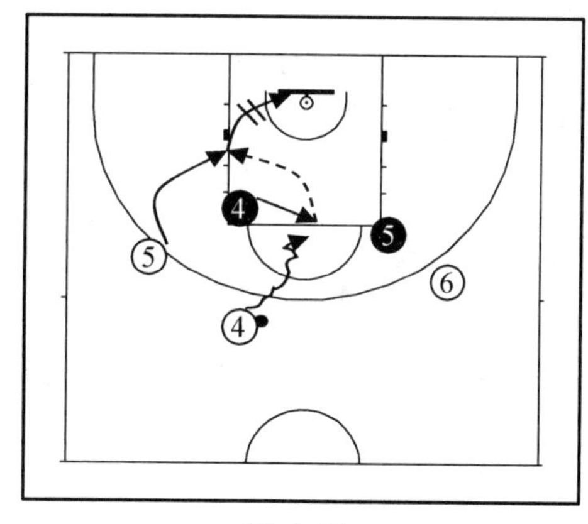

图 4.47

（8）在快攻结束时段，攻防人数相等时（图 4.48、4.49），利用区域的优势在对方立足未稳时进行进攻。在进攻中常用突分、传切、掩护、策应等配合造成局部以多打少的进攻局面。

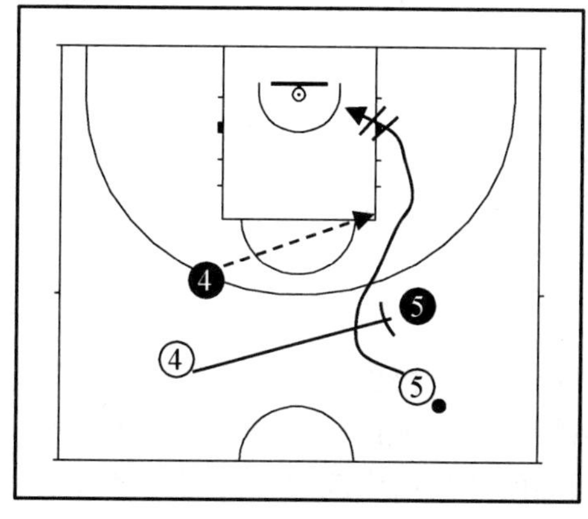

图 4.48

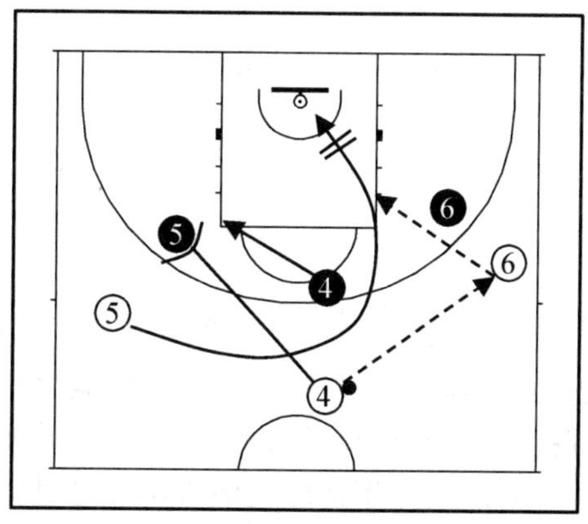

图 4.49

（9）5 人全队的机动快攻练习如如图 4.50 所示，5 名队员按联防站位开始，⓪在不同位置投篮，队员按要求做快速分散、接应、推进练习。如⑤抢到篮板球，则右侧的⑥先快速拉边，然后再插中接应⑤的传球，同时⑧、⑦快下，④、⑤快速跟进。

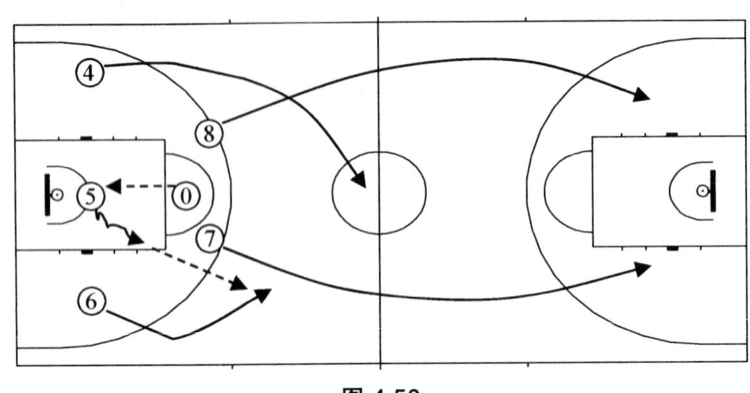

图 4.50

（10）快攻实战模拟：从半场五对五开始，进攻队员投篮命中或抢到篮板球后，继续在半场进攻。防守队员抢断球或抢到篮板球，立即发动快攻。分散接应要及时，推进要保持队形。投篮时，跟进队员要冲抢篮板球补篮，攻守交换进行同样的练习。开始，快攻反击主要是熟悉战术路线，反击速度逐步加快，防守要逐步增加难度，不断提高快攻质量。

二、防守快攻

防守快攻是指比赛中由攻转守的瞬间及时组织防守阵形,积极组织力量阻止和破坏对方发动快攻的防守战术。

（一）防守快攻的方法

1. 提高进攻成功率

现代篮球比赛中，由守转攻通过抢后场篮板球后发动快攻的机率最大。进攻队员提高投篮命中率能够有效减少抢篮板球次数。是制约对方发动进攻的有效方法。

2. 积极拼抢前场篮板球

现代篮球比赛的实践证明,有效的积极拼抢前场篮板球是控制对手快速反击的有效办法。

3. 封堵第一传和堵截接应点和接应人

快速转换防守时，积极封堵和堵截第一传与接应是防守快攻的关键环节。当对手获得篮板球或抢断球的瞬间，就近防守的队员立即迎前封堵一传，干扰传球视野、角度，延误一传速度。一旦对手采用运球突破方法推进时，应用紧逼的方法堵中放边，为同伴协防、夹击创造有利条件，给本队退守和组织全队防守争取时间。

当对方采用固定接应时，应抢占对方的接应点，截断接应队员与第一传的联系，有效地控制固定接应人插上接应的意图与行动，让其在较低的位置接应，同时密切注意对方的第二接应人和接应点，从而破坏和延误对方快攻的发动和推进速度。

4. 退守时要遵循“堵中放边”的原则

防守快攻除对控球队员进行干扰和阻截外，对沿边快下的队员也要预防。以防接球为主，破坏接球与下一技术动作运用的衔接能力。对跟进队员的防守视场上变化快速退守，帮助协防。

5. 提高以少防多的能力

提高一防二、二防三的能力，重点防篮下。

一防二：一防二时，应充分根据对方的进攻位置，边防边退。选择有利的防守位置，迫使对方心理紧张，运球失误，投篮不准。

二防三：两名防守队员积极移动，互相配合，内外兼顾，左右照应。两名防守队员中一名队员侧重对付有球队员，另一名队员注意选择合理位置，做到既能控制篮下，又能同时兼顾两名无球队员的行动，看准时机，果断进行抢、断球，争取转守为攻。

二防三配合的三种防守方法：

（1）两人平行站位防守。

这种防守队形适用于对付两侧边线突破能力较强的队员，但中路防守较弱。如图 4.51 所示，❺防守⑤运球突破，❹兼顾④和⑧的行动，随球的转移，积极防守有球队员。

（2）两人重叠站位防守。

这种防守队形可有效地阻止对方中路突破，但移动补防距离较长。如图 4.52 所示，当⑥中路推进时，⑦和⑧沿边线快下，❹上前堵截中路，❺在后兼顾⑦和⑧的行动。当⑥将球传给⑦时，❺则立即前去防⑦，❹后撤控制篮下并兼顾⑧和⑥。

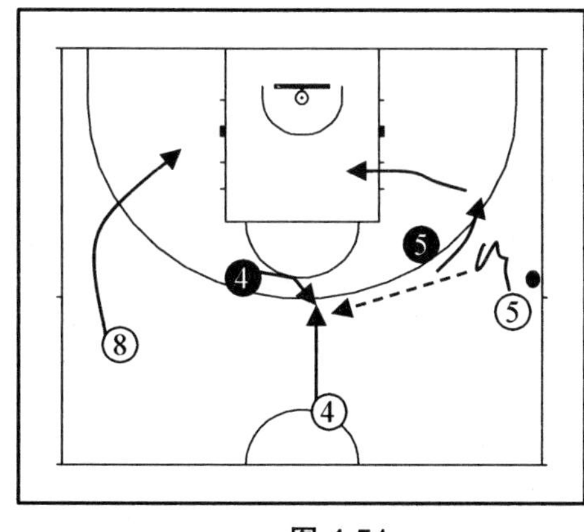

图 4.51

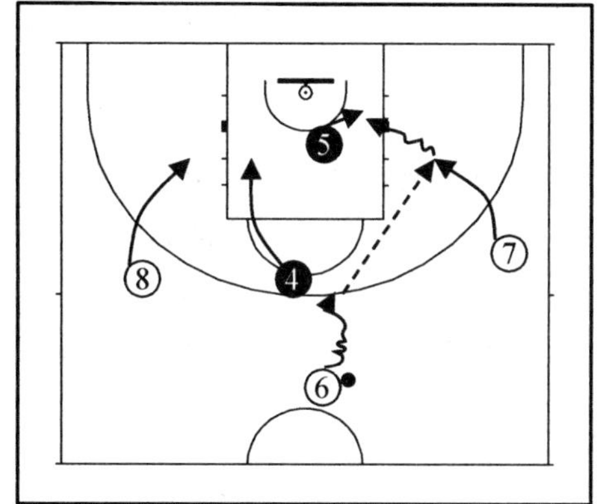

图 4.52

（3）两人斜站位防守。

这种防守队形的特点是：既可阻止中路突破，又可缩短移动补位的距离。如图 4.53 所示，当④和⑤短传推进时，❹先选择偏左的位置防守，当⑤将球传给④时，❹要立即移动堵截④，❺选择有利位置兼防⑤和⑥。

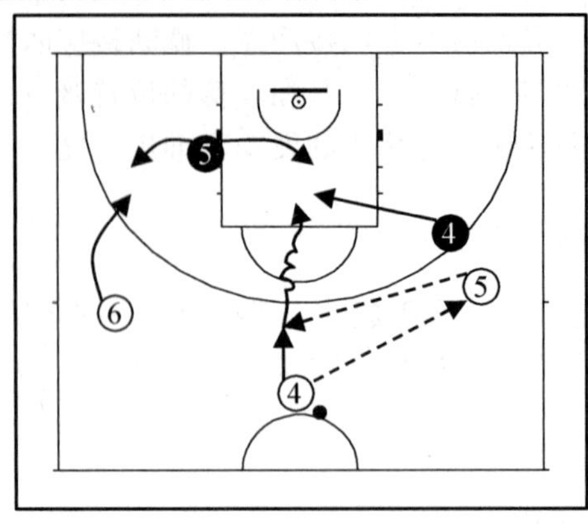

图 4.53

（二）防守快攻的运用

（1）全队战术设计必须贯彻“攻守平衡”的原则。在阵地进攻时，要明确队员攻守的任务，以便失去控球权时迅速退守。

（2）在了解对方固定接应队员的情况下，有准备地布置本队防守能力较强的队员，积极堵截对方接应队员，抢占其习惯的接应点，破坏一传接应。

（3）在快速防守的基础上，设置一名较为灵活的队员，进行中场堵截、干扰、延误对方的推进速度。

（4）运动员要具有积极拼搏的精神，当对方形成快攻时应快速追防，迅速转入阵地防守。

（5）要随机变换防守战术。例如：在失去控球权后，立即采取前场紧逼防守，破坏对方发动快攻，控制对方的进攻速度，退回后场后进行半场人盯人防守或区域联防。

（三）防守快攻教学与训练

1. 教学建议

（1）防快攻的教学应安排在学习快攻以后，把两者有机地结合起来。

（2）防守快攻应先学习堵截第一传和接应队员，然后学习以少防多，最后综合进行防守快攻的教学。

（3）学习的重点在堵截第一传和以少防多。

2. 练习方法

（1）三对三堵截快攻的发动与接应。如图 4.54 所示，⓪将球抛向篮板，当④控制篮板球时，❹上前挥臂封堵④的第一传和防其突破，⑤和⑥均为接应队员，❻立即堵截⑥的接应，❺堵截⑤的插中接应，并伺机抢断球。

（2）三对三夹击第一传和接应。如图 4.55 所示，⓪将球抛向篮板，④抢到篮板球时，离④最近❹的立即封堵第一传和堵截运球突破，这时❻大胆地放弃快下的⑥，与❺协同夹击接应的⑤。

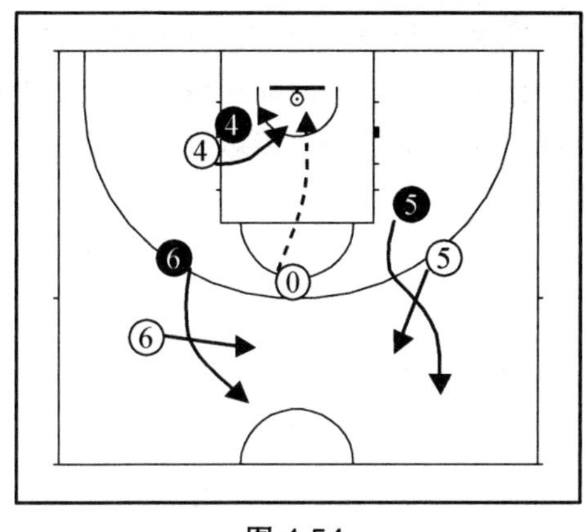

图 4.54

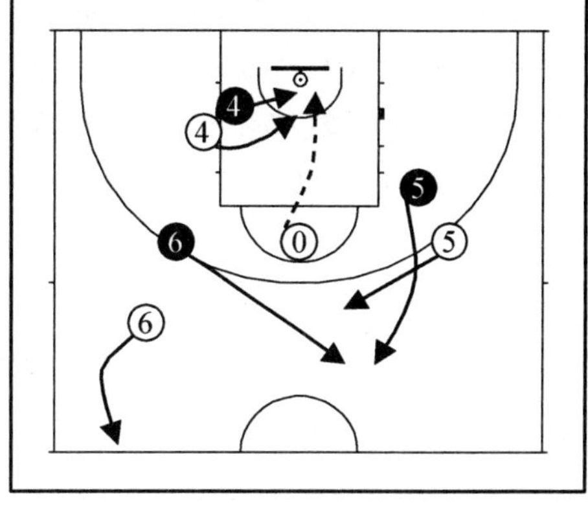

图 4.55

（3）五对五全场模拟如图 4.56 所示，当⑥抢到篮板球后，运球突破，❻积极封堵，严防⑥从中路突破。❼、❽堵截⑦、⑧接应，❹、❺沿两边的线退守，占据内线控制后场，卡断④、⑤接球路线，以防快下偷袭。

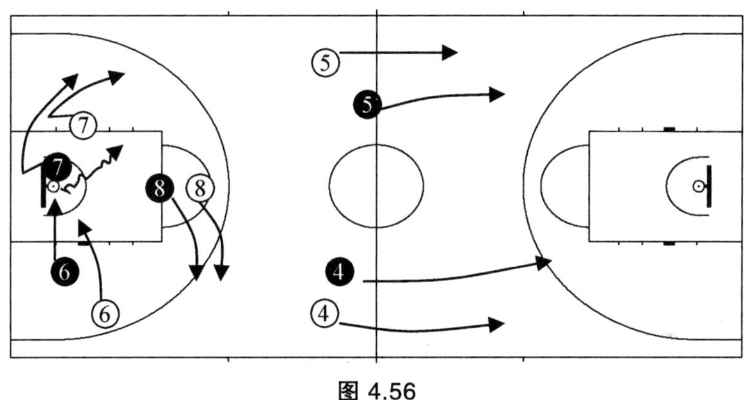

图 4.56

（4）快速退守，控制快下队员接球，防长传偷袭练习。如图 4.57 所示，⓪持球站在篮下。⓪抛篮板球为起动信号，⑥、⑤沿边快下，并随时准备接球，❻、❺根据进攻队员移动情况，快速从内侧退守，卡断对手接球路线，并争取抢、断球。一次练习结束后，两组分别回到对方队排尾。依次交换防守进行练习。

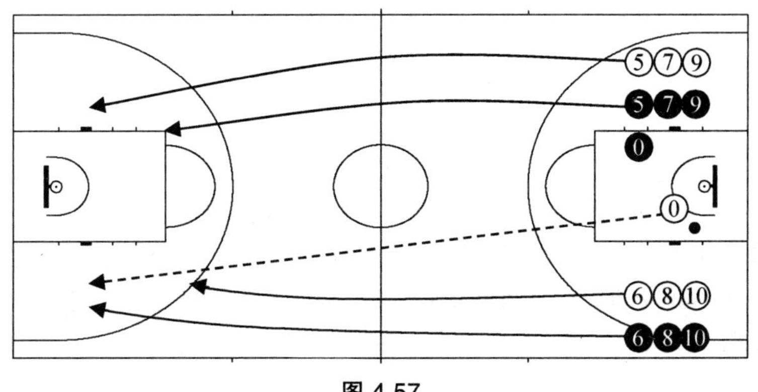

图 4.57

（5）全场连续二攻一、一防二。如图 4.58 所示，⑤和⑥传球快速推进到前场，❼迎前防守，⑤或⑥投篮后，❼跟进抢篮板球与❽发动快攻，传球快速推进向前场球篮进攻。此时，⑦迎前防守，当❽或❼投篮时，⑧跑进场内抢篮板球，与⑦发动快攻传球推进二攻一，运用此方法可以进行全场二防二、二防三、三防四等练习。

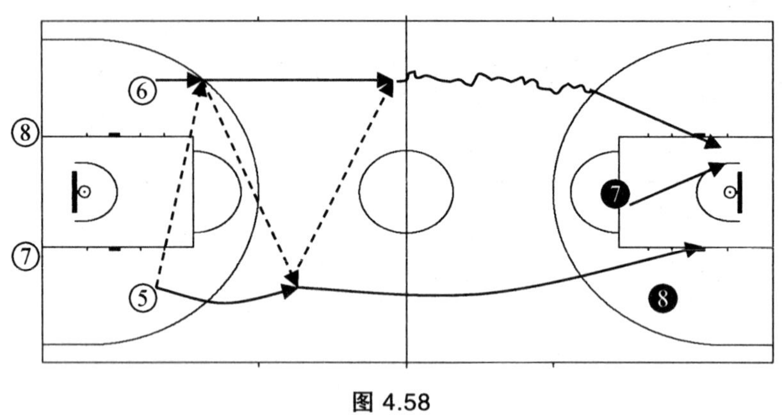

图 4.58

（6）全场一防二。如图 4.59 所示，3 人在④、⑤、⑥传球推进过程中，听到教练员发信号后，居中的⑥传球后迅速后撤防守，④、⑤快速折回传球推进二攻一，由⑥练习一防二。依次轮换练习。

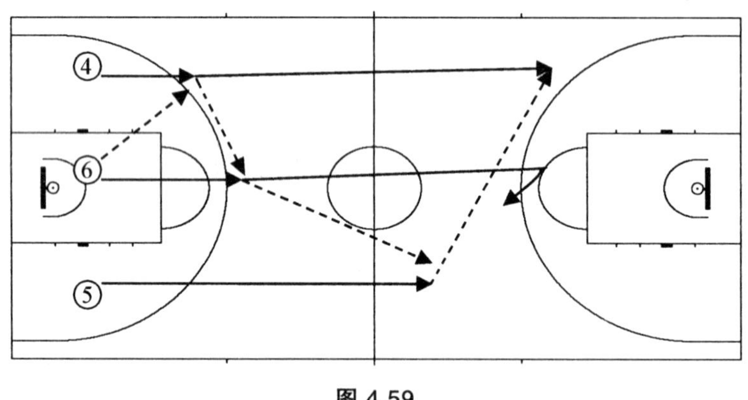

图 4.59

（7）全场连续三攻二、二防三。如图 4.60 所示，④、⑤、⑥3 人一组传球向前场推进，❼、❽在前场弧顶附近防守，❾在边线外等候，当❼、❽抢断球或抢到篮板球时，❾立即进入场内与❼、❽发动快攻。⑦、⑧迅速进入场内防守，当⑦、⑧抢断球或抢到篮板球时，⑨立即进入场内与⑦、⑧发动快攻。攻守交替进行。此方法还可以用于一防二、二防三、三防四或人数相等的攻、防练习。

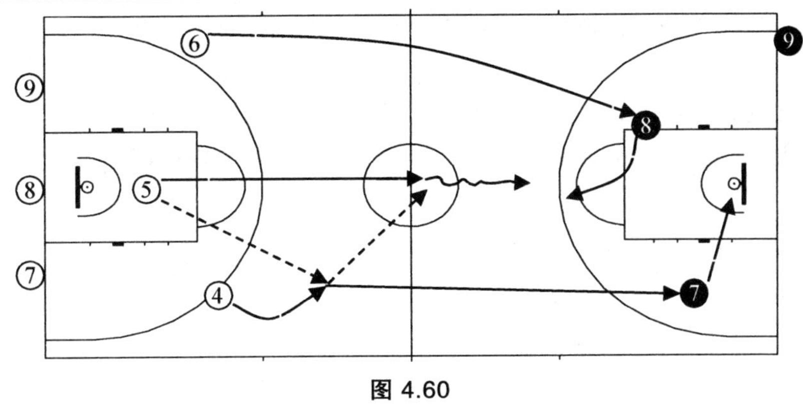

图 4.60

第四节　半场人盯人防守与进攻半场人盯人防守

半场人盯人防守与进攻半场人盯人防守是篮球运动最基本的战术，是比赛中运用最多、最广泛的攻防战术。进攻人盯人防守战术是为了应对人盯人防守战术而设计的进攻战术。

一、半场人盯人防守战术

半场人盯人战术是各种防守战术的基础，是在篮球比赛中由进攻转入防守时，全队有组织地迅速退回后场，在半场范围内进行盯人防守的一种全队战术。一般意义上半场人盯人防守可分为半场扩大和半场缩小人盯人防守，也可叫松动和紧逼人盯人防守。半场缩小人盯人防守是一种加强内线防守的方法；半场扩大人盯人防守是一种扩大外围防守面的方法。

半场人盯人防守是以个人防守为基础的全队防守战术,其综合运用防守基础配合而组成。这种防守战术能够有效地发挥运动员的个人防守能力和集体防守力量。现代篮球比赛中半场人盯人防守是防守战术的重要组成部分。

半场人盯人防守的特点是：以争夺球权为主要目的，采用迎前和贴身紧逼防守，对持球人施加最大的压力，力求不给持球队员投篮、传球和突破的机会，防不持球对手时，始终保持人、球、篮兼顾的有利位置。半场人盯人防守强调防守的整体性和协同互补性。强调强侧是以多防少，弱侧是以少防多。在强侧严格控制持球队员的行动，防止其将球传向内线，切断持球队员与不持球对员之间的联系。

（一）半场人盯人防守原则

（1）贯彻“防人为主、人球兼顾”的防守原则；强调全队防守的整体性、攻击性和针对性。

（2）对持球队员防守要紧，越靠近球篮，防守越要紧；尽量不要在攻击区接球。

（3）对无球队员应按照“球-我-他”的选位原则，错位防守，抢占有利位置，严防对手在攻击区接球；对手空切时，根据“向球或向篮封堵其前，背篮或背球封堵其后”的原则进行堵截，跟防。

（4）队员之间根据位置，要相互呼应，做好协防、补防等，加强防守的集体性。

（5）防守的分工一般要根据防守能力、防守位置及身体条件确定。

（二）半场人盯人防守方法

1. 半场扩大人盯人防守

半场扩大人盯人防守是一种带有紧逼性的防守战术。这种战术主要是以防球为目的，控制对方的三分球，封锁切断对方的传球路线，有效扼制对方的习惯打法，破坏与分割对方内外结合的进攻配合，给对方造成心理上的压力，借以适时组织夹击，争取抢断球反击。这种防守战术目的明确，主动性与攻击性很强，但由于扩大了防区，防守的重点在外线，相对而言内线的防守较为薄弱，不利于协防和补防，容易出现漏人的现象。

（1）防守区域及防守重点。

由攻转守时，防守队员迅速退回到后场，立即找到自己防守的对手。当持球队员进入前场时，防守队员立即迎前紧逼，封锁其传球路线，对运球队员要阻止其突破，并设法迫使其停球。对无球队员要采取错位防守并切断其接球路线，破坏对方的习惯进攻配合。主要目的是，防守队员控制对方的进攻速度和外线的投篮与突破。当进攻队员进入（图 4.61）A 区时，每个队员迎前紧逼自己的对手，并根据球的位置选择防守的位置如（图 4.62）。

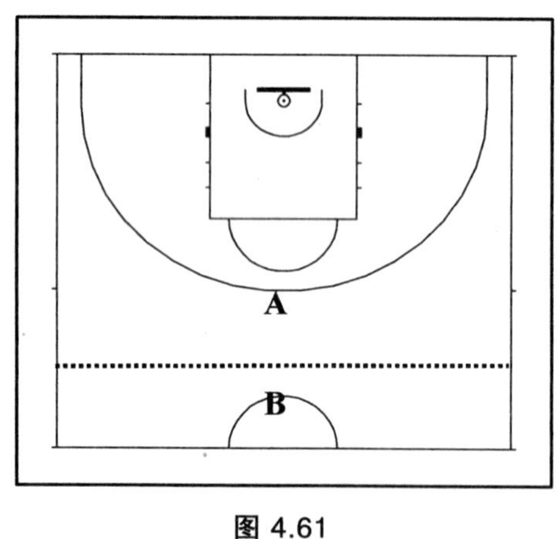

图 4.61

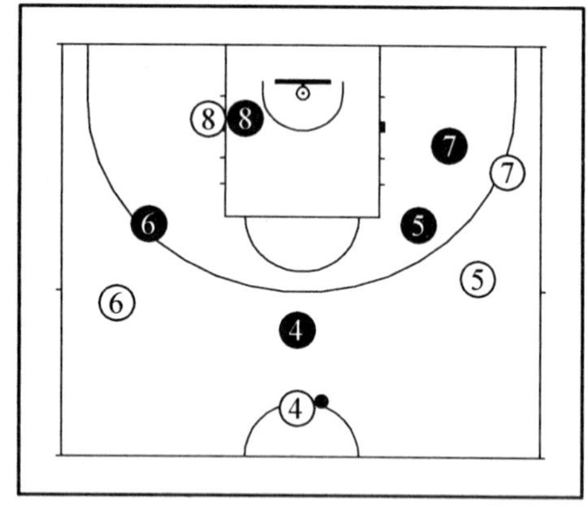

图 4.62

（2）半场扩大人盯人防守战术方法示例。

【示例一】防外线队员持球突破的防守配合方法。当④从中路突破时，靠近突破路线一侧防守队员❻则向突破路线移动与❹“关门”，堵截④的突破。同时，❼移动到篮下准备补防，❼移动到⑧侧前方以便准备断球。❺向上移动补位准备断④传向⑤的球，如果关门不成，则❹尽可能迎堵④向篮下切入的路线（图 4.63），如果底线⑦突破，防守❼首先抢堵底线一侧，迫使⑦靠近❺一侧突破，及时与❺“关门”迎堵。如果⑦从底线突破，❽迎上补防。❹、❺、❻防守队员向篮下收缩补防，并随时准备断球（图 4.64）。

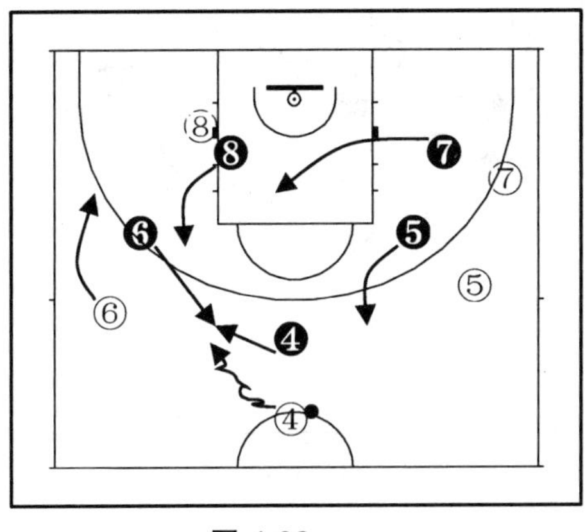

图 4.63

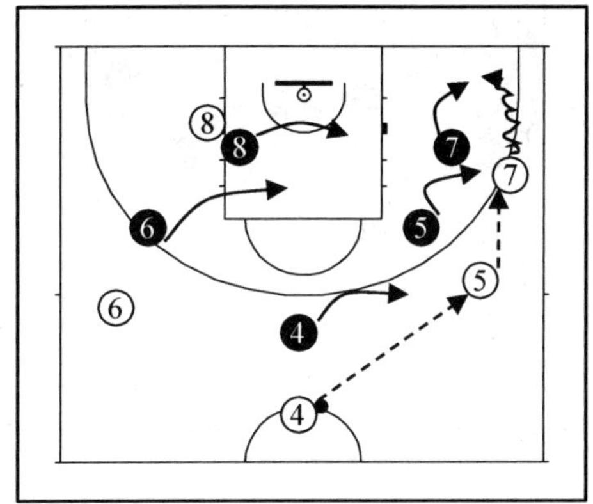

图 4.64

【**示例二**】防纵切与防横切的防守配合方法。当⑤传球给⑥准备纵切时，❻堵卡⑤的纵切，迫使⑤向边线或远离球的一侧移动。此时❼向篮下移动准备协防，❹向限制区内回缩（图4.65）。如果⑤的纵切没有成功，跑向远离球的一侧时，⑧可能横切，当⑧横切时，防守队员❽堵截⑧，不允许他向向篮下切入紧随其移动。此时❺和❼都要向篮下移动，随时准备协防和补防（图 4.66）。

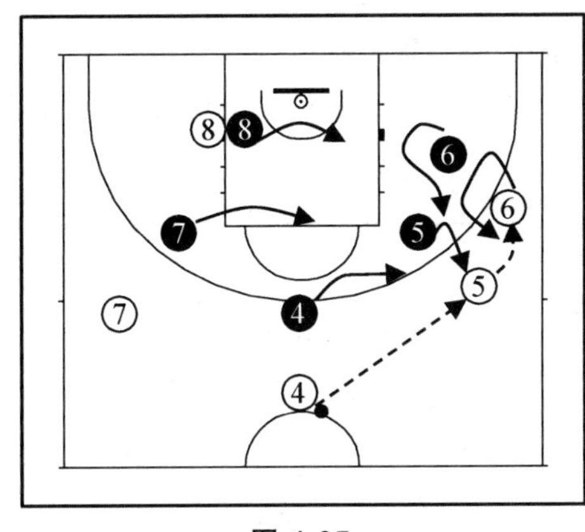

图 4.65

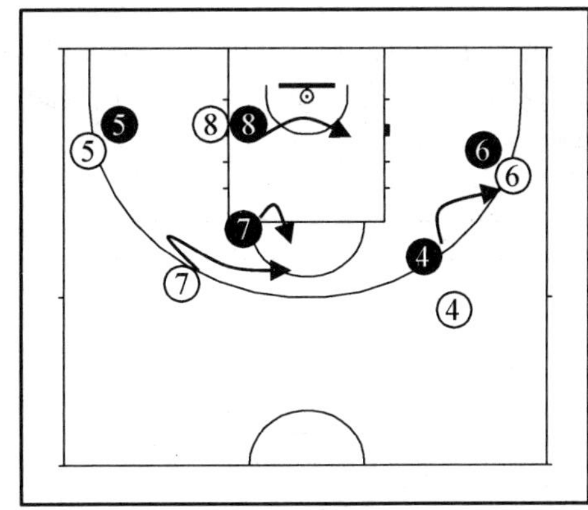

图 4.66

【**示例三**】中场与底线边角夹击防守配合方法。如果进攻队员在底角或底线附近停球成死球时，应有组织地进行突然夹击和抢断，以造成对手传球失误或 5 秒违例（如图 4.67）。当④在边角处停球时，❼应积极迎前移动，果断放弃自己的对手，与❹协同夹击④。此时，❽应积极向⑦移动补位，准备断球，❻补防⑧，❺向球侧靠拢，准备断球。此时全队防守形成局部夹击，远离球一侧以少防多。其他队员轮转补位，随时准备断球或夹击，造成进攻队 5 秒违例。当④传球给⑦，⑦向底线运球时，防守迫使其停球，并与❽形成底线边角夹击，同时❻补防⑤，❹与❺及时向球的方向移动，调整位置，随时准备断球或注意对方的背插，防守队员要做到人球兼顾（图 4.68）。

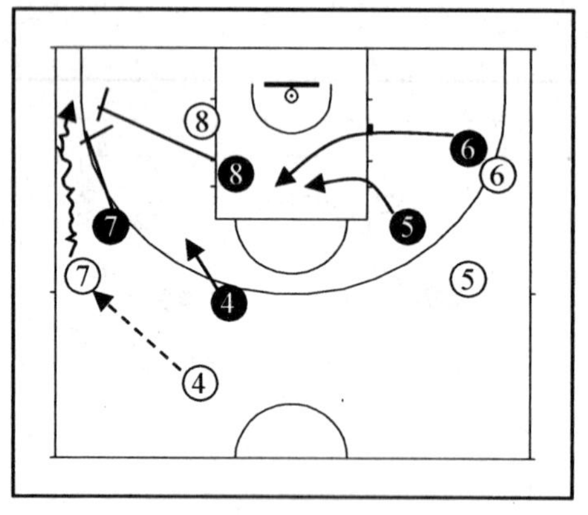

图 4.67

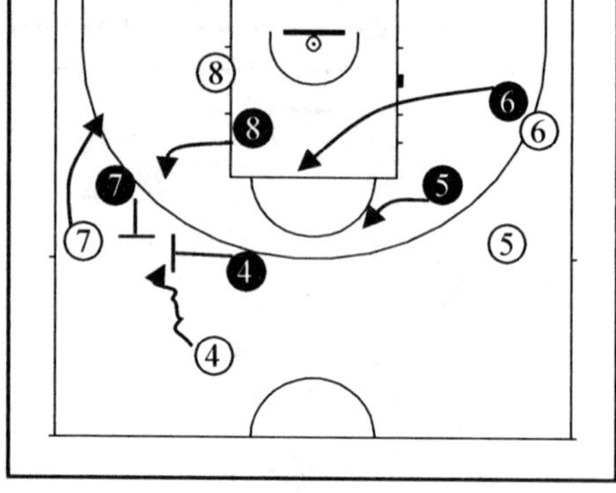

图 4.68

2. 半场缩小人盯人防守

（1）防守区域与防守重点。

半场缩小人盯人防守区域是后场的 1/2 区域内（图 4.69），防守的重点是以防内线为主，保护篮下为目的。对持球人采用抢前紧逼防守，对无球人错位防守。严密封锁将球传给内线的队员，积极阻挠中锋在内线的接球。当中锋接球时，要夹击围守，严防其他队员空切，当中锋把球传给外围队员时，其他队员要迎上防持球队员中远投篮并积极控制篮板球和组织快攻反击。

（2）半场缩小人盯人防守战术方法示例。

【示例一】防对方掩护的配合方法。当⑥给⑤侧掩护时，防守队员的防守位置按图中所示箭头方向移动。当⑤与⑥形成掩护时，❺应积极主动挤过防守。尽量不要换防，其他防守队员积极移动准备补防（图 4.70）。

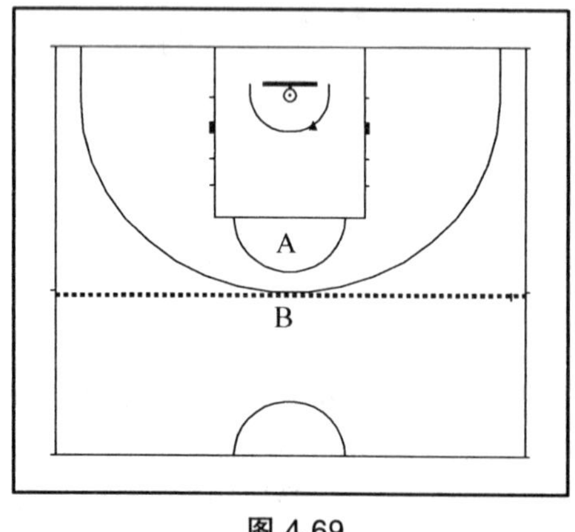

图 4.69

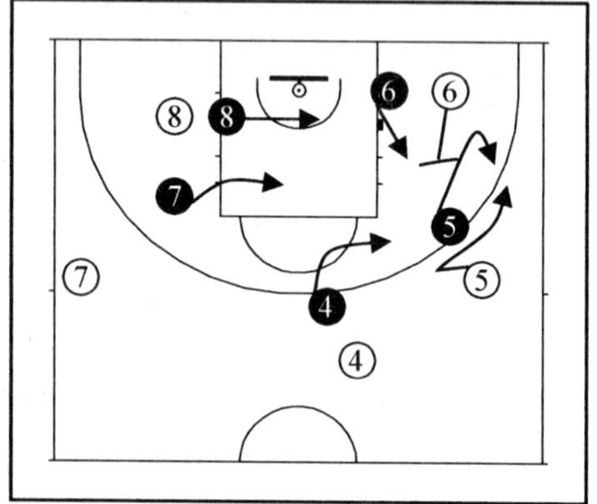

图 4.70

【示例二】防守中锋进攻配合方法。当⑦接到球时，❼应积极紧逼防守，控制传球给中锋，❽采用绕前的防守方法，阻止中锋接球。移动到篮下准备协防，以防⑦向⑧传高吊球，❹与❺向篮下轮转补位，准备断球（图 4.71）。如果⑦将球传向⑧时，❼应与❽围守中锋，迫使中锋将球传到外线，❻回缩篮下防⑦的高调球，其他队员积极移动，准备断球（图 4.72），还要注意其他队员的背插，从而使 5 名队员形成有机的防守整体。

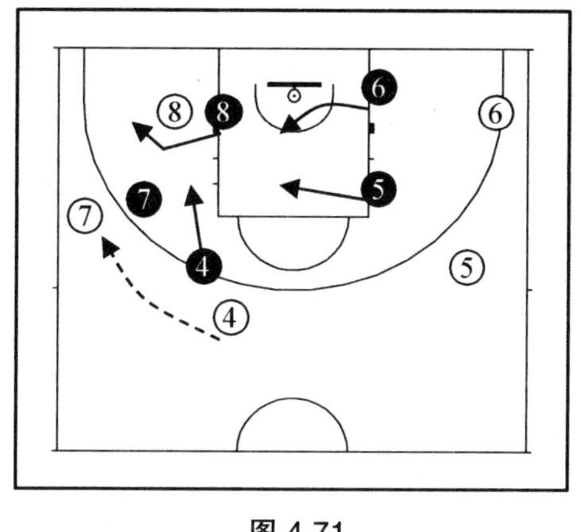

图 4.71

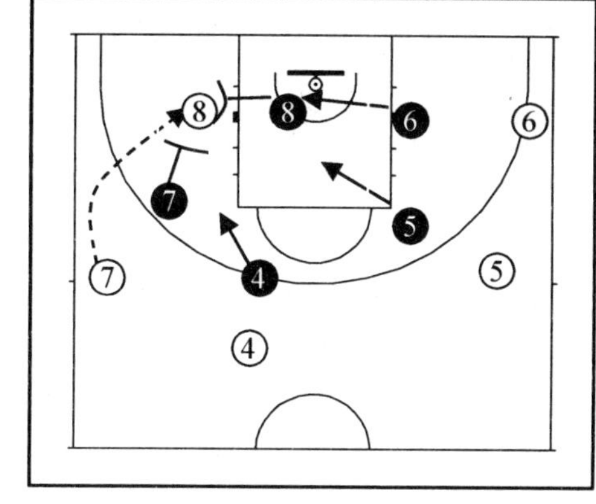

图 4.72

（三）半场人盯人防守战术要求

（1）防守时应以人（各自防守的对手）为主，人球兼顾，时刻注意人、球、对手、篮圈等的方位，随时调整自己的防守位置，并注意协助同伴防守，干扰和破坏自己附近的球和进攻队员。

（2）全队要有良好的配合意识，思想统一，配合默契，前后呼应，行动迅速，积极抢占有利位置，争取在气势上占据主动。

（3）防守无球队员时，以防止或减少对手接球为主，特别要防止对手在有威胁的区域内接球，人球兼顾，及时准备补防和断球。

（4）防守持球队员时，首先要防止对手的投篮和突破，干扰其传球。对手运球时，要迫使其向边、角方向移动并使其停球。对手停球后，要立即贴近进行紧逼防守，封堵传球。在整个防守有球队员的过程中，要积极利用抢、打、封、抹、盖等技术和各种假动作，破坏和夺取对方的控球权。

（四）半场人盯人防守战术教学与训练

1. 教学建议

（1）明确人盯人防守的概念和基本原则，讲清楚基本要求和方法，然后进行练习，先练半场缩小人盯人防守，后练半场扩大人盯人防守。

（2）提高个人防守的能力，不断改进防守战术及运用。

（3）学习掌握局部防守战术配合。根据球的位置，选择不同的防守方法。然后进行全队整体防守配合练习，使学生掌握全队半场人盯人防守战术方法。训练整体战术前，应从个人移动和个人防守技术抓起，提高脚步动作的灵活性。然后学习防守基础战术配合，熟练掌握防守基础战术配合后，再学习半场人盯人防守战术配合。

（4）通过教学比赛，在实战中培养防守配合意识，提高全队防守战术配合质量和临场的应变能力。

（5）重视防守战术质量的评定和分析。

2. 训练方法

（1）提高个人防守移动技术训练。

目的：掌握个人防守技术是完成全队防守战术配合的关键，在练习中提高移动技术的灵活性与速度。

方法：在半场或全场范围内，个人防守移动技术成一对一的攻守对抗练习。

要求：保持正确的防守基本姿势，合理、快速、积极地移动，抢占有利的位置，采用合理的手部动作，大胆、果断、准确地抢、打、断球。

（2）提高防守基础战术配合。

目的：熟练掌握和运用各种防守基础战术配合。培养防守配合意识。

方法：在半场范围内二打二、三打三的练习，提高队员防守配合质量，为全队的整体防守打好基础。

要求：根据对手的情况，选择合理的防守位置，做到人、球兼顾，提高判断力，控制自己的对手。积极防守，利用防守基础配合的挤过与穿过，提高防守配合质量。

（3）全队在各种情况下的防守选位练习。

1）外线的防守练习。

目的：通过对有球与无球队员的位置、球的位置的判断，确定防守队员的位置及移动选位练习。

方法：半场四打四练习。进攻队站两前锋和两后位的攻防阵势，防守队员选择在对手与球篮之间的防守位置，对持球者采用平步紧逼防守，并以防突破、防投篮为重点。防无球时堵卡对手的空切，或向篮下切入以及掩护等。

要求：防守队员要采用合理的防守步伐，选择调整好位置，积极移动，堵截对手的进攻路线，和防止其接球。

2）防空切与防运球突破练习。

目的：使防守队员掌握协防与补防的时机，堵卡进攻队员的空切和防止其接球

方法：半场四打四，当④运球突破时，❹应积极移动与❺进行“关门”，封堵④的突破运球（图4.73）。与此同时，❼向内线移动防止⑦空切，❻随时补防。练习几组后，攻守交换。

要求：离球远的防守队员要果断协助同伴进行防守，形成以少防多，积极移动，加强防守配合。

3）防背插和溜底线。

目的：掌握防背插与溜底线的防守方法和防守时机。

方法：半场五对五（图 4.74），当④传球给⑤时，❺防止⑤背插，封堵切入路线。同时❼控制⑦向限制区的切入，堵其切入路线，跟随进攻队员溜底线，积极防守。当⑥接到球时，❻积极干扰其投篮，封堵传给中锋的球。

要求：积极移动选位，控制对手向内线切入，堵卡切入路线。根据球的转移，抢占有利的防守位置。充分发挥手的作用，积极抢断球，因为抢断球是防止对手接球的重要手段。

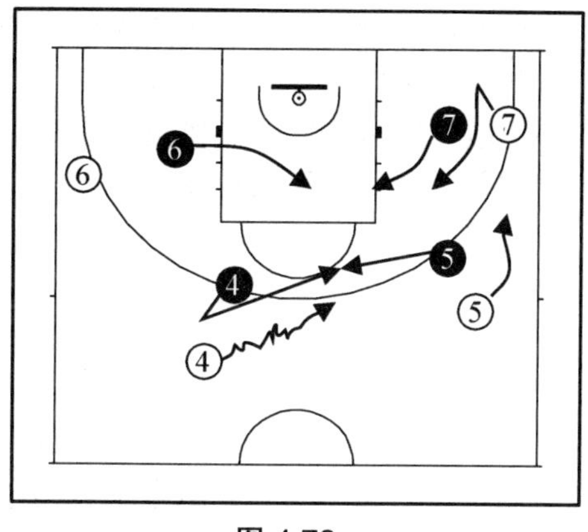

图 4.73

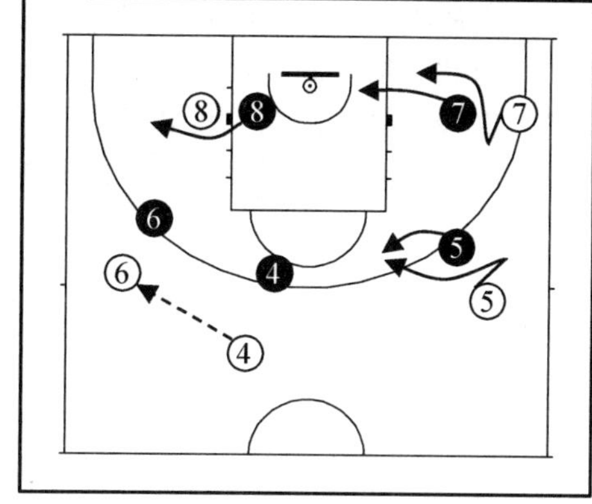

图 4.74

4）中锋接球与中锋接球后的个人攻击防守练习。

目的：掌握防中锋绕前与围守的防守方法及各种防守选位练习。

方法：半场五对五（图 4.75），当⑦接到球时，❽应采用绕前的积极防守。同时❻切断向内线的传球路线，❼向球靠拢，随时准备抢断⑦传向⑧的高吊球，❹与❺回缩篮下。如果⑧接到球，❽与❻围守中锋，迫使中锋将球传出去。可先在消极的情况下防守选位练习，逐渐到积极防守选位练习，练习若干组后攻守交换。

要求：对持球人紧逼防守，切断外线供中锋的传球路线。中锋接到球时应及时围守，迫使中锋将球传出去。根据球的转移，防守的伸缩性要强。

5）规定进攻队各种掩护的防守配合练习。

目的：使防守队熟练地掌握防守基础配合方法。

方法：半场五对五（图 4.76），当进攻队⑥给⑤做后掩护时，❺要积极挤过继续防住自己的对手。特别是内线给外线掩护时，更不要采用换防的防守方法。当进攻队用“8”字掩护等进攻配合时则采用挤过、穿过配合。

要求：防守队积极选择位置，大胆运用挤过、穿过或夹击的防守配合。逐渐加大进攻力度以提高防守配合质量。防守队成功一定次数后，攻守交换练习。

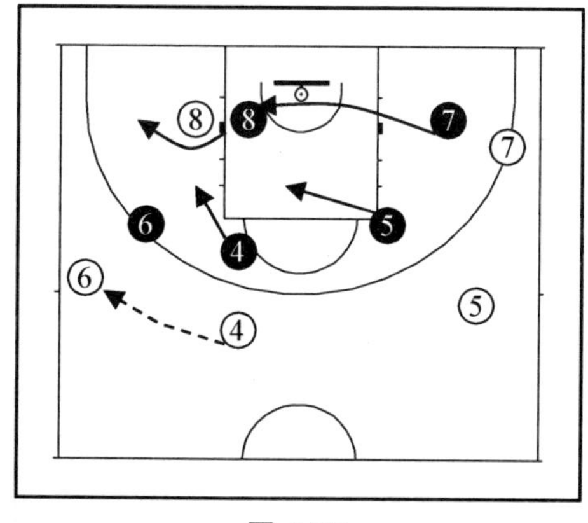

图 4.75

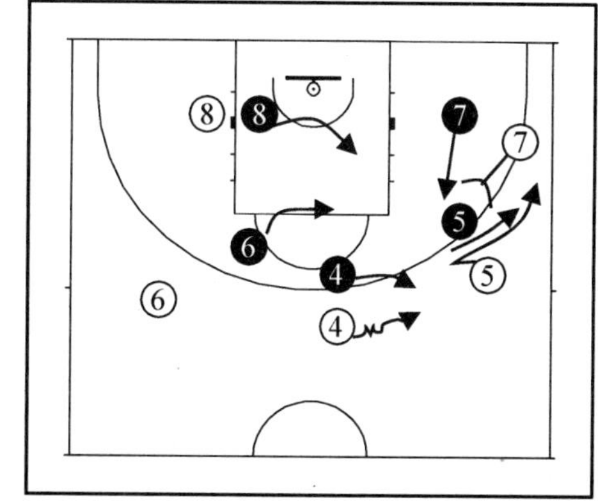

图 4.76

6）结合攻守转换练习。

目的：提高攻守转换意识及攻转守的退防练习，提高实战能力。

方法：先从半场开始，进攻队投中继续进攻；如果不中，对方抢到后场篮板球，迅速由攻转守，退回到后场控制自己的对手进行半场人盯人防守练习。

要求：攻转守时，封堵一传和接应，控制快下和突破的队员。其他人快速退守到中场找人，积极移动选位，破坏对方的进攻战术配合，争夺球权，并积极挡人抢篮板球。

二、进攻半场人盯人防守

进攻半场人盯人防守战术是由传切、突分、掩护、策应等基础配合组成的全队战术打法。进攻半场人盯人防守战术是根据对方防守的区域范围和队员的防守能力，结合本队的实际，扬长避短而设计的全队进攻战术。其有“机动性”和“整体性”打法两种模式。

（一）进攻半场人盯人防守战术原则

（1）合理地组织进攻队形并在半场迅速落位。

（2）重视内外结合、左右结合，扩大攻击面。

（3）针对现代防守的“以人为主”的防守原则，增强球的转移，使防守队员始终处于紧张状态。

（4）注意攻守平衡，保证攻守转换的速度，积极组织拼抢篮板球度。

（二）进攻半场人盯人防守战术配合方法

1. 落位队形

进攻半场人盯人防守时，必须要有落位队形，一般根据本队队员身体条件、位置、特点及本队打法来确定。常见的落位阵形有：

（1）单中锋进攻“2—3”落位阵形（图 4.77），主要以单中锋策应为重点，连续运用传切、掩护等配合方法。

（2）单中锋“2—2—1”落位阵形（图 4.78），以中锋策应或个人强攻为重点的连续掩护、传切等配合方法。

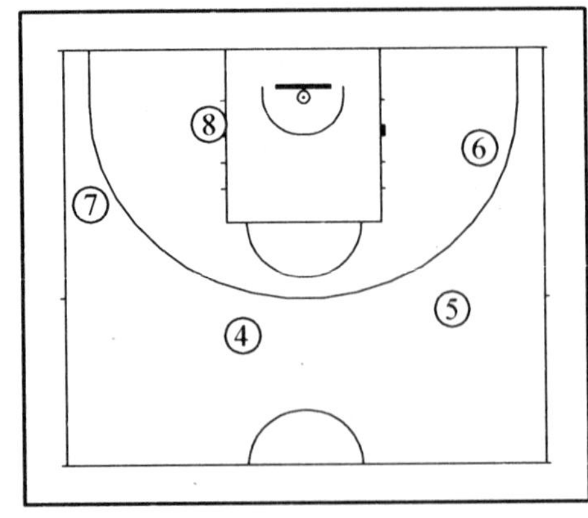

图 4.77

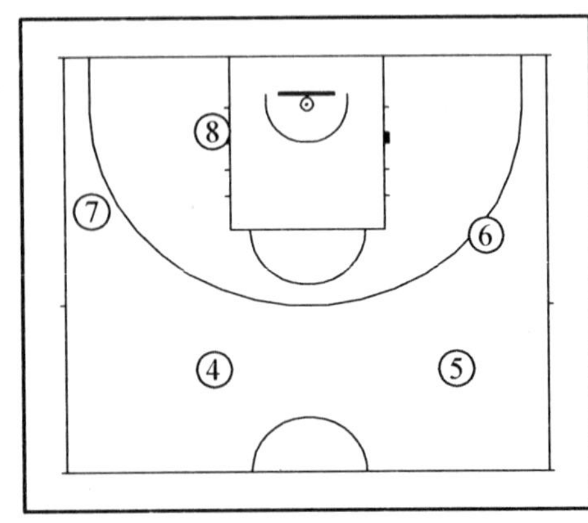

图 4.78

（3）单中锋“2—1—2”落位阵形（图 4.79），单中锋进攻法。

（4）双中锋“1—2—2”落位阵形（图 4.80），以双中锋篮下强攻及其各种变化为主要特点的进攻方法。

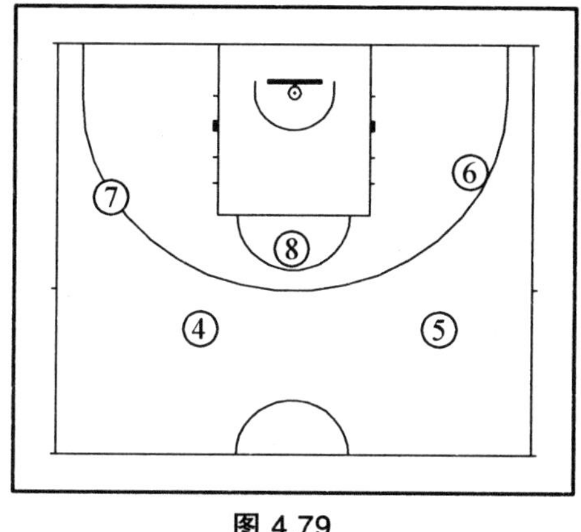

图 4.79

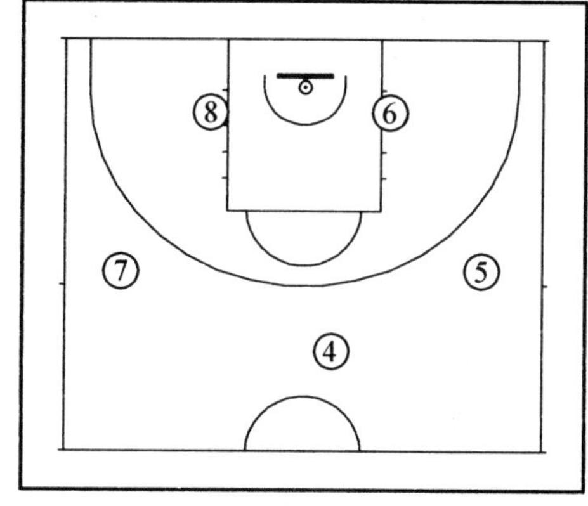

图 4.80

（5）双中锋“1—3—1”落位阵形（图 4.81），以双中锋上下站位打法为主，特点是机动灵活。

（6）双中锋“1—4”落位阵形（图 4.82），主要以双中锋上提，拉空底线，运用连续掩护为重点的进攻配合。

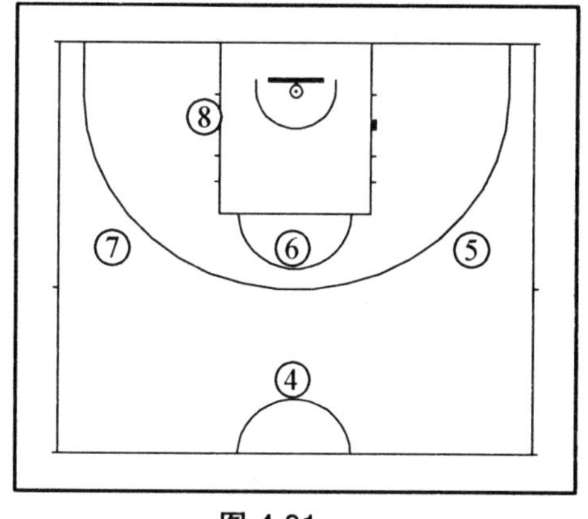

图 4.81

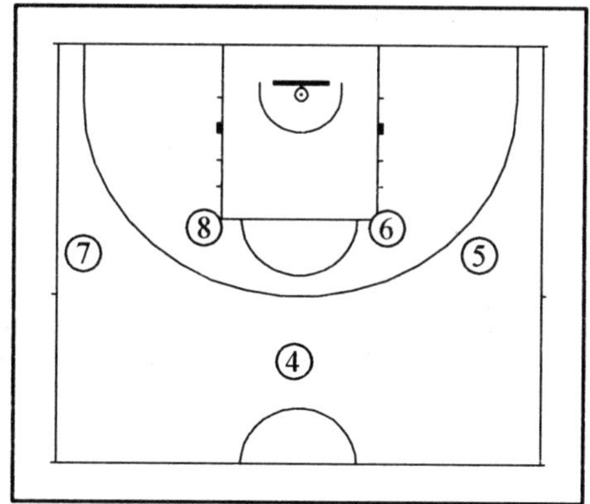

图 4.82

（7）“1—2—2”马蹄型落位阵形（图 4.83），重点是无固定中锋的机动进攻配合方法。

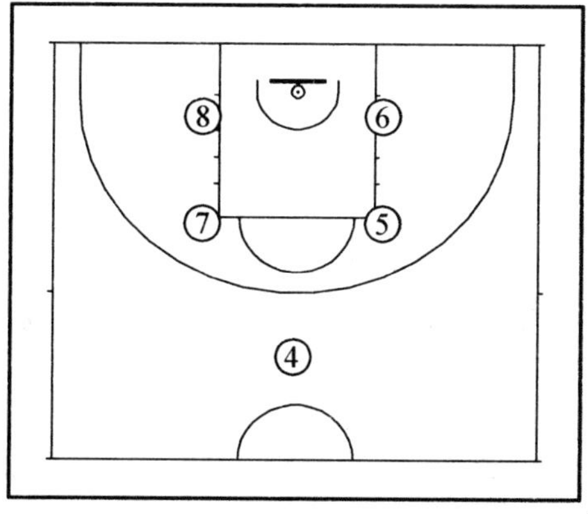

图 4.83

2. 进攻半场人盯人防守战术方法示例

进攻半场人盯人战术方法是篮球战术中进攻方法种类最多、变化最多的战术。但采用哪一种进攻战术，应根据本队的实际情况与特点，特别是要根据本队中锋的身体条件和技术水平。常采用的战术配合方法有通过中锋进攻法（单、双中锋）、无固定中锋打法、内外线“8”字掩护进攻法、综合进攻法和移动进攻法等。

（1）双中锋落位进攻法。

【示例一】1—2—2 落位的双中锋进攻法（图 4.84）。中锋⑧接⑥的球后可以强攻，或传给内线横插的⑦投篮。同时⑥、⑦、⑧准备抢篮板球，④与⑤注意回防，保持场上的攻守平衡。

【示例二】1—2—2 落位转换 1—3—1 的双中锋进攻法（图 4.85）。1—2—2 落位后，⑧上提，接④的球，转变成 1—3—1 阵形。⑧接球后转身面向篮，可以跳投也可以传给横插的⑦投篮。同时⑥、⑦、⑧准备抢篮板球，④与⑤准备回防。

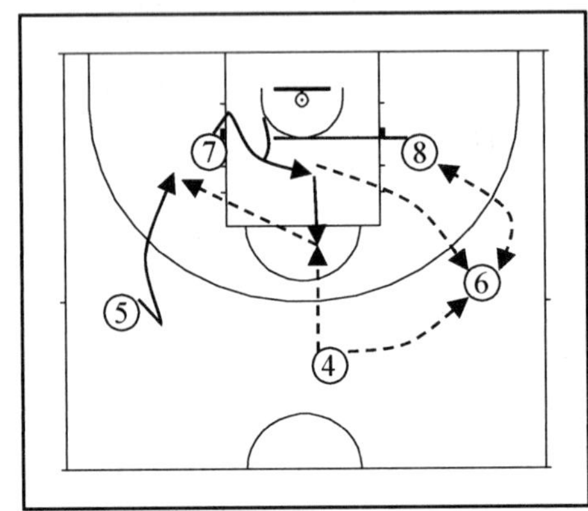

图 4.84

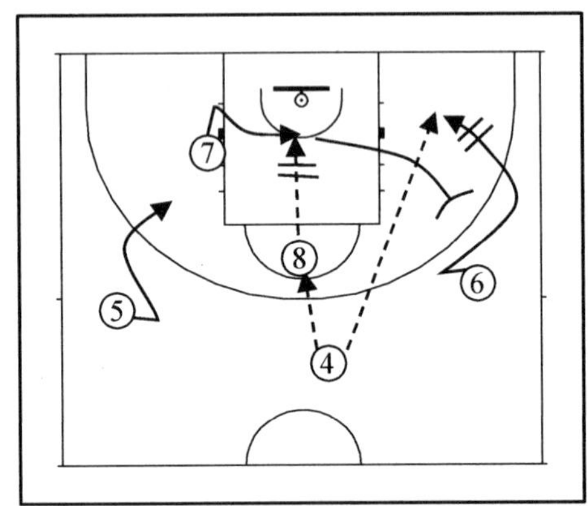

图 4.85

【示例三】1—4 落位双中锋机动进攻法（图 4.86）。双中锋落位于罚球线两侧，进攻时，中锋⑧给⑥掩护，⑥及时摆脱接④的球，⑥接球投篮，也可以及时传给中锋⑧。如果进攻受阻，另一侧的⑦可以自己切入或给⑤掩护，为⑤创造进攻的机会。此方法也可以从左侧开始，⑤摆脱后接球，同时⑦下顺 A 点，如果受阻，⑧横移接球跳投（图 4.87）。

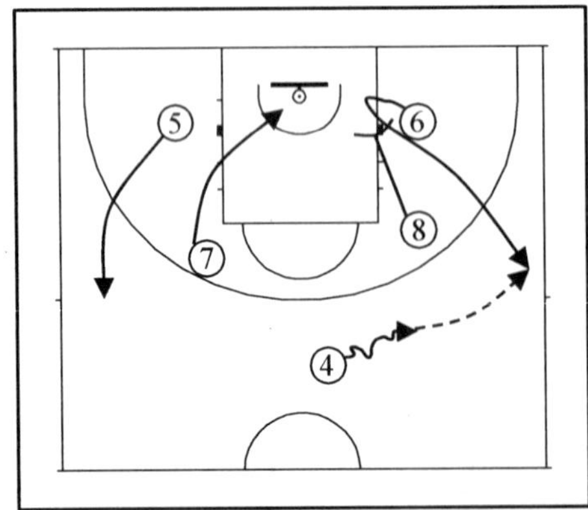

图 4.86

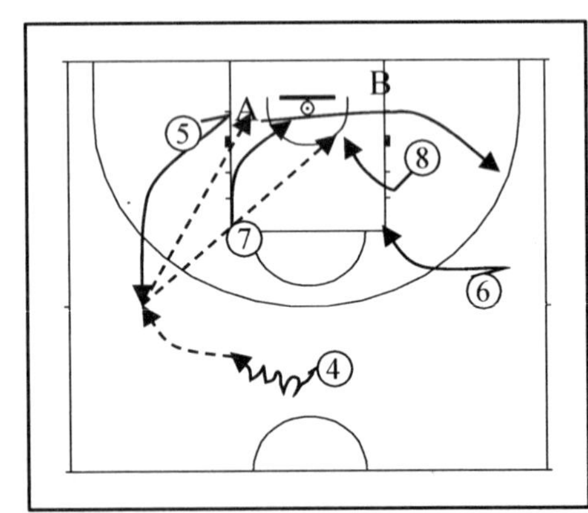

图 4.87

（2）单中锋落位进攻法。

2—2—1、2—1—2 或 2—3 落位，单中锋可在内中锋或外中锋的位置。特点是内线中锋个人攻击能力强，外中锋多采用穿插移动机动灵活进攻法，可采用策应、空切和突破等配合。

【示例】如图 4.88 所示：2—2—1 单中锋落位进攻，⑧落在内中锋位置，⑥摆脱接球传给中锋⑧强攻，如果中锋受阻，立刻传给被⑦掩护的⑤切人投篮。如果⑤遇到对方的换防，⑦转身接球投篮（掩护后的第二个动作），④向弧顶移动准备接回传球（图 4.89）。

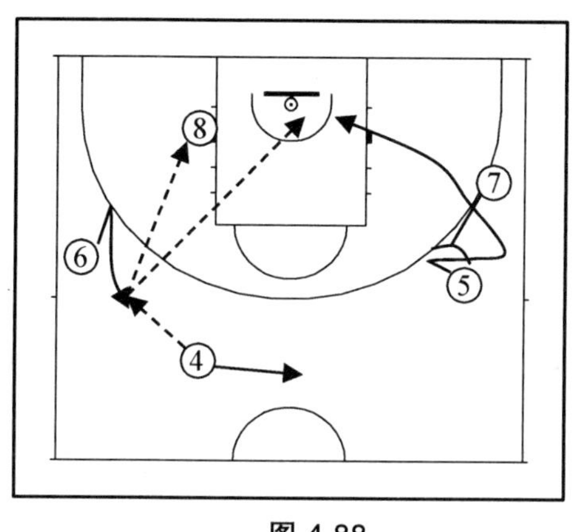

图 4.88

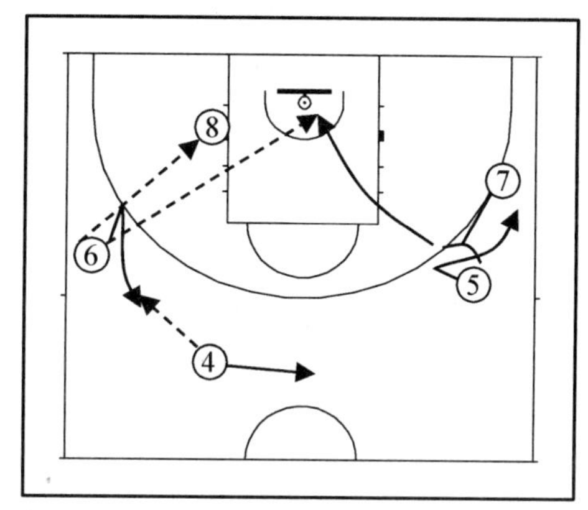

图 4.89

（3）"8"字掩护进攻法。

"8"字掩护进攻法有内线"8"字掩护和外线"8"字掩护两种。

【示例一】内线"8"字掩护进攻法。内线"8"字掩护进攻法，一般是两名中锋和一名前锋队员连续积极移动，利用行进间掩护，创造进攻机会。如（图 4.90）所示，④接球时，⑥利用⑦的掩护向篮下切入接球投篮（A 点），如果遇到防守换防继续移动给⑧掩护，⑧接球投篮（B 点）。此时⑦掩护后也可横插接球投篮。

【示例二】外线"8"字掩护进攻法（图 4.91）。外线"8"字多采用运球掩护，通过掩护创造中远距离投篮或在运球过程中传给向内线空切到篮下的同伴投篮。⑤运球给⑥掩护，⑥运球给④掩护，3 人在运球掩护过程中抓住时机，突破上篮或跳投。在运球掩护过程中也可以传给内线被掩护的⑧投篮，其他人注意回防。

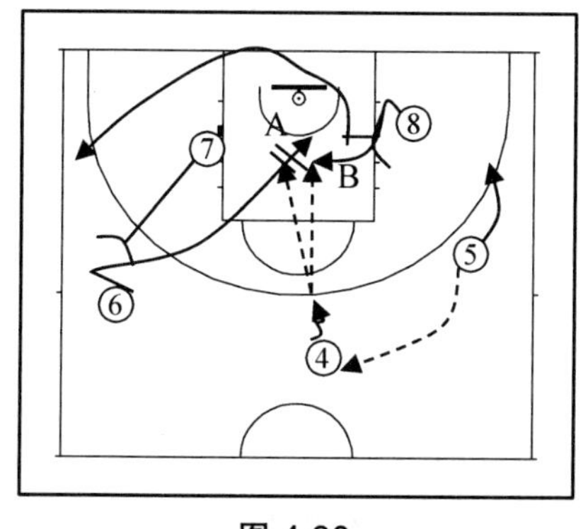

图 4.90

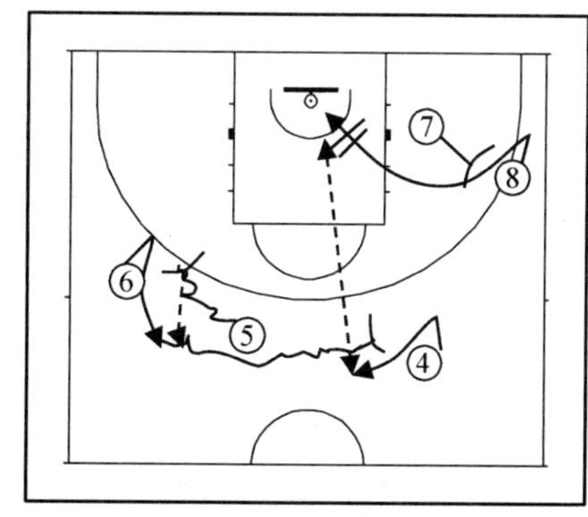

图 4.91

（4）无固定中锋的马蹄型进攻法。

这种进攻法是队员利用传切、空切、掩护等手段创造进攻的机会。如图 4.92 所示，⑥摆脱接④的球后传给⑧，同时向内线切入接球投篮，如果受阻可到另一侧给⑦掩护，⑦摆脱接球投篮。此种方法也可以从左侧发动进攻。

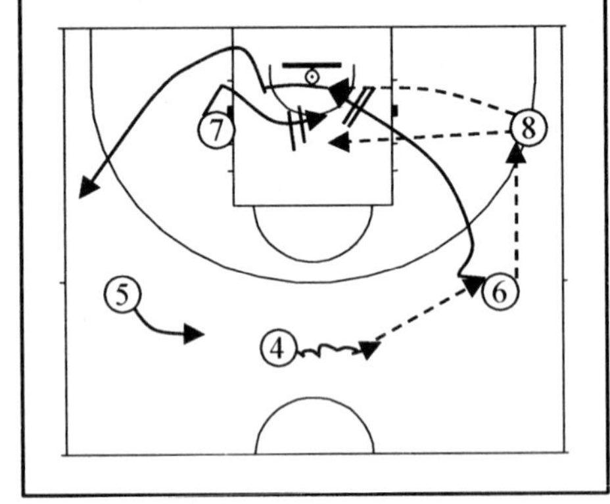

图 4.92

（5）综合进攻法。

这种打法是利用传切、掩护、策应、突分配合而组成的全队整体战术。综合进攻法的特点是进攻连续性强，战术变化灵活机动，通过队员的移动掩护创造进攻的机会。综合进攻法在比赛中运用最多。

【示例一】如图 4.93 所示，当⑥传球给⑧时，同时⑦给⑤掩护，⑤迅速摆脱切入接⑧的球投篮，如果受阻可传给掩护后的中锋⑦投篮（中锋掩护的第二个动作）。

【示例二】⑤传球给摆脱的中锋⑦，同时⑧主动给⑥掩护，然后切入接⑤的球投篮，或传给向罚球线移动的⑧接球跳投（图 4.94）。其他队员准备抢篮板球和积极移动创造进攻的机会，并注意回防。

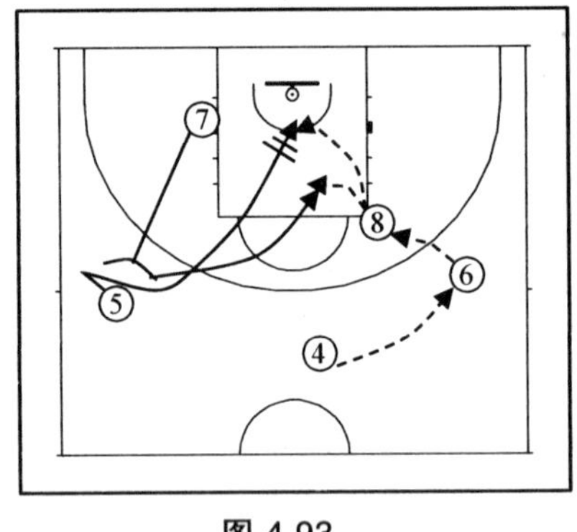

图 4.93

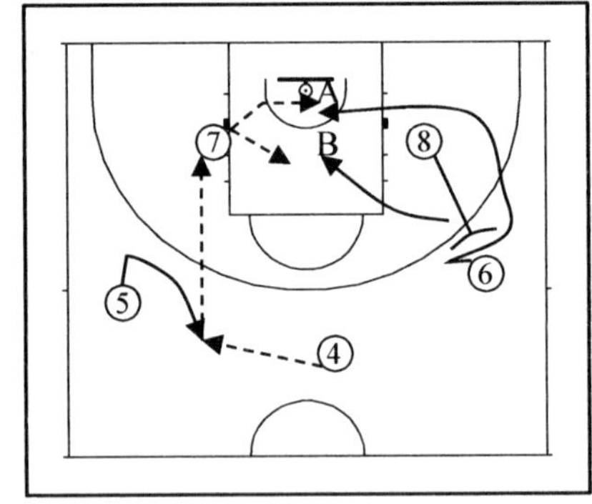

图 4.94

（6）移动进攻法。

移动进攻法是根据进攻的原则，5 个队员有目的、有计划地连续传球移动换位，在不停地转移中，灵活运用传切、掩护、突分、策应等基础配合而组成全队的进攻战术。

移动进攻法的特点是队员在连续移动中配合的灵活性、连续性与攻击的机动性紧密结合。其行动方法是按制定的原则，不停地移动，如果两人同时进入同一区域，其中一人应迅速转移到其他空区，多传球，少运球，根据防守的情况及有球队员的行动来决定进攻配合，利用空切、掩护配合的时机，果断地进行个人攻击。

（三）进攻半场人盯人防守战术要求

（1）思想上要有所准备，沉着冷静。

（2）队员在场上要保持一定距离或分散队形，拉大防区以便于各个击破。

（3）根据双方情况，扬长避短，发挥自己优势，有所侧重地组织进攻。

（4）控球队员不要急于处理球，特别应注意不要在边、角处停球，应积极组织队友运用传切、突分、掩护和策应等配合，争取局部突破，打乱其防守阵形，寻找战机。

（四）进攻半场人盯人防守战术教学训练

1. 教学建议

（1）向队员讲解整套战术方法的队形、配合的发动、移动的路线、攻击的机会和战术的变化，采用不同的方法演示，使队员明确完整的战术概念。

（2）战术教学的顺序是先进行无防守的局部配合练习，后进行全队整体配合练习，先消极防守再到积极防守的攻守对抗练习，掌握配合时机和提高个人技术的运用能力，然后掌握全队进攻半场人盯人的战术配合方法。确实提高战术配合质量和战术的应变能力。

（3）在实战中检验队员战术配合的质量和技术运用的效果，通过分析讨论，总结出现的问题，提高队员的战术意识和战术思维能力，以及战术的运用和应变能力。

2. 训练方法

（1）在无防守或消极防守的情况下进行战术分解练习。掌握配合方法，并将两个或两个以上配合组合进行练习。

（2）在无防守或消极防守的情况下进行全队战术分解练习，加深对整套战术的落位队形、移动路线、传球路线、配合时间、攻击点及其变化的理解，进而掌握熟练整套战术方法。

（3）全队战术练习应从站位、跑动路线、传球和投篮时机开始，先消极防守练习，然后积极防守练习，最后加大进攻难度。

（4）在半场积极防守的情况下练习。利用加难训练法，提高配合质量。

（5）结合全场攻守转换进行半场攻守练习。注意进攻阵形的落位，及攻防转换后快攻的发动。

（6）通过全场比赛（教学比赛或正式比赛）提高或检查全队进攻战术的运用质量。在比赛过程中要及时现场分析，不断提高全队的战术意识，强化某点环节，从而提高全队战术配合质量。

第五节　全场紧逼人盯人防守与进攻全场人盯人防守

全场紧逼人盯人防守战术是由攻转守时，防守队员在全场范围各自紧逼自己对手的一种攻击性较强的防守战术。

一、全场紧逼人盯人防守

（一）分类及其特点

全场紧逼人盯人防守可分为防守固定对手和防守不固定对手两种。其各具优缺点，前者是对手明确，针对性强，便于掌握；缺点是防人不及时，不利于防守对方的快攻。后者是能制约对手的反击速度；缺点是易出现身高和技术上的攻防不平衡。在比赛中，全场紧逼人盯人防守战术要求防守队员必须具备很强的攻守转换意识，快速的攻守转换速度，在全场始终紧逼盯防自己的对手，以防“球”为主，“球、人、篮”三点兼顾，对持球队员施以最大的压力，采用迎前与贴身防守技术，力求不给对手传球与运球摆脱及投篮的机会，积极阻挠对手的行动，对无球队员实施错位与抢前防守，切断无球队员的接球路线，并运用打球、抢球、断球技术，利用堵截、夹击、换防、追防和补防等攻击性的防守配合，破坏对方的战术组织，造成对方的失误与违例，以迅速争得球权为目的，赢得比赛的主动权。

全场紧逼人盯人防守，在运用中主要有以下两个特点：第一，充分利用整个篮球场扩大防守面积，在全场范围内，发挥速度和灵活性，与对手展开空间与时间的争夺，具有利用地面速度来制约高空优势的典型特征。第二，先发制人，主动出击，主动提高比赛强度，加快攻守转化速度，控制比赛节奏，以争夺球权为前提，控制对手，切断对方前（场）后（场）连接与内外、左右联系，打乱对方的习惯打法；并最大限度地利用规则的限制，创造夹击、抢断的机会，从心理上、技术上及战术组织上，给对方全方位地施以最大压力，造成对方的不适应和失误，从而掌握场上的主动权。

全场紧逼人盯人防守战术，能充分调动队员的积极性，有效地发挥队员的技术特长。同时，对培养队员顽强拼搏精神，提高队员的身体素质和促进技术的全面发展都有着重要的作用。由于全场紧逼人盯人防守战术是在全场范围与对方展开的激烈对抗，防守面积扩大，防守力量相对分散，当出现漏人时，难以有效地组织集体协防的力量。因此，要增强队员个人防守的责任感和全面防守能力，提高全队协同配合的意识与能力，才能更好地在比赛中发挥全场紧逼人盯人防守的作用。

（二）基本要求和方法

基本要求是：由攻转守时，全队要思想统一，行动一致，要制造声势从心理上压倒对手；迅速紧逼各自的对手；每个队员要主动抢占有利的防守位置，以球为主，“人、球、篮”三点兼顾，紧逼对手，积极阻挠其移动，严密控制对手接球、运球、投篮等进攻行动，打乱对方进攻节奏，破坏其习惯的进攻战术，使对方陷入困境或造成对方的失误和违例；全队要相互呼应，前后、左右照应，做到近球紧逼，远球稍松，充分利用规则的限制，制造“陷阱”，运用堵截、夹击、换防、补位等配合，抓住机会大胆、果断、准确地进行抢、打、断球，及时破坏对方的进攻配合，争夺控球权；要不断提高身体训练水平，培养顽强拼搏的意志品质，要有顽强的毅力不停顿地在全场范围积极展开防守拼搏，提高个人防守能力和全队协防配合的意识。

基本方法有：全场紧逼人盯人防守的方法，防守对手可分为防守固定对手和防守不固定对手两种。

防守固定对手的方法是由攻转守时按照赛前规定的防守对象有目标地寻找各自对手。优点是防守的对象明确，针对性强（如高防高、快防快等），能根据防守能力与技术水平确定防守对手，易于掌握。缺点是由攻转守时，寻找各自防守的对手，有时不够及时，不利于迅速控制对手，而造成防守漏洞。但这种方法，对初学者较适宜，在有一定基础后应及时向防守不固定对手方法发展。

防守不固定对手的方法是由攻转守时就区、就近地迅速寻找防守对手，优点是能及时有效地制约对方的反击速度，控制对手的行动。缺点是容易出现在身高和技术上的攻、守不平衡现象。因此，必须要求队员具备强烈的攻守转换意识和个人全面防守能力。

一般将球场根据全场紧逼人盯人防守战术的特点和要求以及队员的职责划分为前、中、后场三道防线来组织防守配合。如图 4.95 所示，图中深色区域为夹击区。前、中、后场防守方法和要求各有不同，现分述如下：

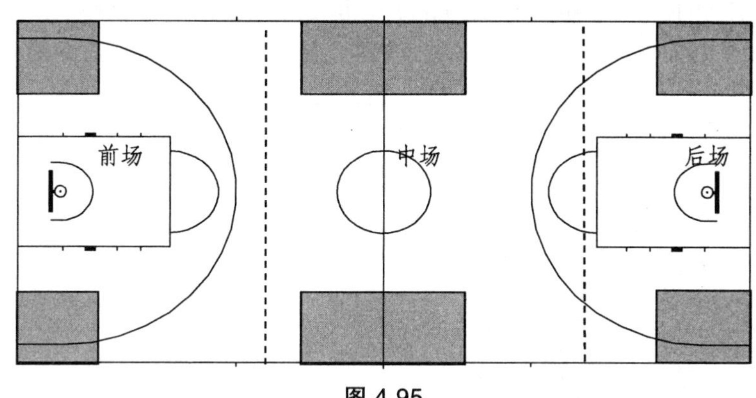

图 4.95

1. 前场紧逼人盯人防守的方法

在比赛中，由于造成由攻转守的情况不同，在前场采用的紧逼防守方法也不一样。前场紧逼人盯人防守的方法主要包括：当进攻投中或罚球中篮后的紧逼方法和投篮不中对方抢获篮板球后的紧逼防守方法。

前场防守是全场紧逼人盯人防守的重要阶段，也是防守的第一道防线。要求队员由攻转守时，有目的地迅速找到各自的对手，抢占有利的防守位置，以积极的防御气势，促使对方产生心理上的紧张及战术方法上的不适应，争取防守的主动权。

（1）当进攻投中或罚球中篮后的紧逼方法。

【示例一】一对一的紧逼防守方法。由攻转守时的一瞬间，其他队员应迅速就地寻找各自对手，邻近发球的防守队员应迅速上前紧逼，封堵发球队员的传球路线，阻挠其传球进场，积极阻截对手的接球路线，迫使对方传球失误或 5 秒违例。如图 4.96 所示，当④掷端线界外球时，❹迎前紧逼④，封堵传球路线，延缓传球入场时间，力争截球。同时❺、❻、❼、❽等其他队员迅速移动就近防守各自的对手，并积极堵截对手移动接球路线。

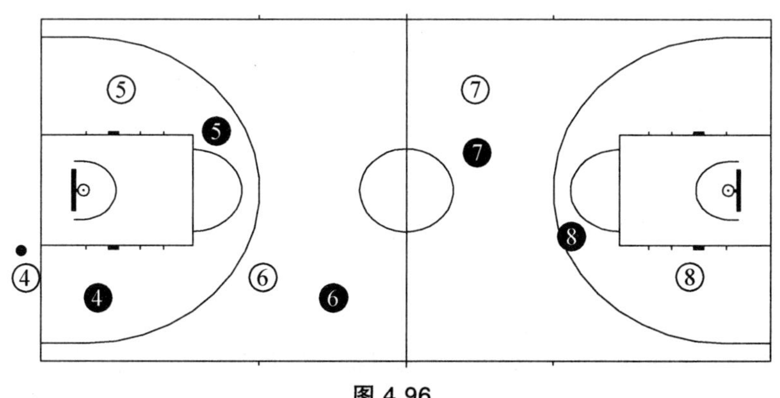

图 4.96

【示例二】夹击接应队员的紧逼防守方法。如图 4.97 所示，❹暂时放弃对④的防守，协助❺防守技术较全面的接应队员⑤，迫使④将球传给控球能力较差的⑥。防守时，❹面向⑤，背向或侧对④，阻截⑤的正面接球，❺则位于⑤的后面或侧后方，防止⑤摆脱快下接④的长传球。❻应积极防守⑥，并趁机抢断⑥的接球，一旦⑥接球，❻应根据⑥的进攻行动，与邻近的防守队员快速组织夹击。❼、❽除防止⑦、⑧接球外，还应根据场上的变化，及时调整防守位置注意补防和断球。此防守方法，也常常运用于当对方发后场边线掷界外球时。

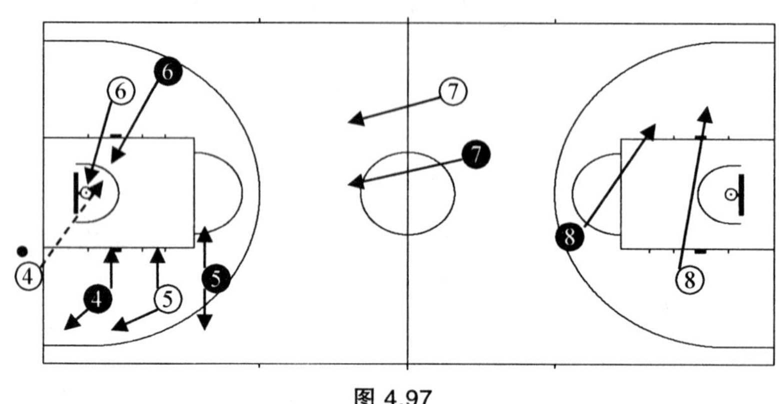

图 4.97

（2）投篮不中对方抢获篮板球后的紧逼防守方法。

当投篮不中对方抢获篮板球后，一般采用就近找人，力求在最短的时间就地盯防各自的对手。其关键是，必须及时紧逼抢获篮板球的队员和接应球的队员，破坏其接应点和传球路线；一旦对手运球突破，应快速追防，邻近队员要及时堵截，迫使对方停球，协同配合制造夹击机会；其他队员应根据场上情况迅速调整防守位置，切断对方长传快攻的路线，并随时做好补防、断球的准备。如图 4.98 所示，本方⑧投篮未中，对方❼抢获篮板球，本方⑦应立即上前紧逼❼，⑥紧逼直插中路的❺，⑧防❽，④、⑤则防守快下的❻和❹。

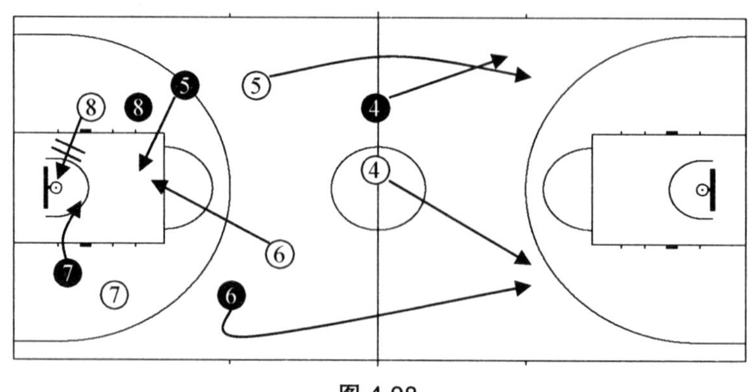

图 4.98

2. 中场紧逼人盯人防守的方法

中场紧逼人盯人防守的方法主要有：中场夹击与轮转补防；防掩护配合；防中场中路策应 3 种方法。

当前场一线的防守未达到目的，应迅速展开中场争夺。在防守中，前场一线防守虽未能守住，但在一线的紧逼过程，却为中场第二道防线组织防守阵式赢得了时间。在中场争夺时，应加强中路的防守，逼使对方沿边路运球或传球，其主要策略是利用中场线与边线交界的两个死角，诱使对方带球进入陷阱区，组织夹击防守和轮转补防。

（1）中场夹击与轮转补防。

如图 4.99 所示，❺紧逼⑤，当⑤运球刚过中线时，❼堵截⑤的运球并与❺夹击⑤，❽补防⑦，❻补防⑧，❺应尽量封锁⑤传球给⑥，则❹补防⑥，形成顺时针轮转补防。仍保持“一对一”形式的全场紧逼人盯人防守队形。

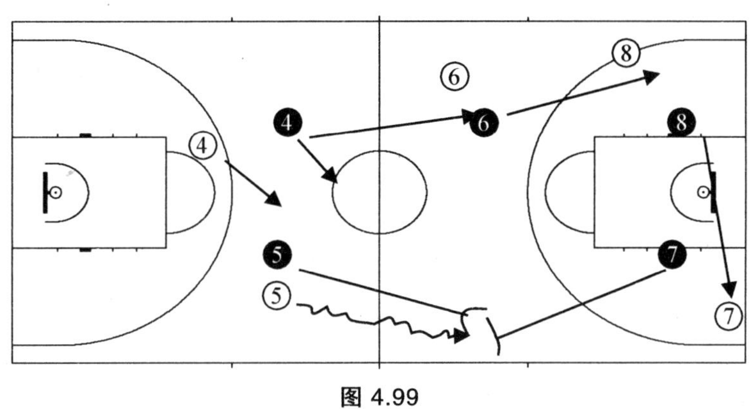

图 4.99

（2）防掩护配合。

防给有球队员掩护时，力争挤过防守，不得已时才交换防守；防无球队员的掩护时，可采用穿过防守，以破坏掩护进攻。

（3）防中场中路策应。

利用中场中路策应配合是对方破坏全场紧逼人盯人防守，把球尽快推进到攻方前场的有效方法。因此，应及时识破对方的意图，抢前防守策应队员，堵其策应路线，断其策应接球，破坏其配合。如图 4.100 所示，当⑥接球运突，⑧企图迎上策应，❽应及时抢前防守，堵⑧的策应路线，抢断⑥传给⑧的球。如果⑧接到球，❻与❺要防止⑥、⑤从攻方后场向前场的空切，❼要紧盯⑦，切断⑦再度在第三道防线中路罚球线附近的策应，并盯防⑦空切篮下。

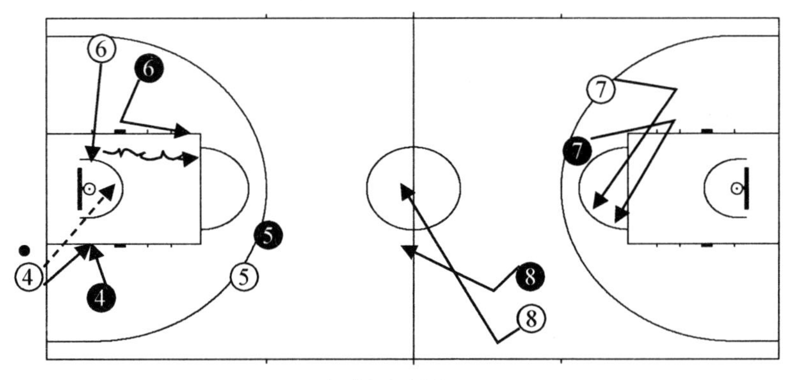

图 4.100

3. 后场紧逼人盯人防守的方法

在全场紧逼人盯人防守中，一旦球进入了防守队的后场，即第三道防线，防守队要根据场上的具体情况采取相应的防守措施。一般应继续坚持扩大防守，对持球队员积极封堵、尤其在底线场角，充分利用对方的运球停球失误进行夹击，施加心理压力，其他队员要大胆错位防守，并伺机断球反击。

（三）全场紧逼人盯人防守的运用

（1）要根据比赛双方的具体情况，选择运用时机，一般在以下情况下使用效果较好。

① 以小打大时，充分利用小个子队员的速度和灵活。

② 对方队员体能差，为了消耗其体能。

③ 对付比赛经验不足或替补力量较弱的球队时。

④ 扩大战果或挽回败局时。

⑤ 攻击战术需要，主动突然变换战术，出其不意，攻其不备时。

（2）充分利用时间类违例如 5 秒、8 秒、球回场规则的限制，积极进行防守，以势逼人，造成对方心理上紧张和技术上失误。

（3）对持球队员积极阻挠，充分利用“堵中放边”的原则迫使其进入边角地带停球，以便进行夹击，防无球队员时要切断其接球路线，不让其切入篮下投篮。

（4）全场紧逼人盯人防守要和其他防守战术交替使用，以达到最佳效果。

（四）全场紧逼人盯人防守战术的教学与训练

1. 教学建议

（1）首现对战术的特点、方法和要求讲解清楚，使队员建立对该战术的完整概念。

（2）在教学中，运用分解教学法先分级教学。学习前场和中场配合方法后进行全场教学，先进行二三人配合后进行全队战术配合。

（3）在训练中，要培养全场紧逼人盯人防守的整体作战意识，不断提高个人防守和运用配合的能力。

（4）在全队整体性防守战术训练的基础上，结合各段防守中暴露的问题，强化训练一防一，抢前、挤过的防守意识和移动步法的训练，抓好夹击、补位、抢断和交换等防守配合。

（5）提高训练的强度，处理好训练强度与密度的关系，提高队员在全场范围内连续作战所必备的体能。

（6）培养队员协调一致、顽强拼搏的防守风格和意志品质，强化队员体能训练，尤其是速度耐力。

2. 练习方法

（1）各种防守步法练习、断球与打球练习、一对一防持球队员和一对一防无球队员的练习。

（2）全场二对二防守配合。如图 4.101 所示，④掷界外球，❹和❺夹击⑤，尽量争取断球造成对方掷界外球 5 秒违例。

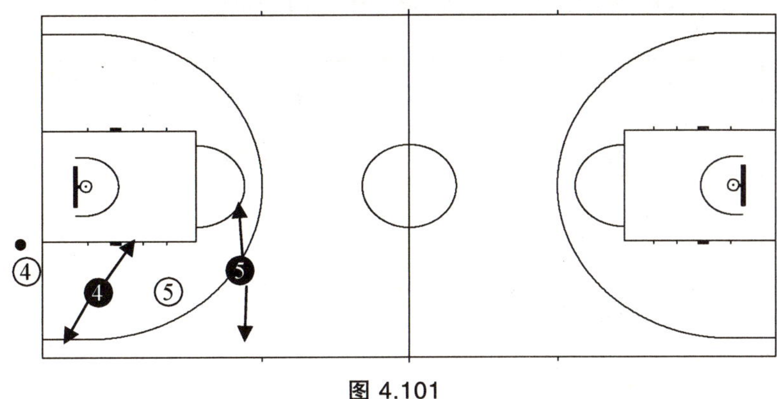

图 4.101

（3）全场三对三防守配合。如图 4.102 所示，❹紧逼掷界外球队员，❺、❻分别侧前防守⑤、⑥，不让对方迎前接球，并争取断球。如⑤、⑥采用掩护配合，❺、❻可及时运用挤过或交换防守配合。

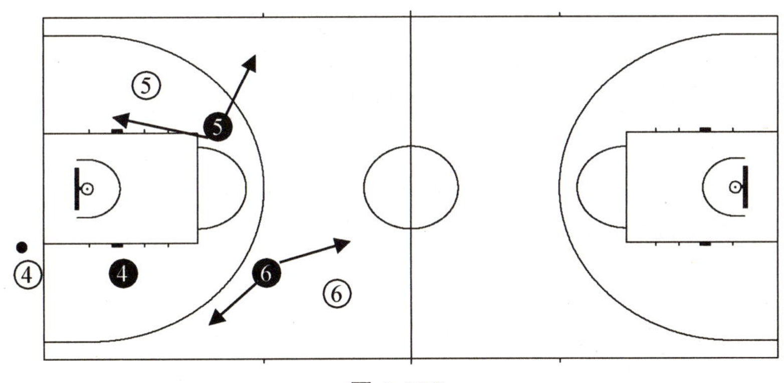

图 4.102

（4）全场四对四防守配合。如图 4.103 所示，教学中可要求进攻队员运球突破和在前场进行策应配合。防守队员练习迎堵、夹击、抢前防守和补防。④沿边线运球突破时，❹要坚决追堵，在中场边角处与❼夹击④，❺、❻则及时补防，轮转换位。

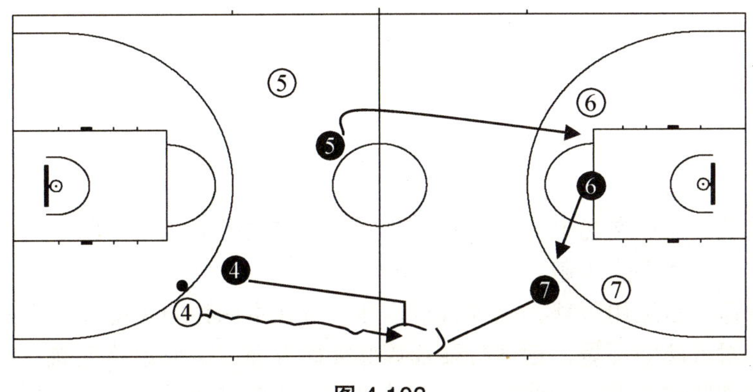

图 4.103

（5）如图 4.104 所示，当球在进攻队的后场时，□、□主要练习抢前防守，防止⑥或⑦抢占策应位置。如④、⑤进行掩护配合时，❹和❺换防要及时。

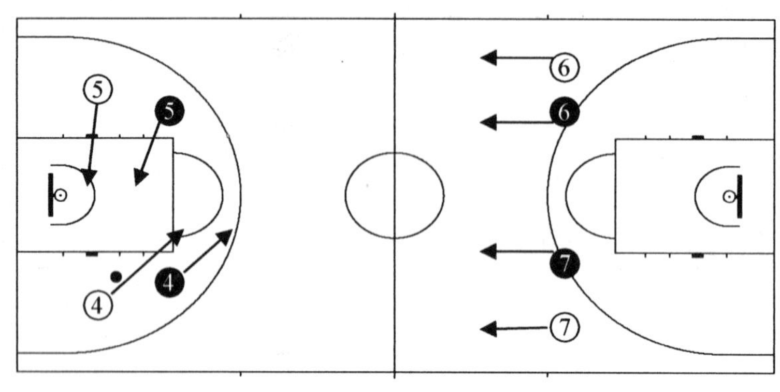

图 4.104

（6）全场五对五防守配合。这种打法要求攻守转换要快，防守队员要迅速找人，紧逼对手。进攻队员可利用策应、传切、掩护、突分等配合进攻。防守队利用抢前防守、夹击、补防、换防等配合将前、中、后三线防守争夺紧密衔接，不断提高防守质量。

（7）由攻转守进入全场紧逼人盯人防守练习。可组织三对三、四对四、五对五在全场进行分段练习，要求攻守转换速度要快，要紧逼持球队员尽快形成防守布局。此打法也可结合投篮未中抢获篮板球等多种形式进行。

（8）在教学比赛中采取全场紧逼人盯人防守战术，检查教学训练效果。赛前提出要求，赛后及时总结，不断提高全队防守战术质量。

二、进攻全场紧逼人盯人防守

进攻全场紧逼人盯人防守，是指进攻队在防守队运用全场紧逼人盯人防守时，有针对性采用的进攻方法，是现代篮球战术体系中进攻战术系统的一种战术。只有全面了解全场紧逼人盯人防守战术的基本方法、特点和变化规律，并结合本队实际情况，有针对性地组织和运用进攻配合，才能有效地破坏对方的防守，争取进攻的主动。

（一）进攻全场紧逼人盯人防守的基本要求

（1）沉着应对。全队保持思想统一，沉着冷静，行动协同一致，抓住战机果断突然快速反击。

（2）队形分散。队员在场上的位置分布要保持一定的距离，根据防守队情况，队形适度拉开，牵制对方，以利各个击破。

（3）多传少运。多运用传球，减少盲目运球。可让本队控制支配球技术好的队员，采用运球突破来打乱对方防守部署，运球时要选择好突破方向，争取中路突破，切忌在边角中线一带停球，以免被防守夹击。接球队员要主动迎球或抢前接球。

（4）掌握节奏，力争快速。战术配合要简练实用，多用传切、策应配合，行动快速突然，尽快将球传到前场。当快速反击受阻时，要及时调整打法，组织连续战术配合，造成对方补防和漏防时的漏洞，形成进攻优势。

（5）乘胜攻击。进攻队进入前场意味着防守在后场的阻击已经失败，这时应趁防守忙于落位布防的时机，根据本队特点，组织战术配合，接进攻半场扩大人盯人防守展开连续进攻。

（二）进攻全场紧逼人盯人防守阵形与方法

1. 落位阵形

进攻队员的落位是战术配合的组成部分，与全队所采用的进攻战术方法是紧密相连的。落位阵形有两种类型。

第一种阵形（见图 4.105）。由守转攻时，全队 5 名队员集中于后场，以便组织固定的进攻配合，并有意造成前场空虚，以便快速突破和偷袭快攻。

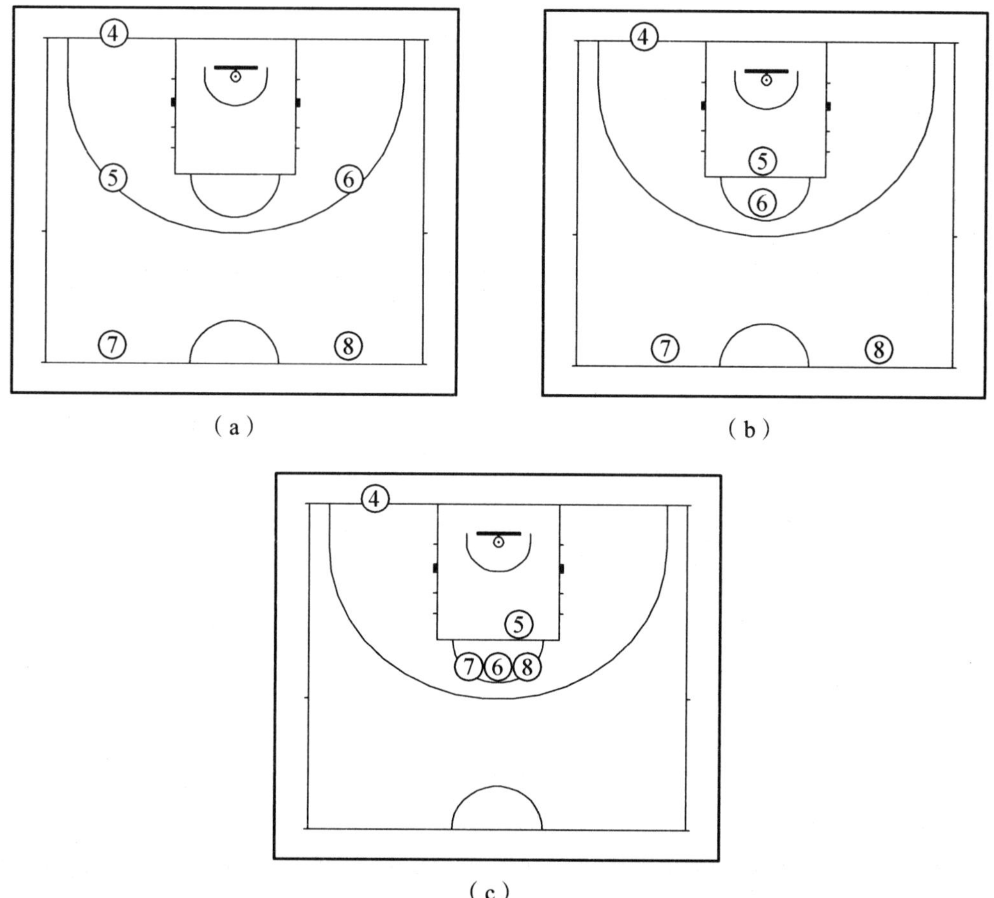

图 4.105

第二种阵形（见图 4.106）。由守转攻时，全队 5 名队员迅速分散部署在全场分散防守与防守间的协同配合，利用防守的薄弱环节和空当，进行个人攻击和配合进攻。进攻全场紧逼人盯人防守的战术过程可分为两个阶段：前阶段指后场进攻，后阶段指进入前场后的攻击，这与进攻半场人盯人相似。前阶段的进攻是进攻全场紧逼人盯人防守战术的特点与难点，它的关键就在于要顺利地接应发球和推进。

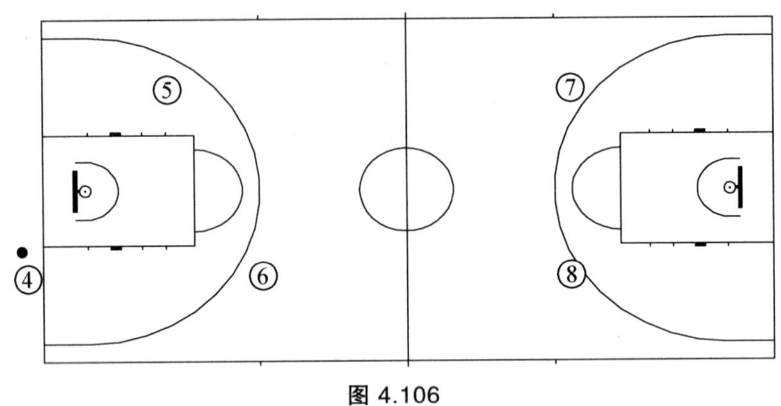

图 4.106

2. 进攻方法

（1）后场进攻方法。

1）固定配合进攻法。

在全场紧逼人盯人防守中，由于犯规次数相对较多，发界外球的次数增加，组织固定配合，有利于接应发界外球。

【示例一】发端线界外球时的固定配合。如图 4.107 所示，④发端线界外球，⑥、⑦、⑧ 3 个队员迅速在罚球线附近面对④站成屏风式的掩护横队。⑤佯作接应，突然起动，并利用⑧的定位掩护摆脱防守切近前场，④可及时将球传给⑤争取上篮。与此同时，⑥和⑧分别向两侧移动，在④无远传机会时，接应界外球。当⑥接球时，⑧应快速摆脱防守斜插中路接应，⑦沿右侧边线快下。

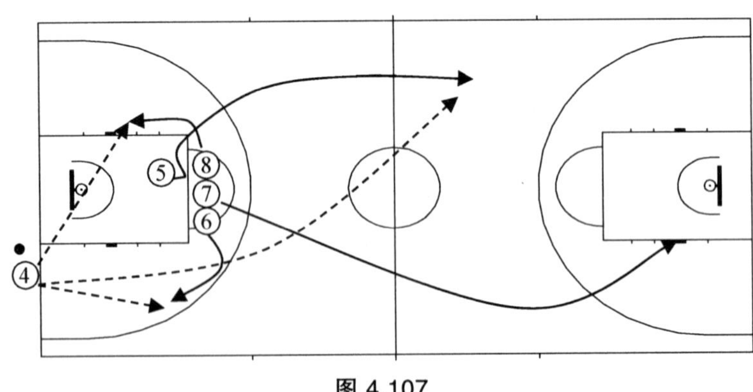

图 4.107

【示例二】发边线界外球的固定配合。如图 4.108 所示，⑤和⑦分别利用⑥和⑧作定位掩护，摆脱防守快速切向篮下，⑥和⑧则在完成掩护后向后方移动。④可根据场上情况变化将球传给任何一个进攻队员。这种一字形的固定配合有多种跑动方法，教练员可训练跑速最快的队员直接篮下得分。

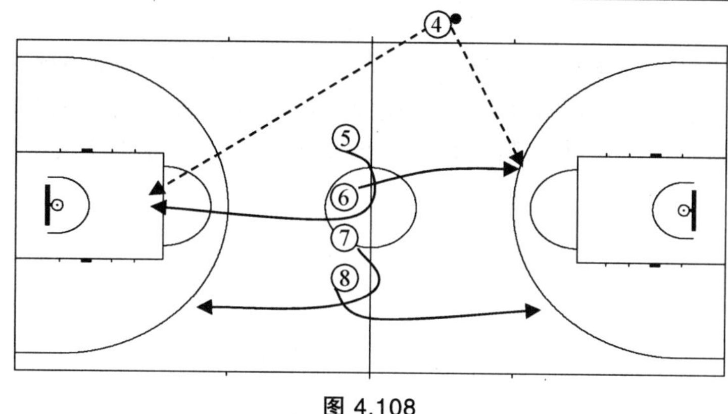

图 4.108

2）破坏夹击进攻法。

如图 4.109 所示，防守队员❹和❺夹击⑤，⑤应向边线拉开牵制❹和❺，给⑥创造接球的机会。⑥接球后及时传给斜插到中圈附近的⑦，由⑦利用运球突破或传球进入中场，争取多传球，少运球。

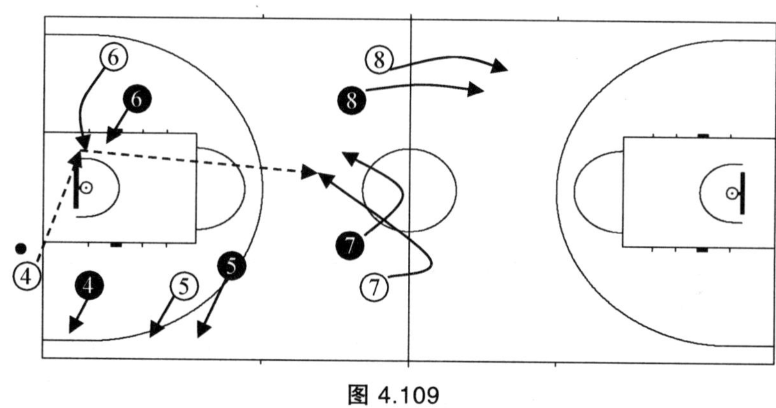

图 4.109

3）全场连续策应进攻法。

如图 4.110 所示，④发端线界外球，⑤快速摆脱防守接应第一传，⑥摆脱防守在中场附近策应，接⑤传出的球。⑤传球后迅速沿左侧向前快下，⑦在前场圈顶附近连续策应，接⑥传的球，⑧可切入篮下，接⑦传给的球投篮。

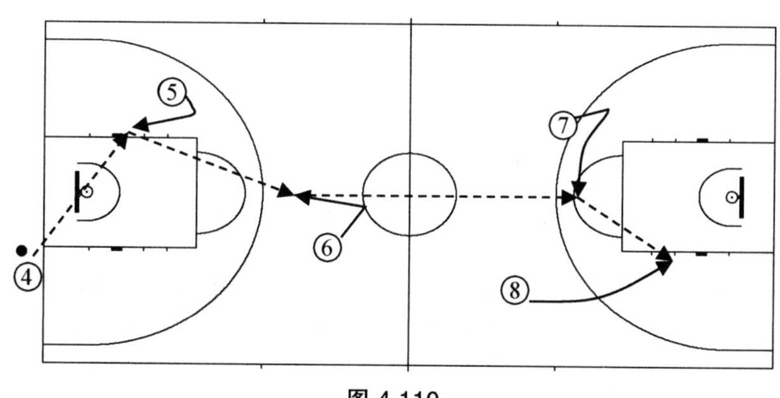

图 4.110

（2）中场进攻方法。

当球进入中场时，通常可以采用运球突破、传切、策应、掩护等配合向前场继续推进。如图 4.111 所示，⑦给⑤作掩护，⑤快速摆脱防守切入前场，左侧的⑧也快速向篮下切进，⑦完成掩护后斜插中场附近接应⑥的传球。然后运球中路突破或传给快下的⑧或⑤投篮。

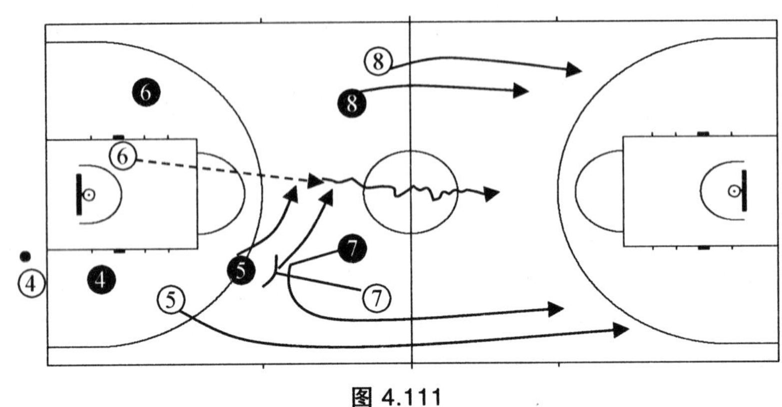

图 4.111

（3）前场进攻方法。

前场进攻紧逼人盯人防守的方法与进攻半场紧逼人盯人防守的方法相同。

（三）进攻全场紧逼人盯人防守战术的运用

（1）全体队员思想统一，行动协调一致，有很强的攻守转换意识、坚定的信心和充分的心理准备。

（2）掌握全场紧逼人盯人防守的变化规律、对方运用的特点及薄弱环节，有针对性地运用进攻全场紧逼人盯人防守，不失时机快速反击。特别是对方投中后，本方掷界外球时，要力争快攻，让对方难于部署紧逼防守。

（3）组织进攻全场紧逼人盯人防守战术，要避实就虚，以最简练的配合进行最有效地攻击，重点放在突破对方前场与中场的紧逼，关键是接应传球与推进速度。

（四）进攻全场紧逼人盯人防守的教学与训练

1. 教学建议

（1）在教学与训练中，首先应运用必需的教学手段与方法阐明进攻全场紧逼人盯人防守的方法与要求，让队员建立正确完整的概念。

（2）采用分解教学法进行分段、分环节教学，先练习前场、中场等局部的战术，再练习全场及整体的战术配合。

（3）在训练过程中，需加强一对一和以少打多的训练，提高运动员在快速行动中运用技术的能力。在战术配合的训练中，重点加强后场和中场的突分、传切、策应、掩护等战术配合训练。

（4）加强队员攻守转换、快速反击意识和心理素质的培养与训练，提高队员沉着冷静的品质、果断凶狠的作风和快速反击的能力。

（5）在训练过程中，要强调防守质量，并且经常使用交换防守的配合方法，让训练更具实战情景，以提高队员运用进攻全场紧逼人盯人防守战术的应变能力和实战能力。

（6）加强队员在进攻全场紧逼人盯人防守中必须具备的身体素质和技术能力训练，如快速运球折回跑、急停变向、后退急起运球等摆脱防守的训练。

2. 教学训练方法

（1）后场三对三配合。

【目的】主要配合练习学生摆脱接球、传球和运球突破能力。

【方法】如图 4.112 所示，❹❺夹击⑤，要求④5 秒内将球传给⑤，或⑤牵制❹、❺，⑥摆脱防守接球。④传球后立即进场配合，8 秒内将球推进前场。

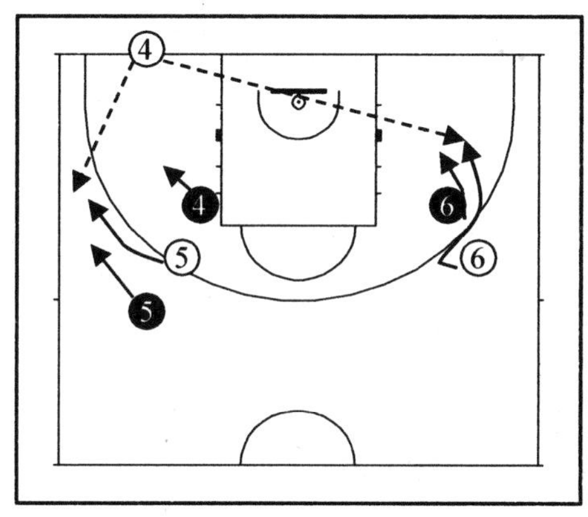

图 4.112

（2）全场对一练习。

【目的】练习主要让学生掌握在最短的时间内通过假动作和速度超越等方法将球推到前场。

【方法】练习可以从后场摆脱接球开始，教练员可制订时间要求。当球进入前场，可加一个策应队员进行策应传切配合。

（3）全场二对二配合。

【目的】主要练习 2 人推进。

【方法】从后场发球开始，按发球后综合运用运球突破、传切、掩护和策应等配合进行。开始练习时，教练员可进行部分限制：只允许 A 传切配合推进，B 运球突破与传切配合推进，C 传球与掩护配合推进，最后练习综合推进配合。

（4）全场三对三配合。

【目的】主要练习摆脱接发球和推进。

【方法】如图 4.113 所示，④将球传给摆脱防守的⑥，利用⑤的定位掩护向前场切进，⑤斜插中场接应二传，快速运球中路突破。练习从半场三对三开始，当对方投中或罚中，守转攻可用固定发球；对方违例，可采用机动发球。要求在 8 秒以内球过中线。

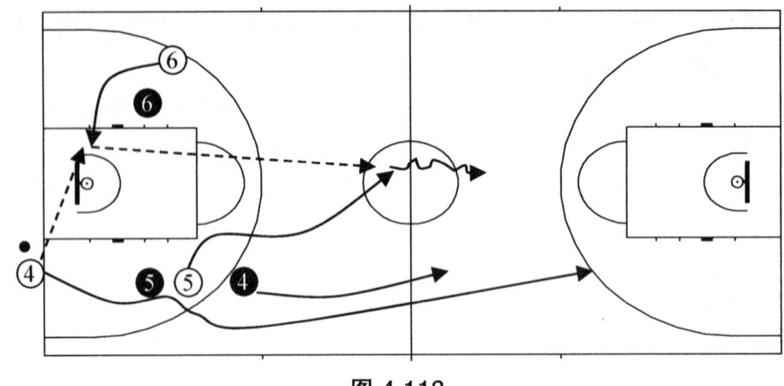

图 4.113

（5）全场三对三攻守转换练习。

【目的】主要练习提高队员的攻守转换意识和能力。

【方法】如图 4.114 所示，由半场三对三开始练习，若攻方投中，则守方立即发界外球转为全场进攻，攻方立即进行紧逼防守；若投篮未中，攻方抢到篮板球，则继续进攻，守方抢到篮板球则立即快速反击。

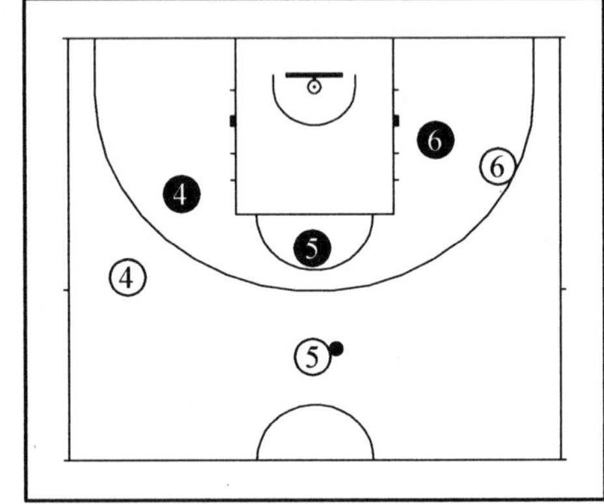

图 4.114

（6）全场五对五配合练习。

【目的】提高全队整体配合能力。

【方法】如图 4.115 所示，由守转攻时，队员按分工快速落位，④发界外球，⑦和⑧同时给⑥和⑤作掩护，⑤和⑥向前场快速切进，④可将球长传给⑤或⑥，如无长传机会则可传给掩护后斜插的⑥。这是一个双侧掩护的练习。全场五对五配合还有交叉掩护和连续策应等方法练习进攻全场紧逼人盯人防守。

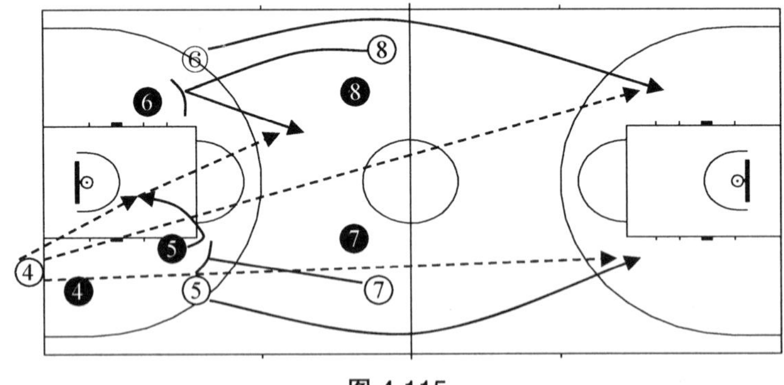

图 4.115

上述练习方法都应让练习队员明确跑动线路和配合方法。在开始练习时，应在消极防守的情况下进行，以后过渡到积极防守和比赛状态进行。向前场推进和进行全场进攻时宜加时间的限制。为增加进攻的难度，五对五练习时可在前场或中场增设一名防守队员，担负堵截、夹击和断球的职责。在教学训练中，要及时发现和解决问题，通过教学比赛检验防守方法掌握情况，不断提高进攻全场紧逼人盯人防守水平，最终形成本队的战术风格特点。

第六节　区域联防与进攻区域联防

区域联防是一种整体性很强的防守战术。它是篮球战术体系重要的组成部分，它是将区域与人、球联系在一起进行的战术。是由攻转守时，防守队员退回后场，每个队员分工负责一定区域，并严密防守进入自己防区的球和进攻队员，用一定的队形，把每个防守的区域有机地联系起来，形成一种集体的联合防守战术。进攻区域联防是针对防守而设计的攻击方法。

一、区域联防

（一）区域联防的方法

1. 区域联防的形式

区域联防的形式常用的有“2—1—2”“3—2”“2—3”“1—3—1”等。

2. 区域联防的方法

（1）“2—1—2”区域联防。

“2—1—2”区域联防的优点：如图 4.116 所示，五个防守队员分布比较均衡，移动距离近，便于相互协作，控制篮下，有利于抢篮板球和发动快攻。并能根据进攻队员的特点，变换防守队形。所以，它是区域联防的基本形式。

“2—1—2”区域联防的缺点：如图 4.117 所示，有阴影的区域是防守的薄弱区，不利于防守这些区域内的中远距离投篮和在球场底角进行夹击防守配合。

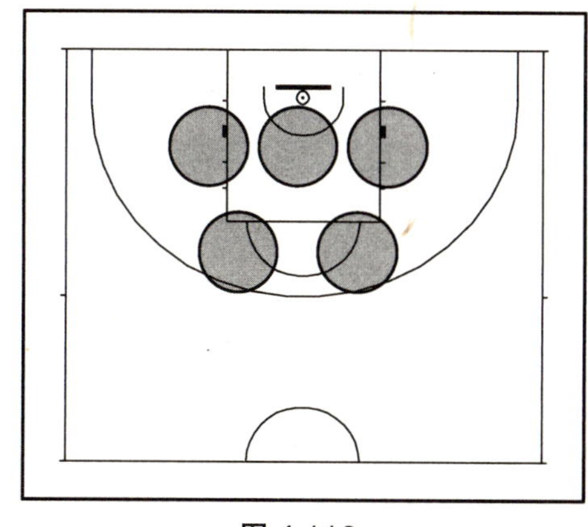

图 4.116

图 4.117

“2—1—2”区域联防各个位置的队员应具备的条件：如图 4.118 所示，突前的❼、❻应是机智、灵活、快速、善于抢断球反击和组织快攻的队员。❽应是身材高大、补位意识强、善于抢篮板的队员。❺、❹则要求身材高大、技术较全面，具有争夺篮板球和发动快攻的能力。

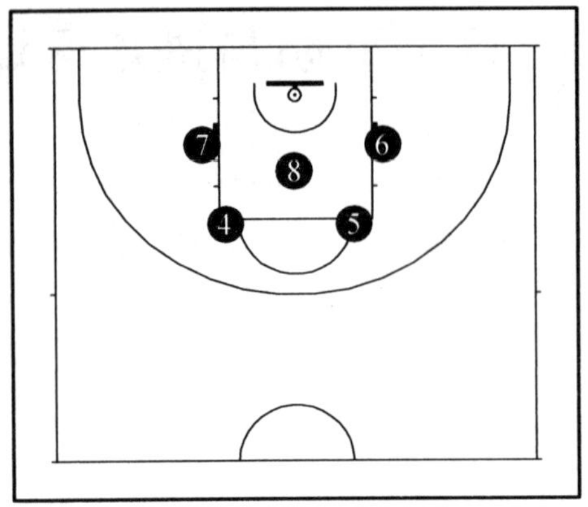

图 4.118

“2—1—2”区域联防的方法示例：

【示例一】球在外围弧顶时的防守配合。如图 4.119 所示，④持球时，❹、❻应根据对方进攻阵形和对方中锋的位置决定两人的防守配合。❹上去防④，❻要稍向右移动，协助防守⑤，并准备抢断④传给⑥的球。❺向上移动防守⑤，❼向上移动防⑦，并兼顾防守篮下，❽防守⑧的篮下活动。

【示例二】球在两侧时的防守配合。防守时，应由离球近的队员上去防守，如持球队员处于两个防守区域之间时，则要根据对方在底线威胁的大小来决定。如图 4.120 所示，④传球给⑥，❻迅速上去防⑥，❹稍向下移动，协助❺防守，❺站在⑤的侧后方，切断⑥与⑤的传球路线，并防止⑤向篮下空切。❽站在⑧的内侧前方，切断⑥与⑧的传球路线，减少⑧的接球机会。❼稍向罚球区移动，既要协助防守篮下，又要堵⑦的背插，还要准备抢断⑥传给⑦的横传球。当⑥投篮时，❼、❽、❺在篮下形成三角包围圈，准备抢篮板球。

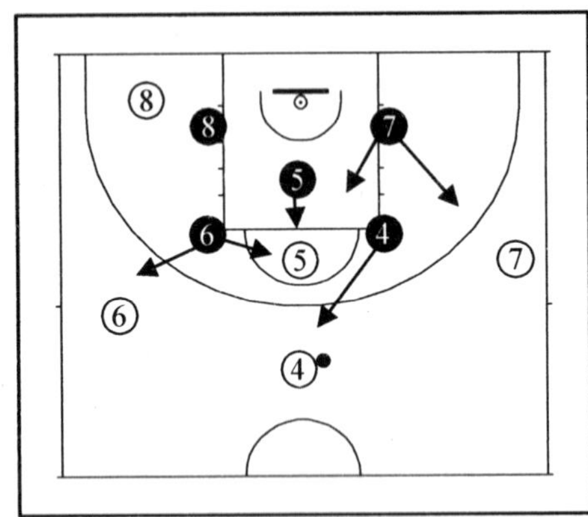

图 4.119

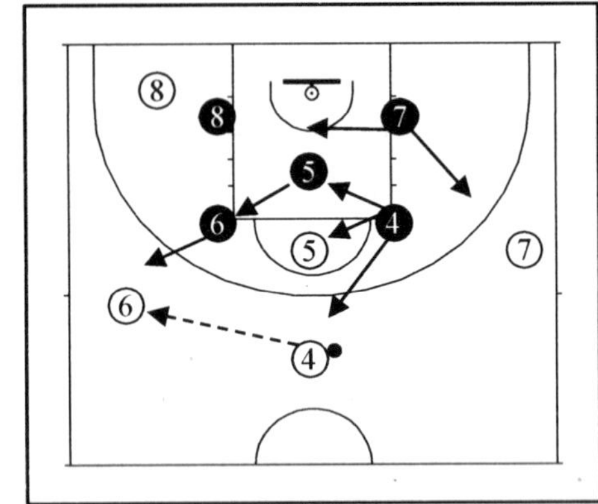

图 4.120

【示例三】球在底角时的防守配合。如图 4.21 所示，当球传给⑧时，❽上去防守⑧，❼迅速跑到底角，与❽配合对⑧进行夹击。❹向下移动防⑤接球，❺向斜后方移动保护篮下，❼向中间移动，防止⑦背插。

【示例四】防守溜底线的配合。如图 4.122 所示，当④将球传给⑦时，⑧溜底线，❽应堵截⑧的移动路线，延误其配合时间，并跟随⑧，不让其接球，并告知❼，等撤回防⑦，❼退回防⑧时，❽再回到原来的防守区域。❺站在⑤的侧后方，防其接球和向篮下空切，❻向下移动，防⑥背插。

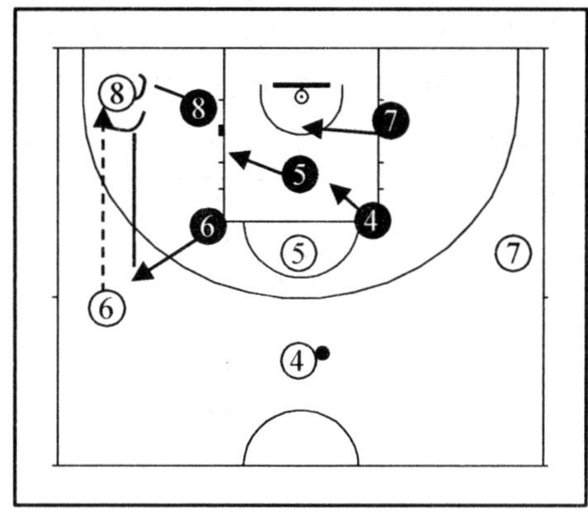

图 4.121

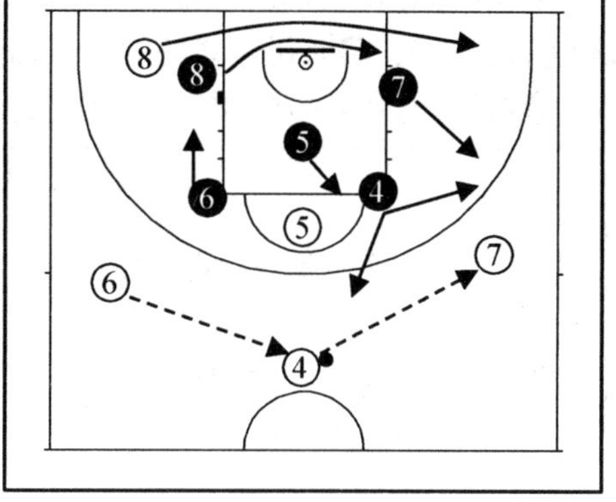

图 4.122

【示例五】防守底线中锋的配合。如图 4.123 所示，当⑦把球传给篮下的中锋时，❹、❺向下移动，与❼协同围守，夹击⑧，❻自罚球区移动防⑤接球，堵截其向下空切，❽防止⑥向罚球区空切。

【示例六】防守策应的配合。如图 4.124 所示，当⑤接球时，❺上去防守⑤的投篮、运球突破，干扰其传球。❹❺协助❺防止⑤，❼防止⑧插入罚球区或溜底线，❽防止⑥向罚球区空切。

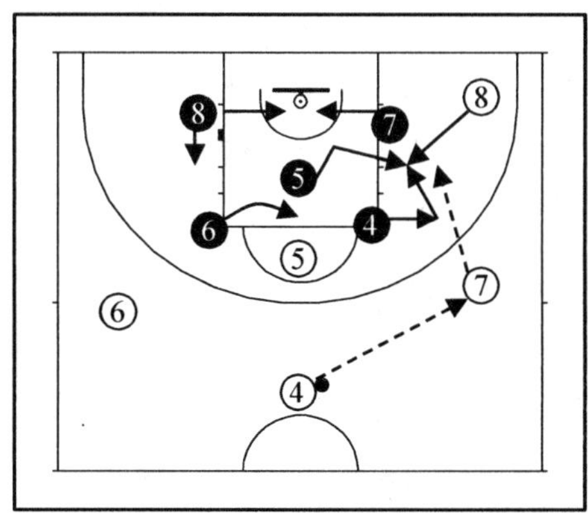

图 4.123

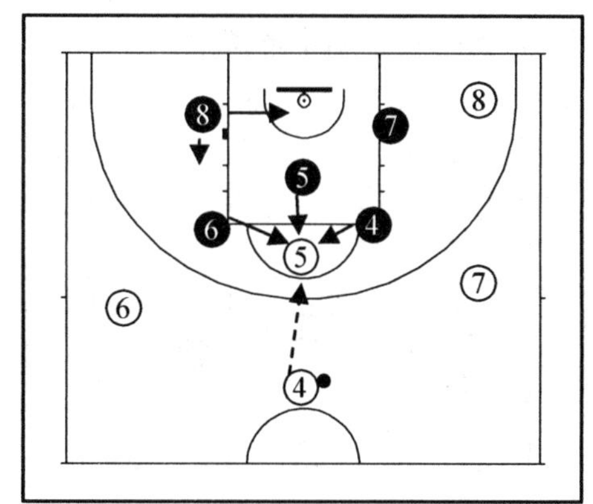

图 4.124

（2）“2—3”区域联防。

如图 4.125 所示，“2—3”区域联防的优点在于加强篮下和底线的防守，有利于抢篮板球。图中的阴影区域则是它的薄弱区域。

“2—3”区域联防各位置的队员应具备的条件应与“2—1—2”区域联防基本相同。

“2—3”区域联防的防守方法示例：

【示例一】球在外围弧顶时的防守配合。如图 4.126 所示，④持球时，突前防守的❻、❼应根据对方的进攻队形和中锋的位置决定两人的防守配合。❻上去防④，❼要向中路移动，协助❻防守，❺、❽、❹防止⑧和⑤插入罚球区。

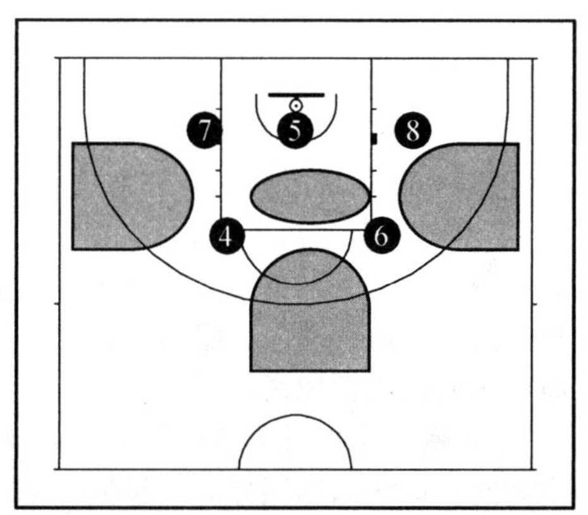

图 4.125

【示例二】球在侧面的防守配合。防守时，应由离球较近的队员上去防守。如图 4.127 所示，❼上去防守⑥，❻向罚球线的中间移动，防止④空切。❺站在⑧的前面，切断⑤与⑧的传球路线，❽站在⑧的侧后方，防止⑥传给⑧的高吊球。❹站在⑤的内侧，防止⑤向罚球区空切。

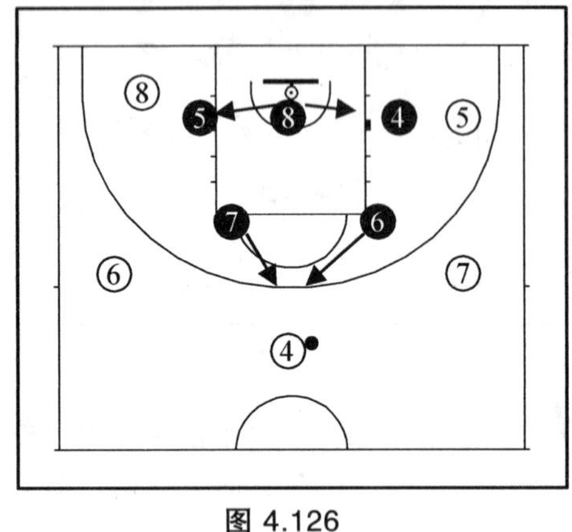

图 4.126

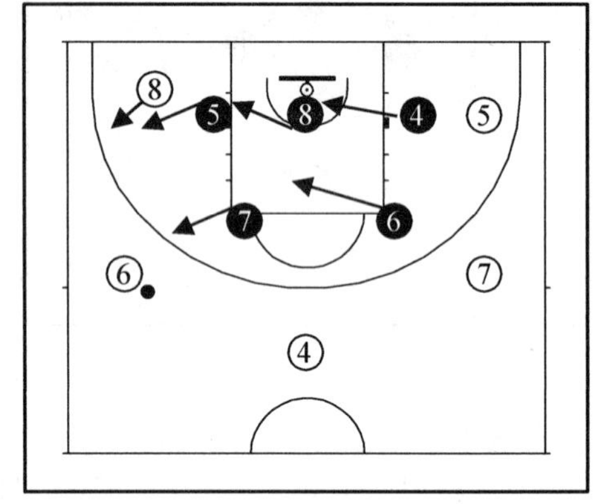

图 4.127

（3）“3—2”区域联防。

“3—2”区域联防见图 4.128。这种防守队形加强了外围防守，有利于防守外围中距离投篮和抢断球后发动快攻。但是，图中阴影区是防守薄弱地，不利于防守两个场角的中距离投篮和篮下进攻，也不利于抢篮板球。

“3—2”区域联防各位置队员应具备的条件：如图 4.129 所示，❼、❽、❻为突前防守的队员，应是快速、灵活、善于抢断球和反击的队员。在篮下两侧的❺、❹应是身材高大、善于在内线防守，并具有抢篮板球和发动快攻的能力。

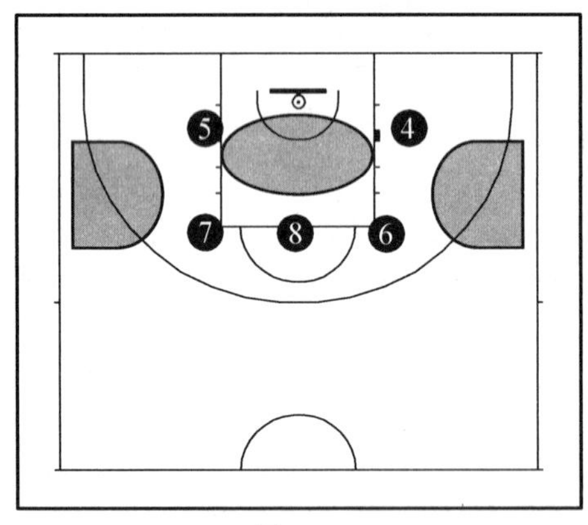

图 4.128

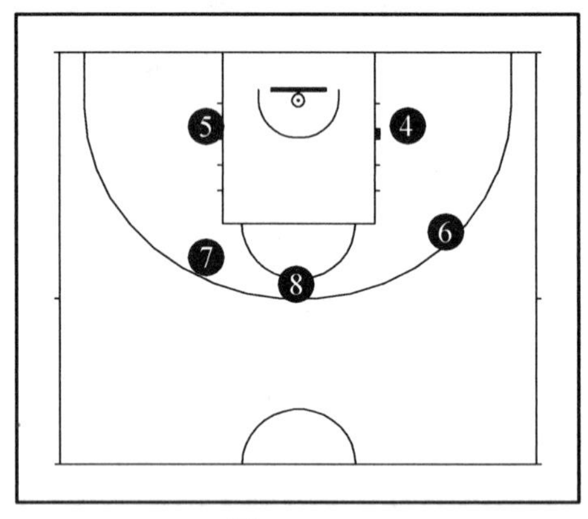

图 4.129

“3—2”区域联防的防守方法示例：

【示例一】球在场角的防守配合。如图 4.130 所示，⑧将球传给场角的⑤，❺上去防⑤，⑧向篮下切入，准备接⑤的回传球，❽应堵截⑧向篮下切入的路线，防止其接球，当⑧未接到球向另一侧移动时，❽则不跟随，迅速退到原来的防区，❼、❽向罚球区移动，❹防止④溜底线或插入罚球区。

【示例二】如图 4.131 所示，④传球给⑥，❻去防⑥，⑥将球传给场角的⑧，❽上去防⑧，当⑧向罚球区运球突破时，❻应迅速向有球一侧移动，与 8 配合进行“关门”防守，❹向下移动防⑥的空切，❼向罚球区移动，防④、⑦的空切，❺防⑤溜底线或向罚球区插入。

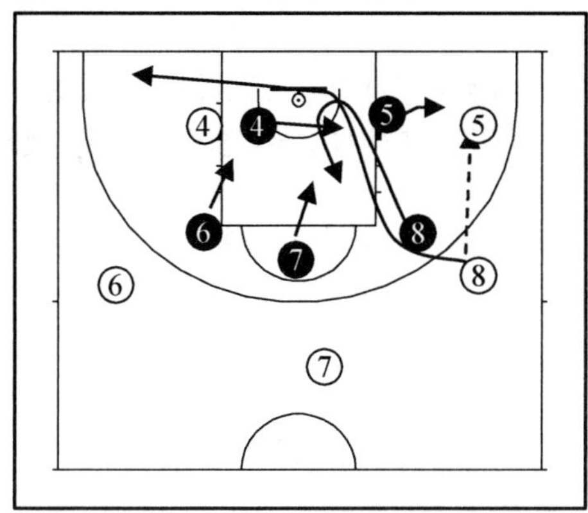

图 4.130

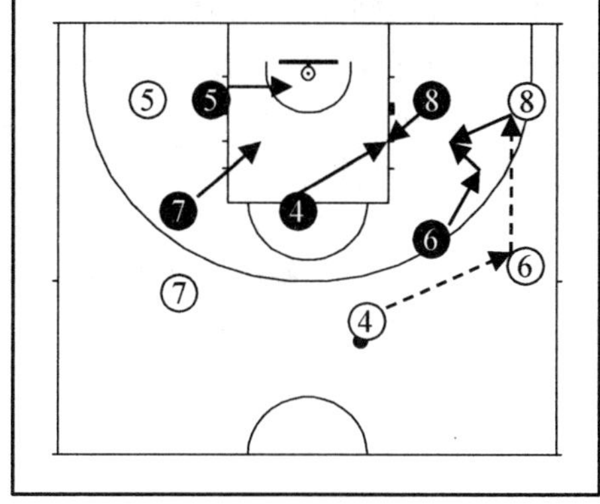

图 4.131

【示例三】如图 4.132 所示，当⑦持球时，❼防⑦，⑤斜插到另一侧场角，准备接⑦的球，进攻队形由“3—2”变为“2—3”队形，在底线造成以多打少时，防守队员❻应堵截⑥的斜插，延误其接球的配合时机。然后，❻、❽、❺按逆时针方向轮转换位，❺防⑥，❽防⑤，❻防⑧，❹向下移动，防止④向篮下空切。

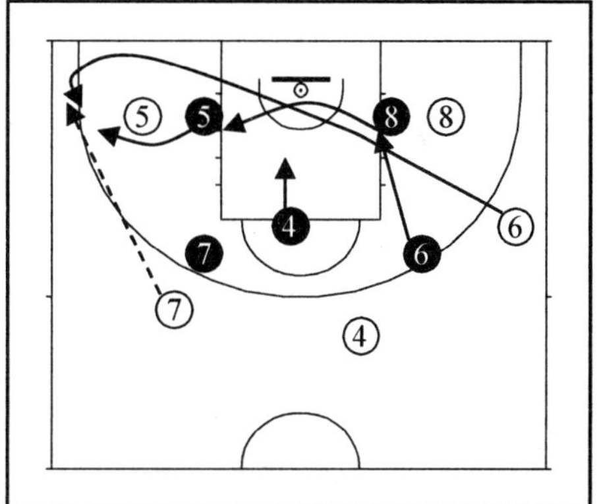

图 4.132

（4）“1—3—1”区域联防。

如图 4.133 所示，这种防守队形加强了正面、罚球区和两侧的防守，有利于分割进攻队员前、后、左、右之间的联系，造成进攻队员之间传接球的困难，有利于防止正面、罚球区和两侧的投篮和抢篮板球发动快攻。但是，图中阴影所示是防守的薄弱区，不利于防守篮下和两个场角的投篮。

“1—3—1”区域联防各位置队员应具备的条件：如图 4.134 所示，在弧顶突前防守的❼活动范围较大，因此，在该区防守的队员应是移动速度快、个人防守能力强、头脑清楚、善于抢断球和快攻反击的队员。在罚球区防守的❽，应是身材高大、技术全面、善于补防和抢篮板球的队员。在底线防守的❹活动范围大，应是移动速度快、善于防守篮下进攻和抢篮板球的队员。在两侧防守的❺、❻应是防守技术全面和善手抢篮板球的队员。

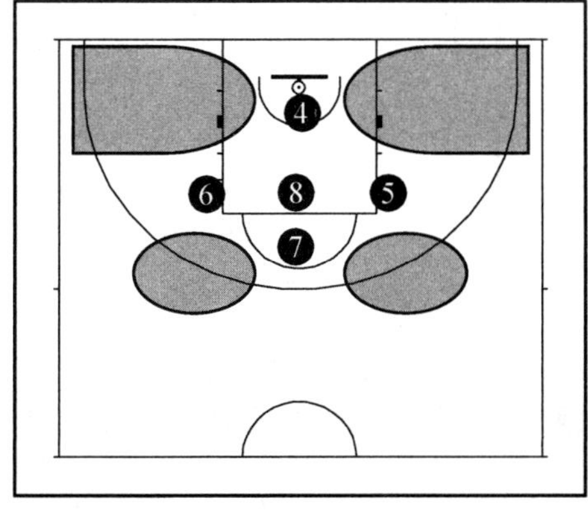

图 4.133

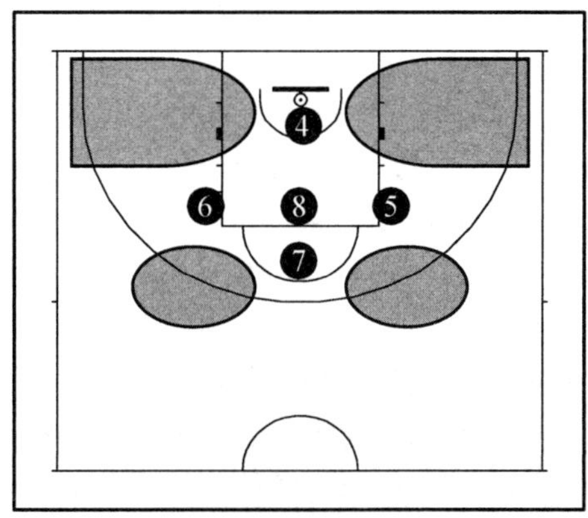

图 4.134

"1—3—1"区域联防的方法示例：

【示例一】如图 4.135 所示，当⑥持球时，❻防⑥，❹向下移动，站在⑤的侧前方，协助❺防守，❺站在⑤的侧后方，切断⑥给⑤的传球路线。不让其接球，❽防⑧溜底线，❼向罚球区移动，防止⑦背插。

【示例二】如图 4.136 所示，⑤接球时，❺防⑤的投篮和运球突破。❹向下移动协助❺防守⑤。当向场角移动时，❼向场角移动防⑦，❽防⑧溜底线，❻防⑥向篮下空切。

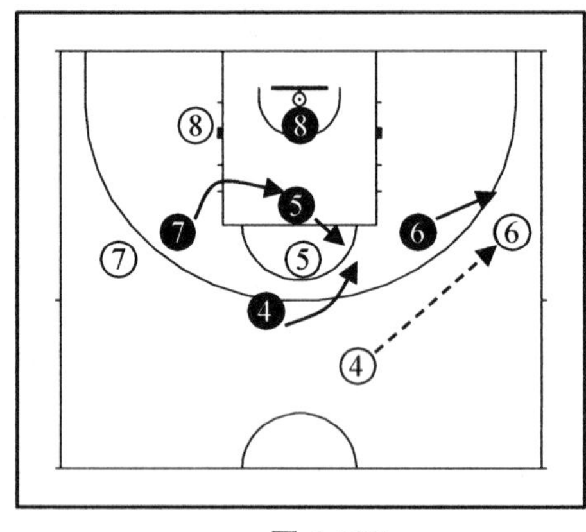

图 4.135

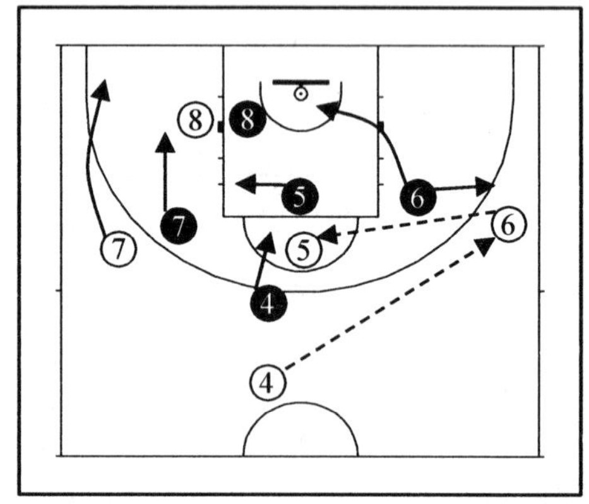

图 4.136

3. 区域联防的队形变化

各种区域联防队形，由于受区域分工的限制，每一种区域联防都存在一定的薄弱地区。在比赛中，进攻队总是采用插空落位的进攻队形，占据区域联防的薄弱地区，以便在局部地区内以多打少，使防守处于被动局面。所以，任何固定队形的区域联防都不能适应当前比赛的要求，随着篮球运动的发展，区域联防逐渐从单一的、固定的防守队形向着综合多变的方向发展，形成"一对一"对位区域联防，它既可以加强防守的针对性，又可以避免对方在薄弱地区内以多打少。

尽管区域联防队形变化有多种多样，但是在实践中经常采用的有以下两种方法。

（1）以中锋为轴轮转换位变化队形的方法。

【示例一】如图 4.137 所示，防守队采用"2—1—2"区域联防时，进攻队采用"1—3—1"进攻队形，占据"2—1—2"区域联防的薄弱区。当进攻队员④持球时，防守队员❹、❻、❼按逆时针方向轮转移动，❹上去防④，❻防⑥，❼防⑦，变"2—1—2"区域联防为"1—3—1"对位区域联防，从而避免防守的薄弱区受到攻击。

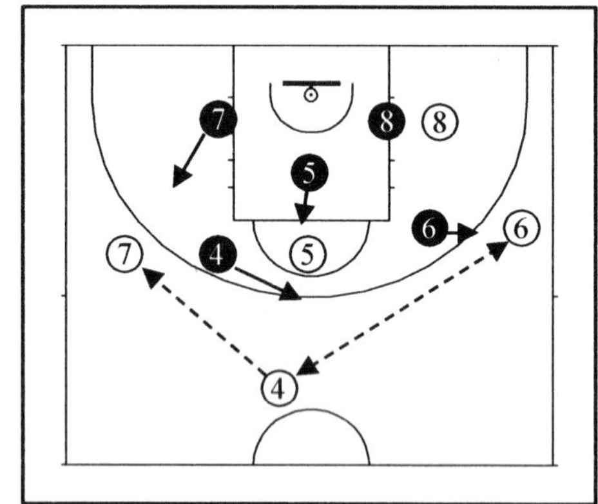

图 4.137

【示例二】如图 4.138 所示，当防守队采用"1—3—1"区域联防时，进攻队采用"2—1—2"进攻队形，占据防守的薄弱区，防守队❹、❻、❼按顺时针方向移动，变"1—3—1"区域联防为"2—1—2"对位区域联防。

（2）防守队员上、下移动变化队形的方法。

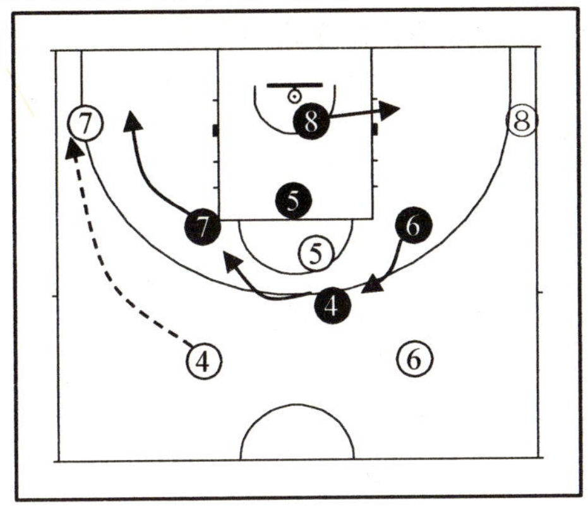

图 4.138

【示例一】如图 4.139 所示，防守队采用“2—3”区域联防时，进攻队采用“3—2”进攻队形，占据防守的薄弱区，防守队员❽向上移动防⑥，变“2—3”区域联防为“3—2”对位区域联防。

【示例二】如图 4.140 所示，防守队采用“1—3—1”区域联防时，进攻队采用“1—2—2”队形，占据防守的薄弱区，防守队员❺向下移动防⑤，变“1—3—1”为“1—2—2”对位区域联防。

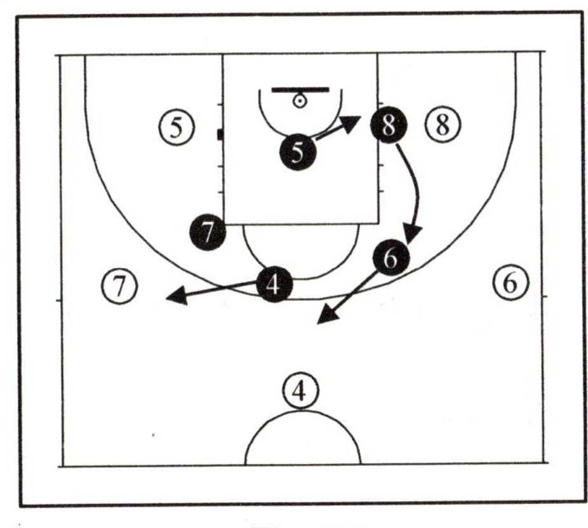

图 4.139

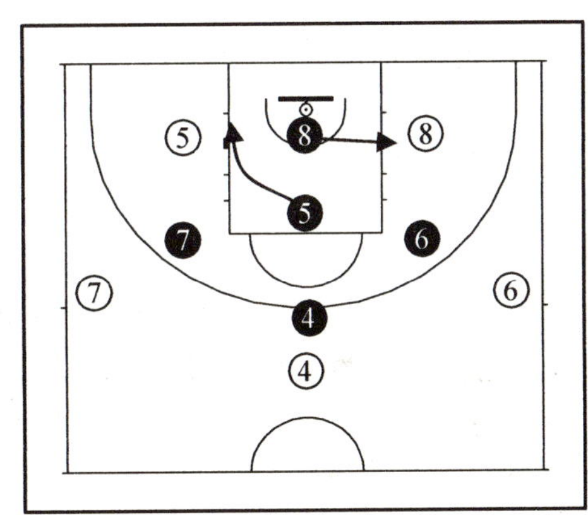

图 4.140

（二）区域联防的原则

（1）根据双方队员的身高和技术特长，合理地采用区域联防的队形，分配队员的防守区域，把快速灵活、善于抢断球、反击快的队员分配在外线防守区域，把身材高大、补防意识强、善于抢篮板球的队员分配在内线防守区域。

（2）在分工负责防守区域的基础上，5 个队员必须协同一致，积极随球移动，加强对有球一侧的防守，兼顾远球侧，以防球为主，人球兼顾。根据情况，队员可以换区、越位防守。

（3）防守持球队员，按照人盯人防守的要求，积极地防守对手的投篮、传球和运球，严防从底线运球突破。

（4）防守无球队员，应在严防其进入罚球区或篮下有威胁的区域内接球。同时，还要协助同伴进行“关门”、夹击、补位等防守配合，对离球远的进攻队员要防守其背插、溜底线，还要协助防守篮下有直接威胁的进攻队员。

（5）当进攻队员采用频繁穿插移动，改变进攻队形时，应针对进攻队形，改变防守队形。

（三）区域联防的运用

1. 区域联防的运用时机

（1）对方外围中、远距离投篮不准，而内线威胁较大时；
（2）对方频繁地采用穿插移动和运球突破，本队个人防守技术较差或犯规较多时；
（3）为了使对方不适应，有策略地改变防守战术时；
（4）为了加强组织抢篮板球和发动快攻时。

2. 运用区域联防时应注意的问题

（1）由进攻转入防守时，防守队员应立即在前场干扰对方的传接球，控制对方的进攻速度，制约其发动快攻后，迅速退回后场，站好区域联防队形。

（2）应针对进攻队形，采用相应的防守队形，避免进攻队在局部区内以多打少。

（3）在各个防守区域之间，防守队员要相互呼应，协同防守，避免在两防守队员之间，由于职责不清而产生防守漏洞。

（四）区域联防的教学与训练

1. 教学建议

（1）教学训练中，应以“2—1—2”区域联防为主要学习内容。在掌握“2—1—2”区域联防的基础上，再训练其他区域联防形式。

（2）在进行讲解示范时，首先要讲清楚区域联防的队形和战术配合方法的完整概念。

（3）为了便于队员学习区域联防，应将区域联防战术的主要配合方法进行分解教学，提高队员之间的相互配合以及运用技术的能力。

（4）在全队练习时，首先练随球移动的防守，然后练随进攻队员移动的防守，最后练随球和进攻队员同时移动的防守。先在消极进攻的条件下，后在积极进攻的条件下进行练习。

（5）在掌握区域联防战术之后，应在全场进行练习，把区域联防与篮板球快攻结合起来，把进攻转入防守结合起来进行练习。

（6）在熟练地掌握一种区域联防战术队形的基础上，学习区域联防的队形变化。

（7）通过比赛巩固和提高区域联防战术质量。

2. 区域联防的练习方法

（1）一防二随球移动的防守练习。

如图 4.141 所示，④与⑤在外围，相互传接球，❹防持球者。④将球传给⑤，当球离手时，❹快速移动去防⑤。开始练习时，④和❺传接球可稍慢些，并结合瞄篮、运球突破动作。然后，再逐步加快速度。

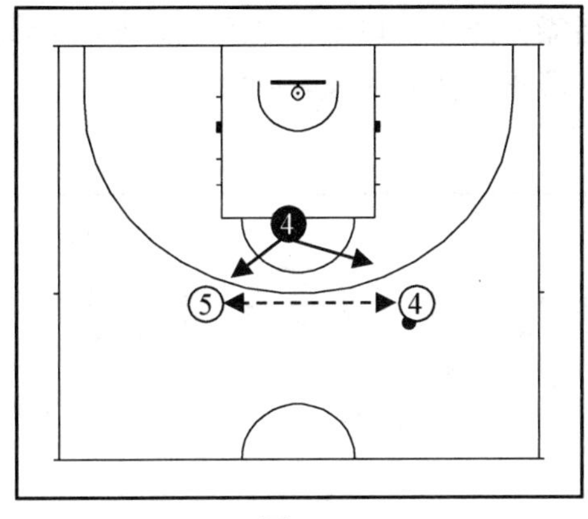

图 4.141

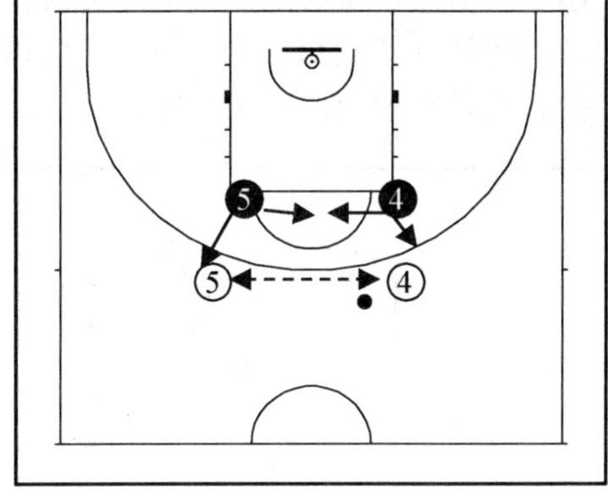

图 4.142

（2）二防二的移动补位练习。

如图 4.142 所示，④、⑤在外围相互传接球，若④持球，❹去防④，❺稍向持球方向移动，协同❹进行防守；若④传球给⑤，❺则上去防⑤，❹稍向持球的方向移动，协助❺进行防守。④、⑤可在相互传接中，寻找机会进行运球突破，❹、❺进行“关门”补位的防守练习。

（3）二防三的移动补位练习。

如图 4.143 所示，④、⑤、⑥在外围传接球，防守队员❺与❹积极移动进行防守补位，⑥持球时，❹上去防守⑥，❺向中间移动，防守④和⑤. 当⑤持球时，❺上去防⑤，❹向中间移动，防④、⑥。

（4）三对三底角夹击的防守练习。

如图 4.144 所示，当⑥传球给⑧时，❽立即上去防⑧投篮或从底线运球突破。与此同时，❻迅速向下移动，与❽配合对⑧进行“夹击”防守，❹向后撤，准备防守⑥和④。

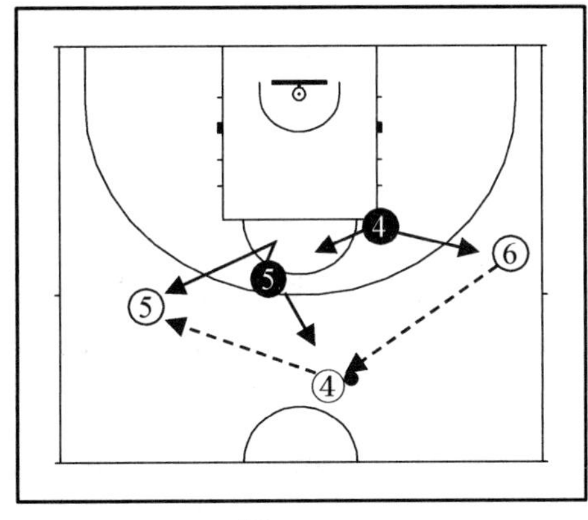

图 4.143

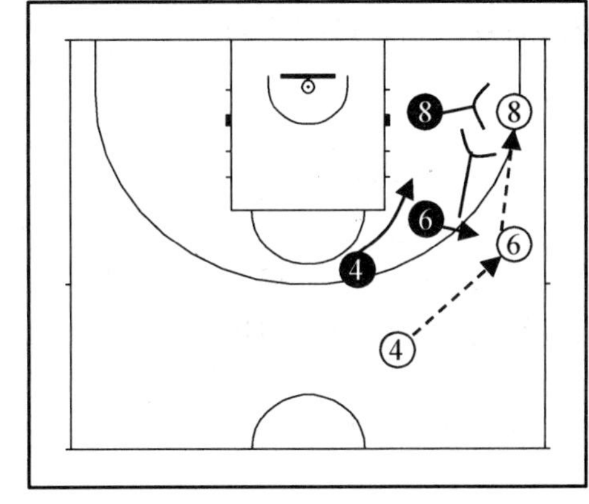

图 4.144

（5）三对三围守中锋练习。

如图 4.145 所示，当④持球时，❹上去防④，❽在⑧的右侧防守，❻后撤于⑧后面的左侧，协助❽防守⑧；当④把球传给⑥时，❻上前防守⑥，❽立即移向⑧的左侧，❹后撤帮助防守⑧。

（6）四对五防守溜底线和背向切入的练习。

如图 4.146 所示，进攻队员相互传球，⑤持球时，在左侧底角的❽应向持球的方向移动，同时，注意防止⑧溜底线或向罚球区切入。❹应向罚球区移动，防止④背插和⑦空切。⑥持球时，❻上去防⑥投篮和从底线运球突破，❺向后撤，防止⑤切入，并协助❻防守，❹向罚球区移动，防④、⑦空切，❽向持球方向移动，并严密防守⑧溜底线或向罚球区切入。⑧或④持球时，也采用相同的方法防守。

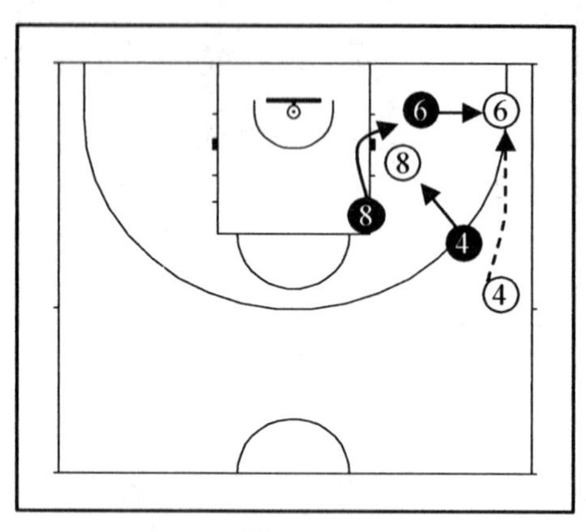

图 4.145

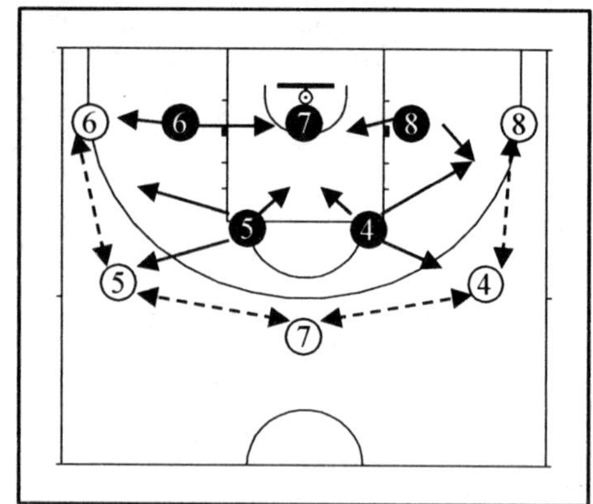

图 4.146

（7）五对五半场攻守练习。

开始时，可对进攻队员提出一定的限制条件。如进攻队员只在外围传球，防守队员练习随球移动，选择合理的防守位置之后，可进一步增加进攻队在进行传球给内线和背插溜底线的进攻移动，防守队员练习干扰进攻队员回传接球，堵截进攻队员的移动路线，调整防守位置，最后在不加限制的情况下进行攻守练习。

（8）全场攻守转换练习。

在半场或全场五对五练习中，防守队获球时，进攻队立即发动快攻；进攻队进攻结束时，立即由攻转守，积极地干扰对方的传接球和运球突破，控制对方的速度，制约其发动快攻，迅速退回后场，站好区域联防队形。

二、进攻区域联防

进攻区域联防是在了解和掌握区域联防的特点和规律，针对其薄弱环节，结合本队具体情况所组织的具有针对性的进攻战术。

（一）进攻区域联防的方法

1. 进攻区域联防的方法分类

进攻区域联防常用的阵形有："1—3—1""2—1—2""1—2—2""2—2—1"等。

（1）"1—3—1"进攻方法。

这种队形，队员分布面广，攻击点多，便于内外联系，左右配合，有利于组织抢篮板球和保持攻守平衡。以进攻"2—1—2"区域联防为例。如图 4.147 所

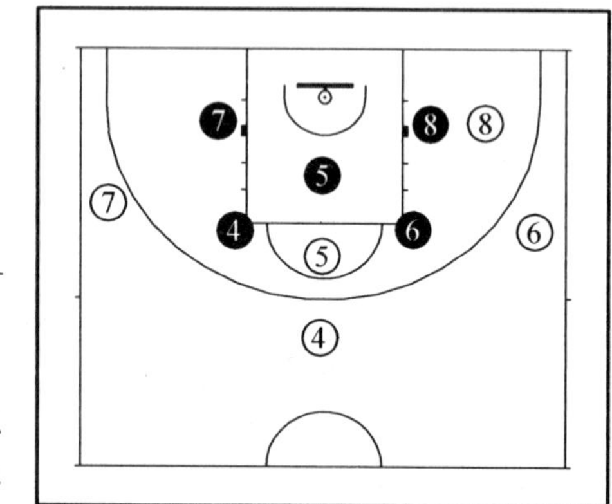

图 4.147

示，④、⑤、⑥、⑦占据“2—1—2”区域联防的薄弱区，在进攻的正面和两侧形成以多打少的有利局面。

各个位置的进攻队员应具备的条件：④、⑥应是头脑清楚、战术意识强、技术意识强、技术全面、善于巧妙传球和中距离投篮的队员，⑤应是善于在罚球线附近进行策应和转身跳起投篮的队员，⑦应是具有准确的中距离投篮、切入篮下得分和冲抢篮板球能力的队员，⑧应是具有篮下进攻和抢篮板球能力较强的队员。

进攻方法示例：

【示例一】如图 4.148 所示，④、⑤、⑥、⑦相互传球，调动防守，使对方❹、❻不能及时地防守，④、⑥、⑦抓住机会果断地进行中距离投篮。

【示例二】如图 4.149 所示，进攻队员④、⑦相互传球吸引❻、❼上来防守⑦；④将球传给⑤，⑤接球后，转身做投篮动作；与此同时，⑧溜底线，⑥向场底角移动，在右侧底线形成以多打少的有利局面。⑤根据防守情况，将球传给溜底线的⑧或⑥投篮。

图 4.148

图 4.149

【示例三】如图 4.150 所示，⑤接球后做投篮动作。与此同时，⑧做掩护，挡住❽，⑥向场角移动接⑤的球，⑥接球后进行中距离投篮。如❽挤过防⑥投篮，⑥将球传给篮下的⑧投篮。

【示例四】如图 4.151 所示，④、⑦传接球吸引防守，然后④把球传给⑥，⑥做投篮动作吸引❽上来防守，拉空底线，⑤向篮下切入，⑦同时向罚球区背插，⑥根据情况将球传给⑤或⑦投篮。

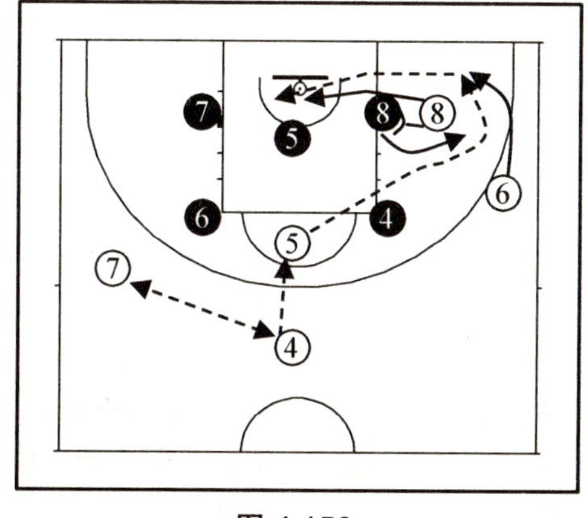

图 4.150

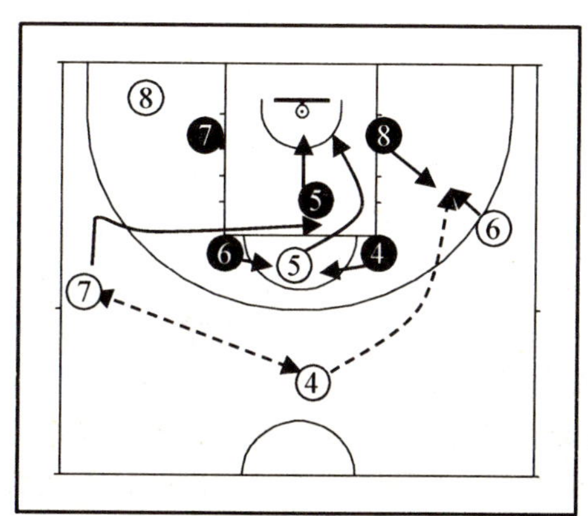

图 4.151

【示例五】如图 4.152 所示，⑥接球后做投篮动作吸引❽上来防守，拉空底线，⑦斜插篮下接⑥的传球投篮；若没有进攻机会，⑦向场角移动接⑥的球，⑤乘机向篮下切入，拉空罚球区，⑧向罚球区横切，⑦根据❽、❺的防守情况，决定自己投篮或是传球给⑤或⑥投篮。

【示例六】如图 4.153 所示，⑥持球做投篮动作吸引❽上来防守，⑥迅速从底线运球突破准备投篮；当❼上来补防时，⑧向罚球区插入，⑦向底线移动，⑥根据情况将球传给⑧或⑦投篮。

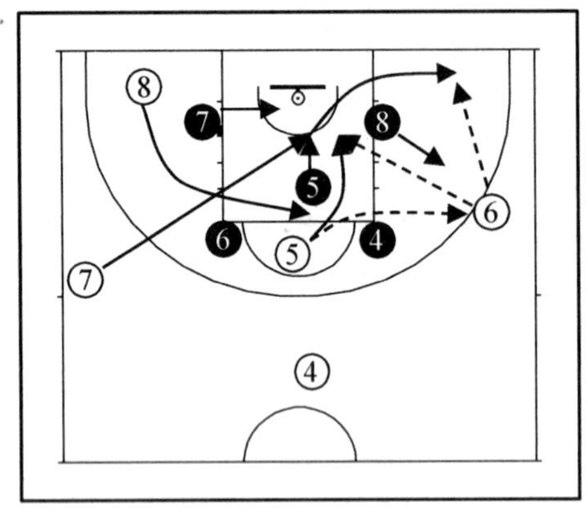

图 4.152

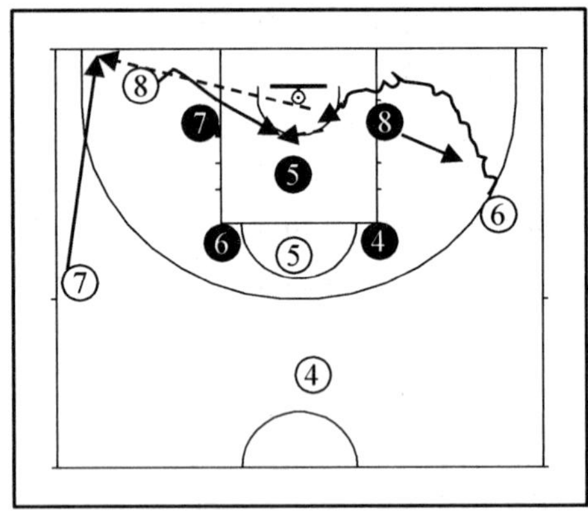

图 4.153

（2）“1—2—2”进攻方法。

以进攻“2—3”区域联防为例。如图 4.154 所示，④、⑥、⑦占据防守的薄弱区，形成以多打少的有利局面。进攻队员④应具备头脑清楚、战术意识强、技术全面、善于进行巧妙传球和准确的中距离投篮的能力，⑥、⑦应是优秀的投篮手。⑧、⑤应是篮下进攻和抢篮板球的能手。

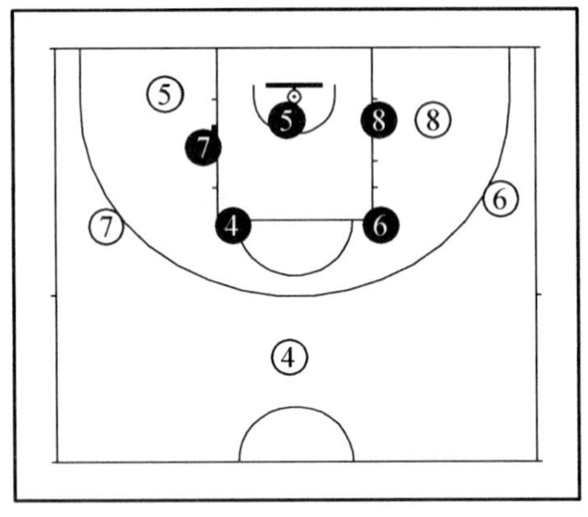

图 4.154

进攻方法示例：

【示例一】如图 4.155 所示，④、⑥相互传球吸引❹、❻上来防守，⑧插至罚球线附近准备接球，把防守队员❺吸引上来，拉空底线；④突然将球传给⑦，⑦接球做投篮动作，吸引❼上来防守，形成⑦与⑤进攻❼的有利局面；⑦根据❼的防守情况，进行中距离投篮，或传球给篮下的⑤投篮。

【示例二】如图 4.156 所示，④与⑥相互传球，吸引❹、❻上来防守，④突然将球传给⑦，❼上来防守⑦，❺防⑤；与此同时，⑥从背向插入罚球区，形成⑦、⑤、⑥进攻❼、❽的以多打少的有利局面，⑦根据防守情况进行投篮或传给⑤或⑥投篮。

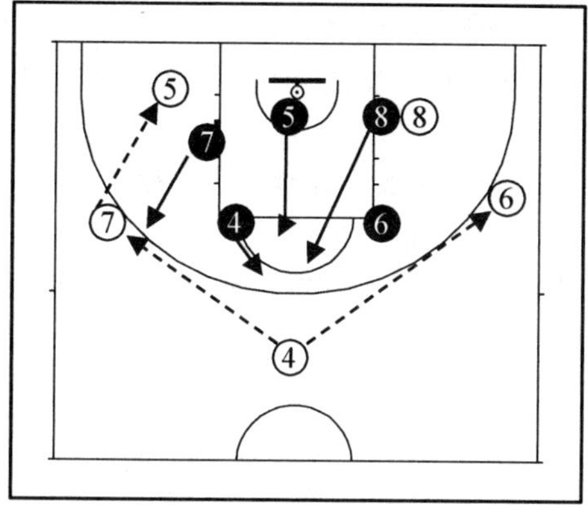

图 4.155

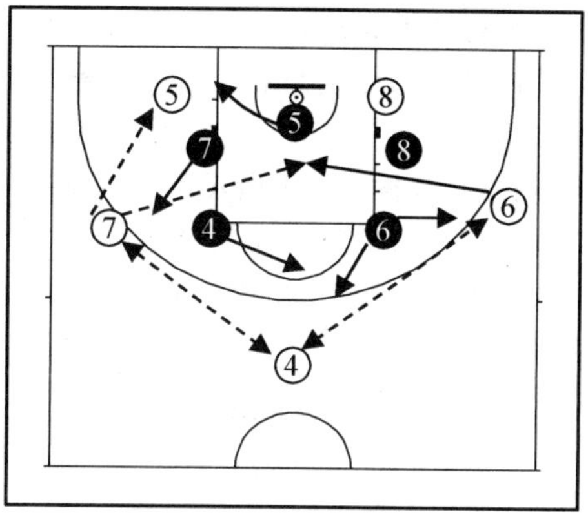

图 4.156

【示例三】如图 4.157 所示，④与⑥相互传球，吸引❹、❻上来防守。当④持球时，⑧插至罚球线附近准备接球，吸引❺上来防守；④突然将球传给⑥，吸引❽上来防守，拉空底线；与此同时，⑤溜底线，⑥根据❽的防守情况进行中距离投篮或传给篮下的⑤投篮。

【示例四】如图 4.158 所示，④和⑥互相传球。当⑥持球时，防守队员集中在右侧防守；⑥突然采用横传球，将球传给左侧的⑦，⑦做投篮动作吸引❼上来防守，拉空底线；⑤向篮下空切，形成⑦、⑤进攻❼的以多打少的有利局面。⑦根据❼的情况，进行中距离投篮或传球给切入篮下的⑤投篮。

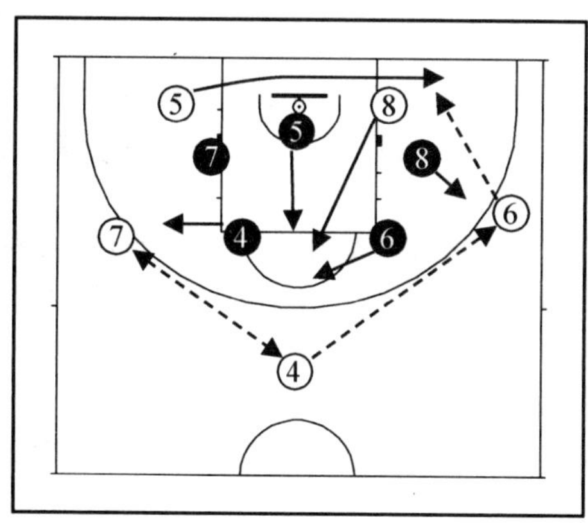

图 4.157

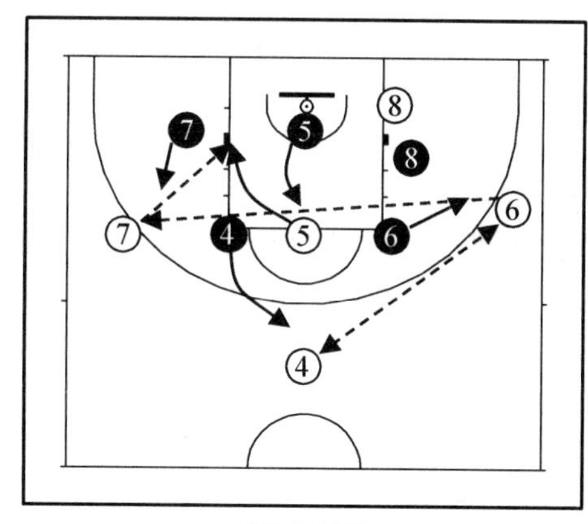

图 4.158

（3）2—2—1 进攻方法。

以攻“3—2”区域联防为例。如图 4.159 所示，进攻队员④、⑤、⑥，⑦占据“3—2”区域域联防的薄弱区，在正面和侧面形成以多打少的有利局面。进攻队员④、⑦应具备头脑清醒、战术意识强和传球熟练的特点，⑤、⑥应具有准确的中距离投篮和空切篮下进攻的能力，⑧应具有篮下进攻和抢篮板球能力。

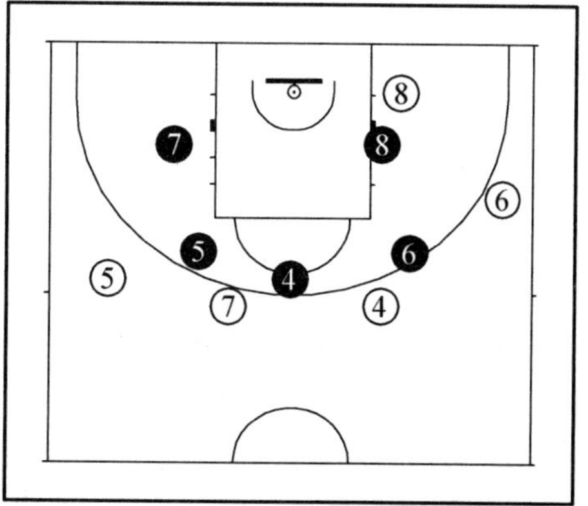

图 4.159

进攻方法示例：

【示例一】如图 4.160 所示，④、⑦、⑤在左侧相互传球吸引防守，⑧为⑥作掩护的同时，④突然将球传给⑥；当❽挤上来防守⑥时，⑧转身在篮下要球。当❼向右侧移动补防时，⑤从背向插入罚球区，在篮下形成⑤、⑥、⑧进攻❼、❽的有利局面。⑥根据防守情况进行投篮或传球给⑧或⑤投篮。

【示例二】如图 4.161 所示，进攻队员④、⑤、⑦相互传球吸引❹、❻、❼，上来防守；当⑤持球时，⑧移动到场角接球，⑤与⑧进行传切配合进攻❽，形成二打一的有利局面；当⑤切入篮下未接到球而移动到另一侧时，⑥从背向插入罚球区。⑧根据防守情况，进行投篮或传球给⑤或⑥投篮。

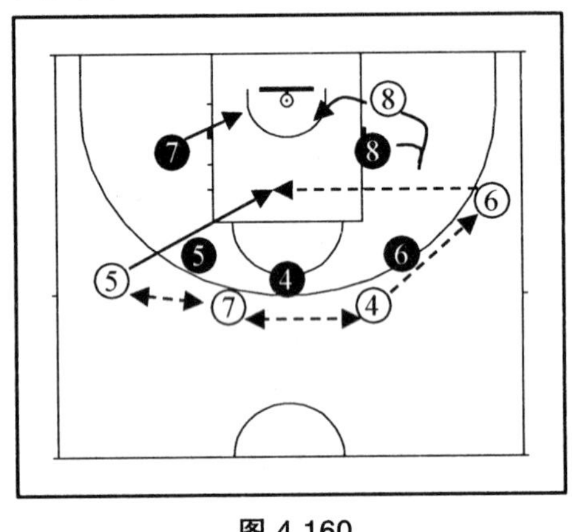

图 4.160　　图 4.161

【示例三】如图 4.162 所示，④、⑦、⑤相互传球吸引防守。当⑤持球时，⑧移动到场角接⑤的球，⑧接球后做投篮动作，吸引❺上来防守，然后从底线运球突破准备投篮，❽上来补位封投篮。与此同时，⑥向底线移动，④从中间切入篮下。⑧根据防守情况，将球传给⑥或④投篮。

（4）“2—1—2”进攻方法。

以进攻“1—3—1”区域联防为例。如图 4.163 所示，进攻队采用两个后卫组织进攻的“2—1—2”队形，占据防守的薄弱地区，形成以多打少的有利局面。进攻队员④、⑥应是头脑清醒、战术意识强，具有巧妙传球能力的队员，⑤应是在罚球线附近具有跳授和策应传球能力的队员，⑦和⑧应是准确的中距离投篮手和善于抢篮板球的队员。

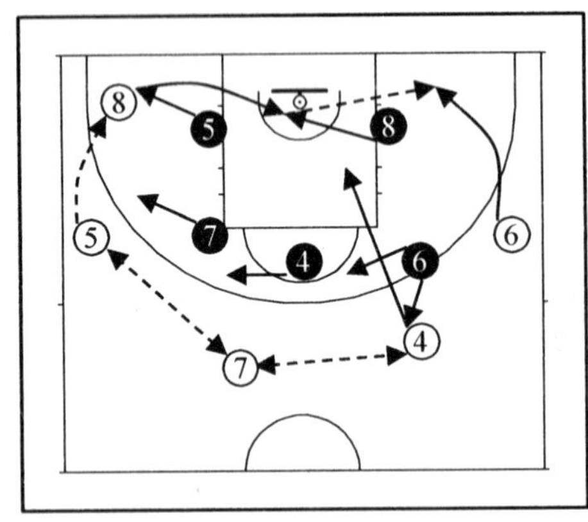

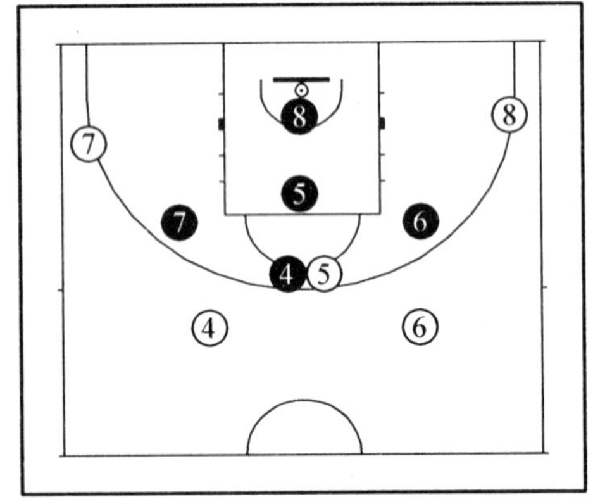

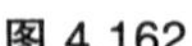

图 4.162　　图 4.163

进攻方法示例：

【示例一】如图 4.164 所示，进攻队员④、⑥相互传球，⑥传球给⑤吸引❹、❺、❻、❼

的防守。⑤突然将球传给两侧场角的⑦、⑧，形成以多打少的有利局面。若⑧接球投篮，⑦、⑤冲抢篮板球。

【示例二】如图 4.165 所示，④、⑥相互传球，吸引防守。当❹上来防⑥时，④将球传给⑤，⑤接球后转身投篮。若❺上来防守，⑤将球传给底线的⑦，⑦接球后投篮。若❽上来防守，⑤迅速切入篮下，准备接球进攻。与此同时，⑧插入罚球区，⑦根据防守情况，将球传给⑤或⑧投篮。

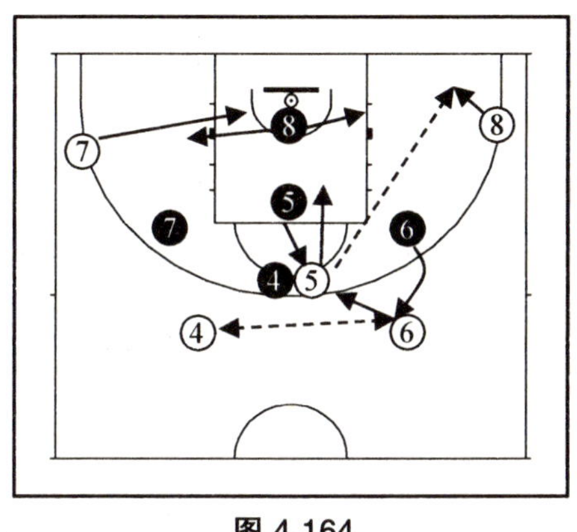

图 4.164

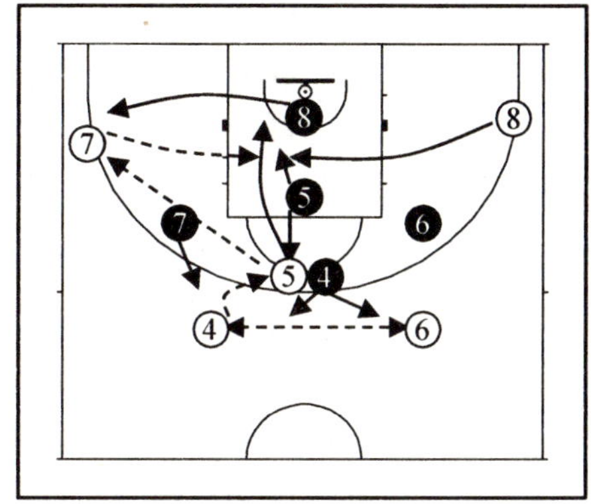

图 4.165

2. 进攻区域联防的队形变化

进攻区域联防的队形是针对区域联防队形而采用插空的站位，占据防守的薄弱地区，而区域联防则总是企图采用与进攻对位的区域联防队形，从而避免防守的薄弱地区。随着篮球运动的发展，进攻区域联防队形逐渐从单一的、固定的向着综合多变的方向发展。在比赛中针对防守队形的变化而变化，力争在区域联防的局部地区内，形成以多打少的有利局面，创造进攻机会。

进攻区域联防队形变化有多种多样，常用的有两种：

（1）以中锋为轴轮转换位变化队形的方法。

以“1—3—1”队形进攻“1—3—1”区域联防为例。如图 4.166 所示，进攻队以中锋为轴按顺时针方向轮转换位，变“1—3—1”队形为“2—1—2”队形，占据“1—3—1”区域联防的薄弱区，形成以多打少的有利局面。

（2）进攻队员上、下移动变换队形进攻方法。

进攻队采用“1—2—2”进攻队形，防守队也采用“1—2—2”防守队形。如图 4.167 所

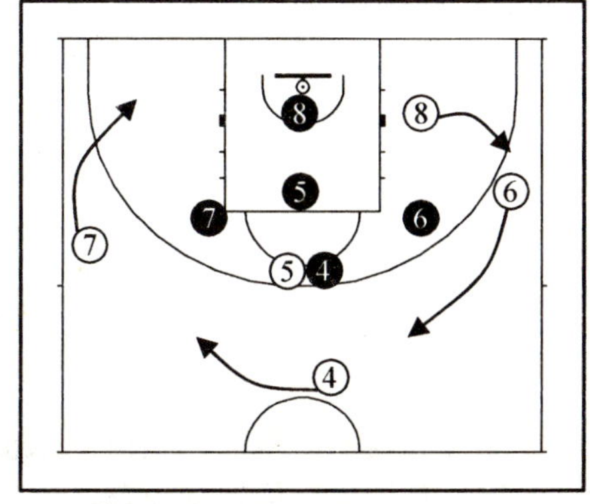

图 4.166

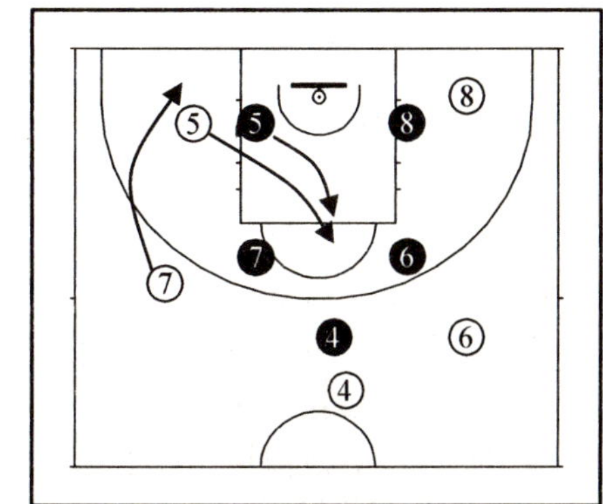

图 4.167

示，进攻队员⑤向罚球线移动，占据罚球线附近的薄弱区。当❺向上移动防⑤时，前锋⑦向底线移动，占据防守的薄弱区，形成以多打少的有利局面。

（二）进攻区域联防的原则

（1）进攻区域联防的有效方法之一就是快攻。进攻队争取在对方尚未退回后场组织好防守队形之前，积极发动快攻。

（2）当防守已经组织好区域联防队形时，进攻队应针对防守队形，采用插空站位的进攻队形，组织对薄弱地区的进攻。

（3）进攻区域联防时，应该耐心地运用快速的传接球和积极的穿插移动，打乱对方的防守，应充分运用传切、策应、溜底线、背插、掩护和突分等配合方法，内外结合地攻击以创造进攻机会。

（4）准确的中远距离投篮是进攻区域联防的重要手段。进攻队员应该利用两个防区的空隙果断地进行投篮。

（5）进攻区域联防时，要随时准备抢占有利位置，积极抢篮板球，争取二次投篮机会。同时，还要注意保持攻守平衡的队形。当投篮未中，又没有抢篮板球时，应随时准备退守。

（三）进攻区域联防战术的教学与训练

1. 教学建议

（1）在教学中应选择“1—3—1”队形的进攻方法为重点训练方法。

（2）首先讲解清楚攻守联防的完整战术方法、落位队形、移动路线、攻击机会、战术变化，以及如何组织抢篮板球和攻守平衡，使队员获得完整的战术概念。

（3）为了便于掌握进攻区域联防战术，应将进攻区域联防战术中的主要配合进行分解练习，在配合中提高队员灵活运用技术的能力，在以多打少的情况下，掌握进攻时机。

（4）在全队练习时，先练习运用传接球调动防守，创造以多打少的机会；再练习穿插移动；最后练习传接球与穿插移动的配合。先在消极防守条件下，后在积极防守条件下进行练习。

（5）在掌握进攻区域联防之后，应把快攻与阵地进攻结合起来进行全场练习，使队员能迅速地站好进攻队形，有步骤地发动进攻。

（6）在熟练掌握一种进攻区域联防战术方法的基础上，学习进攻区域联防的战术变化，通过比赛巩固和提高进攻区域联防的战术质量。

2. 进攻区域联防战术练习方法

（1）三对二正面传接球的练习。

如图 4.168 所示，⑦、⑥、⑧利用传球滑动防守，掌握投篮机会。

（2）四对三策应传接球练习。

如图 4.169 所示，进攻队员④、⑤、⑦和④、⑤、⑥形成两个三角形，互相传球通过⑤策应进行里外、左右的传接球，在防守队员的干扰情况下，掌握策应传接球配合。

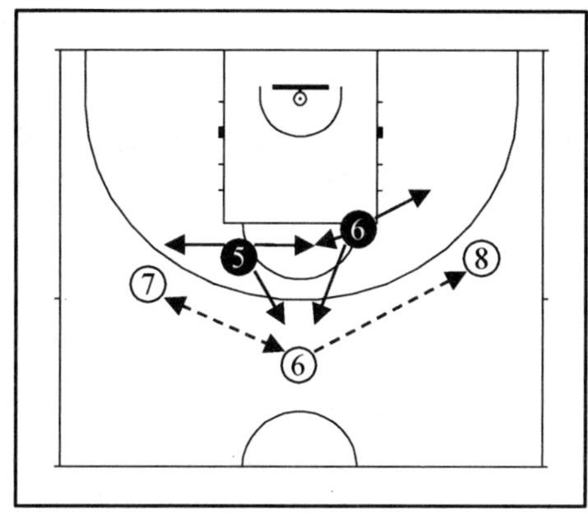

图 4.168

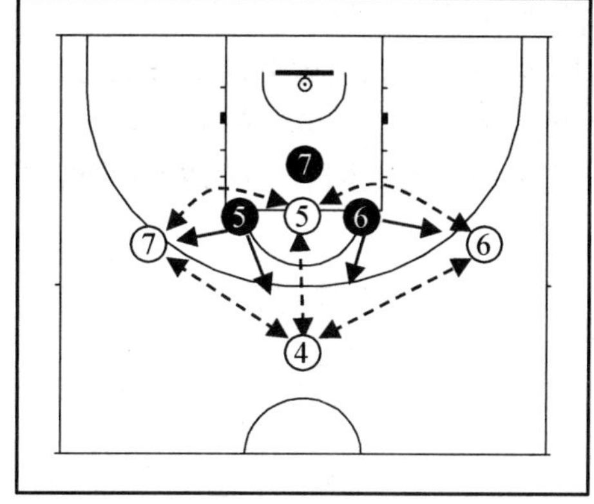

图 4.169

（3）四对三纵切与背插的配合练习。

如图 4.170 所示，④、⑦相互传球，然后把球传给⑤，吸引防守队员❺、❼、❻上来防守；⑤将球传给⑥，⑤立即向篮下空切，拉空罚球线位置，⑦从背向插入罚球线附近。⑥根据防守情况，将球传给⑤或⑦投篮。

（4）四对三中锋策应与溜底线、插角的配合练习。

如图 4.171 所示，④、⑥相互传球调动防守，⑤接球后转身做投篮动作，⑦溜底线，⑥插向场角。⑤根据❼防守情况，将球传给⑦或⑥投篮。

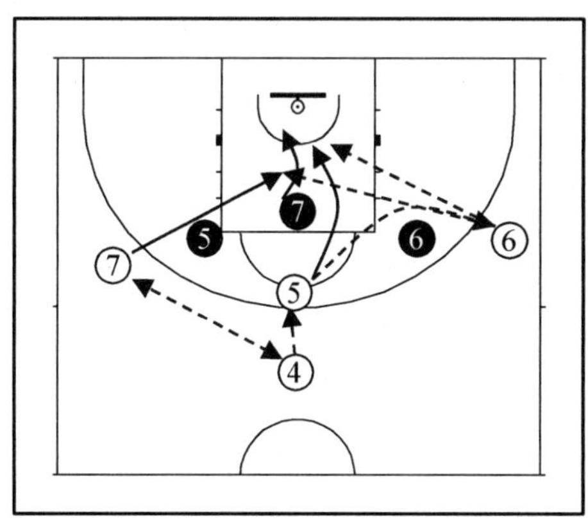

图 4.170

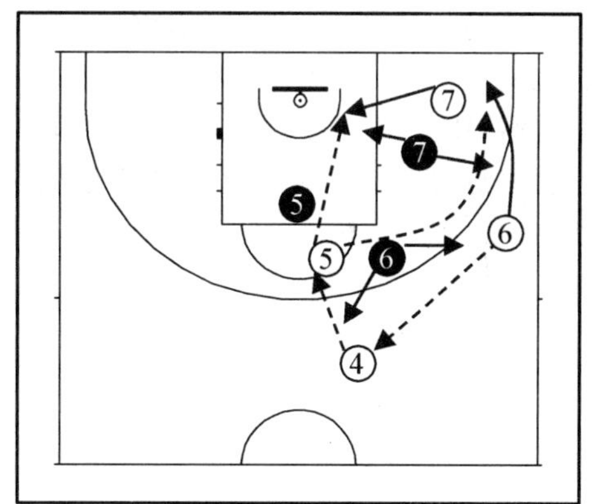

图 4.171

（5）五对五传切与背插配合练习。

如图 4.172 所示，进攻队员④、⑦、⑤相互传球，吸引防守队员。⑤将球传给⑧后，切入篮下，⑥从背向插入罚球区。⑧根据❽的防守情况，将球传给⑤或⑥投篮。

（6）四对三策应，掩护配合练习。

如图 4.173 所示，进攻队员④把球传给⑤，⑤接球转身做投篮动作，⑦挡❼。与此同时，⑥向底线移动，接⑤的球后做投篮动作。⑥根据❼的防守情况，如❼被挡住，⑥就进行中距离投篮，如❼挤过防守⑥，⑥

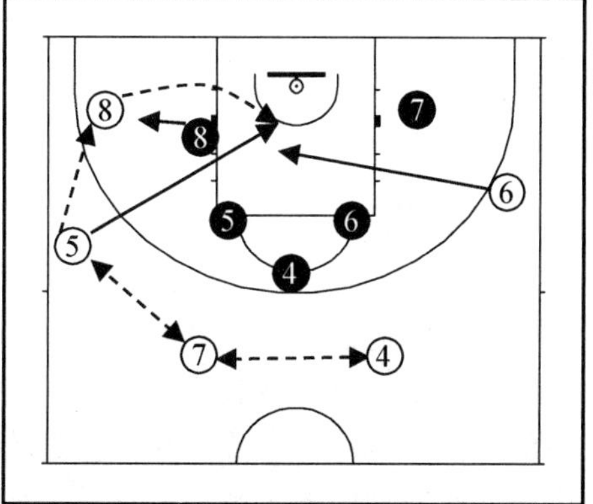

图 4.172

将球传给篮下的⑦投篮。

（7）四对四运球突破分球配合练习。

如图 4.174 所示，⑤、⑥相互传球。当⑥持球时，❻上前防⑥，⑥从底线运球突破准备投篮，❺补防。与此同时，⑦插入罚球区，⑤切向底线。⑥根据❼的防守情况，进行投篮或将球传给⑧或⑦投篮。

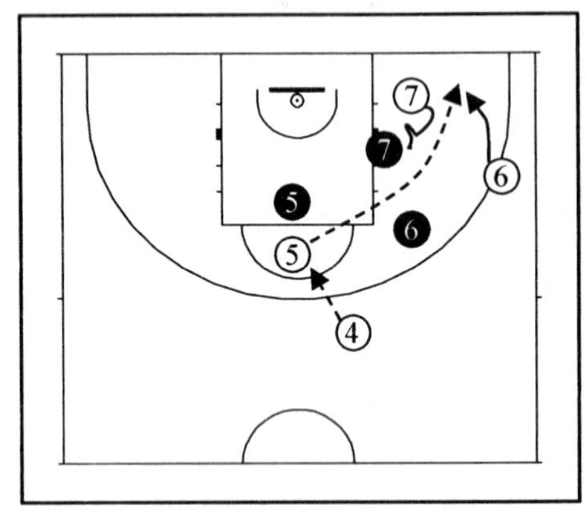

图 4.173

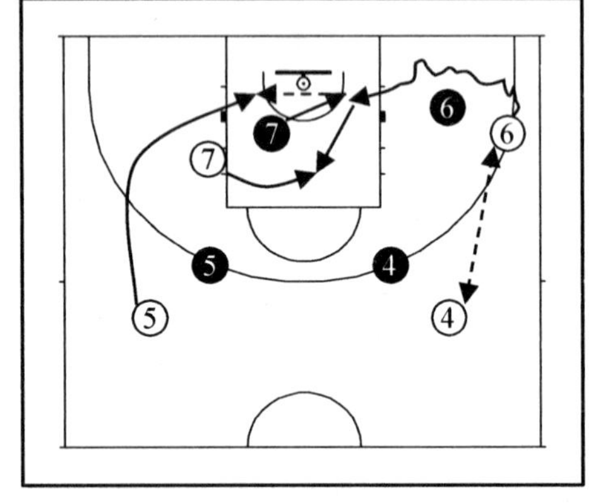

图 4.174

（8）五对五半场进攻区域联防练习。

在一般防守的条件下，进攻队按照战术队形和配合方法，运用传接球和穿插移动，调动防守，在局部区域内，创造以多打少的进攻机会。主要目的是熟悉进攻配合方法，掌握投篮时机，暂不要求投篮。在积极防守的条件下，要使进攻队员掌握进攻的节奏，采用声东击西，内外结合的进攻策略，创造更好的投篮机会。

第七节　区域紧逼防守与进攻区域紧逼防守

区域紧逼防守是一项攻击性很强的防守战术，它集中了区域联防和盯人防守的优点。区域紧逼一般有全场区域紧逼、半场区域紧逼和 3/4 场区域紧逼三种形式。根据区域紧逼防守的形式不同，其具体的要求和方法也不同。进攻区域紧逼的方式则是根据防守的不同形式和做法，采取相应的进攻方法。

一、区域紧逼

区域紧逼是按区域紧逼盯人，不断组织封堵夹击并以争夺球为目的的积极防守战术。区域紧逼战术兼有区域联防和人盯人防守两种防守战术的优点，又具有综合性、机动性和攻击性的特点，这种防守战术往往使进攻队难以辨认其形式与方法，并在防守的阻截和夹击中产生失误或违例而陷于被动。它是一种积极主动的攻击性防守战术。

（一）区域紧逼的基本要求

（1）由攻转守时，防守队员都要迅速按分工的防区落位，并就近进行盯人防守。

（2）防守时，要以防球为主，兼顾盯人，向球移动，控制中区，逼走边角，体现近球区以多防少，远球区以少防多的原则。

（3）防守处于前线的队员，对有球队员要积极紧逼，堵中放边，迫使对方把球传向或运向边线；迫使其在边角停球，附近同伴要迎上形成夹击。

（4）在前场防守时，如果球传向后场并越过自己防区，应立即以最快速度、最短路线向后场回防，准备堵防或抢断球。

（5）后线防守队员，要根据前线的防持球队员的行动，对本区的进攻队员进行错位防守，并随时注意堵截、夹击或抢断球。

（二）区域紧逼防守的方法

根据比赛需要和本队的条件，区域紧逼可分为全场区域紧逼、3/4 场区域紧逼和半场区域紧逼。

1. 全场区域紧逼

是在投中或前场失球后，立即在全场进行的一种区域紧逼防守战术。

（1）全场区域紧逼的形式。

全场区域紧逼一般把球场划分为前、中、后三个区域如图 4.175 所示。由攻转守时，队员在各区落位的人数不同，因此，全场区域紧逼的主要形式有“1—2—1—1”“2—2—1”“2—1—2”“3—1—1”等。运用中以“1—2—1—1”形式为主，队员只要通过向前后、左右移动的位置，就可以根据比赛需要而改变防守形式。

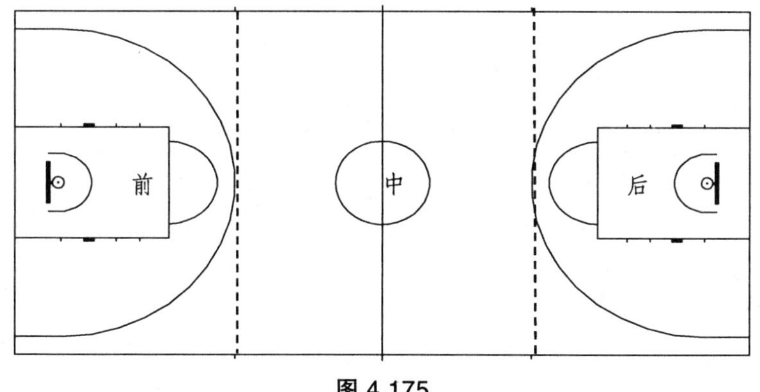

图 4.175

“1—2—1—1”形式是前区和中区防守力量较强，能有效地阻止正面和中区向篮下进攻，但后场防守力量较弱。“2—2—1”形式是两翼防守较强，能有效地组织边线夹击，其弱点是篮下防守不足，很难防守高大灵活的队员在篮下活动。“2—1—2”形式加强了两翼和篮下防守，但中区和正面防守相对比较薄弱。

全场区域紧逼主要争夺的地区是前区和中区，前区积极紧逼和围堵，在中区制造夹击区，进行夹击和抢断球。因此，要合理地部署本队的防守力量。

（2）全场区域紧逼的防守配合示例。

“1—2—1—1”形式区域紧逼方法：

【示例一】球在前场时的防守。如图 4.176 所示，当对方掷端线球时，前区的任务由❹、❺、❻来完成，❹的任务是防守④，影响其顺利地掷界外球，并封堵向⑥的传球路线。❺和❻应不让⑤和⑥顺利接球，当⑤接球时，❹应迅速随球移向⑤，并与❺堵⑤向中区移动，并进行夹击。同时❻应向中间移动，切断⑤可能向④和⑥的传球路线，迫使⑤由边路运球推进。❼在⑤开始运球时，应向左侧移动，准备在中区夹击，❽应向左下侧移动准备堵截和补位。

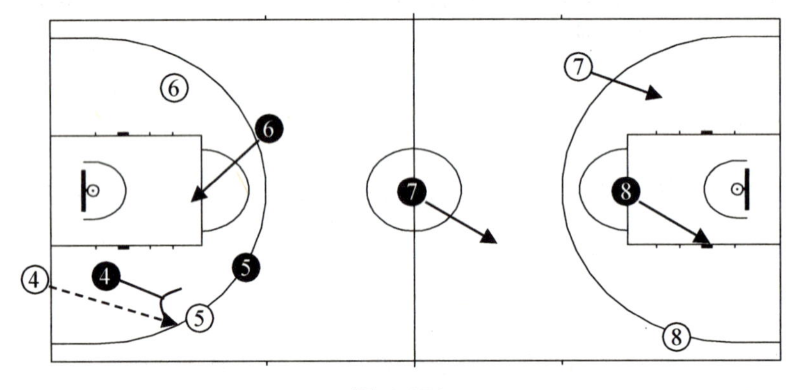

图 4.176

【示例二】球在中场时的防守。如图 4.177 所示，当⑤向前场运球突破时，❺应逼边，紧紧追防。❼横向边堵，迫使⑤运球过中线后停球，并与❺共同夹击。同时❹要从中路退到中区，❻要由边路退到后区的前沿，❽继续向左移动切断⑤向⑧的传球路线，❹和❼在中区和后区并随时准备补防或断⑤向中间或左侧的传球。

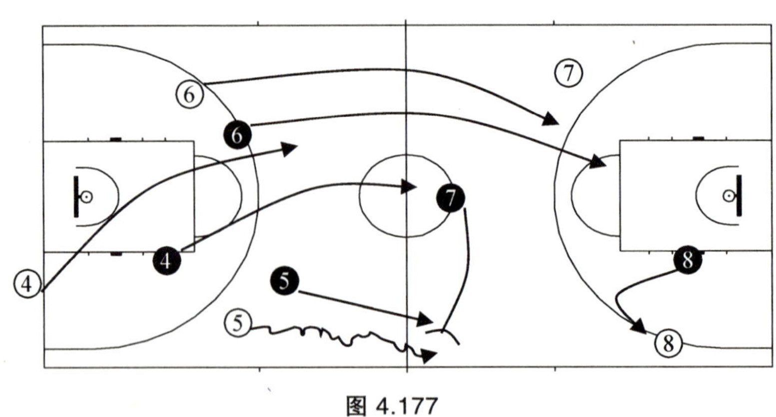

图 4.177

【示例三】球在后场时的防守。如图 4.178 所示，当④传球给⑧时，❽要及时到位防守，❼迅速后撤，与❽共同夹击⑧，❻要向篮下移动，控制对方⑥或⑦进入罚球区接球。同时❺下撤，严密防守④，切断⑧把球回传给④的路线，❹后撤到后区前沿，控制进攻队员⑤和⑥的行动，并随时准备断球快攻。

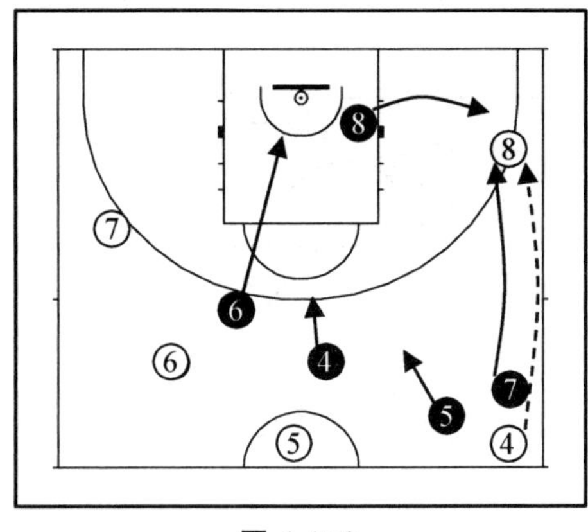

图 4.178

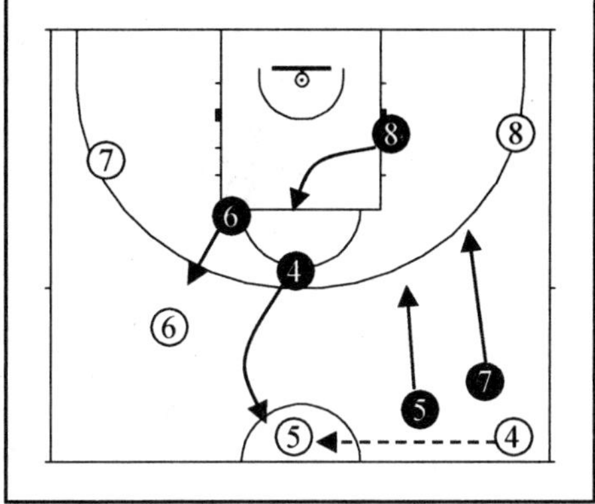

图 4.179

【示例四】如果④把球传给⑤时（如图 4.179 所示），防守队员可以沿逆时针方向移动进行补防，组合成“1—2—1—1”防守队形。

2. 3/4 场区域紧逼

（1）3/4 场区域紧逼的形式。

3/4 场区域紧逼是把球场分为 4 个区（如图 4.180 所示），防守队员落位于 2、3、4 区，允许进攻队员和球在 1 区自由活动，进攻队的球和人进入 2 区时，防守队员按区紧逼盯人。

3/4 场区域紧逼的主要形式有“2—1—2”“2—2—1”等。由进攻转入防守时，对方队员进入 2 区后，立即组织积极紧逼，封堵夹击和抢断。因此，3/4 场区域紧逼与全场区域紧逼的主要不同之处是，能充分利用规则，队员分布相对密集，有利于协防和争夺，容易造成对方违例和失误。一般是在失球后和对方在后场边线外发球时运用。

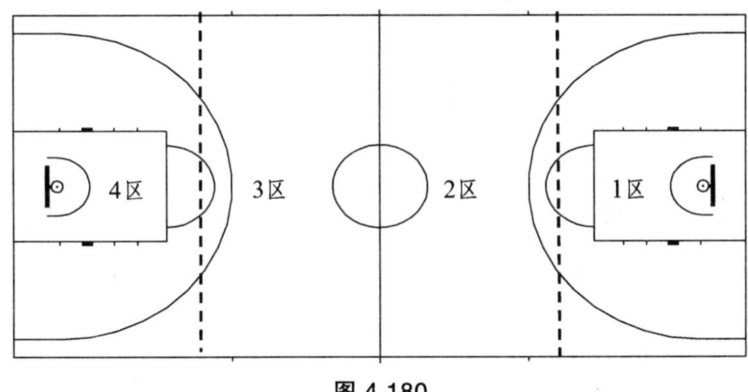

图 4.180

（2）3/4 场区域紧逼配合示例（以“2—1—2”防守形式为例）。

如图 4.181 所示，当进攻队员⑤传球给④时，❹向前迎防，堵住④向中间地区的运球，迫使④沿边线运球；❺稍后撤，防止⑥斜插接球；❻上前堵截，迫使④运球停止，争取在 2 区内与❹共同夹击④，造成 8 秒违例或失误；❼和❽在 3、4 区应抢前错位防守⑦和⑧，不让⑦、⑧空切和上插接球，并随时准备断球。

当④传球给空切队员⑥时，由❻上前堵截，与❺在中场共同夹击⑥，❹由另一侧向后移动防守。

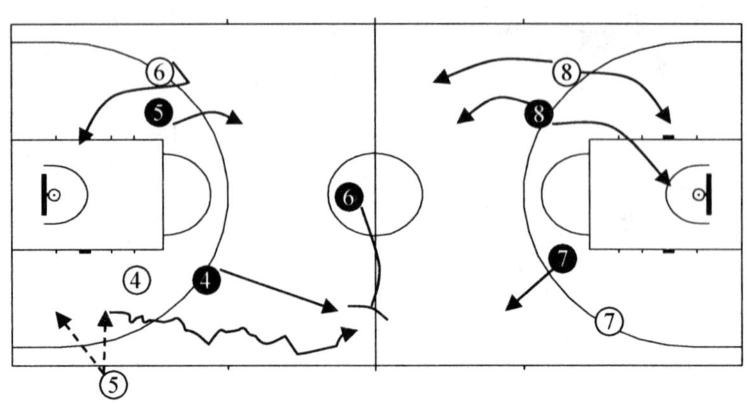

图 4.181

3. 半场区域紧逼

半场区域紧逼是在后场范围内组织的区域紧逼的防守战术。根据队员在半场内的落位，半场区域紧逼的主要形式有“1—2—2”“1—3—1”“2—1—2”等。半场区域紧逼配合示例：

（1）“1—2—2”形式区域紧逼方法。

【示例一】球在正面时的防守。如图 4.182 所示，当球由后场进入前场时，根据进攻队员的位置，❹和❻要迎前防守④和⑥，并迫使④向防守的左侧运球或传球，❻要重点防守④向⑥传球，其他队员要向有球一侧移动，并进行抢前和错位防守。

【示例二】球在侧面时的防守。如图 4.183 所示，当④传球给⑤时，❺向前防守，❹应随球移动与❺共同夹击⑤，❻要向有球一侧移动，防④或⑥向中间空切，并准备断⑤传给④或⑥的高吊球，❼及时上移，侧前防守⑦，❽向篮下中间地区移动，控制篮下，并注意防守⑧空切。

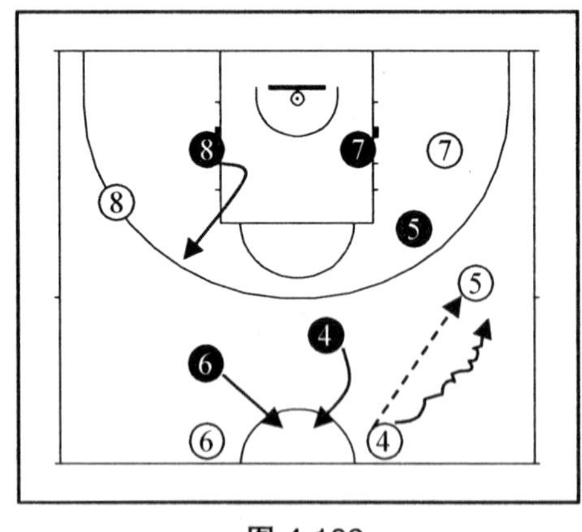

图 4.182

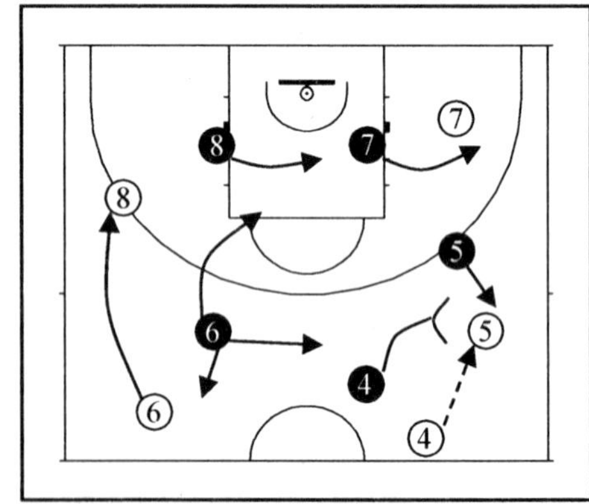

图 4.183

【示例三】球在中间时的防守。如图 4.184 所示：当位于篮下的⑦接球时，❺应快速回放围夹，❹要向左侧移动，准备抢断⑦回传给⑤或④的球，❻和❽同时向有球一侧移动，控制中间区域，并注意防守⑧和⑥向篮下移动。

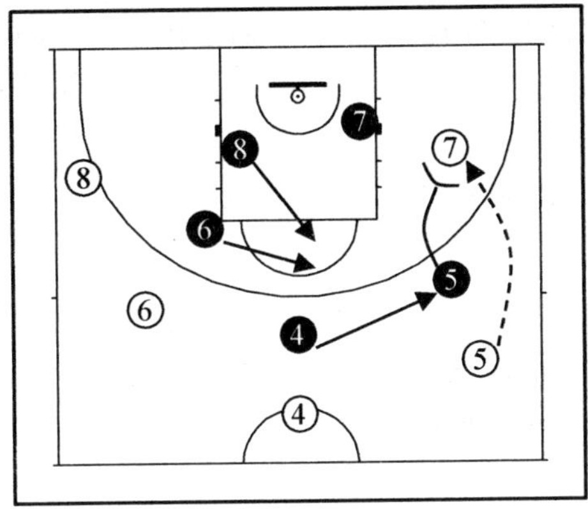

图 4.184

（2）"1—3—1" 形式区域紧逼方法。

【示例一】如图 4.185 所示，当防守队员④过中线控制球时，❹要迎上去防守，迫使④向侧面运球；这时❼要堵位抢前防守，不让⑦接球，并准备与❹夹击④，❻要向⑥的左侧移动，防止④给⑥传球。同时❽应向有球一侧移动，监视⑧的行动，并准备抢断④传给⑦的球，另一侧的队员❺应及时向限制区回缩，并准备抢断④传给⑧的球。

【示例二】如果④传球给向篮下空切的⑦，防守方法如图 4.186 所示。❽应迎前防守⑦，❼要加速回防，与❽共同夹击⑦，❻应向篮下移动，切断⑦传球给⑧的路线，❺应及时向限制区移动，防守⑥向篮下空切接球，❹应适当回缩，控制⑦回传球给④，同时协防⑧，控制⑦传球给⑥。

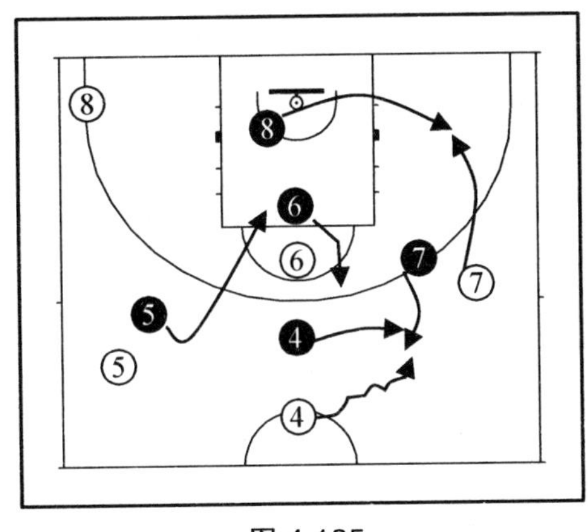

图 4.185

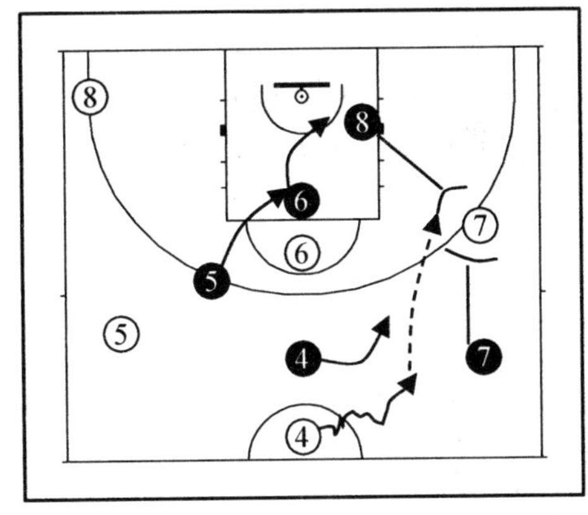

图 4.186

（三）区域紧逼防守的运用

（1）区域紧逼防守用来对付比赛经验不足、应变能力较差、没有突出组织队员的队最易见效。为了策略的需要，加强本队的防守积极性，提高比赛速度，挽回败局等都可运用。在比赛过程中最好选择本方投中篮后对方掷后场端线界外球，或对方在后场掷边线界外球时部署防守。

（2）运用区域紧逼防守，全队要行动一致，要用强大的声势压倒对方，造成对方慌乱而陷于被动。

（3）运用区域紧逼防守必须贯彻控制中区，逼走边角，不断组织堵截夹击，近球区以多防少，远球区以少防多的原则，积极移动，不断调整位置和协防展开攻击。

（四）区域紧逼防守的教学与训练

1. 教学建议

（1）在教学时要根据选用的区域紧逼形式，明确球在不同防区时，每个队员的任务和要求，以及队员间协同配合的方法，使队员对区域紧逼有完整的概念。

（2）当队员明确了整体防守以后，可按落位前场、中场、后场的配合方法，分解地进行练习，然后再进行各区域之间衔接方法的练习，最后进行全场或半场的完整练习。

（3）在队员掌握了固定区域内固定队员落位后，可逐渐过渡到固定区域不固定队员的训练，提高由攻转守的灵活性和机动性，以便加快攻守转换速度。

（4）在对抗练习时，进攻速度可由慢到快，进攻方法可由固定到多变，逐步提高防守质量。

（5）训练中要结合区域紧逼的特点和要求，提高队员的身体素质，特别是速度和速度耐力，同时要提高个人防守能力，加强抢球、打球、断球技术和以少防多、轮转补位等能力的训练。

（6）在教学中要注意培养队员勇敢、顽强、敢打敢拼的意志品质和思想作风。

2. 练习方法

（1）一对一。

如图 4.187 所示，迫使对方按防守意图向边线运球。又如图 4.188 所示，迫使对方向便于与同伴进行夹击的地方运球。

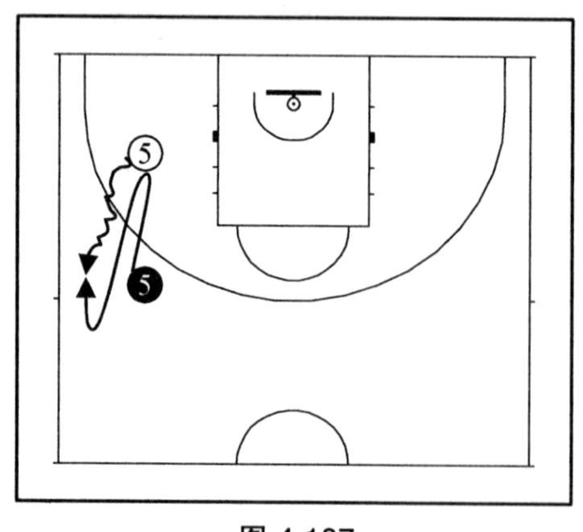

图 4.187

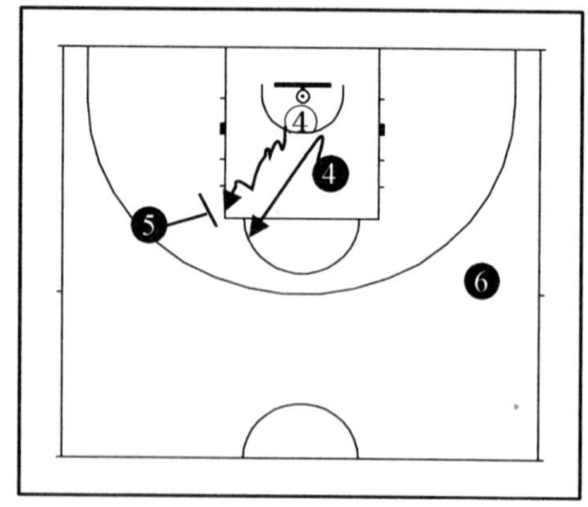

图 4.188

（2）提高个人抢断球控制面的练习。

如图 4.189 所示，队员④、⑤、⑥站成三角形，队员❹站在中间，他的任务是抢断持球队员④向其他两个队员的传球。

（3）三对三夹击防持球队员的练习。

如图 4.190 所示，④向两侧传球，❹随球移动并与❺和❻合作夹击持球队员⑤和⑥。

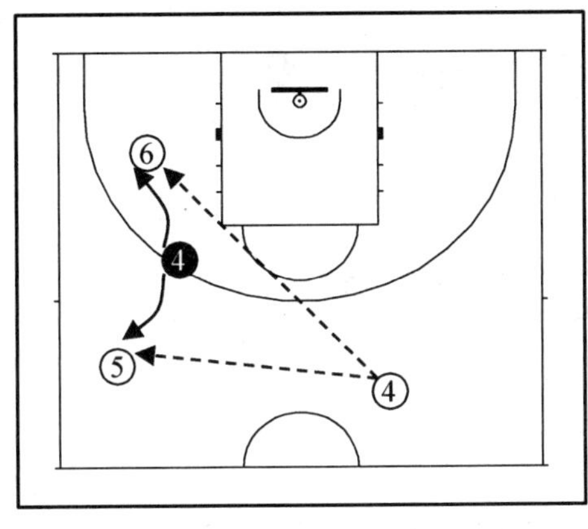

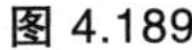

图 4.189

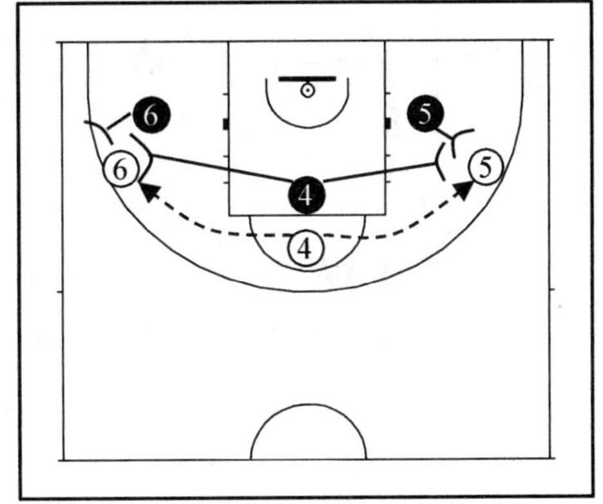

图 4.190

（4）三对三协同防守配合。

如图 4.191 所示，当⑤向中区运球突破时，❹迫使⑤停球，并与❺合作夹击⑤，此时❻要防止⑤回传球给④，同时❺要补防⑥。

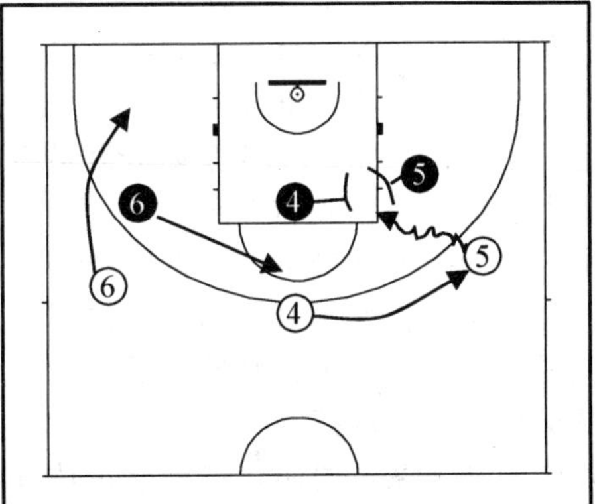

图 4.191

（5）全场三对三轮转补位练习。

如图 4.192 所示，❹紧逼④，不让他向中路变向运球，❺和❻在后场分别防守⑤和⑥。当④运球过中线时，❺迅速迎前防守，把④堵在过中线的死角处，并与❹合作夹击④。此时，❻要移到⑤和⑥之间，并根据④的传球方向，决定自己的防守位置，尽可能断④的传球。如果④传球给⑤，❻去防⑤，❹去补防⑥；如果④传球给⑥，❻仍去防⑥，❺就返回防⑤。

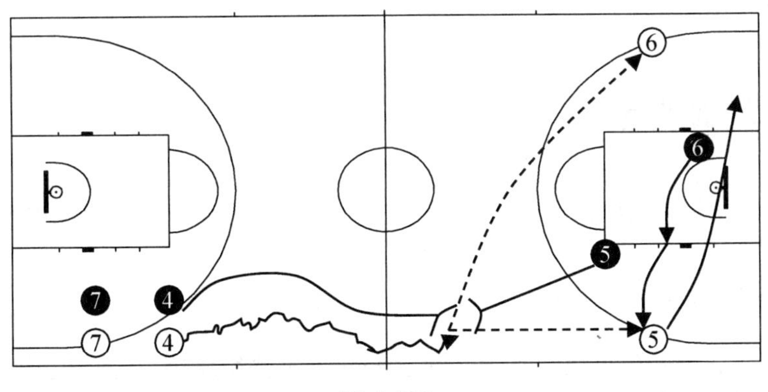

图 4.192

（6）全场四对四轮转补位防守练习。

如图 4.193 所示，❹逼④沿边线运球，❺及时在中路堵截，并与❹合作夹击。❼补防⑤，❻补防⑦。❹在④传球后，要放开④，撤到弧顶附近，准备迎防⑥。

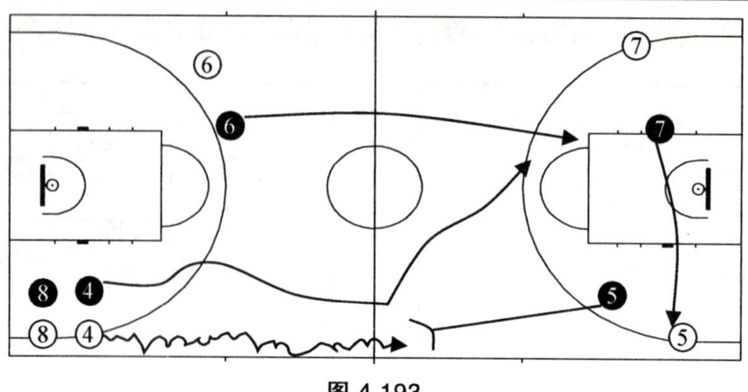

图 4.193

（7）全场五对五的练习方法。

要按区域紧逼防守的要求，由攻转守时，队员按区落位要快，并制止进攻队发动快攻，以培养队员防守反击的意识。

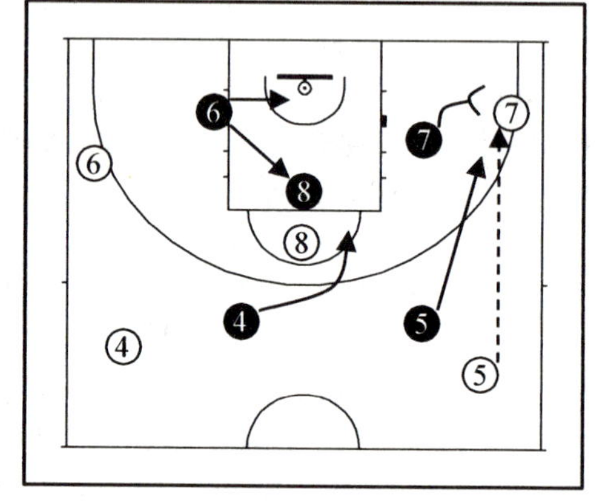

图 4.194

（8）半场区域紧逼防守专门练习。

目的是培养队员在半场区域紧逼时控制中区的意识和战术行动。如图 4.194 所示，5 个进攻队员站成“2—1—2”队形，4 个防守队员各自防守在 4 个角上。练习中，当球在正面时，各自防住自己的对手，并根据离球的远近，调整防守距离和位置，防止外围队员传球给⑧。如果⑧接到球，邻近的防守队员就要进行夹击，其他队员调整位置，防止无球队员到限制区内接⑧的传球。当球被逼到底角时，外围的其他队员要防止持球队员传球给站在中区策应位置的⑧或回传给④。在底角的⑦持球时，❺、❼要进行夹击，❹要移到⑧的右侧前方，准备断⑦给⑤或④的球，❽要注意⑦可能给⑥或⑧的传球，要迅速调整位置，准备断球。

二、进攻区域紧逼

进攻区域紧逼是根据区域紧逼的特点，抓住防守的薄弱环节，有针对性地进行攻击的方法。

（一）进攻区域紧逼的基本要求

（1）进攻区域紧逼首先要沉着冷静，不要被对方声势所压倒，造成慌乱和失误。

（2）由守转攻时要争取在对方队员未到区域落位展开堵截之前迅速发动快攻反击。

（3）进攻时要针对区域紧逼防守的规律，按“以快制逼，中路突破”的原则，采取相应的回传跟进、转移攻向、运球反跑、中区策应、组织空切等方法进攻。

（4）进攻中要多传短快球，少传长球和高吊球，少运球，特别是向边角运球，更忌在边角停球，防止对方的堵截。

（二）进攻区域紧逼的方法

1. 进攻全场区域紧逼

（1）进攻“1—2—1—1”全场区域紧逼。

如图 4.195 所示，⑥摆脱对方接球后，应首先考虑把球传给策应队员⑦，根据情况也可传给沿边线快下的④或前场队员⑧。当前面几条路线都被封阻时，再回传给掷界外球后入场的⑤。如果接应队员⑦得球（如图 4.196 所示），可将球传给沿边线快下的④，⑧溜底，横切到④的一侧，⑥快下到罚球线附近接应，⑤沿另一侧边线快下跟进。④得球后传球的攻击点有⑥、⑦、⑧，可根据防守情况，传球给其中一名队员投篮或突破。

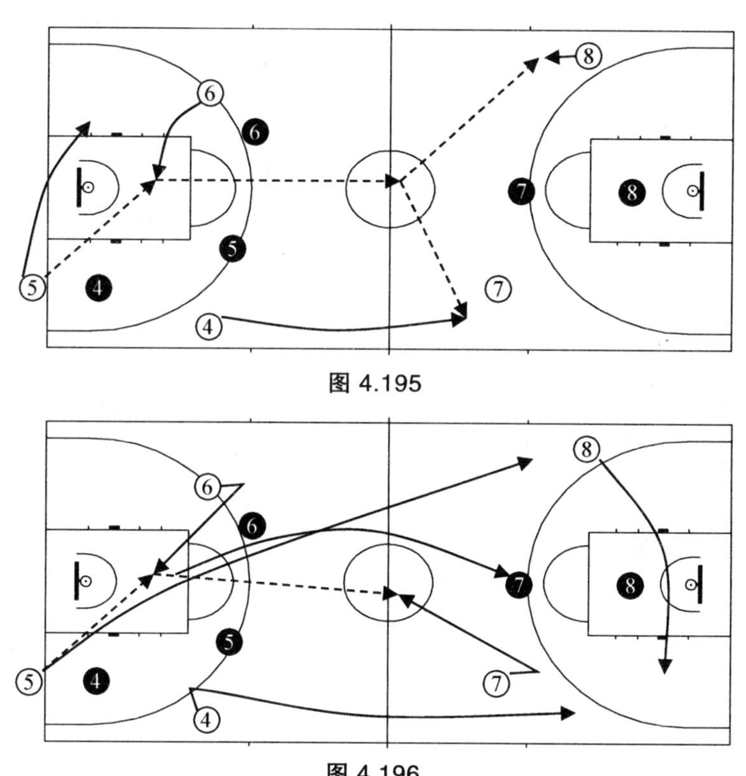

图 4.195

图 4.196

（2）进攻“2—2—1”全场区域紧逼。

如图 4.197 所示，⑥接球后，④向中间斜插，⑧可及时传球给④，⑤发球入界后向前场快下，④将球传给⑤，也可传给向上切入的⑧。⑤接球后要根据防守队的情况，把球传给⑦或⑧攻击，⑥和④传球后，进入前场预定的进攻位置，组织半场进攻配合。

进攻 3/4 场区域紧逼的要点和方法，与进攻全场区域紧逼的要点和方法基本相同。

2. 进攻半场区域紧逼

（1）进攻“3—2”半场区域紧逼。

如图 4.198 所示，进攻队员⑤得球后，⑧上移接球，同时⑥向篮下空切，如果防守队员补位防守，⑦可及时背插到罚球线附近攻篮。

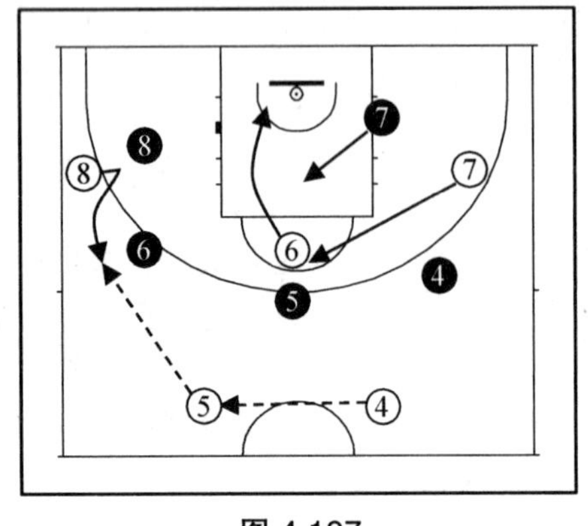
图 4.197

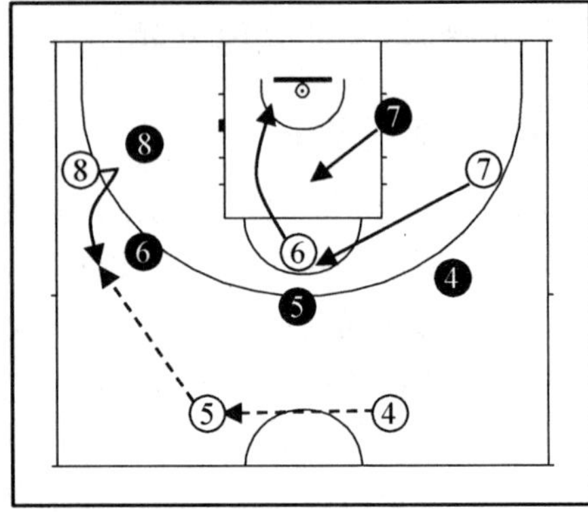
图 4.198

（2）进攻“1—3—1”半场区域紧逼。

如图 4.199 所示，进攻队员④向⑥传球，当❹和❻准备夹击时，⑥快速将球回传给④，④传向另一侧队员⑧。同时⑦溜底，④空切到左侧底角，⑧根据情况传球给⑦或④。如果❼跟踪防守溜底的⑦，就传球给④投篮；如果❼不跟踪防守，就传给⑦投篮。

防守队员❺补位防守⑦或④时（如图 4.200 所示），⑧可传球给⑤投篮。如果❻换位防守④向篮纵切时，⑧可传给横切的⑥投篮。

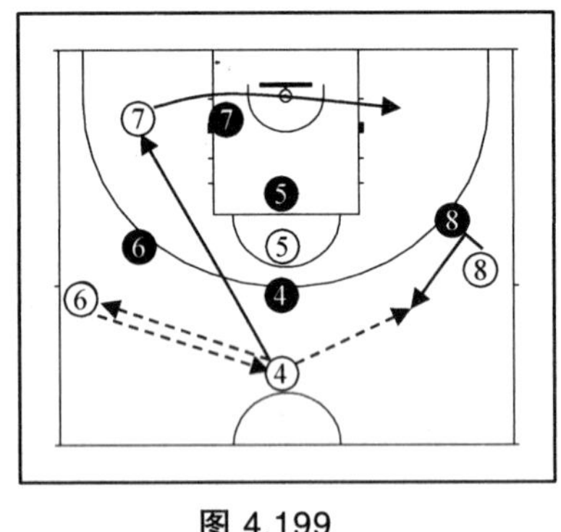
图 4.199

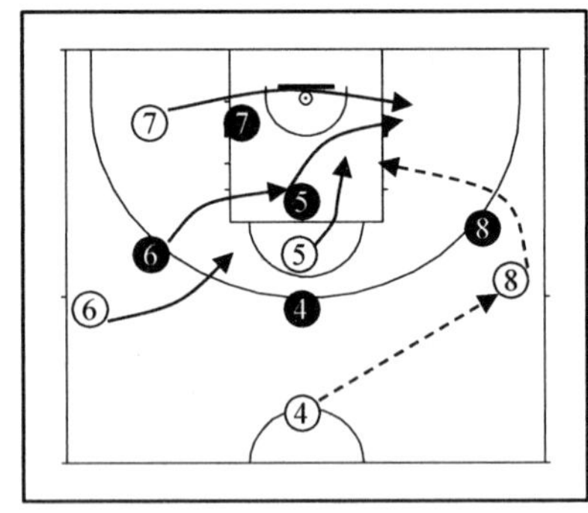
图 4.200

（三）进攻区域紧逼的教学与训练

1. 教学建议

（1）由于区域紧逼是一种对抗性较强的防守战术，在教学和训练中要注意培养队员沉着、冷静的态度，克服紧张、急躁情绪。

（2）讲解进攻区域紧逼的基本方法和要求，使队员具有完整的概念。

（3）要不断提高队员个人控制球的能力，培养队员配合的意识。

（4）要加强快速反击和前、后场进行衔接的训练，明确接应点和战术的机动变化，掌握配合的时间、节奏和连续性。

2. 教学与训练方法

（1）二夹一摆脱接球练习。

如图 4.201 所示，④掷端线界外球，⑤在❹和❺的夹击下练习摆脱接球。

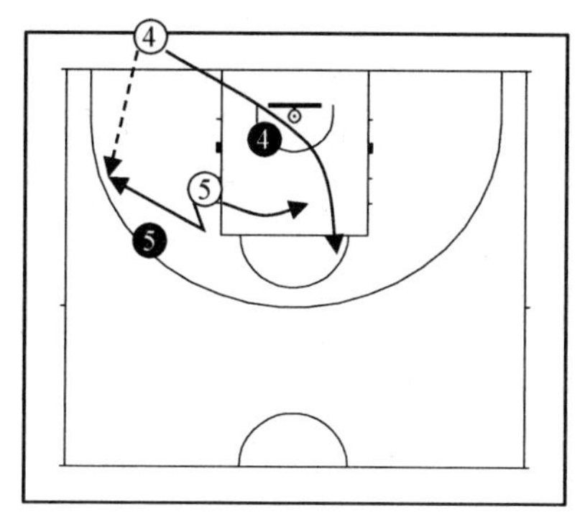

图 4.201

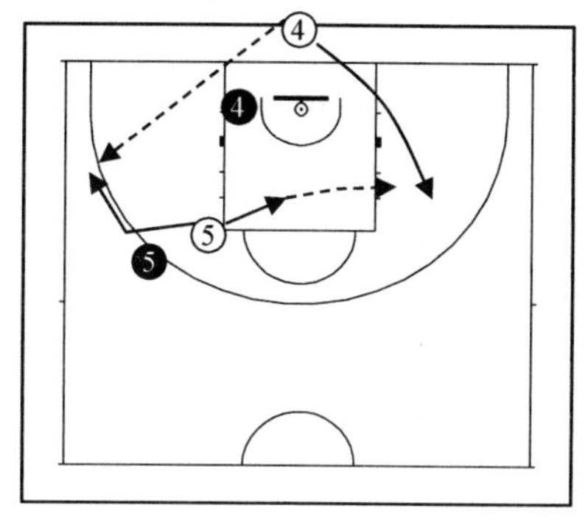

图 4.202

（2）二夹一控制球与传球的练习。

如图 4.202 所示，要求⑤接到球后，必须在❹和❺的夹击下控制球达 3 秒钟，再把球传给进场的④。

（3）三防二掷端线界外球练习。

如图 4.203 所示，④掷端线界外球时，❹、❺、❻防守⑤和⑥。⑥给⑤做掩护，⑤利用掩护接球，如果❹积极抢前防守⑤，⑥就在掩护后，转身跑去接④的球。

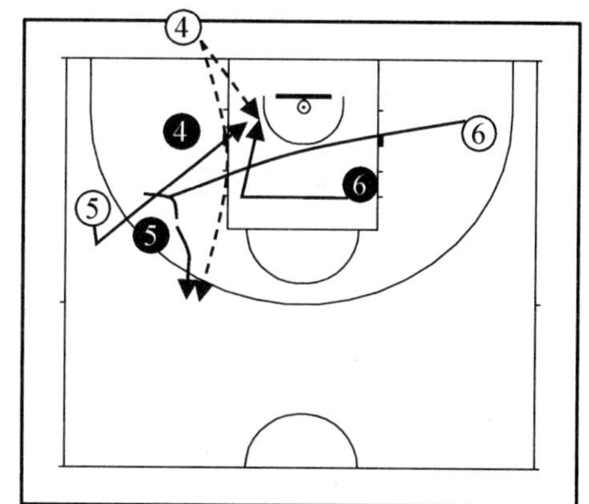

图 4.203

（4）全场反跑传切与策应空切练习。

如图 4.204 所示，④掷端线界外球，⑤摆脱，接④的传球，并传给插上的④，在④接球的同时，前场的⑥摆脱到弧顶附近进行策应，接④的传球后，根据情况传给边线空切篮下的⑤或④投篮。练习后，按号码顺序换位继续进行练习。

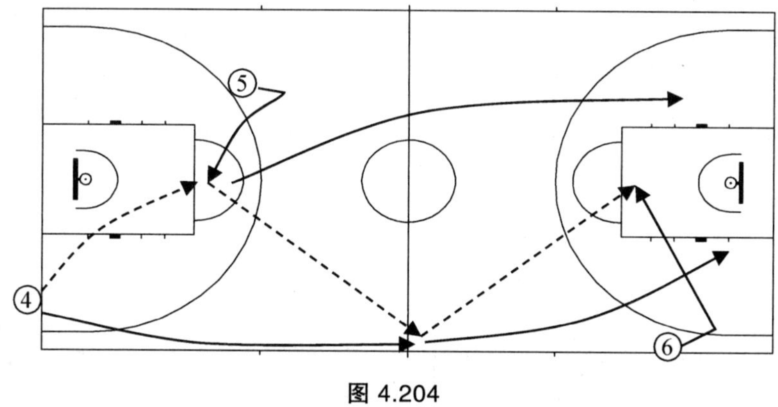

图 4.204

（5）全场回传跟进二人传切练习。

如图 4.205 所示，④掷端线界外球，⑤接球后运球向前场突破，在中线附近停球，回传给中路跟进的④后加速向篮下空切，接④的传球投篮。

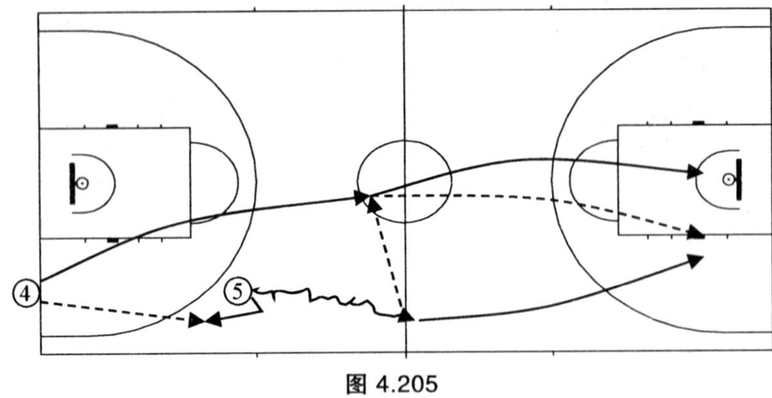

图 4.205

（6）后场与前场的衔接练习。

如图 4.206 所示，④掷端线界外球给⑤后，⑤运球突破到接近中线附近夹击区时，把球回传给跟进的④。与此同时，处于左底角的⑥跑上来接④的传球。④和⑤传球后，在前场弧顶处做交叉跑动分别插向篮下，⑥根据情况传球给④或⑤投篮。

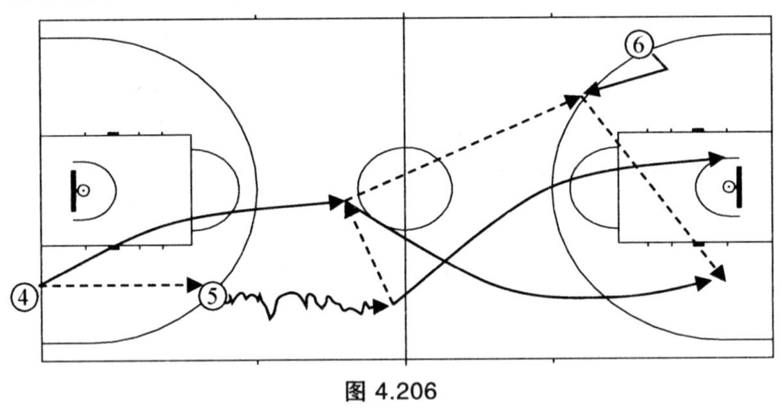

图 4.206

（7）进攻半场区域紧逼的专门练习。

如图 4.207 所示，④、⑤、⑥在半场内练习回传和插角换位。④传球给⑤后，向右场角插，⑥摆脱接⑤的回传球。⑤传球后插向左场角，⑥根据防守情况，把球传给④或⑤投篮。

（8）结合插角拉开供中锋球的练习。

如图 4.208 所示，练习方法和上一练习相似，在⑥摆脱接球和④、⑤插角后，⑥根据防

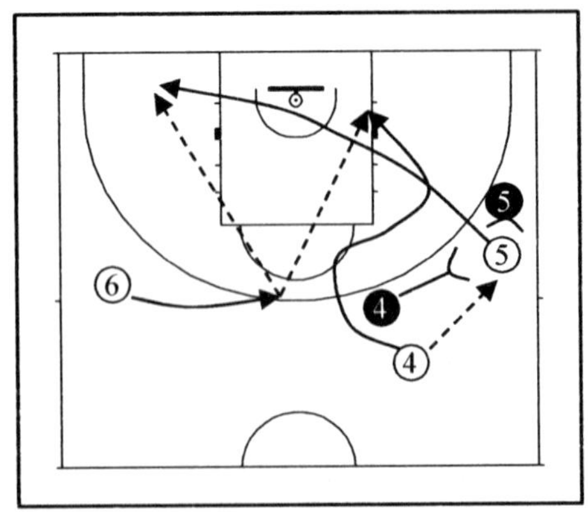

图 4.207

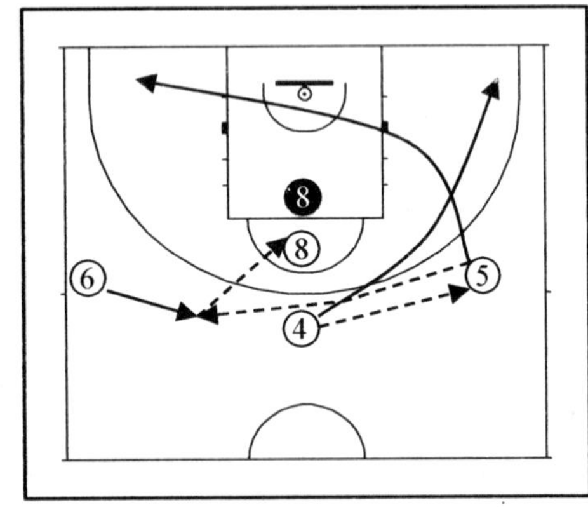

图 4.208

守的变化，选择时机传球给中锋队员⑧。⑥最好是在插角时拉空篮下，在中锋队员处于一对一的情况下供球。

第八节　混合防守与进攻混合防守

一、混合防守

混合防守是将是部分防守队员按人盯人防守原则，部分防守队员按区域联防原则防守的一种特殊的防守战术。它是建立在区域联防和人盯人防守基础上的，其具有针对性强，能有效地控制重点的进攻队员。

（一）混合防守的原则

（1）负责盯人防守的队员，要积极防守对手，最大限度地减少其在攻击区域接球，破坏其接球的习惯动作和进攻配合。

（2）在对方穿插较多，配合较熟练的地区或进攻的薄弱地区，均可采用区域联防。

（3）针对对方进攻特点加以防守，强调策略与防守的整体性。

（4）在进行混合防守时，防守队员之间要配合默契，注意盯人还是联防以及不同角色队员的位置。

（二）混合防守的形式和方法

1. 常用的混合防守的形式

（1）1 人盯人—4 人区域联防。

（2）2 人盯人—3 人区域联防。

（3）3 人盯人—2 人区域联防。

以上三种混合防守方法中，1 人盯人—4 人区域联防是常用的混合防守战术。

2. 混合防守的方法

（1）1 人盯人—4 人区域联防战术方法。

这种防守形式在混合防守中运用较多。这种战术的目的是限制或是控制对方一名特别突出的队员。

1 人盯人的方法是由 1 个防守能力较强的队员去防守对方重点队员。1 人盯人时要抢前防守，尽量减少对手接球，不让对手在他所习惯的投篮位置上得到球投篮，尽量不与其他队员换防。

4 人联防的方法有两种：

1）“1—2—1”站位。

“1—2—1”站位也称菱形防守，这种站位联防一般是对方后卫线上有一名组织进攻队员，防守队有 1 名队员盯住对方投篮手时运用。

【示例一】如图 4.209 所示，❹防守④，❺、❻、❼、❽按“1—2—1”阵势防守，控制前区及对方组织进攻的后卫，❻、❼注意防守对方中锋和两侧，❽控制底线。

【示例二】如图 4.210 所示，❺防守范围较大，应是本队移动速度快、积极灵活的队员，❻和❽应具有防守中锋的能力，并要求根据对方侧翼队员的落位方向，确定自己的防守位置和控制对象。⑥、⑦落位在左侧时，应由❽防守中区和对方中锋，❻控制对方侧翼队员和左区，并协同防守中锋。如果⑥移向防守队右区，或⑤、⑥向左侧轮转换位进攻时，❽、❼的防守区域要相应地向另一侧移动，由❻防守中区和控制对方中锋的活动，❼防守右区。❽在重点防守底线的同时，协助防守篮下和两侧。

2）“2—2”站位。

这种站位联防，一般是为了加强篮下及两侧防守，对付 2 个高大队员在篮下活动，同时防守队有 1 名队员盯住对方组织后卫时运用。

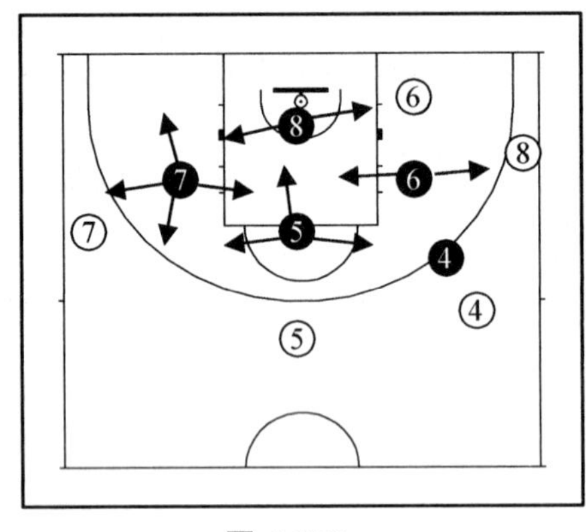

图 4.209

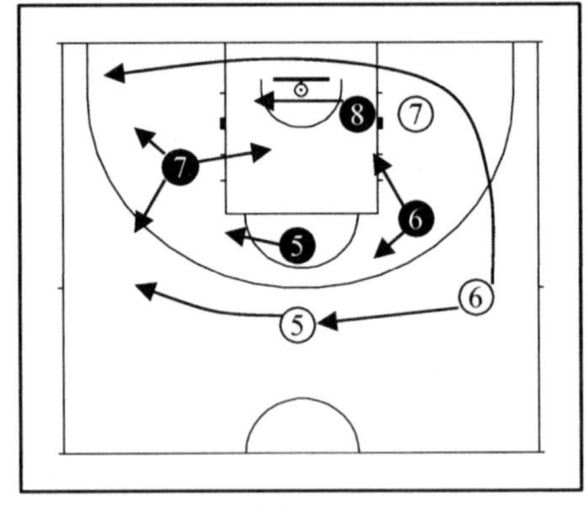

图 4.210

【示例】如图 4.211 所示，❼、❽主要防守篮下两侧区域，控制对方中锋和底线活动的进攻队员，❺、❻重点防守两翼和前区，必要时换防中锋。如果对方中锋上提策应时，就要及时堵截，不让其在篮下与罚球线附近得球。

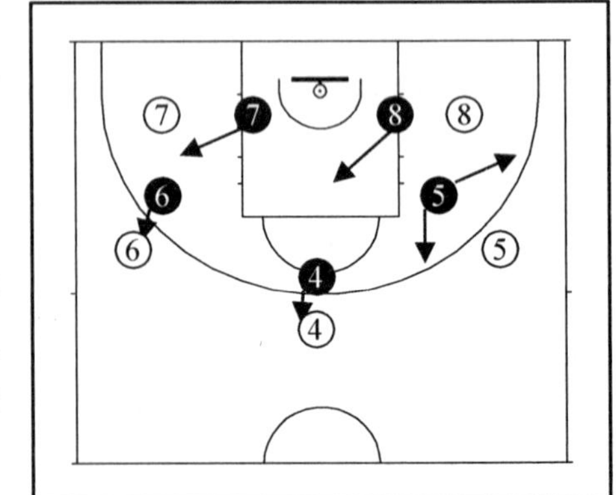

图 4.211

4 人联防要根据对方进攻队形和被盯住队员的落位情况，采用不同的联防形式，在区域联防的同时，要注意协防对方被盯住的队员。

（2）2 人盯人—3 人区域联防战术方法。

这种战术是在对方有 2 个威胁较大的队员，而其他 3 个队员攻击力较弱时采用。用 2 名防守最好的队员进行人盯人防守，3 人进行区域联防。3 人区域联防有两种形式：

1）篮下 3 人联防，外围 2 人盯人。

如图 2.212 所示，❼和❽紧逼对方，❹、❺、❻

根据进攻队员的落位，在篮下站成“1—2”或“2—1”联防阵形，积极滑动，控制中区。如果对方外围攻击能力不强，而内线 2 名队员穿插移动很活跃，且威胁较大时，可采用此方法。

2）外围 3 人联防，篮下 2 人盯人。

如图 4.213 所示，篮下❹和❺紧盯住对方④、⑤，外围❻、❼、❽联防，积极移动协防。若进攻队员偶尔向篮下斜插时，可暂时跟随移动，既能避免篮下负担过重，又能造成对方错觉。

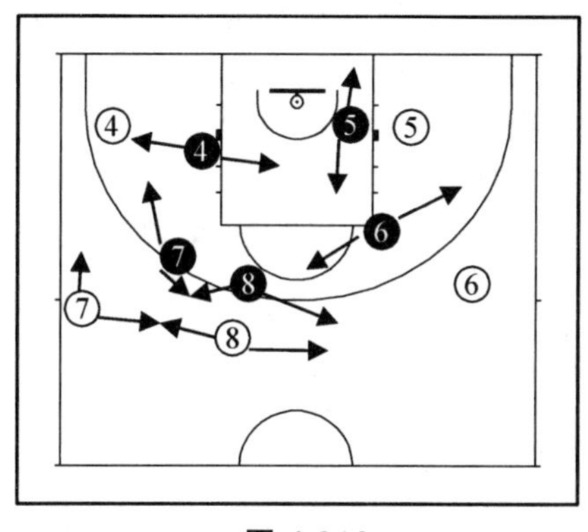

图 4.212

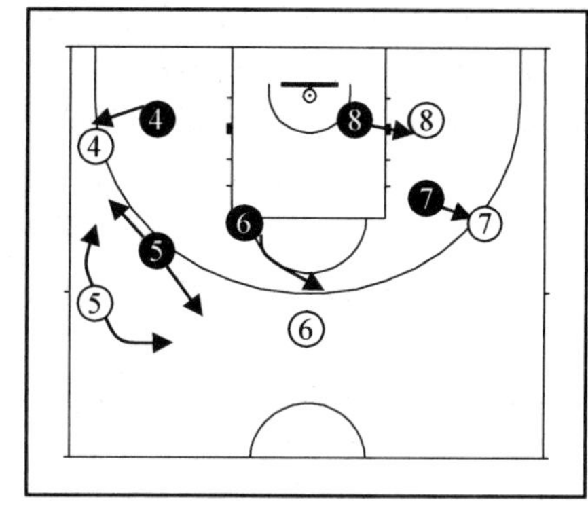

图 4.213

（三）混合防守教学与训练的建议

（1）教学训练开始时，要讲清楚战术配合方法，并可运用模拟训练法，规定进攻队员的配合与变化，对每个队员的行动提出特定的要求，专门训练不同形式的混合防守，或防守的某个环节。

（2）根据混合防守的形式，教学时采用分解教学法。

（3）混合防守的主要形式是 1 人盯人—4 人联防，在训练中可以首先掌握这种方法，然后再训练其他形式的混合防守。

（四）混合防守的战术要点

负责盯人的队员要大胆紧逼盯住对手，联防防守的队员要积极移动，集中防守篮前，全队要协同配合，相互补位，重点防守攻击能力较强的进攻队员。

二、进攻混合防守

根据混合防守的形式和特点，利用防守的矛盾，针对其薄弱环节，并结合本队具体情况所组织的相应的进攻战术。其特点是，盯人和联防有机结合，通过掩护配合和人、球转移，制造防守漏洞，从而创造良好的进攻时机。

（一）进攻混合防守的原则

（1）针对对方采用的混合防守形式的实际情况，因地制宜地采用进攻方法进攻。

（2）要充分发挥局部配合的能力，依靠集体，充分发挥掩护、策应、穿插移动、以多打少等配合的威力。

（二）进攻混合防守的配合方法

1. 进攻1人盯人—4人联防的混合防守

进攻1人盯人—4人联防的混合防守时，被紧逼的队员最好在侧面或篮下落位以牵制对方，如果在外围中间落位，则不利于球的转移，且会影响进攻中左右两侧的联系。另外，被盯住的队员，要有目的地利用同伴的掩护或给同伴做掩护创造有利的进攻机会。

（1）进攻1人盯人—4人联防“1—2—1”队形的混合防守

如图4.214所示，④是被紧逼的队员，落位在进攻的左侧，当球转移到右侧的⑥时，④可利用⑧做定位掩护插入篮下，⑧利用④的掩护做横切，此时⑧可进行中投或传球给④。

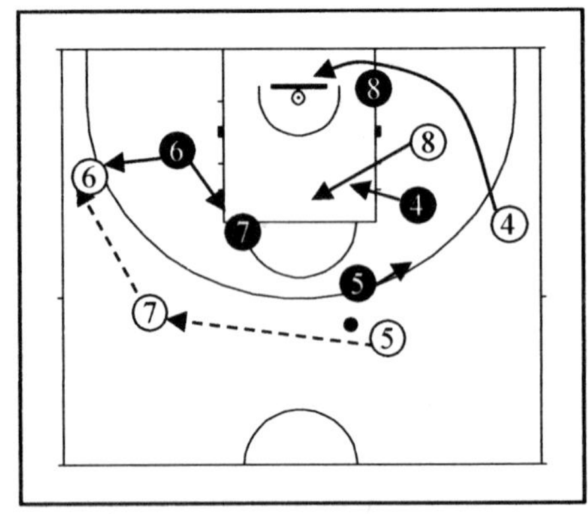

图4.214

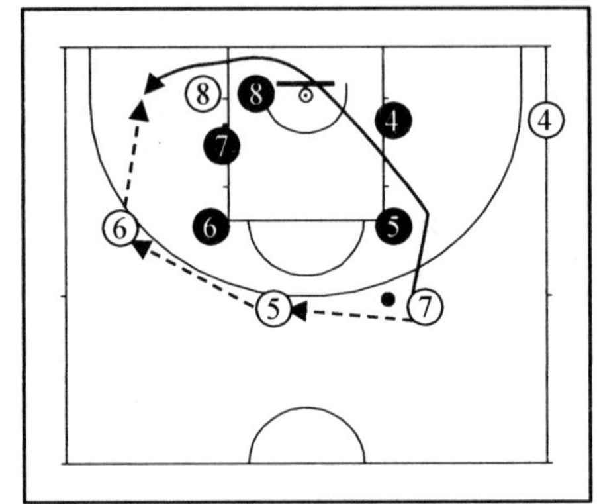

图4.215

（2）进攻1人盯人—4人联防“2—2”队形的混合防守

如图4.215所示，被紧逼的队员⑧在篮下落位牵制对方防守，当⑦传球给⑤后，向左侧场角切入，利用⑧做定位掩护，接⑥传来的球投篮。

2. 进攻2人盯人—3人联防的混合防守

进攻这种形式的混合防守时，最好让被紧逼的2名队员在同侧落位，以相互掩护变成为同伴做掩护创造有利的进攻机会，同时也有利于其他进攻队员落在另一侧或外围，组织进攻区域联防。

（1）进攻外围2人盯人，内线3人联防的混合防守

如图4.216所示，⑤和⑥为被紧逼的队员，落位于左侧。⑥先为⑤做掩护，给⑤创造接球投篮的机会，⑥掩护后，迅速转身沿底线向篮下另一侧空切。当⑦传球给③时，④也突然横切，⑧可根据情况传球给⑥或④投篮。

（2）进攻内线2人盯人，外围3人联防的混合防守

如图4.217所示，⑦和⑧为被紧逼的队员，落位在篮下两侧。当④传球给⑥时，⑦上移给⑤做掩护，同时⑧给④做掩护，⑥可根据情况将球传给⑤或④投篮。

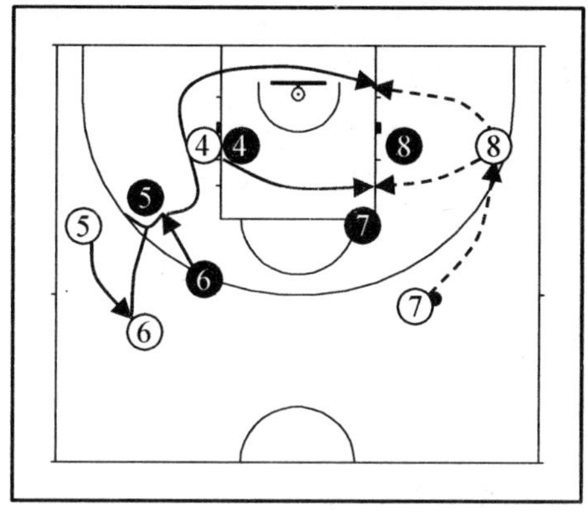

图 4.216

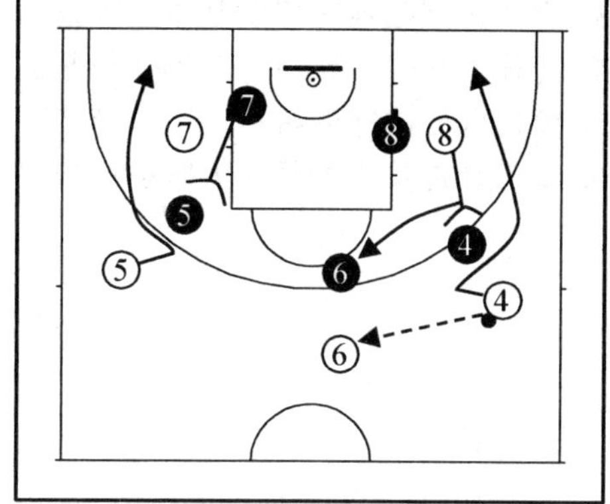
图 4.217

（三）进攻混合防守教学与训练的建议

（1）先讲清楚进攻混合防守的原则和特点，在掌握盯人和联防的基础上，再进行训练。
（2）在半场攻守中进行练习，充分利用加难和减难练习法，教学时应采用分解教学法。
（3）进攻混合防守的战术选择应以 1 人盯人—4 人联防的配合为重点。

（四）进攻混合防守的战术要点

（1）要针对不同的混合防守形式，采用相应的进攻阵形与配合方法。
（2）应争取快攻，迅速进行攻击。
（3）有目的地为本队被盯住的同伴掩护，以使其获得良好的进攻机会，发挥进攻威力，破坏对方的防守。

思考与练习

1. 什么是基础配合？进攻和防守的基础配合各包括哪些配合？
2. 传切、掩护的类型有哪些？具体有哪些要求？举例说明。
3. 举例说明挤过、穿过、绕过、交换防守配合的方法和要求。
4. 什么是快攻？发的快攻的时机有哪几种？
5. 试述快攻的组织形式和结构。
6. 如何防守快攻？
7. 半场人盯人防守战术的原则是什么？
8. 试述半场扩大人盯人与半场缩小人盯人防守战术的特点及运用时机。
9. 全场紧逼人盯人防守战术教学与训练的步骤是什么？
10. 进攻全场紧逼人盯人防守时有哪几种常用的落位阵形和进攻方法？
11. 以“2—1—2”区域联防为例，说明其进攻和防守的优缺点。
12. 简述进攻区域联防战术的基本要求。

13. 全场区域紧逼防守的基本要求是什么？
14. 简述“1—2—1—1”全场区域紧逼防守的方法。
15. 简述混合防守的特点。
16. 试设计进攻 1 人盯 4 人联防的战术配合。

参考文献

[1] 杨桦，等：《现代篮球战术》，电子科技大学出版社 1997 年版。
[2] 郭永波：《篮球运动教程》，北京体育大学出版社 2005 年版。
[3] 篮球编写组：《篮球（体育学院专修通用教材）》，人民体育出版社 1991 年版。

第五章　篮球教学、训练理论与方法

【本章学习目标】通过学习篮球教学、训练理论与方法，基本了解和掌握篮球教学和训练的内容、原则及测评方法；熟练掌握篮球教学和训练的步骤与方法，并能熟练灵活地运用。

【本章学习要点】

1. 凡是传授篮球知识使学生掌握篮球技术技能、有组织有计划的教学活动均称为篮球教学；我国篮球教学的主要形式是学校体育课。

2. 篮球教学的基本任务是：① 贯彻素质教育，促进正确世界观的形成；②使学生掌握与提高篮球的基本理论知识、技术和战术；③ 发展学生的身体素质，增强体质；④ 培养学生的创新能力。

3. 篮球教学基本内容有：① 篮球技术动作；② 篮球战术配合方法；③ 篮球理论知识。

4. 篮球教学理论的支撑：① 认知的理论；② 动作技能形成与发展的理论；③ 运动过程中人体生理机能活动变化的规律；④篮球运动技能开放性和对抗性的理论。

5. 篮球教学原则有：① 技术教学与实战运用相结合原则；② 技战术的规范化与灵活性相结合原则；③ 专门性知觉优先发展原则；在教学过程中，除了应遵循一般教学原则外还应遵循篮球专项教学的原则。

6. 篮球教学步骤与方法可以分技术教学步骤与方法和战术教学步骤与方法，其中技术教学步骤分为：① 掌握技术动作方法，建立正确动力定型；② 学会组合技术，培养初步运用能力，建立对抗概念；③ 在攻守对抗情况下提高综合技术运用能力。战术教学步骤分为：① 建立战术概念，掌握战术方法；② 掌握攻守转化和战术综合运用能力；③ 在比赛中运用战术，提高应变能力。

7. 篮球教学文件的制定包括教学大纲、教学进度、课时计划等。教学大纲是教师教学工作的指导性文件，是篮球课程教学单位（教研室、组）和教师个人组织篮球课程教学工作的依据。由说明、正文、参考文献三部分组成。

8. 教学进度格式有：① 符号式教学进度；② 名称式教学进度两种。制定教学进度有一些基本要求。

9. 课时计划的基本形式有：① 表格式；② 条纹式结构两种。编写课时计划有一些基本的要求。

10. 篮球教学课的组织有课堂理论讲授和实践课的组织。

11. 篮球教学评价的内容有：① 教学目标的评定；② 技战术评价；③ 理论知识评定。其评价方法分技战术评价和理论评价。其中，技战术评价包括定性指标的测量和定量指标的测量；理论知识评价通常采用的测量方法有笔试和口试，也可通过课外作业的形式来进行。

12. 篮球运动训练是指在教练员的指导和运动员的参与下，为不断提高和保持运动员的技战术水平而专门组织的训练过程，是运动员竞技能力的提高过程。

13. 篮球运动训练的目的是不断提高运动技术水平，创造优异的运动成绩。

14. 篮球训练的内容包括：体能训练、技术训练、战术训练、智能训练、心理训练、恢复训练、思想政治教育。

15. 篮球运动训练具有的特点：训练组织的集体化与个体性结合；训练过程的多变性与可控性结合。

16. 篮球训练原则有：① 全队训练与个人训练相结合原则；② 训练与比赛相结合原则；③ 合理安排运动负荷原则。

17. 训练课的类型有：① 体能训练课；②技术、战术训练课；③ 比赛训练课；④ 综合课；⑤ 调整训练课。

18. 篮球训练课的组织一般只包括人员的组织、练习的组织、课的时间分配、运动负荷的安排四个方面。

19. 篮球运动训练基本方法有：① 重复训练法；② 变换训练法；③ 循环训练法；④心理训练法；⑤ 比赛训练法。

20. 篮球训练文件包括全年训练计划、阶段训练计划、赛季制训练计划、周训练计划、课训练计划。

21. 全年训练计划的类型有：① 单周期计划；② 双周期计划；③ 多周期计划。

22. 阶段训练计划有两种类型：第一种是作为完整的全年训练过程中的一个有机组成部分；第二种则是指中短期临时性集训。

23. 篮球训练水平测量与评价的内容有：① 身体形态与机能；② 技术水平测量与评定；③ 心理训练水平的测量与评定；④ 战术水平的评定。

24. 篮球训练水平的测量和评价常用的手段有：专项测试和比赛统计。

25. 常用测量与评价的方法有：① 追踪测量和评价；② 水平测量和评价。

【基本概念】篮球教学、篮球教学原则、篮球教学步骤、教学大纲、篮球运动训练、篮球训练文件、技术规范、战术规范。

【关键名词】篮球技术动作、篮球战术配合方法、篮球理论知识、组合技术、教学大纲、教学进度、课时计划（教案）、定性指标的测量、定量指标的测量、笔试、口试、课外作业。

第一节　篮球教学理论与方法简介

一、篮球教学的概念、目的和作用

1. 篮球教学的概念

篮球教学从广义上讲，是指学习与传授篮球知识技能的有组织的活动，狭义上讲是在特定条件下通过篮球知识技能的学习和传授活动实现特定教育目标的教学过程。其本质是对学生进行教育的过程。

2. 篮球教学的目的和作用

篮球教学的目的是对学生落实素质教育，通过学习和练习使学生了解篮球运动的知识和文化，掌握篮球运动的方法和技能，作为一种健身的手段进行锻炼和增进健康。

篮球教学具有健身作用、激励作用、选拔作用，所以篮球教学作为基础性工作直接影响着我国篮球运动的整体水平。

二、篮球教学的任务与内容

篮球教学其实是师生共同参与下教学互动的教育过程，是在教师的指导下提升学生篮球理论知识和技能，学会做人的过程。有以下几点基本任务。

1. 形成正确世界观，落实素质教育，促使学生全面发展

篮球教学是一个培养人的完整教育过程，要通过篮球锻炼的手段把思想教育、道德品质、文化修养和集体主义教育贯穿于篮球课程之中，并培养顽强的意志和拼搏精神。

2. 掌握和了解篮球的基本理论知识、技术和战术

篮球课的教学有理论、技术和战术三种主要内容。篮球教学就是要使学生在掌握技术和战术的同时也要掌握相关的理论知识。

3. 发展学生的体能

体能是从事各项体育运动的物质基础。篮球运动本身需要运动员具备跑、跳、投多项运动技能，而学生体能的提高，为顺利完成技术和战术的学习提供了有力的保证。因此，发展学生身体素质是篮球教学的重要任务。

4. 培养学生的创新能力和团队精神

篮球技战术的运用的有复杂性、多变性以及需要随机应变的能力注定篮球运动是一项创造性活动，其有利于培养学生的创新能力；而其篮球运动集体的特色性又有利于培养学生的团队精神。

三、篮球教学基本内容

根据不同层次的教学对象和教学目标，采用不同的教学内容。其主要的对象为初学者，偏重于使学生掌握基本技术动作的概念、方法和技术规范，是一个由不会到会的过程。教学和训练是紧密结合的。它的基本内容有：

1. 篮球教学的技术动作

篮球技术动作是篮球教学的重要组成部分，其主要包括单一动作和组合动作，概括脚步

动作、传、头、运等技术。其主要强调技术规格、动作方法要领和技术的运用等内容。教学中要强调动作的规范。

2. 篮球教学的战术方法

篮球战术配合方法是篮球教学的重要内容。它是篮球技术的升华，主要包括两三人的基础配合和全队配合等。在战术配合教学中要使学生了解战术的配合方法、要点和运用时机及其变化。同时，培养学生协作与配合意识，使学生在比赛实践中能灵活运用。

3. 篮球教学的理论知识

理论指导实践，篮球理论知识有其自身的体系，其包括：篮球教学训练理论，技术、战术理论，竞赛的组织和规则裁判理论，篮球运动发展和文化理论等。这些理论有助于篮球实践的教学，并能正确指导从事篮球运动的锻炼和竞赛。

第二节　篮球教学理论与原则

一、篮球教学理论

篮球教学是一个特殊的、有组织的教育认识过程；其教育过程的长期性和复杂性决定了其必须根据一定的科学理论来指导教学实践以保证篮球教学的科学性,充分促进学生的个性、潜能和创新能力。所以它和多门学科理论，如社会学、生理学、心理学和运动技能学等科学理论都有相互的关系。一般篮球教学理论主要依据是认知的理论、动作技能形成与发展的理论、运动过程中人体生理机能活动变化的规律和篮球运动技能开放性和对抗性的理论。

（一）认知的理论

篮球教学是促进学生认知能力发展、提高的过程。学生对教材的感知、体会、理解、巩固、运用和评价等认知活动有其固有的规律，篮球教学必须遵循这些规律。在教学实践中要特别注意使篮球知识与篮球技术表象之间建立起巩固的联系，使身体练习在知识—表象的定向作用下进行，同时要通过认知活动来激发学生学习篮球运动的动机和兴趣。

（二）动作技能形成与发展的理论

篮球运动技能的形成与发展一般会经历粗略掌握、改进提高、巩固运用和创新发展这几个阶段。其生理学和运动技能学机制是：运动技能学习的刺激在大脑皮层相应的运动神经中枢之间建立暂时性神经联系的过程。这一过程分为泛化、分化和自动化 3 个阶段，是大脑皮层相应的运动中枢兴奋与抑制，由扩散趋向集中、分化抑制逐步建立的过程，其本质是建立复杂的、连锁的和本体感受的运动条件反射。

（三）运动过程中人体生理机能活动变化的规律

篮球教学是教师组织学生进行运动实践的过程，身体练习是掌握篮球技术技能的主要途径。进行篮球技能的身体练习，就必须遵循人体生理机能活动变化的规律。遵循教学规律地组织篮球教学与训练，不但可以提高教学质量，而且可以增进健康，减少运动创伤事故的发生。

（四）篮球运动技能开放性和对抗性的理论

篮球运动是直接对抗性运动项目，属于开放性运动技能，在体育教学中，要根据非周期性技能的认知规律，遵循篮球运动技能学习与认知的规律，采用与之相适应的方法，要把培养应变能力、对抗能力、配合能力以及意志品质放在重要的地位。

二、篮球教学原则

教学原则是教学规律的总结和概括，是从事教学活动必须遵循的准则。依据篮球运动技能的开放性和对抗性特点，在教学过程中，除了应遵循一般教学原则外还应遵循篮球专项教学的原则。

（一）一般教学原则

1. 直观性原则

直观性原则是指在教学过程中，要通过实物、模型、语言的形象描写，使学生对要学习的事物形成清晰的表象，丰富学生的感性经验，为学生形成新概念，掌握规律奠定基础。主要依据是：学生的认识，对书本知识的掌握是以感性认识为基础的；学生的思维发展正处在从具体形象思维向抽象逻辑思维过渡的阶段，特别是低年级，仍以具体形象思维为主；从教育效果看，运用直观手段，使学生感到形象、鲜明、生动有趣，容易巩固所学知识。

2. 合理安排运动负荷原则

运动负荷是指运动员所承受的生理负荷，合理安排运动负荷原则是指在训练中要根据任务、对象的水平，逐步地、有节奏地加大运动负荷，直至运动员能承担的最大限度。训练中如运动负荷太小，有机体的机能就得不到提高；如运动负荷太大，超过了运动员的承担能力，就会产生过度疲劳；如运动负荷停止在一个水平上，有机体的机能和运动素质就不能进一步发展。

3. 循序渐进原则

循序渐进原则是指教学的内容、方法和运动负荷的安排，要由易到难，由简到繁，由已知到未知，逐步深化，不断提高。生理科学实验证明，人体各内脏器官、系统的机能活动具有一定的惰性，机体从相对安静状态到进入工作状态，对外界环境的适应与工作效率的提高，都有一个逐步变化的过程。违背这一原则，就会给学生学习带来困难，影响教学效果，甚至会损害学生身体健康。

4. 自觉积极性原则

自觉积极性原则是指使学生明确学习目的，从而积极独立思考，刻苦顽强学习，把掌握和提高体育知识、技术与技能，发展身体，增强体质，当作一个主动的而不是被动的过程。大脑皮层具有最适宜的兴奋性，对学习具有浓厚的兴趣与爱好，是取得良好教学效果的基础。这是自觉积极性原则的生理学和心理学依据。所以，教师要善于充分调动学生学习的主观能动性，使学生能积极主动地学习与锻炼。

（二）专项教学原则

1. 技战术的规范化与区别对待原则

技术的规范是指技术动作结构符合人体运动学、动力学特征的规范动作。战术规范是指战术配合符合比赛实战的一般性设计。都是为了达到最佳实效的目的。由于学习者存在着自身形态、素质、智力等差异，且比赛过程千变万化，因此，篮球教学中既要力求学生动作的规范，又允许自身条件的动作差异。遵循在规范化的基础上，允许学生之间存在技术动作的细微差别，允许战术配合过程中的变化，在教学中照顾不同能力的学生，贯彻区别对待的原则。

2. 学习技术动作与实战对抗运用相结合原则

篮球运动的集体伺场对抗的基本特征决定了教学过程必须把实战与对抗作为教学的出发点。学生在习的篮球技能时先建立起的是对抗和技术实效的概念，而不是把技术视为固定程序的身体操作。因此，必须把技术动作的学习与实战运用的能力培养发展结合起来。

3. 专门性知觉优先发展原则

篮球运动是以手控制球、支配球进行投篮得分，以攻守对抗为主要活动形式的运动项目，因此，手对球的精细感觉对于学习运用篮球技术动作至关重要。为了提高学生对球的感知和控制能力，一般多在准备活动中进行各种球操与控制球的练习。

第三节　篮球教学步骤与方法

篮球教学步骤是篮球教学过程中，教师为完成教学任务，根据学生的特点采用的策略。可分为技术教学步骤和战术教学步骤。

一、技术教学步骤

（一）掌握技术动作的正确概念，建立正确动力定型和初步的对抗意识

掌握技术动作的正确概念首先应该从讲解开始、然后通过示范和试做的步骤，使学生建立正确的技术动作表象。篮球技能的形成首先从技术动作的掌握开始。采用各种直观手段使学生感知正确技术动作的方法，在头脑中建立起初步的动作表象，然后进行体会与模仿性练习，使动作表象得到加深，与此同时，教师通过讲解和示范使学生了解技术动作的方法、要领和运用时机等理论知识，从而使知识与动作表象之间产生直接的联系，建立初步的动作概念，形成初步的动力定型。然后在正确技术动作的基础上逐步的培养对抗意识。

（二）掌握组合技术，培养和提高初步的技术运用能力和应变能力。

要使学生掌握组合技术。组合技术学习是掌握篮球技能的必然步骤。组合技术就是根据实战中技术运用的组合规律，提炼出的结合性练习单元。学生通过组合技术练习使动作之间合理衔接，体会技术运用的速度、节奏以及攻防意义，学会初步运用。由于组合技术练习具有变换的要素，就使练习的意义更加深刻。此阶段的练习，可增加假设对手的标志物或象征性对手，使学生带着对抗的拼争意识练习，使对抗的概念得的强化，为下一步实战对抗练习打下坚实基础。

（三）在攻守对抗情况下提高综合技术运用能力

篮球运动归属于同场对抗性项群，因此，对抗就成为篮球教学中最为重要的练习过程。对抗练习是在掌握技术动作和组合技术的基础上的综合运用能力，在攻守对抗的条件下，学会根据对手的阻挠和制约而采取相应对策，准确而合理地运用技术的方法，是学习与掌握篮球技术技能的必然途径。在教学实践中，有在消极攻守对抗条件下练习、在积极攻守对抗条件下练习和在教学比赛条件下练习等几种形式。但无论采用哪种形式，都必须牢牢地把握技术合理运用，将实战对抗意识和综合技术运用能力的培养有机结台，既要提高技术的运用水平，又要培养顽强的作风和意志品质。

二、战术教学步骤

（一）战术概念的建立和战术方法的掌握

首先要对战术的概念、特点、目的等进行讲解，使学生建立起对战术概念的认知，然后了解战术的配合方法，逐步建立相应的阵势、配合的位置、移动的路线、动作的时机和行动的顺序等。充分利用直观教学的原则，启发学生积极思维，加深对所学战术的理解。教学步骤进行一般如下。

1. 建立完整的战术概念

充分运用直观教学原则进行战术的演示与讲解。让学生在假设攻或守的情况下进行现场试做，实际体会战术阵形、位置分工、配合路线、配合动作等，把看、听、想、做有机地结合起来，加深和巩固已形成的战术概念。

2. 学习局部战术配合方法

全队战术是由局部战术构成的，局部战术的掌握是学会全队战术的前提。因此，局部战术的前提要从两、三人的基础配合学起。在教学方法上要遵循由浅入深的原则，首先在固定无干扰的条件下练习配合的方法和路线，然后再设置假设的对手或标志物，进行以简单对抗为背景的练习，建立队员之间的默契配合，再进行消极攻守条件下的练习，最后在积极攻守对抗的条件下进行练习，提高所学战术配合的运用能力。

3. 掌握全队战术方法

全队战术的教学是在完成了局部战术学习的基础上进行的。教学中可按照全队战术的要求进行，首先进行战术阵势、运用时机和配合的路线等讲解，然后在消极攻守条件下进行配合练习，最后在积极攻守对抗的条件下进行实战练习。要有针对性的解决学生的个人技术、局部配合能力和战术意识。

（二）掌握攻守转化和战术综合运用能力

在掌握了局部配合和全队战术方法以后，应在全场攻守的情况下，进行全场攻守转化和各种战术组合的练习，其目的是培养队员的攻守转化意识和灵活运用战术的能力。

1. 提高攻守转化能力

充分利用各种各样的攻守练习培养学生的攻守转化意识，切实提高攻守转换的速度。

2. 提高综合运用战术能力

充分利用不同的战术变化，使学生掌握战术的变化节奏，切实提高学生的综合运用战术的能力。

（三）提高战术的运用和应变能力

实战比赛是战术练习的最高形式。在比赛之前要提出比赛的具体战术要求，比赛之中要对战术运用的情况进行具体的指导，比赛结束之后要对成功的配合打法进行总结，找出失败的原因，吸取教训，提出改进方法。篮球战术教学要特别注意战术意识的培养和团队协作精神的培养。

三、教学方法

教学方法是教学过程中教师向学生传授知识技能所采用的技术手段。篮球教学方法一般分为常规的方法和现代的方法，不管采用哪种方法，必须重视信息反馈强化环节。

（一）常规方法

1. 演示法

演示法主要运用多媒体手段。如电脑、幻灯、投影、录像等，使学生能直观、形象的感知教学内容。主要适合战术配合和技术动作的示范。

2. 讲解法

讲解法采用精炼准确的语言分析技术动作和战术配合的方法、要领及注意事项。实践中要讲解与示范结合，精讲多练。

3. 练习法

练习法是组织学生进行身体练习，掌握篮球技能的重要方法。练习的形式根据分类而不同，但分解和完整练习法是基础，重复练习法是核心。练习的方法要重实效，考虑负荷。

4. 纠正错误法

练习的过程中，错误动作不可避免，教师要根据实际情况找到原因并采取措施纠正。实践中经常采用的方法有诱导法和条件限制法。

（二）现代方法

1. 指导发现教学法

教师通过指导语的方式对所授篮球教材内容进行改造，提供给学生大量直观感知材料，通过提前预习，在老师的指导下，运用分析、归纳等方法总结，发现答案的方法。

2. 掌握学习教学法

根据教学目的和任务，把篮球教材分解为不同的目标体系，并制定相应的评价标准，根据教学过程的不同阶段进行评价，并反馈给教师和学生，使教学目标分层实现，最终达到所有学生都得到提高和发展的教学目的的方法。

3 程序教学法

程序教学法又称学导式教学法或小步子教学法，是将篮球教学的内容分解成若干个小步骤，同时建立相应的评价信息反馈系统，按反馈情况，按步骤，采取措施校正的方法。

4. 案例教学法

根据教学大纲要求，选择篮球比赛中比较精彩的典型战例作为教材内容进行分析教学的方法。

5. 合作学习教学法

教学过程中多运用小组练习、小组竞赛和小组评价等方式，在合作活动中学习掌握篮球教学的内容的方法。

第四节　篮球教学文件的制定

由于篮球教学活动是一个有组织、有目的的教育过程。篮球教学工作顺利进行的前提就是必须制定出相应的篮球教学文件，这些篮球文件往往通过教学大纲、教学进度、课时计划等形式表现出来。

一、教学大纲

教学大纲是根据学科内容及其体系和教学计划的要求编写的教学指导文件，它以纲要的形式规定了课程的教学目的、任务；知识、技能的范围、深度与体系结构。它是编写教材和进行教学工作的主要依据，也是检查学生学业成绩和评估教师教学质量的重要准则。它根据教学计划，规定每个学生必须掌握的理论知识、实际技能和基本技能，也规定了教学进度和教学方法的基本要求。

（一）教学大纲的结构与内容

从形式上看，教学大纲的结构与内容一般分为 3 个部分，即说明、本文和附录。

1. 说　明

大纲的说明部分阐述开设本门课程的意义，本门课程教学的目的任务和指导思想，提出教学内容选编的原则和依据以及教学内的重点和教学方法的建议，特别是对教学中困难复杂的部分进行分析，提出建议。

2. 本　文

大纲本文是对教学的基本内容所作的规定，是大纲的主体部分，反映教学内容基本结构及其主要的教学形式，它是以学科的科学体系为基础，结合教学法的特点，按顺序排列该门课程教学内容的主题、分题和要点。一般以篇、章、节、目等，编制成严密的教学体系。在大纲本文中规定着本门课程教学内容的范围和分量，时间分配和教学进度，也在一定程度上反映课程的学术观点以及教学深度、重点和难点。大纲本文还应把该门课程有关篇章的实验、实习或其他作业题目规定下来；还要介绍各篇章的教科书、参考书或其他参考资料和文献，以及必要的教学设备等。总之，本文部分反映了该课题主线、知识结构以及实施环节。

3. 附　录

附录部分则列举各种教学参考书和资料。其中要列出主要的参考文献名称、题目、作者、出版单位名称与机构、出版日期。

（二）教学大纲的运用

教学大纲是教师工作的主要依据，教师必须认真深入地钻研教学大纲。但是教学大纲只是以纲要的形式规定着课程的基本内容，教师的教学一方面应符合大纲的要求，以保证课程的基本规格和教学质量，另一方面又要在深入钻研大纲的基础上，结合学生的实际水平，灵活地掌握，如补充学生以往知识上的缺漏，适当增加大纲尚未编入的有重大价值的科学最新成就的材料。

（三）制定大纲的基本要求

（1）从实际出发，明确提出教学的目的和任务，落实好教学计划所规定的培养目标和要求。

（2）根据篮球运动的特点和任务，优化精选教材内容，突出基本理论、基本技术与基本技能的教学训练与培养，注意科学性、系统性和实用性。

（3）合理分配时数，要保证理论与实践的适当比例，确保教学任务的完成。

（4）重视考核内容与方法，合理确定理论知识与技术实践考核成绩中所占的比例，使考试结果能够有效地衡量学生学习的水平。

二、教学进度

教学进度是根据教学大纲的任务、内容和时数分配，把教材内容具体落实到每次课的教学文件中。合理地制定教学进度对提高教学的质量与效果具有重要意义。

（一）教学进度格式

教学进度的格式最常用的有两种：

1. 符号式教学进度

把教材内容按编号顺序逐个列入教学内容栏内，然后按出现的先后顺序在相应的课次栏内做“√”号，科学地排列组合，从而反映出每次课的教材安排和整个教材排列顺序及数量（见表 5.1）。

表 5.1　符号式教学进度表

		一		二		三		四		五		……		十五		十六	
		1	2	3	4	5	6	7	8	9	10	11	25	29	30	31	32
理论部分	12									★		★		★			
技术部分	12	△	x														
战术部分	12	△	x	x	x												
考核																●	●

注：“★”为理论课　“△”为新上课　“x”为复习课　“●”为考核

2. 名称式教学进度

制定进度时，按课的顺序将各类教材的名称填入表格的教学内容栏内，在课程类型内填写采用的组织方式，如理论讲授、实践教学和研讨等，其他事项填入备注栏（见表 5.2）。

表 5.2 名称式教学进度表

课次	教学内容	课程类型	备注
1			
2			
3			
4			

（二）制定教学进度的基本要求

1. 根据教学规律和教学原则编制

教学进度是教学规律和教学原则的体现,要根据教学大纲的要求和运动技能形成的规律，把教材内容安排到适当的位置。使其科学、合理、可操作性强的要求。

2. 编制中处理好重点内容和一般内容的关系

在教学中一定要把篮球的基本技术与战术、基本技能、基本理论作为重点，反复强化，而一般内容可适当的和课外结合。

3. 要研究和掌握篮球运动的基本规律，理论与实践要密切结合

研究和掌握篮球运动的基本规律就是要正确处理理论与实践、重点与一般的关系；理论课与实践课要合理安排，相互配合，本着理论指导实践的精神，有针对性地安排好理论课教学；教学的内容要注意重点的反复。

4. 注意新旧教材相互搭配

教学进度中要合理分配每次课的不同教学内容分量以及合理搭配，充分体现循序渐进的教学原则。

三、教案（课时计划）

教案是教师课堂教学的具体工作计划，是为完成教学任务而制定的文件之一，是教师经过备课，以课的组织形式编制的教学实施方案。

（一）教案的格式

1. 表格式

教案的格式与写法多种多样，篮球教学实践课通常采用表格式课时计划，其特点是结构固定、简单，教学内容和组织教法一一对应（见表 5.3）。在课的部分栏内，一般应注明课的结构，使准备部分、基本部分和结束部分的内容各有侧重，前后之间要相互衔接。在时间栏内要注明每个组织环节所分配的时间。

表 5.3　表格式课时计划

课次________　　　　日期________　　　　课的任务________

课的顺序	课的内容及练习分量、时间	组织教法
准备部分		
基本部分		
结束部分		

2. 条纹式结构

条纹式教案一般多用于理论课的教学，除填写表格式课时计划规定的项目之外，以讲授提纲与组织教法的方式配合理论课讲稿共同使用。

（二）编写教案的基本要求

（1）编写教案应以课程的教学大纲为依据，在深入钻研教材，了解学生基本情况的基础上，根据每门课程的内容和特点，结合教师多年积累的教学经验和形成的教学风格，充分发挥教师个性，特点和才华，编写出具有自身特色的教案。

（2）教案既不同于教学大纲，也不等同于讲稿（或讲课提纲）.教学大纲是对课程的总体要求，而教案则是实现教学大纲的具体细化并精心设计的授课框架.讲稿（或讲课提纲）是丰富和内化教案中的具体要求并实现这些设想的实质内容和书面台词，要求充分考虑如何实现教案中所要求达到的预期的教学目的和效果。

（3）教案在编写好之后，只要教学大纲没有修订，且教案编写又比较适当，并不需要每学期都重新编写，只需根据每学期教学和相应调整;而讲稿（或讲课提纲）则应根据学科的发展以及该学期任课的实际情况，进行一些必要的更新和修改。

（4）教学任务应明确具体，便于检查教学的效果，如“初步掌握”“基本掌握”“改进提高”和“初步运用”，等等。

（5）针对课的任务来合理确定课的组织模式教法。教学组织应严谨，设计好练习的组织形式以及队伍的调动，使整堂课有条不紊地进行。

（6）根据学生数量，计算出所需要场地、器材、教学辅助用具的种类和数量。

（7）注意课次之间的衔接，学习新内容时要复习前面学过的内容，做到温故而知新。

第五节　篮球教学课的组织

篮球教学课的组织是教师为完成课的任务而确定的教学组织流程，它分理论课、实践课、观摩讨论课和实习课的教学组织模式 4 种。

一、理论课的教学组织

理论课教学的主要任务是让学生掌握教学大纲规定的篮球理论知识，通过理论课的教学使学生掌握篮球技术、战术理论知识，了解发展趋势，学会篮球教学、训练、裁判、组织竞赛等方法，达到理论联系实际和指导实践的目的。

理论课教学一般根据教学大纲所列出的题目，采用课堂教学的形式来完成。通常理论课以教师的讲授为主。采用提问、作业等形式对新、旧内容进行强化，使学生当堂理解本次课的主要知识内容。在课的结束部分，教师要扼要总结和归纳本堂课的知识点，布置课后作业，宣告下次课的内容。

在理论课教学中可采用幻灯、投影、录像等多媒体现代化教学手段，开展启发式的教学。充分发挥学生学习的积极主动性，开展师生之间和学生之间热烈的讨论。理论课的教学要求教师预先编写好讲稿，同时要准备必要的教学辅助器材，如挂图和模型等直观教具。

二、实践课的教学组织

根据篮球教学活动的特点，实践课教学的组织模式可分为技术课、战术课、综合课、教学比赛与裁判实习课、考核课等类型。无论采用哪种类型，都必须符合运动技能形成和运动中人体生理机能活动变化的科学规律，同时要遵循篮球教学的原则，发挥学生的主体作用和教师的主导作用，使教学活动在生动、活泼的气氛中进行。篮球教学课的结构通常分为准备、基本和结束 3 部分。

（一）准备部分

准备部分的主要任务是通过一定的身体活动使机体由相对静止状态进入工作状态，为学习课程内容做好生理和心理上的准备。一般包括开始部分和准备部分，此阶段除进行课堂常规要求的内容外，采用与基本教学内容、任务相呼应的走、跑练习，控制球的专门练习和引导性、激励性、针对性的游戏等方法进行身体活动，运动负荷应由小到大，逐步增加，达到活动身体的目的。为了提高时间的使用效率，也可采用简单技术练习的方法，达到既活动身体，又练习技术动作的目的。准备部分的活动组织形式一般采用集体作业的形式，内容要简单易做。通常活动的时间在 15～20 分钟，可根据课的任务、时间、学生身体训练程度和气候条件等略有增减。

（二）基本部分

此阶段的主要任务是根据教学进度的内容安排，组织一定数量的技术、战术教学和练习，发展学生的身体素质，使学生掌握和改进规定的篮球技术、战术，同时培养良好的心理品质和篮球意识。

基本部分要突出重点教学内容，根据课时计划的内容安排，结合学生的具体情况，选择相应的教学方法和手段，进行必要的作业练习。此阶段要充分利用讲解、示范、练习和纠正错误等教学方法，使学生改进或巩固学过的内容，初步掌握新学内容。通常在基本部分教学中，先学习新教材内容，再进行巩固和改进已学过的教材内容，最后进行教学比赛和提高身体素质的练习。在基本部分的组织过程中，要合理分配教学的时间，充分利用场地和各种教学辅助设施，增加练习次数，提高练习的运动负荷量，使学生在精神和精力最佳阶段，学习新教材，改进旧教材。但高潮应在课的中后段为宜，选择练习方法要符合循序渐进的教学原则，由易到难，逐渐加大难度。同时教师要时刻注意观察学生练习的情况，及时调整练习方法，进行信息反馈，使整个教学过程在有效的控制下进行。基本部分的时间最长，通常为 70 ~ 80 分钟，占全课时间的 75%左右。

（三）结束部分

结束部分的主要任务是使学生逐步恢复到相对安静的状态。一般根据基本部分最后一个教学内容的性质、练习的强度与密度，选择一些降低运动负荷的练习，如慢跑、放松性练习、轻松的活动性游戏、一些较简单容易的投篮和罚篮练习等等。放松整理活动结束之后，由教师对课堂学习情况进行简明扼要的总结，总结时要对教学任务完成情况做出恰当的评价，使全体学生看到已经取得的成绩，激励学习的热情，同时也要使学生意识到存在的不足，明确下一步努力学习的方向。最后布置课后作业，预告下一次课学习的主要内容。结束部分的时间通常为 5 ~ 10 分钟。

三、观摩讨论课的教学组织

观摩讨论课一般形式自由，多用于篮球技战术分析，裁判法等，可有效的发展学生观察、分析能力。观摩讨论课课前要提要求，课后要讨论总结，教师要善于引导、激励学生发言。

四、实习课

目的是提高学生的教学训练能力、裁判能力和组织决赛能力。要让学生做好课前充分的准备工作和课后的小结工作。

第六节 篮球教学评价

篮球教学评价是依据一定的标准对在篮球教学中所采集到的系列信息进行判断的过程。它是教学管理的主要手段之一。

一、篮球教学评价的目的

篮球教学评价的目的就是监控教学质量和评价教学效果。

二、篮球教学评价的内容

篮球教学评价的内容，通常包括教学目标的评定、重点篮球技术与战术的掌握程度、篮球基本理论知识的掌握程度以及教学训练的基本技能等。主要根据教学大纲所规定的考核范围和方式，对教学任务完成情况进行评价。

（一）教学目标的评定

教学目标的评定是目标制定的合理性评定和教学目标达成情况的评定。目标制定的合理性评定主要是对教学大纲和教案中篮球目的任务进行的分析；对学生教学目标达成情况的评定是评定学生在教学过程中对阶段目标完成情况和教学结束后对教学任务完成情况。技术、战术掌握的评定，就是采用一定方法对学生掌握技术、战术情况进行测量，是学生学业考核的重要部分。

（二）技战术评价

通过对运动员的技术、战术评定以了解运动员的技术、战术学习和掌握的情况，以及对教学情况的评估。技战术的评价，可运用技术达标和技术评定来完成。

（三）理论知识评定

理论知识掌握的评定主要是通过考试考查了解学生掌握篮球理论的情况。常采用笔试、口试和撰写论文形式进行。

此外，还有对其他内容的评定，不一一赘述。

二、篮球教学评价的方法

在篮球教学评价过程中，对技战术的测量和理论知识的测量方法有所不同。

（一）技战术评价

1. 定性指标的测量

所谓定性指标是指那些无法用具体度量单位来衡量而又必须测量的指标。在篮球教学实践中大量采用定性评价指标，各类篮球课程的考试、考核中采用的技术评定就属于定性指标。根据篮球技能教学的特点，定性指标是技术动作完成的规范程度指标，依据预先确定的技术规格进行分数赋值，测量时由多名主试教师根据受试学生完成技术的实际情况来评定分数。

2. 定量指标的测量

所谓定量指标是指那些可以用具体度量单位来衡量的指标，如命中次数、跑动速度和跳起高度，等等。各类指标的选用依据由评价的目的而定，如测量技术熟练性可采用速度指标；测量弹跳能力可采用高度指标；测量投篮和传球可采用准确性指标。采用定量指标进行教学评价，必须事先依据一定的样本制定出测量的方法和评价标准，使方法与受试对象的总体水平相适应。评分表的制定可采用统计学的方法，使分数赋值具有较好的区分度，客观反应受试者的实际水平。

（二）理论知识评价

通常采用的测量方法有笔试和口试，也可通过撰写专题作业的形式来进行。

1. 笔　试

笔试分闭卷和开卷两种形式。闭卷主要考核学生对记忆性篮球知识的掌握程度，开卷主要考核学生运用知识分析问题和解决问题的能力。前者适用于低年级学生理论考核，后者适用于高年级学生的理论考核。

2. 口　试

口试的方法适用于各年级学生。低年级可以通过课堂提问的形式进行，高年级可以采用专题答辩的形式进行。通过口试了解学生掌握篮球理论知识的深度和广度，分析和解决问题的能力及语言表达能力。

3. 课外作业

课外作业是一种对综合能力考核的方法，其特点是必须把学习掌握的知识与篮球运动实践结合起来并加上自己的见解，因此，这种形式主要是了解学生对理论知识的理解深度，以及在实践中运用的能力。

三、篮球教学评价中应注意的问题

篮球教学的评价要遵循科学性与可行性相结合的原则。科学性集中表现在测量的可靠性、有效性和客观性三个方面。可行性是指评价的过程与方法和篮球教学的实际情况相符，现有的条件能够保证实现评价的目标，在教学实践中能够应用。科学性与可行性相结合，就要掌握有关评价的基本知识，熟悉篮球教学的基本规律，在不断的实践探索中构建篮球教学的评价体系。在篮球教学实践中还要注意正确使用绝对评价和相对评价两种不同的评价方法。绝对评价是采用非常明确的标准进行的评价，它依据一定的判断标准和学生完成的技术达标结果即可作出评价，如篮球课程考试中采用的投篮技术达标，标准规定在 1 分钟内投中若干次为合格是绝对的，凡达到规定次数都为合格，无须考虑学生之间的相互比较。相对评价是以学生之间测验成绩的相互比较为依据，按其好坏和在同一群体中所处的位置来确定成绩的方法，也就是说某学生的成绩是相对于在班级总体成绩中的位置而言的，分数是所处位置的表示。相对评价方法能够在同一班级内区别出优生和差生，使在群体中测量到的成绩呈现正态分布。相对评价指标通常是在篮球考试中进行技术评定时采用。为了使评价做到科学准确，必须测量到可用于评价的信息。

第七节　篮球训练理论与方法简介

一、篮球训练的概念、目的与作用

1. 篮球训练的概念

篮球运动训练是指在教练员的指导和运动员的参与下，有目的地提高运动员竞技能力的体育活动。篮球训练与教学有着密切的关系，教学与训练相互联系、相互促进以达到理想的效果。

2. 篮球训练的目的与作用

目的：篮球运动训练的目的是不断提高运动技术水平，创造优异的运动成绩。

作用：（1）提高篮球运动员的竞技能力。

（2）使运动员掌握篮球运动的理论知识、提高篮球技术水平和战术素养。

（3）改善篮球运动员的心理品质。

（4）强化篮球运动员的综合素质教育，培养运动员的道德品质和顽强拼搏的意志品质，团结协作的团队精神。

二、篮球训练的内容与任务

在篮球运动训练中，为了创造优异的运动成绩，就必须提高运动员的竞技能力，而竞技能力的提高又取决于体能、技术、战术、心理、智能。篮球训练的内容包括以下几点：

1. 思想、政治教育

在篮球训练过程中，应把提高运动员政治思想素质和职业道德、敬业精神的教育放在首位，并作为培养篮球运动员不可缺少的基本内容，结合篮球运动的特点，根据运动员的实际情况及比赛的任务贯穿于训练工作的全过程，使受训者在德、智、体诸方面得到全面的发展。

2. 体能训练

体能是运动员的多种运动素质的能力及机能水平，是人体综合运动能力的统称。因此体能训练应贯穿于整个训练过程，并根据不同阶段和运动员的各自情况安排适当的比例。篮球运动员需要具备全面身体素质，而力量与速度是篮球运动的主导素质，耐力也是运动员必备的重要素质。应以力量训练为基础，以速度训练为核心，重视耐力训练，全面发展篮球运动员的体能。

篮球运动员的身体训练包括一般身体训练和专项身体训练两方面，专项身体训练是在一般身体训练的基础上发展与篮球运动特点相适应的力量、速度、耐力、灵敏等素质，以及与篮球技术相关的专门练习，为提高技术、战术和比赛能力创造条件。

青少年篮球运动员体能训练的比重要大点，一般身体训练比重大于专项身体训练。在训练中一般身体训练与专项身体训练相结合，身体训练与技术、战术训练相结合，身体训练贯穿于全年训练。

3. 技术训练

篮球技术是进行篮球比赛的基本手段，是篮球战术的基础。任何战术意图与配合的实现都要求运动员掌握熟练的技术动作为保证。因此技术是比赛胜负的关键，在训练的各阶段都要反复进行技术训练，使技术动作规范、熟练。

技术训练的内容繁多，主要有进攻和防守两大类，每一类有单个基本技术、组合技术和位置技术。在技术训练上要使运动员在掌握全面技术的基础上发展个人技术特长，提高对抗情况下运用技术的能力，逐步形成自己的技术风格。

4. 战术训练

战术训练是指根据本队的训练目标和实际，在正确的战略思想指导下，设计本队战术打法，按战术基本结构、组织形式、配合方法进行系统练习的一种训练过程。

战术训练是构成篮球训练水平的重要因素之一。它把运动员已获得的身体、技术、心理、智能的训练效果，根据篮球比赛的一般规律糅合在一起，使全队形成一个坚强的战斗集体，提高全队的竞技能力，保证每个运动员的技术特长得到充分的发挥。

战术训练的内容包括进攻和防守两大类，每类战术中有基础配合和全队配合，每种战术可以在全场和半场范围内组织进行，每一战术又有多种战术阵形与配合方法的变化。

战术训练中首先要树立正确的战术指导思想，它涉及战术的准则；其次，应重视培养运动员的战术意识，这是运动员能在瞬息万变的比赛中机动灵活应变的根本保证；再者，战术训练要与身体训练、技术训练、心理训练和智力训练相结合，以不断提高球队的训练水平。

5. 心理训练

心理训练是在训练过程中对篮球运动员心理过程和个性心理特征施加影响，培养运动员具有适应篮球比赛所需要的各种心理品质的教育过程。

心理训练的目的是培养运动员学会调节心理状态的方法，克服比赛训练中出现的各种心理障碍，激发运动员从事训练与比赛的良好动机，使运动员在训练和比赛的各种困难条件下，保持积极、适宜、稳定的心理状态，发挥技术水平。

心理训练必须与身体、技术、战术训练及思想教育等有机地结合，以达到最佳的训练效果。

6. 智力训练

智力训练是指在运动训练过程中，有目的、有计划地提高运动员智力水平的教育过程。篮球比赛既是运动员体能、技能的对抗过程，也是运动员智能较量的过程，两军对垒势均力敌时，运动员的智力水平对比赛的影响就更大。因此，智力训练已成为现代训练中不可缺少的组成部分，是提高训练质量的重要一环。

智力训练可通过理论知识教育和各种能力培养来完成。理论知识包括基础理论与篮球专项理论。能力培养包括观察能力、判断能力、分析问题能力与解决问题能力等思维能力。

智力训练应寓于训练全过程中，同时可采用专题讲课、讨论、写训练日记比赛小结等方法发展运动员的智力。

7. 恢复训练

恢复训练是使用合理的恢复手段，加速消除运动员身体和精神上的疲劳，使机体活动能力得到恢复与提高，“没有负荷就没有训练”，“没有恢复就没有训练”。因此恢复训练是现代篮球训练十分重要的一项内容。

第八节　篮球训练的理论与原则

一、篮球训练的理论

篮球训练理论是以发展运动员的竞技能力，提高专项运动成绩为目的的一种专项性理论。

（一）篮球训练的理论依据

篮球训练理论是研究篮球训练过程的规律、原则和方法的专项理论。其目的是为发展运动员的竞技能力、提高篮球运动水平服务。其依据是训练的适应原理、竞技状态形成原理、训练过程的调控理论、运动训练负荷原理、超量恢复原理、恢复性原理等。以这些训练学的理论指导着篮球训练，科学地解决篮球训练应该练什么、怎么练以及练多少等问题，从而使篮球训练实现科学化、最优化。

（二）篮球训练原则

篮球训练原则反映了篮球训练过程的客观规律，是篮球训练工作必须遵循的准则。

1. 自觉积极性原则

自觉积极性原则是指使运动员在训练过程中明确训练的目的，从而积极独立掌握和提高篮球知识、技术与技能，发展竞技能力。兴趣是最好的老师，浓厚的兴趣与爱好，是取得良好训练效果的基础。所以，教练员要善于充分调动运动员练习的主观能动性，使运动员能自觉积极主动地练习。

2. 合理安排运动负荷原则

在篮球训练过程中，要根据训练任务和训练对象的水平，逐步、有节奏地加大运动负荷，直至最大限度。

3. 全队训练与个人训练相结合原则

集体训练是根据篮球运动集体性特点，组织全队进行旨在提高队员技术组合及队员间技术配合及集体对抗能力的练习。个人训练是指根据运动员的个体特点、位置要求、技术水平与心理品质的不同，进行单兵练习，以期形成运动员的特长技术。在训练申应将两者合理安排，以达到最佳训练效果。

4. 训练与比赛相结合原则

训练与比赛相结合是指在篮球运动训练过程中技术、战术训练要符合实战需要，通过比赛检验训练，发现问题，同时提高运动员在比赛中运用技术的能力，熟悉战术配合打法。通过比赛使运动员获得比赛经验，提高竞技能力。

第九节　训练课的组织与方法

一、训练课的类型

（一）体能训练课

体能训练课是以各种身体素质练习为手段，以提高和保持运动竞技水平为主要目的的训练课，更多地发展篮球运动员的一般和专项身体素质。

（二）技术、战术训练课

技术、战术训练课是以篮球的技术、战术为主要内容，以提高运动员的技术运用和战术配合能力为主要目的的训练课。技术训练、战术训练的步骤如下：

1. 技术训练步骤

（1）单个技术训练。

篮球技术是由大量的单个技术动作组成。单个技术训练的目的主要在于掌握、提高单个技术的动作技能。单个技术是掌握复杂技术和技术创新的基础，运动员应该坚持进行单个技术训练，不断提高技术水平。

（2）组合技术训练。

篮球组合技术是指两个以上单个技术动作有机衔接所形成的各种特殊的技术群的总称。在进行组合技术训练时，要从实际出发，分析和提高比赛中出现的各种复杂情况，设计不同的组合技术练习手段。掌握各种组合技术，为在对抗条件下运用技术打好基础。

（3）位置技术训练。

篮球比赛中队员的位置分为中锋、前锋和后卫，不同位置的队员在比赛中承担着不同的职责和攻守任务。教练员必须根据队员的位置和攻守任务，有针对性地强化位置技术训练。

（4）攻防技术的对抗训练。

篮球技术训练的主要任务不仅是形成动作技能，更重要的是队员要学会如何在比赛条件下运用已形成的动作技能达到一定的战术目的。为此，必须有计划、有要求地进行攻守技术的对抗训练。在掌握单个技术、组合技术及位置技术的基础上，学会在攻守对抗的情况下克服对手的阻挠和制约，达到及时、准确、合理地运用技术的目的。

2. 战术训练步骤

（1）战术基础配合训练。

篮球比赛的战术形式繁多，但都离不开基础配合。基础配合是全队攻防战术的基础，只有熟练地掌握和运用这些基础配合，才能在全队战术配合时更加灵活机动，更有效地发挥战术的作用。

（2）全队战术配合的衔接训练。

在局部基础配合训练有了一定基础的情况下，可以进行战术配合的衔接训练，包括局部战术配合衔接训练和全队战术配合衔接训练。局部战术配合的衔接训练，就是将局部的基础配合进行组合训练。在这种训练中，要强调主次配合的衔接、进行过程中的连接性和变化。全队战术配合衔接训练，就是在局部战术配合训练有了一定的基础后，所进行的全队完整战术训练。通过这种训练，提高全队配合的整体观念，明确在全队配合下自己的行动，以提高行动与配合的合理性和攻击性。

（3）战术配合的综合应变训练。

在掌握两个或两个以上全队战术的基础上，需要进行各种战术综合变化的组合练习，提高运用战术的应变能力。一方面要提高进攻与防守战术的转化能力；另一方面要提高综合运用战术的能力。

（4）战术配合的比赛训练。

战术配合的比赛训练是检验战术训练水平的重要手段，具有很强的对抗性。通过比赛训练，可以发现战术配合训练中存在的问题，提高队员的运用能力。

（三）比赛训练课

比赛训练课是以教学比赛为主要手段，以提高运动员的技术和战术运用能力为主要目的训练课。

（四）综合课

综合课包括上述3种类型课中的两种以上内容的训练课。

（五）调整训练课

调整训练课是以技术训练和心理恢复为手段，以调整和恢复为目的的训练课。

二、篮球训练课的组织

篮球训练课的组织与其他教学课的组织没有特殊的地方，一般只包括人员的组织、练习的组织、课的时间分配、运动负荷的安排4个方面。

人员组织主要的方式有个人作业练习和集体组织练习两种形式。在实践中常常把两种形式结合在一起进行，在一次课中，既有集体练习，也有个人练习。教练员要视课的主要任务决定，是以集体练习为主，还是以个人练习为主。

练习的组织主要是指练习的程序和练习的内容。在实际练习中，一般是先进行基本技术的练习，后进行战术配合练习、全队战术训练和教学。

课的时间分配主要是指在一堂课中，各种练习时间的分配比例。以技术练习为主的课，在时间分配上就要让技术占主要的地位，同样，战术练习为主的课，战术练习的时间相对要长。

运动负荷安排主要指课的运动负荷应以课的任务为依据，在一定的条件下，运动负荷应达到运动员的体能可以满足全场篮球比赛的需要。负荷量和负荷强度应遵循由小到大、循序渐进的原则。一堂篮球课保持在2～3个负荷高峰即可。

三、篮球运动训练方法

运动训练是在教练员的指导下，根据科学的教育原则，有计划、有目的、系统地为提高运动员的竞技能力和最大限度地挖掘运动员的潜能，为争取优异成绩而准备的全过程。篮球运动训练是教练员与运动员合作的双向活动，教练员组织、指导、教育的主导作用和运动员积极参与的主体作用，相互依存，相互促进，并得到充分施展与发挥。篮球运动训练不仅是运动技能不断提高的过程，也是一个复杂细致的教育过程，只有遵循专项训练与思想教育相结合的原则，采用科学而合理的训练方法与手段，才能使训练顺利进行，达到既定的目标。篮球运动训练基本方法有以下几种：

1. 重复训练法

训练过程中，对某种动作采用同一运动负荷和相同的间歇时间进行多次练习，以达到增加运动负荷和巩固技能的目的，称为重复训练法。例如，篮球运动训练中的连续投篮、传球等。重复次数的不同，对身体的作用不同，对巩固机能的作用也不同。重复次数的多少须依据学生所能承受的运动负荷量和完成动作所需的练习量而定。重复训练法可以分为连续重复训练法和间歇训练法。

2. 变换训练法

变换训练法是在训练过程中有目的地变换练习负荷、动作组合，以及变换练习环境、条件等情况进行训练的方法。训练的环境条件、速度、动作组合形式等变化了，对机体的影响也必然随之而变化。这种方法对学生中枢神经系统的协调性和机体调节的灵活性具有特殊的作用。

3. 循环训练法

循环训练法是综合了重复法、间歇法等一系列练习方法的综合方法，它是把多项活动内容设计成若干个站，让队员一站一站地进行练习，通过连续完成多种不同项目的循环，按照学生自身的负荷指标，使负荷量逐步提高，以达到增强体质的目的。这种训练法对增强学生的肌力、提高身体素质和增强心肺机能等都有显著作用。

4. 比赛训练法

比赛训练法是以比赛为训练内容，通过比赛，学习和锻炼队员的篮球技术、战术和意识。比赛是调动队员积极性的有效手段，它可以激发队员的斗志，促进队员积极向上、克服困难，获得优良成绩。篮球运动训练中比赛法的种类多种多样，有教学比赛、检查比赛、测验性比赛等等。不论采用哪种比赛法，都要根据教学任务来决定，必须注意运动负荷的调节，严格按照既定的规则要求进行。

5. 心理训练法

心理训练法是运用心理学的手段，提高运动员的心理素质和运动成绩的训练方法。心理训练与传统的身体训练、技术训练、战术训练和人格修炼相结合，构成了现代运动训练的完整体系。心理训练方法很多，但主要包括运动的表象训练法、想象训练法、语言暗示训练法、生物反馈训练法和放松训练法。

第十节　篮球训练文件的制定

篮球训练文件是指训练过程中的各种工作计划。它是用来控制、指导、实施和检查训练工作的重要依据。篮球训练文件包括全年训练计划、阶段训练计划、赛季制训练计划、周训练计划、课训练计划。正确制定各种训练文件是顺利进行训练工作的保证。各种训练文件的制定分述如下：

一、全年训练计划

全年训练计划是多年训练安排的组成部分。安排全年训练，是以分期理论和训练原则为基础，以重大比赛期间达到最佳竞技状态为出发点而制定的计划。首先要确定本年度参加的主要比赛及其目标，根据应达到的目标提出训练任务，即技术、战术、各种素质、专项能力应达到的具体训练指标与要求，以及总体的运动负荷要求，包括全年中的最大负荷、最大数量、最大强度出现的大体时间和全年运动负荷的曲线。有了全年总体任务与要求，再具体落实到各个时期、各个阶段去逐步完成（见表 5.4）。

表 5.4　按照阶段和周期划分的全年训练计划示例

	年度训练计划																			
训练阶段	准备阶段								比赛阶段								休整阶段			
初级阶段	一般准备阶段				专项准备阶段				赛前阶段				比赛阶段				休整阶段			
大周期																				
小周期																				

（一）全年训练计划的类型

1. 单周期计划

全年训练按 1 个完整的大周期组织实施，称为单周期计划。包含 1 个准备期、1 个比赛期和 1 个过渡期。由于只有一个比赛阶段，所以运动员只为一次重大比赛实现一次竞技状态高峰。

2. 双周期计划

全年训练按 2 个完整的大周期组织实施，称为双周期计划。双周期实际上是由 2 个连接在一起的短一些单周期组成，中间有一个不长的减量和准备阶段。在现代竞技运动训练中，双周期安排是一种重要的年度安排模式。运动员可用两三个月的时间做准备，使总体竞技能力或竞技能力的某一个方面发生明显的改变，并在一个半月至两个月的时间内，参加一系列的比赛，把已具有的竞技能力充分地表现出来，再加上半个月至一个月的减量或短时间的准备阶段，总共大约 5 ~ 7 个月的时间完成一个大周期的训练过程。因此，一年便可以安排两个训练大周期。

3. 多周期计划

按 3 个以上训练周期组织全年训练的计划，称为多周期训练计划。多周期训练目标要求运动员能在 3 个月左右的时间内，有效地提高竞技能力，并在比赛中充分表现出来。这就要求有更为科学的训练方法，更为有效的恢复手段。在制定三周期训练计划时，3 次比赛中最重要的一次应出现在最后一个周期。在 3 个准备阶段中，第一个应当最长。这一阶段所打下的身体准备的基础将一直影响到以后的两个周期。

（二）全年训练计划格式范例

全年训练计划的总体安排，涉及的内容较多，因此，必须从系统的观点出发，使整个安排科学合理（见表 5.5）。要提出一些定量指标，并使各方面的指标相互协调、系统连贯。

表 5.5　全年训练计划示例

项目____　运动员（队）____　性别____　年龄____　训练年限____　年度主要任务____

<table>
<tr><th colspan="2">类　别</th><th>运动员现实状态分析</th><th>年度训练的目标状态</th></tr>
<tr><td colspan="2">运动成绩</td><td></td><td></td></tr>
<tr><td rowspan="3"></td><td></td><td></td><td></td></tr>
<tr><td></td><td></td><td></td></tr>
<tr><td></td><td></td><td></td></tr>
<tr><td rowspan="3"></td><td></td><td></td><td></td></tr>
<tr><td></td><td></td><td></td></tr>
<tr><td></td><td></td><td></td></tr>
<tr><td colspan="2">技术</td><td></td><td></td></tr>
<tr><td colspan="2">战术</td><td></td><td></td></tr>
<tr><td colspan="2">形态</td><td></td><td></td></tr>
<tr><td colspan="2">心理</td><td></td><td></td></tr>
<tr><td colspan="2">智能</td><td></td><td></td></tr>
<tr><td rowspan="3"></td><td>课次</td><td></td><td></td></tr>
<tr><td></td><td></td><td></td></tr>
<tr><td></td><td></td><td></td></tr>
</table>

时期	准备期	比赛期	过渡期
阶段			
比赛任务			
比赛变化的总趋势			
恢复措施			
检查评定的内容、时间			

注：负荷栏的空栏内填写负荷的主要指标，如果安排双周期，则分为 6 格。

二、阶段训练计划

阶段训练是指全年训练中特定时间范围内的训练。它有两种类型，第一种是作为完整的全年训练过程中的一个有机组成部分；第二种则是指中短期临时性集训。

（一）大周期的阶段训练计划

1. 准备期的训练计划

准备期对于全年的训练有着极为重要的意义，在这一阶段中，运动员为比赛阶段做好了身体、技术、战术及心理等方面的全面准备。

准备期还可以分为两个阶段，即一般准备阶段和专项准备阶段。一般准备阶段训练的目的是完成一般身体准备，改善技术和基本战术，主要是提高身体能力。专项准备阶段是向赛季的过渡，这一阶段的训练更为专项化，主要是提高专项竞技能力与水平。

2. 比赛期的训练计划

比赛期训练的主要任务是完善所有的训练要素，形成最佳竞技状态，参加重大比赛。比赛期可以分为两个基本阶段，即赛前阶段和重大比赛阶段。赛前阶段是在正式进入赛季和准备参加重大比赛前，从准备期进入到比赛期的衔接阶段，在这一阶段，运动员在体能、技术、战术和心理等方面进行专门训练，为参加大赛做准备。比赛阶段是指进入正式比赛的这段时间，主要训练任务是保持最高竞技状态，争取优异成绩。

3. 过渡期的训练计划

过渡期是指从比赛结束到下一周期开始训练的这段时间。训练的主要任务是防止出现过度疲劳，以及借助积极性休息恢复，保证前后两个训练大周期之间的衔接。

（二）赛前中、短期集训的阶段训练计划

为准备某些特定的比赛，要组织赛前集训。这种赛前的中、短期集训，常为几周至两三个月。赛前中、短期集训的内容和计划，具有较为鲜明的特点。

1. 赛前中、短期阶段集训计划的结构及负荷特点

在大多数情况下，可将中、短期阶段集训看作是若干个周训练的组合。这些周训练的过程，既有各自明显的特点，又彼此连接，共同组成一个统一的阶段训练过程。

2. 赛前中、短期集训中的区别对待

对集训前一直坚持系统训练的运动员，中、短期集训应该看作是全年系统训练的一个组成部分。对那些没有经过系统训练的队员，在制订训练计划时，应以中等程度的运动负荷为主，只有在能够保证足够的时间得到必要恢复的条件下，才能安排带有强化形式的运动负荷。对于长期间断训练的运动员应以适应性及诱导性的训练为主，注意负荷安排的循序渐进，使身体机能尽快地适应一定强度的负荷。根据篮球项目的特点，中、短期集训应主要抓好全队的协调配合，通过用集体配合来提高全队的战斗力以弥补个别队员在某些方面的不足，努力创造更高的集体竞技能力。

第十一节　训练水平的测量与评价

训练水平是指运动员经过系统训练后，有机体对运动适应能力的程度。表现在战术、智

力和心理等方面发展水平上。通过对有机体适应能力的程度和竞赛能力进行测量评定，并对测量的结果进行客观的分析，使训练工作得到调整和改进。篮球训练评价是依据一定的标准对篮球教学训练过程中所采集到的系列信息进行判断的过程。

一、篮球训练水平测量与评价的内容

训练水平是由多种因素组成的，测量与评定的基本内容必须是能反映训练水平的主要因素。这些因素包括运动员的身体形态、机能和身体素质、技术和战术、心理品质、智力的发展水平等方面。

（一）身体形态与机能

1. 身体形态的测量与评定

（1）身高：篮球运动训练对身高的增长有积极的影响，特别是对青少年运动员更为明显，这个指标可以作为选材的重要条件之一。

（2）体重：在运动训练中，体重的变化是明显的，而且有一定的规律性。通过一次或一周训练课前、后或整个阶段训练前、后的体重测定，可以综合分析训练对机体的影响，还可以观察其适应和恢复情况。

（3）胸围：胸围指标可用来间接判断运动员的心肺功能。胸围／身高的比值越大，心肺功能水平越高。

（4）体型：布罗卡指数[L－（100+W）]在 1～15 范围内为匀称，最佳指数男为 5～8，女为 3～5。（注：L 代表身高，W 代表体重）。

（5）腿围（大、小腿围）、臂围（上臂、前臂围）：腿围和臂围指标可以间接反映上、下肢的肌肉力量，而肌肉力量是速度、弹跳和灵活性的基础。

2. 身体机能的测量与评定

反映身体机能的指标很多，但常用的则是脉搏、血压和肺活量。可与医务人员配合进行测定与评定。

3. 身体素质测量与评定

（1）力量测试：可用各种专门的测力计来测握力、背力、上下肢力量。如无测力计，可用引体向上、俯卧撑测上肢力量，用仰卧起坐测腹肌力量。还要结合篮球专项特点测定某些专项力量，如篮球传远可测臂力、投篮的投远、投准（按投篮技术规格要求）可测手腕、指和前臂的力量。可用原地纵跳和助跑摸高测下肢力量和弹跳力。

（2）速度测试：可以用专门测定仪器测定视觉反应速度。还可以用 100 米、200 米作为一般速度的测定指标，还要测定结合篮球特点的专项速度，如 30 米跑、变方向跑、折回跑、短距滑步、直线、曲线运球等。

（3）耐力测试：可用 300 米、越野跑作为一般耐力测定指标。可用反复折回跑、反复滑步、二个直线全场反复传球（如 3 ~ 5 个往返）作为专项耐力的测定指标。

（4）柔韧性测试：篮球运动员的柔韧性是非常重要的，它可以减少损伤，增加动作幅度。肩部柔韧性测定方法：握棒或绳向后和向前做翻手动作，根据双手之间的最短距离评定其肩部柔韧性的好坏。髋部柔韧性测试方法：根据劈腿（纵、横两种）以臀部与地面的距离评定其成绩。

① 肩部柔韧性测定方法：握棒或绳向后和向前做翻手动作，根据双手之间的最短距离评定其肩部柔韧性的好坏。

② 髋部柔韧性测试方法：根据劈腿（纵、横两种）以臀部与地面的距离评定其成绩。

为了评定运动员身体训练水平，需运用统计学的标准百分法或累进计分法制订专门的评分表，根据测定所得数据进行查表，即可评定其训练水平。

（二）技术水平测量与评定

技术水平主要是根据比赛的技术统计进行测量与评定：① 投篮与罚球的命中率（%）；② 攻、守篮板球（次数）；③ 抢、断球（次数）；④ 失误、违例（次数）；⑤ 犯规（次数）；⑥ 防无球队员的漏人（次数）；⑦ 防投篮成功率（%），防持球实破成功率（%）；⑧ 得分；⑨ 助攻传球（次数）。

（三）战术水平的评定

战术水平主要是根据比赛中运动员的战术行动的合理性和所起的作用进行评定。

（1）进攻方面：个人攻击意识和能力，配合意识和能力，调整位置，助攻传球意识和能力等。

（2）防守方面：防守的策略和攻击性，协防意识和能力。

（四）心理训练水平的测量与评定

1. 运动焦虑的测量

运动焦虑产生时常伴随着不同的心理和生理变化，如思维混乱、注意力过度狭窄、感知觉迟钝、表象模糊、想象力缺乏、心跳加快、血压升高、呼吸深度加强、肌肉颤抖、出汗尿频、失眠、无食欲等，因此，对焦虑的测定可以采用多种方法，目前常用的有：

（1）脑电测量：以放松与紧张时脑电图中的阿尔法波与贝塔波的变化进行测量，以鉴定焦虑及焦虑的程度。

（2）皮电测量：人在紧张时，毛细血管收缩，汗腺活动增强，皮肤出汗，从而产生皮肤电阻变大、电流量增高的现象。通过对皮肤电的变化就可以对焦虑进行测量。

（3）肌电测量：心理紧张还会伴随有肌肉紧张的变化。通过肌电测量可以发现运动员的心理紧张状态。

（4）生化测量：人在紧张时，某些腺体分泌的激素（如肾上腺素、甲肾上腺素）就会增加，在血和尿中可以测得这些变化。

（5）心率测量：心跳加快，心律不齐等变化都是焦虑增加的表现。

（6）血压测量：血压升高是心理紧张的表现之一。

（7）问卷调查：用设计好的问卷对运动员在赛前或赛中的状态焦虑感受进行书面调查，以诊断和鉴定运动员的焦虑水平。

2. 反应能力的测量

（1）落尺法：主要测试运动员的视动反应。此方法的优点是简单易行，不足是准确性稍差。

（2）神经机能测试法：此方法可以测试运动员的简单反应时（光反应时、声反应时）和选择反应时。简单反应时主要是测试被试者对简单刺激做出快速反应的能力，选择反应时主要测试被试者对某一刺激从多种刺激中选择出来并作出快速反应的能力。

（3）综合反应测试法：主要测定运动员视觉—动觉调节，手、脚协调配合反应的敏捷性和准确性。

3. 肌肉用力感觉的测试

肌肉用力感觉是肌肉收缩的程度在大脑中的反映。它是运动技能形成的最基本的心理成分，是准确地完成技术、提高，技能质量的保证，是发现和纠正误差的前提。肌肉用力感觉的高度一般都是在遮眼排除视觉的情况下复制出指定的肌肉用力，复制的误差越小肌肉感觉越准确。

4. 动觉方位测试

动觉方位指的是大脑对躯干和四肢位置变化的反映。动觉方位感受性是运动技能形成、改进和提高的心理因素之一，对运动员准确地完成动作有重要意义。动觉方位感受性的测试主要是在排除视觉的情况下根据动觉表象进行的。目前，国内采用较多的是用动作方位测试仪对运动员臂和腿动觉方位准确性进行的测定。

5. 深度知觉测试

深度知觉是人脑对知觉对象的深度与主客体的距离的反映。深度知觉是以视觉为主，并由动觉和视觉的协同活动来实现。在篮球运动中，运动员对知觉对象的判断能力具有极其重要的意义。因此，深度知觉可作为选择和诊断篮球运动员心理素质的一个指标。深度知觉准确性的测试可用深知觉高度仪进行。

6. 注意分配的测试

篮球运动员不仅视野要广阔、注意范围要大，而且要有比较强的注意分配的能力，要具备在同一时间内将注意分配在球、攻防队员的位置与意图等活动的能力，合理地完成动作。注意分配能力的测验可用注意分配仪。

7. 操作思维的测试

操作思维是运动员在完成技、战术过程中所进行的思维。它是篮球运动员能否有效地完成技、战术配合的一个重要保证。操作思维的测试主要采用三筹码的方法进行，主要测量运动员操作思维的准确性和敏捷性。

二、篮球训练水平测量和评价的基本手段与方法

对篮球训练水平的测量和评价的目的是要反映运动员学习和掌握篮球技术、战术的程度，为确立今后的学习和训练目标提供依据。因此测量和评价的基本手段和方法应以专项的内容为核心，能充分体现篮球专业的特点。

（一）测量与评价的基本手段

篮球训练水平的测量和评价常用的手段有：专项测试和比赛统计两种手段。

1. 专项测试

专项测试是指通过运用专门的篮球技术测试方法对运动员进行技术和战术掌握情况的测试。通常采用的有定点传球、多点运球、定位投篮、多点投篮等方法。

2. 比赛统计

比赛统计是指通过比赛中各项指标和数据来评价和考核运动员的技术和战术水平。如篮板球的次数、投篮的命中率、助攻的次数和快攻发动的次数等比赛的统计，均可以反映运动员的技术和战术水平的情况。除了常规的统计数据以外，对于篮球专项来说，还可以由本队自己设计出较多和更细致的专项统计指标，以便对运动员评价更加合理和广泛。如投篮点、投篮方式、配合方式与成功率等。

（二）常用测量与评价的方法

1. 水平测量和评价

水平测量和评价是指对于在同一水平上，或是在同一年龄组的运动员进行水平区别的测量和评价。现在国内流行的有等级赛、等级测试等等。这种测量和评价的目的是了解在同一水平上队员达到的实际水平，是一种横向的水平评价。

2. 追踪测量和评价

追踪测量和评价是指对于一支队伍和一名队员进行连续的、跟踪式的测量和评价。这种测量和评价的目的是要确定球队和运动员在一定的时间内提高和进步的情况与幅度。如前一届比赛和后一届比赛各项数据的比较；第一季度训练水平与第二季度训练水平的测试比较。这些均可以反映运动员在一定时间内提高的程度。

三、篮球训练水平测量与评价应注意的问题

为了体现测量和评价的科学和严谨，对训练的评价应注意专项的测试和比赛统计结合进行。一般的情况是将两者结合使用。专项测试可以反映运动员掌握专项技术的情况，比赛测试反映运动员技术、战术运用的基本情况。运动员水平的提高是一个相对较慢的过程，因此，评价时不能单一地从一项指标来进行评价，应将专项测试和比赛统计结合。

篮球训练测量与评价注意使用定性指标和定量指标。定性指标可以反映队员技术动作掌握的规范程度和反映某些篮球意识和技术运用的情况。定量指标可以反映运动员的实际水平，如命中次数、跑动速度和跳起高度等，它的客观性强。因此，测量和评价时要充分考虑两者的结合。

短期目标与长远潜力结合。在一定的时间内有些运动员可能提高的幅度较大，有些运动员则有可能具有长期的潜力。因此，评价时要注意短期目标和长远潜力结合。

1. 什么是篮球教学？篮球教学中的主要任务是什么？
2. 简述篮球技术教学步骤。
3. 简述篮球战术教学步骤。
4. 简述制定篮球教学训练大纲的基本要求。
5. 简述编写课时计划的基本要求。
6. 篮球教学实践课的结构由哪几部分组成？有哪几种组织模式？
7. 简述篮球运动训练教学评定的内容。
8. 篮球训练的任务是什么？如何能实现这项任务？
9. 如何合理安排训练负荷？
10. 简述篮球训练的特征及其训练原则。
11. 试制定一份 13 ~ 15 岁青少年篮球运动员的全年训练计划。

参考文献

[1] 孙民治：《现代篮球运动教学与训练》，人民体育出版社 2003 年版。
[2] [德]彼得.克林斯曼：《篮球教学》，潘祥，编译，北京体育大学 2005 年版。
[3] 姚蕾：《体育教学论学程》，北京体育大学 2005 年版。
[4] 张宏杰，陈均：《篮球运动成功训练基础》，北京体育大学 2004 年版。
[5] 贾志强：《篮球训练计划制订与范例》，北京体育大学 2005 年版。

第六章　篮球运动教学、训练能力的培养

【本章学习目标】通过学习了解篮球运动教学、训练能力的培养，完全掌握篮球教学中编制教学文件能力的培养和组织课堂教学能力的培养；以及编制训练计划能力的培养，组织课堂训练能力的培养和指挥比赛能力的培养。

【本章学习要点】

1. 篮球教学训练活动是一个有组织、有规划，使学生掌握篮球基本理论、基本技术和基本技能以及提高和保持运动水平的教育过程。在这个过程中，教育者（教师和教练员）起着主导作用。

2. 教学能力：包括编制教学文件的能力和组织课堂教学的能力。

3. 在培养学生编制教学文件能力方面，应着重于培养其制定教学大纲的能力、安排教学进度的能力和编写教案的能力。

4. 在体育院校中，篮球课程的种类大致有四种，即专修、辅修、普修和选修。

5. 教学大纲由三大部分组成，第一部分主要是明确课程的性质和使用对象；第二部分是大纲的主体，它要阐明课程的教学任务、教学内容的安排和课时数分配、教学内容的纲要、考核内容与方法标准，以及实施完成教学任务的措施；第三部分主要是列出课程所用教材和参考书目。

6. 安排教学进度能力的培养，应当让学生了解教学进度的作用和格式，熟悉教学进度的安排方法，懂得安排教学进度的要求，然后再在讨论和作业中练习编写教学进度。

7. 教学进度通常有两种表示格式，一种是表格符号式，另一种是顺序名称式。

8. 教学进度的安排比较常见的有两种方法：一种是将教学内容穿插起来，按其自身逻辑关系排列成教学进度；另一种是从能力培养的角度考虑，将教学任务分成几个板块顺序。

9. 篮球实践课的教案较多采用表格的形式，篮球理论课的教案较多采用条文的形式。

10. 实践课教案应该包括四个部分：第一部分是课的内容和任务；第二部分是教学内容的具体安排和组织教法要求以及时间分配，其中应含有课的开始、基本与结束三个小部分；第三部分是上课所需要的场地器材；第四部分是布置课后作业和本课的小结。

11. 组织课堂教学能力的培养，包括理论课教学能力的培养和实践课教学能力的培养两个方面。

12. 实践课教学的能力，应注重从学生的示范、讲解、教法、纠错和组织方面着手培养。

13. 训练能力，包括编制训练计划的能力、组织课堂训练的能力和指挥比赛的能力。

14. 制订训练计划通常采用这样的方法：① 划定时间阶段；② 分解总体任务；③ 确定具体内容；④ 安排训练负荷。

15. 制订训练计划能力的培养，可以从制定自我训练计划、制定自己队的训练计划和制定带队训练计划着手。

16. 组织课堂训练的能力，主要包括技术训练能力、战术训练能力和身体训练能力的培养。

17. 培养技术训练能力，应该注重让学生掌握正确的应用示范、了解多种练习方法和懂得不同的练习要求。战术训练能力的培养，应该注重让学生掌握基本的战术形式、熟悉变化的战术方法和建立灵活的战术意识。身体素质训练能力的培养，应该注重让学生能够紧密结合专项特征、具体针对个体特点和合理调节训练负荷。

18. 指挥比赛能力的培养阶段有：赛前侦察，赛前决策，临场指挥，赛后总结，指挥比赛能力的实践锻炼 5 个阶段。

【基本概念】教学大纲、教学进度、教案。

【关键名词】编制教学文件的能力、组织课堂教学的能力、表格符号式、顺序名称式、理论课教学能力、实践课教学能力、编制训练计划的能力、组织课堂训练的能力、指挥比赛的能力、技术训练能力、战术训练能力、身体训练能力。

第一节　教学能力的培养

篮球教学训练活动是一个有组织、有规划，使学生掌握篮球基本理论、基本技术和基本技能以及提高和保持运动水平的教育过程。在这个过程中，教育者（教师和教练员）起着主导作用。按照高等院校的教育目标和社会实际的需要，对学生进行教学训练能力的培养，使他们能够遵循教学训练的基本规律，运用科学的教学训练方法，把握教学训练的过程，落实教学训练的具体任务，是体育院校篮球教学，尤其是篮球专项教学的一个重要方面。

教学能力，包括编制教学文件的能力和组织课堂教学的能力，都是体育院校学生应具备的主要能力，教师应在日常教学中注意培养。

一、编制教学文件能力的培养

在培养学生编制教学文件能力方面，应着重培养其制定教学大纲的能力、安排教学进度的能力和编写教案的能力。

（一）制定教学大纲的能力

制定教学大纲的能力是首先必须掌握的，要培养这种能力，可以让学生先了解教学大纲的作用、熟悉教学大纲的结构和内容、懂得制定大纲的要求，然后再在讨论和作业中尝试制定教学大纲。

1. 把握教学大纲的目的任务与要求

教学大纲是教学工作的指导性文件，它是根据教学计划中规定的课程设置要求制定的。大纲以纲要的形式对课程教学的适用对象、任务、内容、知识广度和深度，以及教学形式、考核方法与标准等作出规定。在体育院校中，篮球课程的种类大致有四种，即专修、辅修、普修和选修。每一种又有许多区别，学时数差别很大。不同种类的篮球课程面对的对象也大不相同，有体育教育专业、运动训练专业和民族传统体育专业的学生；也有非体育专业，如新闻、管理、社会体育及保健康复专业的学生。因而，必须制定不同的篮球教学大纲以针对不同专业的学生，达到不同的教学目的，满足不同的需要。

2. 熟悉教学大纲的结构和内容

教学大纲由三大部分组成，第一部分主要是明确课程的性质和使用对象；第二部分是大纲的主体，它要阐明课程的教学任务、教学内容的安排和时数分配、教学内容的纲要、考核内容与方法标准，以及实施完成教学任务的措施；第三部分主要是列出课程所用教材和参考书目。

3. 懂得制定与执行大纲的要求

制定大纲最基本的要求是从篮球运动的特点和学生的实际出发，以学生为主体，提出篮球课程的教学任务，对教学内容的主次、实践与理论的比例进行科学合理的安排，以符合学生所学专业的需要。因为篮球课程种类不一样，所以不同的大纲既要考虑它本身的完整性，也要考虑它与相应大纲衔接的连贯性。

4. 在讨论和作业中尝试制定教学大纲

组织学生在个人仔细阅读篮球普修课教学大纲的基础上，对大纲的各个部分，特别是教学内容纲要和考核内容、方法与标准进行讨论，要求每名学生都发表自己的看法。也可以在分组讨论的基础上由各组选派代表在全体学生中进行交流，使学生对篮球普修教学大纲有清晰的了解和认识。再给学生布置作业，让他们每人制定一份针对非体育专业学生（可以是体育院校内的，也可以是体育院校外）的篮球课教学大纲。作业之后，互换评议，看看教学任务是否合适，教学形式和时数安排是否合理，教学内容涉及的范围是否符合学生实际需要，考核的方法与标准是否可行。然后，按照制定大纲的要求，再各自进行修改，使学生对大纲制定的过程有进一步的体会。

（二）设计与安排教学进度的能力

安排教学进度能力的培养，应当让学生了解教学进度的作用和格式，熟悉教学进度的安排方法，懂得安排教学进度的要求，然后再在讨论和作业中练习编写教学进度。

1. 了解教学进度的作用和格式

教学进度是将大纲规定的任务进行合理排序、具体落实到每一次课中去的进程性文件。进度反映的是贯彻大纲内容的教学策略，影响着教学任务的完成和教学质量的提高，也是检查教学工作的主要依据之一。教学进度通常有两种表示格式，一种是表格符号式，另一种是顺序名称式。两种格式各有其优点，只要能够表示清楚，便于接受使用即可。

2. 掌握教学进度的安排方法

教学进度应该根据篮球教学的任务，并结合教学对象的特点和教学时间的长短来安排。比较常见的有两种方法：一种是将教学内容穿插起来，按其自身逻辑关系排列成教学进度，体现循序渐进的原则，以利于学生在学习时产生积极的正迁移作用，避免消极干扰，以利于教学中练习的组织；另一种是从能力培养的角度考虑，将教学任务分成几个板块顺序，比如，把基本技术和基本战术的学习作为一个板块、把组织教法的学习作为一个板块、把裁判能力的培养作为一个板块等，每一个板块按其独自的特点来安排进度，板块之间也有互相联系的地方。

3. 懂得科学安排教学进度的要求

由于篮球课程的种类不同，时数不同，对象不同，所以在安排教学进度时要从培养对象的实际出发，在不同的篮球课程里，既要有这门课程的完整性，突出这门课程的重点，又要考虑与其他篮球课程在特点、重点和程度上的区别以及衔接。在进度的安排上，应该明确哪些内容是主要的、必须有的，哪些内容是作为补充的，哪些内容是可以选择的，从而体现进度的弹性。实践课内容应体现篮球技术、战术之间的联系及组合对抗的特点，理论课内容要和实践课相配合，具有联系和指导作用。要考虑每一堂课的内容数量和新老内容的搭配比例。课的形式可以多样化，把课内课外、校内校外紧密联系起来，使学生的基本理论、基本技术、基本技能的学习和能力的培养锻炼有机地结合起来。

4. 在讨论和作业中练习编写教学进度

在学生懂得了教学进度安排的知识后，给学生一份篮球普修课的教学进度表，让他们按照要求，对教学进度中的内容安排进行综合分析，如内容顺序是否连贯、内容深度是否恰当、纵横搭配是否紧密、重点内容是否突出，以及时数分配是否合理等。通过分析，使学生对教学进度有更加全面和深刻的印象。然后，布置任务，让学生分别根据自己原先编制的大纲来安排教学进度。再互相交流评议，肯定成绩，指出不足，提出建议，进一步修改完善。

（三）编写教案的能力

编写教案的能力是编制教学文件能力中最重要的一个环节，要培养这种能力，必须让学生了解教案的作用和格式、熟悉教案的结构、懂得编写教案的要求，然后再在实践中锻炼编写教案。

1. 了解教案的作用和格式

教案是按照教学进度的安排来贯彻完成教学大纲任务、落实于每一堂课的操作性文件，是教师对教材钻研、资料积累、经验总结的反映，是教师实施大纲任务的细节勾画，也是教师上课的依据。如果说大纲和进度要侧重于针对学生群体实际的话，那么教案则要侧重针对授课班级这个小群体或学生个体的实际。篮球实践课的教案较多采用表格的形式，篮球理论课的教案较多采用条文的形式。

2. 熟悉教案的结构

实践课教案应该包括四个部分：第一部分是课的内容和任务；第二部分是教学内容的具体安排和组织教法要求以及时间分配，其中应含有课的开始、基本与结束三个小部分；第三部分是上课所需要的场地器材；第四部分是布置课后作业和本课的小结。理论课教案应该围绕课的主题，根据大纲规定所要达到的知识范围，划定基本内容和重点内容。按照课的内容，排好前后顺序，再对每项内容进行结构或层次分解。

3. 懂得编写教案的要求

教案的编写，首先，要根据教学进度安排和内容出现的次数，使教学任务具体而贴切，便于把握和检验；其次，要合理地安排教学内容，使一堂课的内容连贯流畅，重点突出；第三，要反映综合素质的培养，使教学中渗透着思想作风、道德品质的教育。另外，要选择适当的教学形式和方法，使教学任务的完成得以保证。理论课的教案应把内容的主次、相互的联系体现出来，实践课的教案应考虑练习的次数和负荷的大小。无论编写理论课还是实践课的教案，都必须要熟悉、钻研教材。

4. 在实践中锻炼编写教案

学生对编写教案的知识了解之后，要组织安排他们分别按照教学进度的内容或者教师指定的内容来编写教案。实践课的教案可以分开来编写，先从准备部分或结束部分开始，让学生编写一套动力性的、静力性的或专项性的热身活动或放松练习，将这套热身活动或放松练习的方法、要求交代明白，并把教学组织形式写清楚。准备部分或结束部分的教案编写之后，回过来分析热身活动或放松练习的内容是否比较全面，方法是否恰当，能否达到目的，组织形式是否合理，并通过课内实习来检验教案编写的质量。然后，让学生编写基本部分的教案，通过课前的探讨和课后的小结来分析基本部分内容安排的顺序、练习形式的选择、练习队伍的组织、练习时间的分配、教学方法的运用，以及教学要求的贯彻。最后，让学生编写整堂课的教案，使他们体会教案的前后呼应、针对性和完整性。理论课的教案也可以采用化整为零的方式来进行，先让学生按照大纲范围编写课题内容某一部分的讲稿，然后再编写课题内容完整的讲稿，还可以让学生按照授课时数来编写不少于若干字数的讲稿。在理论课教案编写好之后，要对讲稿的内容、结构、涉及的广度和深度、重点、要点、例子、逻辑性和文字等进行分析、修改，并通过课内试讲来进行总结。对教案的编写，只有经过反复的课前修改和课后小结才能不断地提高。

二、组织课堂教学能力的培养

组织课堂教学能力的培养，包括理论课教学能力的培养和实践课教学能力的培养两个方面。

（一）理论课教学的能力

理论课教学能力的培养，应重视从学生的人文科学和相关学科着眼，从重视专项理论学习着手，有序地提高他们的写作水平、语言表达能力、板书功夫和多媒体技术方面的能力。

1. 加强理论学习

要使学生切实地掌握篮球运动的基本理论，不论是技术、战术的理论，还是篮球运动发展和教学训练或规则、裁判、竞赛的理论。教师讲授理论课时，首先，要启发学生重视对人文科学的学习，对理论学习要开动脑筋，主动思考，大胆质疑提问，积极进行讨论。其次，要引导学生多阅读教材之外的篮球理论性书籍、刊物和其他学科书籍，多关心篮球运动的发展状况，多观看高水平的篮球比赛，把课内学到的理论和课外了解的现状结合起来，扩大自己的知识面，加深对篮球运动的认识程度。

2. 提高写作水平

在掌握理论的基础上，应有意识地布置学生经常写些综述性小文章，也可以培养他们的文字表达能力。可以通过让学生做课堂笔记、文献摘要，写读后感、观后感和写体会与小结的办法提高自己，进而安排专题写作来锻炼他们。同时，应和他们一起分析文章的主题、论点、论据、论述是否明确、充分、有力，探讨文章的结构、条理、措辞是否合理、清楚、贴切，使学生在不断的习作中得以提高。

3. 增强语言表达能力

理论课的教学能力，不只是自己懂得了知识和能够写下来就可以了，还必须通过语言表达出来使别人接受。学生都有开口习惯，但要在正式的场合，能有条有理地分析讲述问题，就不一定行了。因此，可以通过回答问题、讨论、重点发言的形式，引导学生集中思考、有针对性地讲话。再通过小范围的专题讲述，锻炼学生半脱稿、基本脱稿的发言习惯。然后再和学生探讨如何提高语言表达的技巧，使其更自然、流畅和生动。

4. 重视磨炼板书

理论课的讲述，板书是很重要的辅助手段。板书的作用可以使讲课的内容更清晰地被人接受和记录下来，还可以比语言更明白地表达所讲述的内容，漂亮的板书还能够吸引学生的注意力，提高讲课效率。篮球理论课中的板书不单是文字书写，还要涉及画图。平时通过记笔记、作摘要和写体会、感想等，自然对板书会有帮助，但更有作用的是要通过对学生书写、图画的批改，以及退还重做来促进他们自觉地、有意识地去练，以达到工整、规范的效果。

5. 掌握多媒体技术

随着现代科学技术的发展，篮球理论课的教学应充分运用先进的多媒体教学手段。多媒体教学可以更直观、形象、深刻地使人接受理论知识，提高课堂时间利用率。通过电脑的学习、操作，让学生从文件、图片、动画的反复制作实践中，逐渐熟悉、熟练与掌握，并与专业相结合，从而提高自己的动手能力，丰富篮球理论课的形式，提高篮球理论课的教学质量。

（二）实践课教学的能力

实践课教学的能力，应注重从学生的示范、讲解、教法、纠错和组织方面着手培养。

1. 规范正确的示范

示范是实践课教学最基本的方法和能力。示范是要把规范正确的动作演示出来，不同于一般情况下动作的自然流露，它对于学生，特别是对初学者的影响是巨大的。进行示范，就必须领会动作的要领，掌握动作的方法，懂得运用的要求。要在平时练习的时候有意识地按照动作要领去做，控制自己的动作，不能随随便便地去做。即使是在打比赛时，也不能马虎，要努力使正确的动作定型。此时也可以多让学生做示范，增强他们的重视程度，提高他们的示范能力。另外，要有一定的模仿能力，以便在教学中更好地进行比较，帮助改正不规范的或错误的动作。

2. 简明扼要的讲解

实践课中的讲解和理论课中的讲解是不同的，在队伍集中时的讲解应是结合动作介绍、示范，抓住重点精讲，使学生把握动作关键。在练习过程中的讲解应是针对动作进行的情况，只言片语地提示，使做得好的学生加深对正确动作的记忆和巩固强化动作，使做得差的学生改进自己的动作和抑制错误动作的再现。可以在课中锻炼学生的讲解能力，让他们边示范边讲解。也可以让他们对练习者的某项技术进行分析：好在哪里，差在哪里。还可以引导他们在练习过程中对练习者适时地发出提示，引导他们在练习前、中、后相互进行讲解帮助。

3. 适宜有效的教法

要使实践课的教学具有一定的效果，采用适宜的方法来进行教学是非常重要的。掌握技术动作的方法，最基本的是通过反复的、正确的操练。而如何较快较好地达到掌握的目的，就有许多不同的教学方法可以运用到教学中去。要使学生了解常规的和现代各种教学方法，知道各种教学方法的特点，在实践课中先采用常规的教学方法进行教学，增加体会，积累经验，然后选择某种现代的教学方法来进行教学，接受新观念，适应新需要，并通过自我总结、互相交流的形式取长补短，再去探讨新的方法。在具体的练习中，让学生通过有目的地设计、选择一些练习方法或者通过调整练习的难度，也可以收到较好的效果。

4. 及时准确地纠正

实践课教学中，能够及时地发现和纠正不规范的动作，也是能力的一种表现。只有对规范动作有清晰的认识，才会对不规范动作有敏锐的反应。只有对动作教法有仔细的研究，才会对不规范动作有得法的矫正。培养学生的纠正能力，要从对规范动的分析入手，使学生了解动作的各个环节，并且知道哪个环节比较难掌握，哪个环节对其他环节影响较大；了解动作的用力顺序、用力过程和哪一步对动作协调的影响较大；了解动作学习中容易产生的问题，知道应当先解决哪个问题，采用怎样的方法比较合适对路。然后在课中找些典型的例子让学生来分析探讨，提出改进办法。也可以让学生结成两三人的对子，进行互帮互学，共同提高。特别是要有区别地针对不同个体，采用不同的办法去解决。

5. 合理流畅的组织

实践课教学的能力，还有一种相当重要的是在课堂中使练习有序进行，使教学内容转换得紧凑连贯，使学生积极投入地组织调动队伍和面对突然出现问题而及时应变的能力。它主要反映在组织练习时的队形、人员搭配、位置走向，各练习之间变化衔接的安排，队伍调动时口令的使用，对学生练习情况的反馈、调整和控制，以及练习时鼓动、调节、活跃气氛的语言运用等方面。培养学生这些方面的能力，首先可以从基本的喊口令做起，声音要响亮有力，指挥队伍时口令要正确。其次要结合教案编写，从练习形式和练习队伍组织上好好考虑，特别是一个练习中的间隔、位置变换，以及练习之间队伍的调动，在备课的过程中就把课的组织流程仔细策划好。另外，要对教学练习中可能产生的问题（包括安全）进行分析，预先采取防范措施。还可以通过不断的课后小结，分析课中在组织方面的不足，改进和提高这方面的能力。

第二节　训练能力的培养

训练能力，包括编制训练计划的能力、组织课堂训练的能力和指挥比赛的能力，都是体育院校教师应注意培养的学生基本能力。

一、编制训练计划能力的培养

在培养学生编制训练计划能力方面，应注意让学生从理论上掌握制订训练计划的基本知识，在实践中锻炼制订训练计划的能力。

（一）掌握制订训练计划的基本知识

让学生掌握制订训练计划的基本知识，应当从了解制订训练计划的基本要求和懂得制订训练计划的基本方法着手。

1. 了解制订训练计划的基本要求

训练计划通常是指按队进行组织实施，为完成一定任务和达到最佳竞技状态，在训练过程中控制、指导、实施及检查训练工作的规划。制定一份合适的训练计划，应当达到这样的要求：

（1）要充分掌握运动员的情况。训练工作的对象是运动员，运动员的情况各不相同，计划就要以运动员的实际状况为出发点。

（2）要确定训练的目标和任务。训练的目标有短期的和中、长期的，与之相应就应有短期的和中、长期的训练任务；训练的目标有全队的和个人的，与之相应就应有全队的和个人的任务。

（3）要符合客观的规律。运动员的生长发育、机能发展、竞技状态形成和认知提高都有它们各自的规律，训练就得顺应这些规律。

（4）要可行、可检和可调。训练计划是要通过实施才能落实的，应当具有可操作性；实施中的效果如何，应当便于检查；实施中会出现新的问题，应当能够调整。

2. 懂得制订训练计划的基本方法

训练计划是对未来训练过程预先作出的理论设计，制订训练计划通常采用这样的方法：

（1）划定时间阶段。训练是一个过程，它是围着总的目标或大的赛事进行的，根据这个过程的时间长短，可以把它分为符合竞技状态形成规律的各个训练时期阶段。如通常所见的准备期的全面训练阶段和专项训练阶段，比赛期的赛前训练阶段和比赛阶段以及过渡期的调整阶段。

（2）分解总体任务。按照时间段的划分，把总体任务也分解到对应的训练阶段中，使各个阶段也有明确的具体任务和要达到的具体指标。如在准备期内身体素质要达到什么水平、专项技能要达到什么程度，形成怎样的整体攻守体系，在比赛期内阵容的配备锻炼要达到怎样的默契程度、参加多少场模拟适应性的比赛、比赛中各项技术指标要达到怎样的水平。

（3）安排训练负荷。根据竞技状态形成的规律，安排各个阶段的训练负荷、调整强度和量的关系。如全面训练阶段以身体、技术训练的量为主，专项训练阶段则以技战术训练的强度为主，增加对抗性，赛前阶段以实战演练为主，增加比赛强度。

（4）确定具体内容。根据不同训练阶段的任务，要定出具体的训练内容，采用的方法、形式和要求。如在投篮技术训综中，采用重复练习的方法，以接球停步起跳的形式，在一个点或几个点连续完成若干次跳投；也可以采用间歇练习的方法，以两人一组相互投、抢、传的形式，持续进行若干分钟跳投。

（二）锻炼制订训练计划的能力

制订训练计划能力的培养，可以从制订自我训练计划、制订自己队的训练计划和制订带队训练计划着手。

1. 制订自我训练计划

组织学生从自己的具体实际出发，分析存在什么薄弱之处，要解决什么问题，提高什么技术，要达到怎样的目标。然后，利用早锻炼的时间，或者是平时业余的时间，安排一个阶段的训练计划。比如，要提高自己的投篮命中率，可以制订一个每天早操或课后进行一定时间、一定次数或投中一定次数的、以不同形式来完成的投篮练习计划；要提高自己的速度素质，可以制订一个在早操时间的跑步计划，例如如何热身、跑多少距离、以怎样的速度来跑、跑几次、每次间歇多少时间等。通过一定阶段的练习，检查一下按计划进行训练的效果，看看目标是否达到，幅度提高多少，问题解决得怎样，计划是否可行。

2. 制订自己队伍的训练计划

组织学生根据自己队的实际情况，讨论制订一个训练计划。比如，为了参加学校内的专项比赛，可以制订一个赛前计划，把本队应该加强的、改进的方面，应该采用的办法与将遇到的对手的情况等，反映到计划中。通过总结比赛中取得的成绩和暴露的问题，也可以制订一个比赛后新的训练计划，把以后要继续努力的方向，需要在技术、战术、身体素质方面进行怎样深一步的训练、提高，以及要着重解决的问题等，反映在计划中，以便于对照和修正。

3. 制订带队训练计划

利用教学训练实习，组织安排学生指导学校业余队伍的训练，让他们针对队伍的人员状况、技术水平状况、训练的次数和每次训练的时间，近期面临的任务及训练目标，制订一个训练计划。要在计划中体现出队伍整体发展的想法或思路，根据带队实习的有限时间，如何在技术、战术和身体素质方面有所侧重地抓一些主要环节，解决一些突出的具体问题。在训练的过程中，不时地检查所定计划的针对性、切合实际的情况和执行的结果。同时也及时地对计划中某些方面予以调整，从而提高制订训练计划的能力。

二、组织课堂训练能力的培养

组织课堂训练的能力，主要包括技术训练能力、战术训练能力和身体训练能力的培养。

（一）技术训练的能力

培养技术训练能力，应该注重让学生掌握正确的应用示范、了解多种的练习方法和懂得不同的练习要求。

1. 掌握正确的应用示范

训练中的技术示范，不单是一般情况下的规范动作的演示，还应把技术动作放到对抗的实战条件下演示。正确动作的示范，对于练习者学习规范动作是有帮助的，训练还要使技术动作能够合理地运用，因而应该把篮球技术的示范和应用的时机与条件结合起来。比如，在进行传球技术示范时，要掌握快攻中第一传、推进传球、最后一传，阵地进攻中外围传球，给插入的同伴传球，给中锋队员的传球，策应传球，掩护传球，突破后的传球等等，并且根据同伴和防守者的情况来决定该不该传，待到同伴什么地方，球应走什么路线，采用哪种传球方法；在进行接球技术示范时，要掌握摆脱接球、抢位接球、静止中接球、行进中接球，了解该怎么跑，跑到什么地方，怎么示意同伴，接球时采取怎样的姿势；在进行防守技术示范时，要根据进攻者的情况来决定选择什么位置，保持多大的距离，采取什么策略，选择怎样姿势，运用什么动作。要掌握对近球侧、远球侧无球队员的防守选位，对无球队员背插、溜底、空切、掩护的防守移动，掌握对有球队员投、突、运、传及假动作的防守。

篮球的各项技术是相互联系的，训练中的技术示范，还要把技术动作放到变化的实战条件下以组合的形式进行演示，因而也应该知道篮球技术在运用时，要根据对手的行为变化而变化技术的动作和技术的组合。比如，持球时，要根据防守及同伴的情况来选择投篮、运球或者传球；在运用持球突破技术时，要根据防守者的身体重心情况，采用不同的突破方法；而当防守者的动作有变化时，进攻者就可采用突破上篮、突破急停跳投、突破分球等不同的组合技术。同样，防守运球队员时，可不时地采用抢、打球的攻击性动作，在滑步、撤步时随时可能要变向、上步封阻或起跳。

2. 了解多种练习方法

技术训练的根本目的是要让练习者提高，提高的过程是一个多次反复实际操作的过程。

在这个过程中，采用单调枯燥、一成不变的训练形式，就难以激发练习者训练的积极性，而且会产生厌倦的情绪。掌握多种多样的练习方法手段，有助于从不同的途径以不同的方式达到训练的目标，有助于促进练习者的技术学习和提高。

比如，在传接球的技术训练中，可以让练习者原地两人面对面地练习，也可以让练习者原地三人或五人进行练习。可以让练习者做行进间三人的直线传接球练习，也可以让练习者做行进间三人的绕 8 字练习。可以在无防守的情况下练习传接球，也可以在有防守的情况下练习传接球。在运球技术训练中，可以组织原地的高低、挨手、背后、胯下和后转身的练习，也可以组织行进间各种方式的运球。可以让练习者在无对手的情况下练习运球，也可以让练习者在有对手的情况下练习运球。在组合技术训练中，可以组织摆脱接球——运球投篮的练习，也可以组织摆脱接球——突破分球或突破急停投篮的练习。可以组织从无球一对一攻守到有球一对一攻守的练习，也可以组织无球一对一攻守转换和有球一对一攻守转换的练习。

在针对不同练习者的训练中，也应当采用不同的手段。比如，给以一些外加阻抗力量来训练中锋队员的篮下投篮，用两个人防守来训练后卫队员的运球突破，用改变节奏或加快出手速率来训练小个子队员避免被高大队员盖帽的投篮，用不许运球的限制来纠正队员进入限制区接球后立即放球的习惯。特别要注意的是，应探讨和研究培养个人特殊技术特点的训练方法与手段。

3. 懂得不同的练习要求

技术练习要贯穿于整个训练工作的始终，在技术训练过程中，不同的练习形式，其练习的难度、变化和运用是不同的，因而要求也应有所不同。了解和把握技术练习中各个环节的特点，了解和把握不同技术练习的区别，能够按照训练的要求，有针对性地采用相应的练习形式来组织训练。

比如，在四角传接球练习中，对传接球、跑动的要求就有很大的区别，分别需要在传球的落点、力量、距离，接球的状态、部位、跑动的路线、顺序上有明显的不同。在三传二抢的练习中，要求传球者观察同伴的机会，判断抢球者的意图、动作，及时迅速地做出反应，并采用恰当的动作方法，这样的传球难度就大了。又比如，在两人行进间传接球上篮的练习中，两人基本平行跑动和两人分前后跑动的传接球要求就不同；在后场和在前场、跑动速度快和慢对传接球的要求也不同；尤其在最后一传时，上篮者的速度、两人间隔的距离对传球者把握传球方法、传球速度、传球路线、传球落点的要求更不同。再比如，在防守无球队员的练习中，近球侧和远球侧的选位要求是不同的；防纵切和防背切的堵截要求也是不同的；向强侧溜底线和向弱侧溜底线的跟送要求更是不同的。

（二）战术训练的能力

战术训练能力的培养，应该注重让学生掌握基本的战术形式、熟悉变化的战术方法和建立灵活的战术意识。

1. 掌握基本的战术形式

战术训练是要把运动员已经获得的技术、身体等训练效果，以一定的攻守组织形式表现出来，或者是以某些对手为目标，有针对性地去抑制对手或攻击对手的组织形式形成过程。

战术形式多种多样，但有一些基本的是必须掌握的。进攻的四种基础配合和防守的七种基础配合，是任何形式全队战术的基本方法，快攻和防快攻是其他全队战术的首选形式，攻守 2—1—2 区域联防和攻守半场人盯人，是其他全队战术的基本形式。

进行战术训练，就要掌握这些基本的战术形式。要了解每一种基础配合的特点和运用时机，了解快攻和防守快攻的结构与各个阶段的任务，了解攻守 2—1—2 联防和攻守半场人盯人的不同要求与相互协同的规律。同时，要知道通常在什么情况下、什么位置上，沿什么样的线路，以什么样的动作、节奏和顺序来实施，知道如何运用各种基础配合，如何把全队战术进行分解和结合，如何使全队的战术保持完整和连续：在反复练习和熟练掌握的过程中，要懂得怎样去提高质量，促使运动员在技术上进一步努力，以适应战术训练的需要。要懂得怎样在全队战术中展露和发挥运动员的特点，从而逐渐建立本队的战术风格，形成本队的将色。

2. 熟悉变化的战术方法

战术训练是要以集体的力量和对手抗衡的，掌握了基本的形式，可以进一步拓展去掌握更多的战术形式。掌握的战术形式越多，与对手抗衡的手段就越多。各种战术形式之间是有联系的，它们可以相互转换。每一种战术形式内，也有多种不同的方法，它们是独立的，又是相互联系的，也是可以变化的。熟悉这些具体的战术方法，知道它们可以进行怎样的改变，就能主动适应比赛的需要。

战术训练中，通常都是按照预定的方法、路线、顺序进行，建立基本的定势。然而由于实际比赛中往往不能如愿，所以就必须明白，在预定战术的操作过程中，可能会遇到些什么麻烦，要有些什么变化，怎样主动地去进行变化。例如，在传切配合受阻的情况下，可以朝反方向去给同伴做掩护或换位；在给同伴做掩护不便时，可以利用同伴为自己做掩护；在本方外围投篮点受到破坏时，就要加强向内线的突破来制造机会；在对方外围转移球范围比较大时，可以突然地采取对底线或边线有球队员的夹击以争取抢断球。

3. 提高自身的战术意识

战术训练的能力不仅是指要掌握多种的配合形式，熟悉不同的变化方法，而且要注意在这个过程中发展战术思维，提高战术意识。提高战术意识，要建立一个针对性的概念，如知道对付不同的进攻或防守应该使用哪种战术；知道什么时候、什么阶段采用哪种战术。提高战术意识，也要建立一个整体性的概念，知道如何内外结合、点面并举、扬长避短、主次分明；知道如何保持攻守并重、攻守平衡、攻中有守、守中有攻，提高战术意识，还要建立一个灵活性的概念，知道如何把握节奏，审时度势，抓住时机，出其不意；知道如何因人而变，因地而变，因时而变，先人而变。

（三）身体素质训练的能力

身体素质训练能力的培养，应该注重让学生能够紧密结合专项特征、具体针对个体特点和合理调节训练负荷。

1. 紧密结合专项特征

篮球运动员的身体训练，是要使队员能够适应比赛的大负荷和剧烈的身体对抗，保证技术、战术水平的正常发挥，防止运动损伤。了解和把握篮球运动对运动员身体素质的专门要求和不同的素质训练对篮球运动员的影响和作用，在全面发展一般素质的前提下，紧密结合专项素质的需要是最基本的。

比如，在进行速度训练中，要结合篮球运动中多方向的反应起动、变向、不等距离非直线的快跑速度，滑步、后撤速度，防守中突然蹿出去抢断的速度，攻守转换的速度，运、传、投、突和抢、打、盖的动作速度与动作转换速度；在进行力量训练中，要结合篮球运动中起动、起跳、抢位、挡人等突然性的爆发力量，身体接触时肩、背、腰、腿、臂的挤、靠、顶、撑的力量，以及握球、抓球、抢球时的手指手腕手臂等的力量；在进行弹跳训练中，要结合篮球运动中运用跳球、跳投、抢篮板球、补篮、扣篮和盖帽等技术时的双脚跳、助跑单脚跳、上步单脚跳和在身体接触中起跳，既要跳得高，又要跳得及时，能够连续跳，能够朝不同方向跳，能够在跳起后伸展躯体，保持身体在空中的平衡；在进行耐力训练中，要结合篮球运动中大强度、短距离、高速度的实际，突出对抗性的耐力和速度性的耐力；在进行灵敏训练中，要结合篮球运动中非单一、非单向反应的实际，注意发展“眼观六路，耳听八方”的视听反应，发展身体，特别是发展背部的位置感受和受为感受能力，使攻守技术动作和战术行为都能够随着对客观情况作出的正确判断而运用和变化；在进行身体训练中，还要结合不同训练阶段的不同任务，有所侧重地安排训练内容。另外，还要考虑如何运用一些特殊的训练方法，以避免或降低专项训练中常见的运动损伤，提高运动员的运动能力，延长运动员的运动寿命。

2. 善于把握个体特点

篮球运动员的身体训练，也要使运动员的身体素质潜能得以最大开发，去适应篮球运动对它们的更高要求。了解和把握运动员个人身体素质的状况，在全面发展的要求前提下，具体针对运动员个体的需要是相当重要的。

比如，针对运动员的年龄情况，灵敏、速度、力量、耐力这些素质分别在什么时候发展比较有利，抓住相应年龄段发展较快的素质来进行训练，可以得到比较明显的效果。针对运动员在比赛中所承担的角色，内线队员要注重发展什么样的素质，外围队员要注重发展什么样的素质，抓住队员位置所需要的素质来进行训练，可以为运动员技术、战术的运用打下良好的基础。针对运动员个人身体素质比较薄弱的方面，或者是某方面素质中比较薄弱的环节，加强在这些方面或环节上的训练，可以对运动员整体素质的提高起到积极的作用。针对运动员在训练、比赛中产生的疲劳和各种损伤，有目的地进行一些身体训练，可以帮助运动员疲劳的消除，促进运动员损伤的痊愈。

3. 合理安排训练负荷

篮球运动员的身体训练，还要使运动员的机体内环境的相对平衡经过破坏而获得新的适应，达到新的水平并产生新的平衡。了解和把握各个训练阶段中身体训练应占的比例和训练中各种练习方法的负荷特征，根据具体的训练目的和任务，对练习的强度、密度、难度、间歇时间等进行合理的安排和调节，对于有效地提高训练效率、进入和保持良好的竞技状态是非常有帮助的。比如，在训练的准备期和比赛期内，身体训练的比例是大不同的。在准备期内不同的阶段，一般身体训练和专项身体训练的比例也是不同的。在力量训练中，要考虑发展哪个部位的力量，用多大的重量，以怎样的身体姿势去进行，要完成多少组，每组重复完成多少次，每组之间应间隔多长时间等因素。要提高运动员的移动速度，可以安排等距离的移动，或者是不等距离的移动；也可以安排变速的移动，或者是变向的移动；完成多少距离的移动，应间歇多少时间，从而保证能继续有效地进行下一次的练习。身体训练中负荷的安排，尤其是与技、战术训练相结合的身体训练，还应该符合篮球运动实际对运动员各种奔跑距离的需要，以及对运动员机体生理负荷强度的需要。因此，应当熟悉技术、战术练习对运动员身体机能会产生什么影响。比如，两三人全场快速传接球跑篮往返一次要多少时间，连续的两次、三次要多少时间，不同的次数会使运动员的脉搏达到多少次／分，练习中间歇多少时间可以使运动员维持在一定的强度上。运动员在外围连续一分钟自投自抢和两人连续两分钟或三分钟轮流投抢传的练习，会使运动员的心率达到什么程度。熟悉诸如此类的练习参数，在进行身体训练时，就能够自如地对训练负荷加以调控。

（四）在实践中锻炼组织课堂训练的能力

在了解和掌握技术、战术和身体训练理论、方法及要求的基础上，还要在实践中锻炼组织课堂训练的能力。有意识地引导学生在自己参加的训练中，去分析自己对训练过程的各种感受。比如，练习的形式组织得是否得法、练习的方法选择得是否合适、不同的练习方法有什么不一样的效果、要达到练习的目的还可以采用些什么改变等。通过这样的分析，使学生对训练中各种方法的运用有切身的体会，有利于学生更好地将书本上的知识与实际相结合。

有目的地组织学生观摩不同层次运动队的训练，并进行专门的讨论。比如，让学生留心观察训练的组织过程，了解他人是怎样进行训练的，各个练习之间是如何联系的。让学生对训练中练习的形式、方法、组数、次数、时间或者运动员的心率进行记录和测量，了解训练中负荷是如何安排的，负荷的变化会引起什么效应。让学生注意对教练员的主导作用进行观察，了解训练中应该如何去要求、怎样去抓质量等。通过这样的观摩讨论，使学生对课堂组织训练有更深刻的理解和认识，为自己进行训练实践锻炼打下基础。

有计划地安排学生在课内、教育实习和训练实习中进行实践锻炼。比如，组织学生轮流在课内进行带操、带训实习，从专门性的准备活动，单一的技术、战术或身体训练，到完整的一堂训练课，使他们体验自己进行课堂训练的过程。组织学生在中学或少年体校实习时带队训练，让他们在掌握训练组织的过程中，去深入了解队员的情况，更切合实际地组织训练，逐步提高带队训练的质量，积累训练的经验。

除了技术、战术、身体训练的能力，组织课堂训练能力还包括其他一些诸如赛前训练、心理训练和恢复训练能力等内容。这些能力的培养，都需要在实践中进行摸索、探讨和总结。

三、指挥比赛能力的培养

比赛是队伍综合实力的较量，指挥比赛的能力，对队伍实际水平的发挥程度及比赛的最终胜负，有着相当重要的作用。

（一）赛前侦察

比赛要打有准备之赛，能否做到有准备，掌握对方的情况是前提之一，不然就难以有的放矢。赛前侦察通常是以直接和间接的方式获得对方信息的准备工作。

从观看对方的训练、比赛或比赛录像，以及和对方直接交过手的比赛中去了解对方的情况，是最常用的。在这个过程中，对方队伍的阵容配备、基本打法、技术特点、活动区域、得分手段、应变能力、薄弱环节等一般都会表现出来，这是最直观的信息。

从收集有关对方比赛的各种统计资料和各种评述文章报道中去了解对方的情况，也是非常好的赛前侦察。它有助于掌握对方一些规律性的表现和不同角度看问题而得出的分析。从与对方有关的或熟悉的人员中去了解对方的情况，这也是一种很好的赛前侦察，它有助于掌握对方一些非技术性的内在状态。

了解对方，通过赛前侦察获得的信息固然很重要，但也应注重平时的经常积累，把当前的信息和以往的信息结合起来，能够更好地了解和把握对方。

（二）赛前决策

一般情况下，队伍的阵容、打法、习惯、特点等情况是比较容易被注意的，这些信息具有相对稳定的态势。还有一些应当引起重视的信息，如队员的身体状态、心理状态以及队伍内部的各种关系状态等，都具有不稳定的态势。成熟的队伍这两种态势的变数小些，成长中的或调整中的队伍这两种态势的变数要大些。进行决策的时候，要考虑这个因素。

先要进行实力对比分析。从总体上做个强弱比较，强弱的差距有多大，这个差距是否可以基本决定比赛的胜负。同时也从各个局部做个比较，哪个方面强于对方，哪个方面弱于对方，哪个方面不相上下。

其次要明确比赛基本策略。以强对弱时，是演练打法，还是培养后备队员。以弱对强时，是保存实力，还是锻炼队伍。势均力敌时，是扬长避短，还是针锋相对。

再者要制订具体比赛方案。根据对方的情况，应以我为主来安排阵容、布置打法。针对可能出现的各种局面，为达到不同的目的，打法上要有多种准备，阵容上要有多种组合。

最后要落实到每个队员。按照部署的方案，使队员明确整体的任务，个人的分工和要求，与其他队员之间的协调合作以及了解自已所要面对的对手情况。

（三）临场指挥

临场指挥是督促落实和适时调整比赛方案的过程，赛场局势千变万化，不是赛前都能预料到的。因而实施已定的决策，看到比赛中出现的问题，抓住一些关键的环节，及时采取相应的办法去解决、调整，是临场指挥中非常重要的方面。

1. 审时度势、随机应变

比赛中要按预定的部署去贯彻，也要按预定的部署去改变，更要按即时的情况去调整。

严谨部署开局。如果是布置先发制人，以势夺人的话，就要注意队伍的积极性、主动性是不是得以充分发挥，气壮不壮、势实不实，收效明显不明显。如果是布置试探、摸底的话，就要看对方的反应表现是不是及时、真实，从而尽快了解对方的阵容、攻守特点、习惯打法等，以便及时组织攻守、争取主动。

准确处理相持的局面。如果是防守的原因，那么究竟是由于某个防守环节上的问题，还是防守整体上的问题。如果是进攻的原因，那么究竟是由于进攻组织的针对性问题，还是个人攻击技术没有正常发挥的问题。找准了症结，就要考虑采取相应的措施，设法从某个方面有所突破。

善于把握落后或领先时的可能转机。如果是整体实力不如对方的话，就要考虑如何减慢节奏，拖延时间，努力不使差距扩大。如果不是整体实力的问题，那就要找出问题所在，好好组织阵容，测整打法，树立信心，力争改变落后局面。如果处于优势时，应兢兢业业，不松不懈，更重视对手可能性的战术变化，以不失主动和优势。

2. 充分利用竞赛规则

规则是用来规范比赛行为的，人们较多的是从规则不许可的角度出发考虑问题，而不太注意怎么利用规则来为自己队争取有利条件。

比如，运用 3 分球的规则。在一个队落后的情况下，常常会想通过投 3 分球得分来加快缩小比分的差距，或通过投 3 分球来进行最后一搏。在高水平的比赛中，这种情况已屡见不鲜了。NBA 的比赛、CBA 的比赛、甚至最基层的比赛中都有这样的事例。反过来，在对付 3 分球打法的问题上，特别是在终场前短暂的时间里，不能只考虑要干扰对方投 3 分，完全可以考虑不让对方、破坏对方投 3 分的办法。

运用 5 秒钟规则。在持球被严密防守的情况下无法将球传给同伴时，可以通过往对方脚上砸而使球出界，继续保持队的控制球权。在离终场还不到 5 秒钟时间，可以采取死死抱住球的方法，使本队领先 1、2 分的局面维持到最后。

利用中篮后端线外掷球的规定。在对方投进篮后进行全场紧逼而本方难以掷球入场的情况下,可以采取把球传给跑到端线外的同伴而自己突然插入场内接球的办法,打破对方的紧逼防守。

利用规则允许范围内的犯规。在自己领先而要抑制对方投篮时，可以在对手未出手之前犯规，不让对方有投篮机会。在结束全场比赛仅剩下几秒钟，而本方仅落后 2~3 分球时，为争取时间不让对方拖延时间时，可以对持球投篮队员或其他进攻队员进行“战术性”犯规，让其罚球，以求从抢篮板球中去获得最后的进攻机会。

3. 善于掌握停、换时机

暂停和换人是竞赛规则给予参赛队伍布置、调整、喘息的机会，比赛中应当充分利用这样的机会，同时也要注意掌握运用的时机。用得好，可以为自己改变面貌，用得不好，反而给对方提供方便。

请求暂停能够直接向队员布置新的任务、要求，通过换人也能够传递教练员的意图。要懂得最后 2 分钟内投球进篮后的暂停，使掷界外球的地点移到中场边线处，可以节约进攻时间。也要有魄力敢于换下作用不大的主力队员，使用体力充沛的板凳队员。

（四）赛后总结

如果说赛前的准备还有点务虚的话，那么赛后的总结是完全务实的。赛后的总结要对比赛过程中技术、战术、体能、作风等各方面进行全面的回顾。要把比赛统计数据与比赛场上的表现结合起来分析，要把赛前的决策与具体的实施结合起来比较，要把胜负的结果与队伍的实际水平结合起来对照。总结是为了进一步提高，因而，从大家的发言中去归纳、综合，从成功里面去提炼经验，从挫折里面去挖掘要害，把总结的东西积累起来，给以后的训练、比赛储备财富。

（五）指挥比赛能力的实践锻炼

了解指挥比赛的过程和懂得指挥比赛中的一些规律是基础，但要能真正指挥比赛，还需要经过逐步的锻炼和反复的实践。

组织学生观看比赛，安排他们分别对比赛中的队员进行仔细观察和技术统计。赛后，让他们从自己观察的角度出发，一起来进行分析、比较，培养他们去发现队员个体技术特点的能力。

组织学生现场观察比赛队的攻、守战术运用情况，并做好记录，然后再交流自己对比赛队战术形式、时机、人员组合、习惯特点及运用效果的看法，锻炼学生从整体上观察队伍的能力。

组织学生分别收集不同队伍的参赛技术统计资料，或各方面对该队的分析、评述和报道，并加以整理，然后再提出自己对该队的总体认识，培养学生从鉴别、归纳、推断中形成认识队伍的能力。

在课内分组教学比赛时，安排学生轮流担任教练员工作，召集全组成员进行赛前准备讨论，确定上场队员和打法，并在比赛中予以指挥，使他们初步体会指挥比赛的感受。

与其他队进行比赛前，让学生在教师指导下组织赛前准备会，大家一起来分析对方的情况，一起来商量该采取怎样的办法去打比赛。比赛中，让学生在教师的参谋下来运用暂停、换人和指挥比赛。赛后，再一起来总结比赛过程中场上打球和场下指挥的情况，肯定成绩，找出不足，从而让他们经受指挥整个比赛过程的锻炼。

组织学生观摩高水平的比赛，要求他们对比赛中每次战术的变化、暂停和换人进行仔细观察，记录下当时的比赛状况。赛后让大家一起讨论、分析，让学生从高水平教练员的临场指挥中去学习经验。

安排学生在教育或训练实习期间带队参加比赛，单独承担教练员的责任，全面体验指挥比赛的工作，使他们加深对篮球运动的认识，更紧密地把理论与实践结合起来。

1. 如何培养编制教学文件的能力？
2. 组织课堂教学能力的培养应如何展开？
3. 编制训练计划能力的培养从哪些方面进行？
4. 组织课堂训练能力的培养从哪些方面进行？
5. 如何培养指挥比赛能力？

参考文献

[1]　孙民治：《现代篮球运动教学与训练》，人民体育出版社 2003 年版。
[2]　国家体育总局：《中国体育教练员岗位培训教材》，人民体育出版社 1999 年版。

第七章　竞赛的组织和裁判能力的培养

【本章学习目标】通过对竞赛的组织和裁判能力的培养的学习，在了解篮球竞赛组织安排的基础上，掌握篮球竞赛组织安排的方法，熟练掌握学生裁判技能的学习及培训过程中的程序，并能灵活运用。

【本章学习要点】

1. 掌握竞赛组织工作的知识，主要应了解竞赛的任务，熟悉竞赛的结构，明确工作的内容和掌握编排的方式。

2. 竞赛组织工作的能力，可以通过课堂提问、实例分析、课外作业和实际运用的形式来培养。

3. 裁判能力的培养必须要达到三个条件：掌握篮球裁判员必备的专业理论知识、掌握篮球裁判员的基本技能、培养篮球裁判员的实践能力

4. 篮球裁判员所应掌握的基本技能大致包括：① 裁判员的鸣哨；② 裁判员的抛球；③ 裁判员的默计时间；④ 裁判员的移动；⑤ 裁判员的手势。

5. 在对裁判员的培养过程中，大致应分为以下三个阶段：① 初级阶段；②巩固阶段；③ 提高阶段。

6. 培养裁判员处理特殊问题的能力包括：① 处理临场突发事件的能力；②抓准比赛关键时刻的犯规和违例；③ 临场管理的能力。

【基本概念】竞赛组织能力、裁判能力。

【关键名词】竞赛的任务、组织机构、淘汰法、循环法。

第一节　竞赛组织能力

篮球竞赛在现代竞技性和群众性的篮球活动中占有重要的地位，开展得相当广泛，愈益受人们欢迎。要使竞赛顺利正常地进行，在竞赛之前以及在整个竞赛过程之中需要做很多的工作，其中最基本的便是竞赛的组织工作和比赛期间的裁判工作。竞赛组织工作和裁判工作能力的高低，直接影响整个竞赛的质量。竞赛组织和裁判能力的培养，也是体育院校篮球教学的一个重要方面。

竞赛组织能力是体育院校学生所要掌握的主要能力之一，教师应在教学中注意使学生掌握竞赛组织工作的知识，并培养他们竞赛组织工作的能力。

一、掌握竞赛组织工作的知识

让学生掌握竞赛组织工作的知识，主要应使他们了解竞赛的任务，熟悉竞赛的结构，明确工作的内容和掌握编排的方式。

（一）了解竞赛的任务

无论组织哪种形式的篮球竞赛，都要对该竞赛的目的、规模、水平、日程及竞赛的总体要求有清醒的认识，对竞赛组织工作的细致性和复杂性有充分的思想准备。大型的、专业性的篮球比赛和基层的、群众性的篮球比赛，在总体要求上有较大的区别。一个国家、一个区域、一个单位内的篮球比赛和跨国家、跨区域、跨单位的篮球比赛，在竞赛组织工作方面的难度有很大的不同。

（二）熟悉竞赛的组织机构

要圆满地完成竞赛任务，都需要有一个相应的组织机构，这个组织机构负责对整个竞赛工作的领导和具体事务的操办。这个组织机构应当由一些具体的工作部门组成，这些工作部门应当在统一领导下，形成相互独立、相互支持、相互协调的关系。要举办一次篮球竞赛，必须有负责竞赛、裁判和场地器材的工作部门和人员。如果篮球竞赛的层次高了，规模大了，涉及的工作可能就不只是竞赛、裁判和场地器材的部门，竞赛组织机构就有必要扩大，具体的工作部门就要增加。基层的篮球竞赛，往往几个人就可以担当起来。大型的篮球竞赛，单靠体育部门还不足以胜任，还要有其他有关部门的参与，组成一个涉及面相当广的组织机构。

（三）明确工作的内容

围绕竞赛这个中心，有许多工作要做，有些是要同时做的，有些是要先后做的。所有的工作，都应有相应的部门或人员负责落实完成。竞赛组织机构中的各个工作部门，都有自己专门的工作任务。要明确不同的部门各自负有哪些任务，这些工作应该按照怎样的程序去进行，哪些工作是需要其他部门协助的，哪些工作是需要配合其他部门去做的。规模小的篮球竞赛，工作头绪少，相应简单些。规模大的篮球竞赛，工作头绪多，复杂得多。

不论工作头绪多少，复杂与否，再复杂的事也可以办得井井有条，再简单的事也可能办得乱七八糟。关键在于是否做到心中有数，是否认真仔细地去做。

（四）掌握编排的方式

根据篮球竞赛的任务，采用适当的竞赛方法，使参加比赛的队伍在公平、合理的条件下参与竞争，发挥其正常的技术水平。常用的竞赛方法有淘汰法和循环法两种，每种竞赛方法都有专门的、多样的编排方式。在篮球竞赛中，循环法用得比较多。循环法的编排有不同的方式，队数奇、偶不同，有不同的排列形式。同一种排列形式，可以有不同的轮转形式。无论是单一组内的循环，还是分组循环，编排的方式应该是事先确定的。编排好的轮次，原则上不应随意调换。特殊情况下需要有变化时，应该事先明确并有所准备。在篮球竞赛中，淘汰法一般是和循环法结合应用的，常常是在竞赛的最后阶段采用。淘汰法的编排也有不同的方式，用得较多的有单淘汰的形式、单淘汰附加赛的形式、多场淘汰的形式和“佩奇”的形式。

采用什么样的竞赛方法和怎么进行编排，与整个竞赛的持续时间、场次等都有密切的关系，与竞赛各个工作部门的安排也都有密切的关系。从某种意义上说，整个竞赛组织工作都是围着编排出来的比赛进程而运作的。

二、培养竞赛组织工作的能力

竞赛组织工作的能力，可以通过课堂提问、实例分析、课外作业和实际运用的形式来培养。

（一）在课堂讲授中提问

篮球竞赛组织工作的理论课讲授，最好是结合学校内即将举办的竞赛或者是当时正在进行的篮球大赛。课前先让学生阅读教材，布置一些重点内容。然后在课中可以提出一些问题，诸如：举办竞赛的目的是什么？赛前要做哪些准备工作？竞赛的组织机构要包括哪些部门？这些部门的主要工作是什么？如何制订竞赛规程？竞赛规程应含有哪些内容？采用哪种竞赛方法？如何进行编排？要打多少轮次、多少场次？单循环的总场次是根据什么公式算的？如何决定名次？通过课堂讲授和提问，使学生懂得竞赛组织工作的重要性，掌握竞赛组织编排的基本知识，对组织一次竞赛有总体的认识。

（二）在实例分析中启发

在课堂讲授中，除了使学生对基本的理论知识理解以外，还要结合以往许多竞赛的实例。

通过对实例的分析，可以使学生加深了解竞赛组织工作的周密细致和复杂性。例如，举办某篮球竞赛，男女参赛队伍分别为 27 个和 18 个，这么些队伍要在每天上午、下午和晚上分别在 6 个体育馆内进行比赛，这么多运动员及裁判员的食、住、行、比赛、医务、安全等事情，就需要有很多相应的工作部门经办才行，任何一点疏忽都会给整个竞赛造成影响。又如，近些年在一些城市举办的三对三篮球竞赛，参加者多、日程短，在同一时间里有好多场比赛在进行，每一轮次的结果汇总和各个轮次之间的衔接，对承办者的组织工作要求是相当高的。再如，在许多院校内举办的篮球竞赛，既要保证比赛正常进行，又不能影响其他课程教学秩序，组织工作就要考虑利用空余时间穿插安排。

通过对实例的分析，还可以使学生加深了解组织工作中各部门的责任与协同。在比赛进行过程中，除了裁判员和工作人员各司其职、相互配合外，负责场地器材设备、医全保卫等部门都需要相互协作，共同保证比赛的顺利进行。临场统计、现场转播、网络传送等部门也需要一起配合，保证准确的资料能够及时地发出，使未在现场的人员也能了解比赛进展状况。再如，基层的篮球竞赛，会因为气候、场地的原因临时改变比赛的地点和时间，这些也需要各个相关的部门了解，协调工作，共同配合。

通过对实例的分析，也可以使学生加深了解不同竞赛、编排和决定名次的特点。例如，我国 CBA 男子联赛采用的是主客场双循环和多场淘汰的方法，整个联赛要打多少场球，事先就要预算。

（三）在课外作业中锻炼

有了理性的认识，还需要在课外进行操作，锻炼学生运用知识的能力。

通过布置课后作业，使学生加深体会。例如，每人制订一份有 12 个队参赛的篮球竞赛规程，各人可以发挥自己的想象，采用不同的竞赛方法来组织安排。然后，检查每个人制订的规程有无什么特点，是否全面、合理、严谨，有什么应当补充、修改、明确的，以重点剖析有代表性的问题来强调规程的重要性。又如，编排一份传统的 7 个队参赛的单循环比赛秩序表，再编排一份 7 个队参赛的新的单循环比赛秩序表，让学生去比较分析两种编排方法的区别和利弊，同时也让学生把新的编排秩序表和排球竞赛中用“贝格尔”方法编排的秩序表作一下比较。再如，假设举办一次全校规模的篮球竞赛，工作机构包括竞赛组、裁判组、宣传组、场地器材组，让学生考虑各组需要做的工作并分别拟定各组的工作计划和列出各组所需要的物资用品。

（四）在实际工作中运用

把理解和掌握的知识，放到实践中去检验，是培养学生竞赛组织工作能力的最重要环节。可以通过课堂内外的有意识的布置，让学生去实践体验。

在课堂内，可以将学生分成若干参赛组，进行 3 人或 4 人的比赛。每个参赛组派一个代表组成工作组，负责整个比赛事宜，全部学生既可以参与比赛，也可以提出建议。参与工作，使大家对编排和成绩、名次计算有更清楚的认识。

在课外，可以将学生分成若干工作组，组织自己年级内各班级或各寝室的篮球竞赛。每个组分别负责组织编排、成绩登记，参赛队伍的情况介绍，比赛中的裁判、记录，场地的联系，器材的保管等，使学生对较小规模的篮球竞赛组织工作有切身的体会。

在教师指导下，组织学生承办校内更大规模的篮球竞赛。从制订竞赛计划到实施计划，从竞赛开始到结束，整个过程全都由学生自己操办，让学生具体分工，根据各组的任务，深入实际。赛前，定好规程，做好联系、报名、资格审查、分组、抽签、比赛日程表的安排、印制发放、宣传介绍、场地器材的准备检修等工作。赛间，汇总比赛结果、公布成绩、报道比赛进展情况、预告后面的赛事、维护保养场地设备、调解处理比赛中出现的问题和矛盾，各工作组要多多沟通，互相协调一致。赛后，及时公告比赛名次、颁奖、办理等级运动员申报、总结竞赛工作。通过正式的竞赛组织全过程的实践，使学生的实际工作能力得以检验与提高。

进一步创造机会，让学生走出校门，去了解大型篮球竞赛的组织工作，有可能的话，让个别学生参与到里面去。同时，鼓励学生主动走向社会，组织校际之间的篮球竞赛，或者，利用教育实习的机会，组织实习所在单位的篮球竞赛，使学生的实际工作能力施展发挥有更广阔的空间。

在篮球竞赛走向市场的过程中，竞赛组织工作涉及的范围也在扩大，从当前的发展状况来看，通过转会、选秀、引进外援的方式，使运动队伍的水平逐渐接近，使竞赛更激烈、更有悬念、更具吸引力；通过商业性的操作，来宣传、推广和经营赛事，使竞赛在经济上得到保证，真正走向市场；通过行政、行业和法律的手段来规范、协调和监管竞赛，使竞赛更加公平、公正和公开，真正走向法制化。因而，竞赛组织能力的培养，也要把知法、懂法、用法的能力，洽谈、推销、经营的能力作为提高和发展的一个目标来加以考虑。

第二节　裁判能力

随着我国全民健身计划的实施和篮球运动水平的不断提高，篮球竞赛的数量和质量也在逐步增加和提高。为此，培养一批具有高度政治觉悟、精湛业务水平、良好职业道德的篮球裁判员队伍是我国篮球事业发展中一个不容忽视的问题。因此，在体育院校中对学生进行篮球裁判员理论知识与基本技能的传授与培养就显得尤为重要。篮球裁判技能的学习是一种特殊的运动技能的形成过程。在教学实践中，根据培养内容的内在联系、培养过程的内在规律、培养方式的内在原则等因素可以总结归纳形成一种模式，并在学生裁判技能的学习过程中加以运用（见图 7.1）。

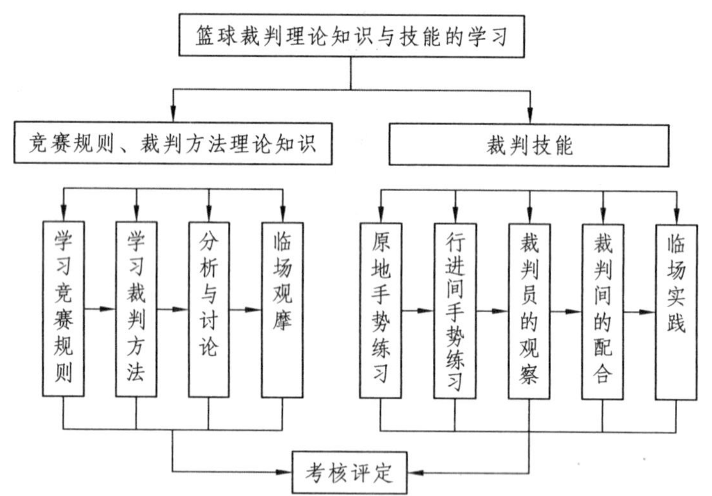

图 7.1　篮球裁判员理论知识与技能学习流程

一、掌握篮球裁判员必备的专业理论知识

（一）明确理论知识的学习内容

1. 竞赛规则

篮球竞赛的竞赛规则及重点、难点内容见表 7.1：

表 7.1　竞赛规则

教学顺序	内　容	重点内容	难　点
1	比赛场地与器材	定义，球场线条尺寸，器材	正式比赛的设备
2	裁判员的职责和权力	主裁判员的职责和权利，记录员和助理记录员的职责，计时员的职责，24 秒计时员的职责，技术代表的职责	主裁判员的职责和权力
3	球队	队员、替补队员、队长的职责和权力，教练员的职责和权利	队长、教练员的职责和权力
4	比赛通则	比赛时间，比分相等和决胜期，比赛开始，球的状态，队员和裁判员的位置，跳球，如何打篮球，控制球，队员正在做投篮动作，球中篮和它的得分值，掷球入界，要登记的暂停、替换，何时一节或一场比赛结束，比赛因弃权告负，比赛因缺少队员告负	投篮动作，投篮替换
5	违例	队员出界和球出界，运球，带球走，3 秒钟违例，被严密防守的队员，8 秒钟违例，24 秒钟违例，球回后场，干扰持球队员投篮得分	带球走，24 秒钟违例，干扰得分违例
6	犯规	接触，侵人犯规，双方犯规，违反体育道德的犯规，取消比赛资格的犯规，队员的技术犯规，教练员、助理教练员、替补队员或随队人员的技术犯规，在比赛休息期间的技术犯规，打架	接触，侵人犯规，违反体育道德的犯规，打架
7	一般规定	基本原则，队员 5 次犯规，全队犯规的处罚，特殊情况，罚球，可纠正的失误，裁判员的手势	特殊情况可纠正的失误
8	记录台的工作	记录表的填写，器材的使用	记录表的填写

2. 篮球裁判方法

（1）二人制裁判：二人制裁判重点、难点见表 7.2：

表 7.2　二人制裁判重点、难点

教学顺序	内　容	重点内容	难点
1	比赛前的准备	准时到达地点，裁判员会议，身体准备，赛前责任	赛前责任
2	比赛开始	跳球前的管理，开局的抛球，裁判员的移动，在罚球圈跳球	裁判员的移动
3	裁判员的占位和责任	裁判技巧，场地责任的划分，前导、追踪裁判的责任分工，紧逼防守、夹击防守的分工	场地责任的划分
4	出界和掷球入界	对角线配合分工的责任，掷球入界，24 秒计时钟，球回后场	对角线执裁的分工
5	投篮情况	球的飞行，干扰球和球篮，3 分投篮尝试，每节终了	干扰球和球篮
6	手势和程序	手势，违例，犯规，控制球队犯规，犯规和成功的投篮，双方犯规，犯规后的裁判员占位；两裁判员宣告犯规	控制球队犯规，双方犯规
7	罚球情况	追踪裁判员，前导裁判员，没有队员在位置区的罚球	
8	暂停和替换	暂停的管理，投篮后的暂停，替换的管理	
9	比赛结束	检查记录表，回顾，结论	

（2）三人制裁判：三人制裁判的重点、难点见表 7.3：

表 7.3　三人制裁判的重点、难点

教学顺序	内容	重点内容	难点
1	比赛开始	赛前和半程时间准备活动观察，通常的场地位置，一节或决胜期开始的跳球，除一节或决胜期开始之外的跳球	裁判员的移动
2	裁判员的占位和责任	基本的场地覆盖范围，球在前场时的基本分工区域，球从后场到前场时变换区域	场地责任的划分
3	出界和掷球入界情况	出界区域，从端线掷球入界，从边线掷球入界并向前场行进，在前场端线掷球入界并且球仍在前场，在对侧前场边线掷球入界，球仍在前场	对角线执裁的分工
4	投篮的情况	投篮和篮板球区域，变换中的区域，对出界区域和造成掷球入界的责任	对投篮观察的分工
5	手势和程序	宣判犯规时的程序，宣判犯规后的转换位置	宣判犯规后的换位
6	罚球情况	罚球管理，技术犯规和违反体育道德的犯规罚则的管理	
7	暂停和替换	暂停与替换的分工、责任与管理	

3. 篮球裁判员应具备的素质

篮球裁判员是指在篮球竞赛过程中，依据篮球竞赛规程和篮球竞赛规则，对参赛双方运动员（队）在竞技活动中表现出来的行为和动作作出正确的裁断及处置并最终评定胜负的人员。在我国（裁判员技术等级制度）中规定：篮球裁判员技术等级从高到低依次分为国家 A 级、国家级、一级、二级、三级裁判员，另设荣誉裁判员称号。国际级裁判员需经国际篮联（FIBA）考试批准。要想成为一名高水平的篮球裁判员需要有各方面的素质作保证。高水平篮球裁判员需要具备的素质见表 7.4：

表 7.4　篮球裁判员应具备的素质

篮球裁判员应具备的素质	
顺序	具体内容
1	思想素质：（1）热爱篮球事业，具有敬业精神 （2）具有较高的职业道德修养
2	业务素质：（1）精通竞赛规则与裁判法 （2）通晓技战术知识 （3）具有较强的英语能力
3	心理素质：（1）自信 （2）反应迅速、思维敏捷 （3）果断 （4）沉着
4	身体素质：（1）速度快 （2）耐力好 （3）灵敏高

（二）掌握传授理论知识的方法

为了更好地提高学生的裁判技能水平，教师在教学过程中应有目的、有意识地应用如下的教学方法：

（1）在进行竞赛规则讲授时，应先给学生讲清楚违例和犯规的概念、种类及处理的原则，然后再通过观看实际比赛战例，引导和启发学生积极思考，从而加深他们对理论概念的正确理解，使他们逐步从理性认识上升到感性认识，从抽象的逻辑思维过渡到具体的形象思维。

（2）在进行裁判法讲授时，应采用课堂讲解与临场观摩相结合的方法。在课堂用图示或通过看录像讲解两名或三名裁判在临场中的分工配合及移动路线，发生各种违例、犯规时的手势和宣判程序。

（3）有目的、有重点地进行讨论，以使学生进一步熟悉、理解教师所讲授的理论知识，并加深记忆。教师根据重点章节提出讨论题目并由学生准备发言提纲。课上先由学生发言阐述自己的观点，然后其他学生再针对发言人的观点进行讨论分析，最后由教师进行归纳总结。

（4）通过教师的临场示范，或观看国内外比赛中出现的典型战例。让学生通过用眼看、用耳听、动脑想、动手做、动口说等实践活动，调动他们的主观能动性，启发他们的思维，增加其理论知识的深度和广度，培养他们的观察力、思考判断力及反应能力，进而提高他们的裁判能力。

（5）在篮球技术、战术教学训练课中，教师应适时地通过对技术动作的分析和战术配合的讲解、竞赛规则和裁判法的实践演练，使学生较全面地理解和弄通规则的精神实质。

二、掌握篮球裁判员基本技能

众所周知，各行各业都有它的基本技能（或基本功），而作为篮球场上的“法官”——裁判员，同样也不例外。随着篮球运动的蓬勃发展，比赛速度的加快，对抗程度的加强，对篮球裁判员的要求也越来越高。那种认为只要懂得篮球竞赛规则与裁判法，拿起哨子就能上场执法的说法，显然是不切实际的。只有熟练地掌握篮球裁判员的基本技能，才可能成为一名优秀裁判员的观点，已被实践证实，并被广大篮球裁判员所接受。因此，加强篮球裁判员基本技能的训练在篮球裁判教学中显得尤为重要。

（一）明确基本技能的学习内容

篮球裁判员所应掌握的基本技能大致包括：

1. 裁判员的鸣哨

（1）口哨的挑选。

口哨是裁判员主持比赛的主要用具，哨声是篮球比赛中的主要信号。为了适应激烈比赛的需要，裁判员要选择一个声大、音尖的口哨。

（2）含哨的方法。

含哨要正，要把口哨含在上下嘴唇的正中央，否则，既不好吹，又不好看。含哨要紧，除上下嘴唇紧紧贴住口哨外，上下门牙还要适当地用力咬住它。鸣哨时，先吸足气和憋足气，然后再突然快速吐气，只有这样哨声才能洪亮。

（3）鸣哨的要求。

裁判员临场需要鸣哨时，应短促洪亮，只鸣单声哨。

使用口哨应注意的问题：跳球时执行抛球的裁判员不要把口哨含在口中，以防受伤；在活动的任何时候，口哨要始终含在嘴里，不要拿在手中，以免急需鸣哨时，措手不及而影响宣判；鸣哨后，特别是在记录台附近宣判犯规程序时，一定要把口哨吐掉，切勿含着口哨宣判。

2. 裁判员的抛球

（1）抛球方法。

两脚前后站立与肩并宽，全身协调用力，以肩为轴，用单手（也可用双手），由下向上摆臂，将球垂直抛起。

（2）抛球要求。

抛球的高度一般要达到 3.4 米左右，球不得向前后左右偏离，要在两名跳球队员之间垂直下落。

3. 裁判员的默计时间

默计时间要准确，并与挥臂计算相结合，要使运动员和教练员都能看得清，以增加宣判的说服力。有时在默计时间的同时，也可参看 24 秒钟计时装置的显示。

4. 裁判员的移动

移动是裁判员为了改变位置、方向、速度等所采用的各种脚步动作的通称，它是篮球裁判员做好临场工作的基础，其目的是为了寻找判罚角度、扩大视野，以监控所有的队员，减少临场中错、漏、反判。为了适应篮球比赛的需要，裁判员在具备良好体能的基础上，还应掌握移动的技巧并注意以下要求。

（1）起动与快跑的动作要求。

向前起动时，重心前移，上体前倾，后脚用力蹬地。向侧起动时，重心侧移，异侧脚用力蹬转，同时上体迅速向起动方向侧转并前倾。

（2）变向跑、变速跑、侧身跑的动作要求。

变向跑时，跑动中当向左变方向时，最后一步是右脚落地，脚尖向左转，用力蹬地，上体向左转，同时左脚向左前方迈出。向右变方向时，动作则相反。变速跑时，快跑中突然减速，又突然加速，这是根据比赛速度变化而变化的步法。侧身跑时，是人向前跑而面部和上体却向球的方向衡转，以便观察球和攻防队员的动向。这种跑法，多半在追踪裁判员转为前导裁判员时使用。

（3）急停与转身的动作要求。

裁判员的急停一般采用跨步的方法，即两步急停。在快速跑动时，跨步急停的第一步要稍大，第二步落地的同时两膝弯曲，腰、胯用力，重心下降，全脚着地。落地时前脚掌内侧用力蹬地，以减缓向前的冲力。关于转身，裁判员一般多用后转身，即一脚从支撑脚后面跨过。当向右做后转身时，左脚为支撑脚，重心移到左脚，左脚前脚掌用力辗地，右脚前脚掌内侧蹬地，同时用力向右后方转胯、转肩，右脚蹬地后，迅速从左脚后面跨步落地。当向左做后转身时，动作则相反。

（4）侧滑步与交叉步的动作要求。

向左侧滑步时，左脚向左跨出一步，落地的同时，右脚前脚掌内俩迅速用力蹬地，贴着地面滑动，跟随左脚移动。当向右侧滑步时，动作则相反。两脚配合要协调，动作要迅速。交叉步在临场中一般较少采用，主要是衔接其他步法的一种过渡步法。

5. 裁判员的手势

（1）裁判员使用手势的要求。

规则对每个手势的规格要点都作了具体规定，裁判员的每个手势都表达一种含义，好的宣判手势应做到紧而不僵、松而不懈、交代清楚、朴实无华、舒展大方、运用自如。

（2）裁判员做出宣判时的动作要求。

宣判违例时，应在鸣哨的同时立刻做出违例停表手势（手臂伸直），然后做出违例性质的手势，最后指明进攻方向。宣判侵人犯规时，应在鸣哨的同时伸直一手臂做出犯规停表的手势，另一手臂的掌心向下指向犯规队员，跑到距记录台 6 ~ 8 米的位置站稳，首先做出犯规队员的号码（稍停片刻），然后做出犯规性质的手势，最后指明罚则。

（二）掌握传授基本技能的方法

1. 鸣哨的练习方法

（1）教师示范，集体或单个模仿练习。
（2）移动中鸣哨练习。要防止跑动中漏出哨音，鸣哨后要吐掉哨子。
（3）边鸣哨，边做手势。

2. 抛球的练习方法

（1）在篮圈下将球抛起穿过篮圈再从篮圈里落下。
（2）在篮板前将球垂直抛到 3.05 ~ 4 米的高度并再落回原处。
（3）在地上画一圆圈，将球置于圆圈上方后垂直抛起，再使球落在圈内。

3. 默计时间的练习方法

（1）用秒表测试。开表之后，默计 3 秒、5 秒、8 秒，认为时间到时关表。
（2）在篮球场上模拟练习。当队员进入限制区、被严密防守或在后场控制球时开动秒表并默计时间，当认为时间到时鸣哨，同时停表。

4. 移动的练习方法

（1）看信号起动快跑。
（2）看信号起动快跑变侧身跑。

（3）跑 3、5 步做跨步急停。

（4）跑动中急停，接做前或后转身 180° 跑。

（5）快跑中做交叉步跑练习。

（6）向左、右俩滑步接交叉步练习。

（7）端线的滑步练习。

（8）前导裁判员、追踪裁判员互变的移动练习。运用侧身跑技术，沿边线向前慢跑（变前导裁判员跑到端线，变追踪裁判员跑过中线 3 米左右处）。

（9）教师在半场 6 个区域随意移动，并做违例或犯规动作，两名裁判员根据教师所在的区域所做的动作，立即鸣哨并做出违例或犯规的停表手势，然后清楚地指明违例性质和进攻方向；若发生的是犯规，则要跑到距记录台前 6 ~ 8 米的位置，出示犯规队员的号码和犯规性质，然后指明罚则。

5. 手势的练习方法

（1）按照裁判员手势图的要求，逐个练习，并熟练地掌握。

（2）自己对着镜子练习手势，边练习边纠正。

（3）在别人的帮助和纠正下练习手势。当帮助者喊出某种手势时，练习者快速做出该手势。

（4）结合鸣哨和宣判违例或犯规程序来全面练习手势。

（5）在临场实践中练习。

6. 综合练习方法

（1）学生在篮球场端线后面向场内成一列横队站立，向前移动并根据教师口令做出各种宣判动作。

（2）学生在篮球场成一路纵队沿界限跑动，当移动至前导或追踪位置时，及时按相应的移动观察方法进行工作,两名教师分别站在不同的半场内适时地做出各种违例和犯规的动作，要求学生及时正确地做出相应的宣判，然后继续沿界线移动。

（3）学生两人一组，分别担任前导和追踪裁判，两名教师分别在不同的半场内，适时地做出各种违例和犯规动作，学生应根据区域分工的原则，有效地做好分工与配合，并及时正确地做出宣判，以及宣判后两裁判员位置的选择。

三、培养篮球裁判员的实践能力

（一）不同等级裁判员所应具备的能力

根据我国现行教学大纲的规定，全国不同的体育院校、系科分别承担和具有培养、审批篮球一级、二级、三级裁判员的责任和权力。依据我国《裁判员技术等级制度》的规定，篮球一级裁判员的标准为：必须熟练掌握《篮球竞赛规则》《篮球裁判员手册》和《篮球 3 人制裁判法》中的主要内容，具备一定的裁判理论水平和临场经验，具有培训二级以下裁判员的能力，在省、市级或相当于省级的篮球比赛中能胜任正、副裁判长工作。篮球二级裁判员的标准为：应初步掌握《篮球竞赛规则》《篮球裁判员手册》和《篮球 3 人制裁判法》中的主要内容，能较准确地将规则和裁判员手册中的精神运用到临场工作中去，具备在市、区、县级或相当于市、区、县级篮球竞赛中担任正、副裁判长职务的能力。篮球三级裁判员的标准为：应了解《篮球竞赛规则》《篮球裁判员手册》和《篮球3人制裁判法》，能够担任区、县级的篮球裁判工作，具备一定的组织、管理能力，懂得基本的篮球竞赛编排方法。

对于全国体育院校、科系的学生篮球裁判员来说，他们在学习中遇到的最大困难是：他们从事裁判临场实践的机会较少，因而使得他们临场实践能力较差，从而也就制约了他们裁判能力整体水平的迅速提高。对于此种状况，教师应在要求学生尽可能多地参加篮球裁判临场实践工作的同时，还应督促学生多观摩、勤思考，培养善于发现问题的良好习惯，从而弥补学生临场实践能力的不足。

（二）不同阶段裁判员的培养方法

在对裁判员的培养过程中，大致应分为以下三个阶段：

1. 初级阶段

在此阶段，学生一般是在班级的教学比赛中担任裁判工作，教师应着重要求他们在场上执法时严肃、认真、公正、勤跑、敢判。在有条件的情况下，还应充分利用多媒体等现代化教学工具及手段，使学生全面细致地学习竞赛规则和裁判法理论，并组织学生观看篮球比赛的录像资料，让他们学习优秀裁判员临场工作时的手势、移动、配合等技巧。

2. 巩固阶段

在此阶段，学生一般是在校内比赛中担任裁判工作，教师应重点要求他们注意跑动的路线、判罚的位置、观察的角度的合理性和技巧性，力争看清、判准、罚对；对于校内外的各种级别的篮球比赛，如校篮球联赛、教学比赛和友谊赛等，教师都应带领学生，既完成好记录台的工作，又完成好临场裁判工作，只有这样才能迅速、全面地提高学生裁判实践能力。

3. 提高阶段

在此阶段学生一般是在校内或校外的篮球比赛中担任裁判工作，教师应进一步要求他们提高判罚的准确性和艺术性，并控制好整个比赛场面。此阶段教师应有计划地多组织学生参加校外的篮球裁判工作，这样不但培养和提高了学生的篮球裁判能力，而且也使他们接触了社会，扩大了视野，增加了社会经验，进而也扩大了学校的知名度。

（三）培养裁判员处理特殊问题的能力

1. 处理临场突发事件的能力

在处理和解决突发性事故时临场裁判员应具有敢于对比赛负责和敢于承担责任的思

想；要根据规则的精神掌握临场情况，抓住要害，快速处理，果断解决，干净、彻底，不遗留问题。

2. 抓准比赛关键时刻的犯规和违例

要有敢于斗争、敢于胜利、敢担风险的思想准备；要有沉着冷静的心理状态、稳定的情绪、自信；越是在比赛的关键时刻，临场裁判员越要积极地移动，选好位置，找好角度，看清、判准、罚对，搞好分工与配合。

3. 临场管理的能力

要提高对临场管理重要性的认识，增加和深化临场管理的意识；认真学习和研究规则，运用规则精神进行管理；以身作则，严格要求自己；注意临场管理的策略和方法；坚持严格判罚与管理教育相结合，

五、篮球裁判员培训班教学工作安排（示例）

篮球二级裁判员学习班教学大纲（示例）

一、教学目标

（1）通过对本课程的学习，培养学生从事篮球裁判工作的积极性和自觉性，提高学生认识社会、适应社会的综合素质。

（2）通过理论学习使学生较系统地掌握《篮球竞赛规则》《篮球裁判员手册》和《篮球3人制裁判法》中的主要内容。

（3）通过临场实践使学生较准确地掌握移动和选位的方法及技巧，并形成规范、熟练的手势动作。

（4）考试成绩合格者将获得篮球二级裁判员称号，对成绩优异者可进行重点培养，并由学校推荐参加篮球一级裁判员考试。

二、教学安排

本学习班共计授课72学时，其中理论讲授26学时、实践讲授40学时、考核6学时，课时安排见表1：

表1 课时安排

<table>
<tr><td>理论课教学（26学时）</td><td>1. 篮球竞赛规则
（1）比赛
（2）尺寸和器材
（3）裁判员、记录台人员的职责和权力
（4）球队
（5）比赛通则
（6）违例
（7）犯规
（8）一般规定
（9）记录台工作</td></tr>
</table>

续表 1

理论课教学（26 学时）	2. 二人制裁判法 （1）赛前的准备 （2）比赛开始 （3）裁判员的占位和责任 （4）出界和掷球入界情况 （5）投篮情况 （6）手势和程序 （7）罚球情况 （8）暂停和替换 （9）比赛结束 3. 三人制裁判法 （1）比赛开始 （2）裁判员的占位和责任 （3）出界和掷球入界情况 （4）投篮情况 （5）手势和程序 （6）罚球情况 （7）暂停和替换 （8）最后片刻的投篮 （9）紧逼时的分工区域 （10）三分投篮时的分工区域 4. 竞赛组织工作
实践课教学（40 学时）	1. 裁判员的手势 2. 裁判员的移动与选位 3. 临场实践
考核（6 学时）	1. 理论 2. 实践 3. 平时

三、执行大纲注意事项

（1）教师必须依据本大纲规定的教育目标和教学内容安排教学，认真备课，并对学生进行思想品德教育，教书育人，讲授重点突出，通俗易懂，语言生动、精炼。

（2）学生应严格遵守课堂纪律，高标准、严要求、认真学习。

篮球一级裁判员培训班工作计划流程（示例）

（2011—2012 年度）

本课程安排于 2011 年 11 月 1 日—2012 年 1 月 17 日，具体时间及授课内容见表 2：

表 2　具体时间及授课内容

时　间	工作计划进度安排
11 月 1～8 日	报名、登记、填表
11 月 11～17 日	讲授篮球竞赛规则（理论课）
11 月 18～21 日	讲授篮球三人裁判制（理论课）
11 月 22～25 日	篮球三人裁判制实习（理论课）
11 月 26～28 日	讲授篮球二人裁判制（理论课）
11 月 29～30 日	篮球二人裁判制实习（实践课）
12 月 1 日	答　疑
12 月 2 日	理论考试及阅卷
12 月 3 日	临场考核
12 月 4 日	体能测试
12 月 5～31 日	联赛及临场工作
1 月 10～15 日	临场工作总结
1 月 16～17 日	上报审批名单

1. 根据篮球竞赛组织编排的要求制作一个篮球竞赛规程。
2. 根据自己学习过程及内容，写出一个裁判培训的流程。

参考文献

[1] 郭玉佩:《篮球竞赛裁判手册》，人民体育出版社 2002 年版。
[2] 闫育东:《篮球裁判晋级必读》，北京体育大学出版社 2008 年版。

第八章　篮球运动竞赛的组织与编排工作

【本章学习目标】通过学习篮球运动竞赛的组织与编排工作，在了解组织和编排工作的基础上，掌握篮球竞赛的组织和编排方法，并能熟练运用于篮球竞赛的组织和编排中。

【本章学习要点】

1. 根据举办篮球竞赛的目的和任务，竞赛可分为冠军赛、锦标赛、等级联赛、俱乐部比赛、杯赛、选拔赛、邀请赛、表演赛和友谊赛等多种。

2. 篮球运动竞赛的组织工作必须做好赛前的准备工作、竞赛期间的工作、竞赛的结束工作。

3. 竞赛规程包括的主要内容有：竞赛名称、竞赛的目的和任务、主办单位、承办单位、竞赛项目、竞赛日期和地点、参加单位、各单位参加人数、运动员资格、报名及报到日期、竞赛办法、竞赛规则、评定名次和奖励办法、抽签日期和地点、注意事项等。

4. 篮球比赛通常采用的比赛制度有淘汰制、循环制和混合制三种。

5. 淘汰制分单淘汰和双淘汰两种。淘汰制一般是在比赛时间短、参加队数多、经费不足的情况下采用，能节省时间。

6. 循环制包括单循环、双循环和分组循环。

7. 单循环是所有参赛队在比赛中均相遇一次，最后按各队在比赛中的得分多少、胜负场次来排列名次。单循环一般在参赛队不太多、比赛时间较长时采用。双循环是所有参赛队在比赛中均相遇两次，最后按各队在全部比赛中的得分多少、胜负场数决定名次。双循环一般在参赛队数少、比赛时间较长时采用。分组循环是把参赛队分成若干组，分别进行单循环比赛，决出小组名次后再进行第二阶段比赛。分组循环一般在参赛队多、比赛时间有限时采用。

8. 每胜一场得 2 分，负一场得 1 分，弃权得 0 分，积分多者名次列前。

【基本概念】淘汰制、单淘汰、双淘汰、循环制、单循环、双循环、分组循环、固定轮转编排法、贝格尔轮转法、混合制、交叉赛、同名次赛、佩奇制决赛（PAC 制）。

【关键名词】篮球竞赛、组织机构、竞赛规程、竞赛制度、编排方法、淘汰制、单淘汰、双淘汰、循环制、单循环、双循环、分组循环、固定轮转编排法、贝格尔轮转法、成绩计算、名次评定、混合制、交叉赛、同名次赛、佩奇制决赛（PAC 制）。

第一节　篮球运动竞赛的组织工作

篮球竞赛是社会及校园健康文化生活的重要内容，是推动普及篮球运动、促进篮球运动水平提高的有效方法，是培养社会主义体育道德风尚的一个重要阵地，是检查教学、训练、管理质量、交流经验、互相学习、增进友谊、促进发展的重要手段。为了使竞赛达到预期的目的，复杂而细致的竞赛组织、编排工作是关键的一环。

根据举办篮球竞赛的目的和任务，竞赛可分为冠军赛、锦标赛、等级联赛、俱乐部比赛、杯赛、选拔赛、邀请赛、表演赛和友谊赛等多种。无论组织哪种比赛都要认真做好竞赛的组织管理工作。

一、赛前的准备工作

（一）成立竞赛筹备组织

大型竞赛要成立相应的筹委会、组委会或竞赛委员会，讨论决定组织方案，其内容包括竞赛名称和目的任务、组织机构、比赛经费预算、各阶段的工作步骤和具体实施程序。

（二）成立组织机构

根据竞赛规模的大小，设立相应的组织机构。基层或一般规模的比赛可简化组织结构，精减工作人员。通常，全国性比赛的组织机构如图 8.1 所示，基层单位或一般规模比赛的组织机构如图 8.2 所示。

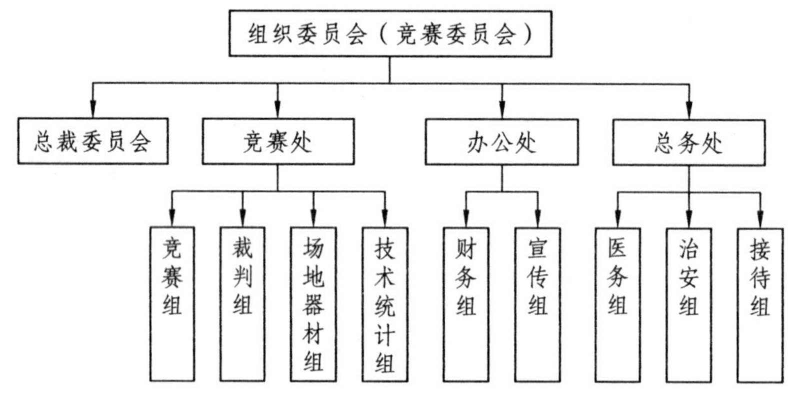

图 8.1　全国性竞赛组织机构图

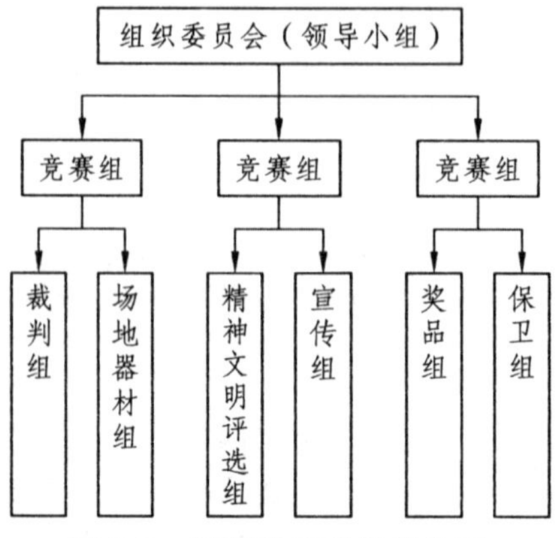

图 8.2　基层比赛组织机构图

（三）制定竞赛规程

竞赛规程是比赛的指导性文件和比赛的依据，要提前发给有关单位，让参赛队做好赛前的准备工作。

竞赛规程包括的主要内容有：竞赛名称、竞赛的目的和任务、主办单位、承办单位、竞赛项目、竞赛日期和地点、参加单位、各单位参加人数、运动员资格、报名及报到日期、竞赛办法、竞赛规则、评定名次和奖励办法、抽签日期和地点、注意事项等。

（四）制订工作计划

根据组织方案、竞赛规程和竞赛的主要工作日程计划，由各部门拟定具体工作计划，经组委会批准后执行。

1. 仲裁委员会主要工作

解决竞赛中出现的重大问题。

2. 竞赛处的主要工作

做好竞赛的编排工作并编印比赛秩序册；做好裁判组织工作；审查参赛运动员资格；安排各队赛前和休息日的训练时间和场地；检查场地、器材设备和各种表格准备情况等；召开领队、教练员会议，讨论有关问题。

3. 秘书处的主要工作

做好比赛的宣传报道工作；安排文艺活动、参观游览和有关会议；成立治安小组，维持好比赛场地的秩序和安全工作。

4. 总务处的主要工作

搞好接待、生活、住宿、交通和票务工作；成立医务小组，备好医疗用品等。

二、竞赛期间的工作

（1）坚持政治思想教育，严格赛风赛纪，团结协作，赛出风格、赛出水平。
（2）组织裁判员及时总结、改进工作，加强比赛成绩的管理，提高裁判水平。
（3）做好技术统计资料的分析、归类和存档工作。
（4）检查比赛场地、器材、设备。
（5）医务人员应深入比赛场地，及时处理发生的伤害事故。
（6）总务处应及时了解情况，改善服务措施。
（7）做好住宿及比赛场地的治安工作。
（8）经常与运动队取得联系，召开会议，及时通报和处理有关问题。

（9）若需更改比赛场次、场地、日期和时间应及时通知有关人员。

三、竞赛的结束工作

各部门要及时做好工作总结；组织各队和裁判进行经验交流；组织好闭幕式总结和颁奖；办理各队、裁判人员等的离会和交通事宜。

第二节　篮球运动竞赛制度与编排方法

篮球比赛通常采用的比赛制度有淘汰制、循环制和混合制三种。选用比赛制度应根据比赛任务，参赛队数多少、时间、场地、经费等情况确定。

一、淘汰制

淘汰制分单淘汰和双淘汰两种。单淘汰是指在比赛中失败一次即被淘汰，获胜者继续比赛直到决出冠亚军为止。双淘汰是指在比赛中，失败一次后，仍可与另一失败一次的队进行比赛，再次失败即被淘汰，获胜队继续比赛，直到决出冠亚军为止。

淘汰制一般是在比赛时间短、参加队数多、经费不足的情况下采用，能节省时间。但除了第一名以外，不能合理地确定其余各队的名次，比赛机会少，胜负有一定偶然性，目前很少采用。

（一）单淘汰制的编排方法

1. 场数和轮次的计算

场数 = 参加队数 − 1

轮次 = 参加队数的以 2 为底的幂的指数。如 8 个队参加比赛，即为三轮，因为 $8=2^3$；如果参加比赛的队数不足 2 的乘方数，则比赛的轮次是稍大的一个以 2 为底的幂的指数，如 14 个队参加比赛，按 16 个队的轮数来计算，因为 $16=2^4$，即为四轮。

2. 第一轮参加比赛的队数的计算

用 $(N-2^n)\times 2$ 的公式计算。N 代表队数，2^n 代表略小于队数的 2 的乘方数。如 13 个队参加比赛，即 $(N-2^3)\times 2=(13-8)\times 2=5\times 2=10$，有 10 个队参加第一轮比赛，3 个队轮空。

3. 编排方法

（1）如果参加比赛的队数正好是 2 的乘方数，就按照图 8.3 所示，逐步进行淘汰。

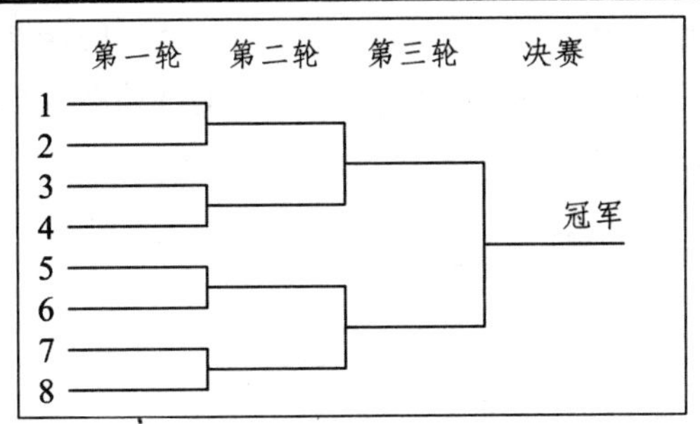

图 8.3　8 队参赛的单淘汰比赛编排

（2）如果参加比赛的队数不是 2 的乘方数，要根据参赛队数，选择最接近的、较大的 2 的乘方数作为号码位置数，号码位置数减去参加队数，即为轮空队数。如 13 个队参加比赛，选用 16 为号码位置数，16 – 13 = 3，即 3 个队轮空，可选 2、5、10 为轮空的号码位置。

轮空球队必须安排在第一轮，可采用抽签来决定轮空队，也可设种子队再确定种子队轮空的区位，如图 8.4 所示。

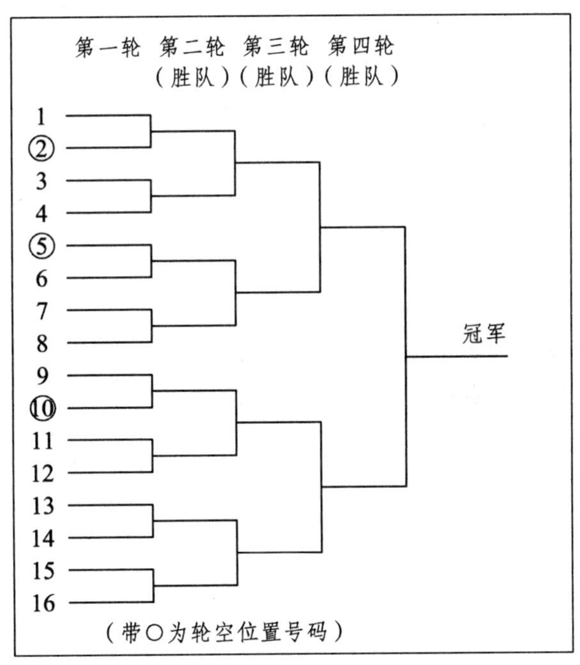

图 8.4　13 队参赛的单淘汰比赛编排

为了避免水平高的队过早相遇而被淘汰，可设种子队，把种子安排在不同的位置上，使之最后相遇。

采用抽签的方法确定其他各队在秩序表上的位置，再填上队名、日期、场地、时间，即成为比赛日程表。

（二）双淘汰制的编排方法

双淘汰制的编排方法与单淘汰制的不同在于比赛进入第二轮后，把失败的球队再编排起来继续比赛，再次失败的队则被淘汰，胜者继续与上一轮失败的队进行比赛。只失败一次的队还能参加决赛，并有可能夺取冠军。双淘汰比赛的编排如图 8.5 所示。

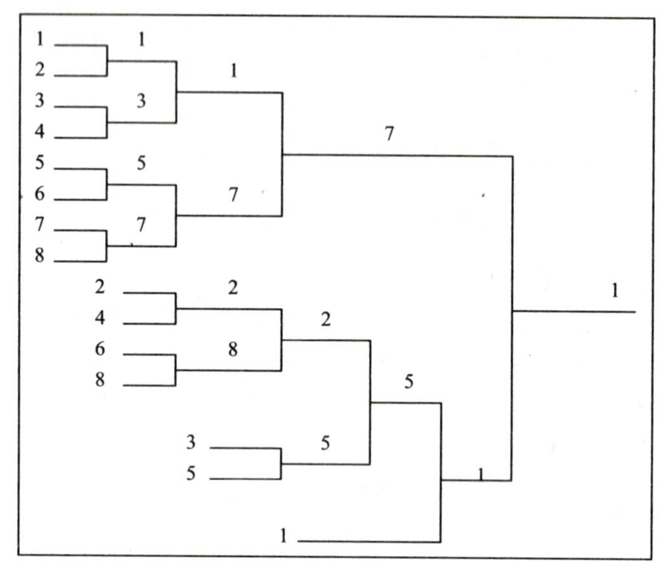

图 8.5　双淘汰比赛的编排

二、循环制

循环制包括单循环、双循环和分组循环。

单循环是所有参赛队在比赛中均相遇一次，最后按各队在比赛中的得分多少、胜负场次来排列名次。单循环一般在参赛队不太多、比赛时间较长时采用。双循环是所有参赛队在比赛中均相遇两次，最后按各队在全部比赛中的得分多少、胜负场数决定名次。双循环一般在参赛队数少、比赛时间较长时采用。分组循环是把参赛队分成若干组，分别进行单循环比赛，决出小组名次后再进行第二阶段比赛。分组循环一般在参赛队多、比赛时间有限时采用。

（一）单循环制的编排方法

1. 比赛轮数和场数的计算

（1）比赛轮数的计算：在循环制的比赛中，各队都参加完一场比赛为一轮。当参赛的队为单数时，比赛的轮数等于队数。当参赛的队数为双数时，比赛的轮数等于队数减一。

（2）比赛场数的计算

比赛场数 = [队数 × （队数 − 1）] / 2

2. 编排竞赛轮次表

不论参赛队数是奇数还是偶数，均按偶数编排。如果参赛队数是奇数，可在队数后加一个“0”，使其成为偶数，碰到“0”的队为轮空。

在编排时，把队数平均分为左、右各一半，左一半号数由序号 1 依次自上向下排，右一半号数按数序依次自下向上排，然后用横线相连，即构成比赛的第一轮。从第二轮开始，轮转的方法有多种，下面介绍常用的两种。

（1）固定轮转编排法。

固定轮转法也叫常规轮转法，是我国传统的编排方法。表 8.1 为 7 个队参赛轮次表，它以左边第一号 0 固定不动，右边第一号放于 0 的下位，逆时针转动，逐一排出。

表 8.1　固定轮转编排法

第一轮	第二轮	第三轮	第四轮	第五轮	第六轮	第七轮
0　7	0　6	0　5	0　4	0　3	0　2	0　1
1　6	7　5	6　4	5　3	4　2	3　1	2　7
2　5	1　4	7　3	6　2	5　1	4　7	3　6
3　4	2　3	1　2	7　1	6　7	5　6	4　5

（2）贝格尔轮转法。

贝格尔轮转法是国际上采用的一种编排方法。表 8.2 为 6 个队参赛的各轮次表。其轮转方法是：①最大号数（尾数或 0）左右摆，右下号数提上来，先摆后转，按逆时针方向转移。②也可根据参赛队数的多少来确定轮转位置的数目。即 3 或 4 个队，依次轮转一个位置，5 或 6 个队依次轮转两个位置，7 或 8 个队，依次轮转三个位置等，每增加两个队，则增加一个轮转位置。

表 8.2　贝格尔编排法

第一轮	第二轮	第三轮	第四轮	第五轮
1　6	6　4	2　6	6　5	3　6
2　5	5　3	3　1	1　4	4　2
3　4	1　2	4　5	2　3	5　1

3. 抽　签

排好轮次表后，用抽签方法，将各队抽到的签号填入轮次表中。

4. 编排比赛日程表

根据比赛的日期、时间、场地、服装颜色等排出比赛日程表（见表 8.3）。

表 8.3　比赛日程表

轮次	日期	时间		组别	比赛队	场地	备注
		下午	3:00	女	××（ ）——××（ ）		
			4:30	男	××（ ）——××（ ）		
		晚上	7:00	女	××（ ）——××（ ）		
			8:30	男	××（ ）——××（ ）		

（二）双循环制的编排方法

双循环比赛是指参加比赛的队先后进行两次单循环比赛，最后按各队在全部竞赛中的得分多少、胜负场数决定名次。双循环的编排方法与单循环相同，只是在第二循环时，是否重新抽签要视在比赛规程中有无明文规定。

（三）分组循环制的编排方法

分组循环就是把参赛队分成若干组，各组先进行单循环比赛，排出各组名次后，再进行第二阶段比赛。

1. 分组循环比赛的编排方法

以 8 个队参加比赛为例。第一阶段分两组，每组 4 个队进行单循环比赛并排出各组名次。进入第二阶段的比赛。方法有：（1）同名次决赛，各组第一名决 1～2 名，第二名决 3～4 名，以此类推。（2）各组前两名编在一组决 1～4 名，后两名编在一组决 5～8 名。（3）各组前三名编在一起决 1～6 名，各组第四名决 7～8 名，或各组第四名不进入第二阶段比赛。

2. 分组循环比赛的种子确定和位置排列

种子队的数量一般应等于分组的组数，或是组数的倍数。种子队确定之后，先把种子队抽签到各组里，然后再用抽签的方法确定其他各队在各组的位置。

若无法确定种子队时，可将参赛各队所抽序号按组数以“蛇形”排法分组，确定各组参赛队。如 16 个队分 4 组比赛，其排法如表 8.4 所示

表 8.4　16 个队“蛇形”排列分组表

第一组	第二组	第三组	第四组
1	2	3	4
8	7	6	5
9	10	11	12
16	15	14	13

（四）篮球比赛成绩计算方法与名次评定

每胜一场得 2 分，负一场得 1 分，弃权得 0 分，积分多者名次列前；若两队积分相同，按两队之间比赛的胜负决定，胜队名次列前；若 3 个队或 3 个队以上积分相同，则按积分相同队之间比赛的胜负场次决定，胜场多者，名次列前；若他们之间胜负场次相同，则按他们之间比赛的得失分率（得失分率 = 总得分/总失分）大小决定，得失分率大者名次列前；若得失分率仍相等，则按他们在全部比赛中的得失分率大小决定，得失分率大者名次列前（如表 8.5 所示）。

如果仅有 3 个队参赛，并用上述要点的步骤（得失分率完全相同）不能决出名次，则用得分数来确定名次。如 A、B、C 三队比赛，比赛结果如表 8.6、表 8.7 所示。

表 8.5　某大学男子篮球赛比赛总成绩

队名 \ 成绩 \ 队名	数学系	物理系	化学系	生物系	中文系	教育系	外语系	历史系	总分	相互间			名次
										胜场	负场	得失分率	
数学系		88：26 2	88：62 2	100：89 2	88：60 2	101：46 2	86：57 2	88：62 2	14				1
物理系	26：88 1		81：69 2	52：77 1	56：65 1	58：68 1	61：75 1	39：76 1	8	1	1	1.014	7
化学系	64：88 1	69：81 1		69：87 1	76：82 1	76：70 2	64：65 1	75：101 1	8	1	1	0.960	8
生物系	89：100 1	77：52 2	87：69 2		74：55 2	86：44 2	85：42 2	64：63 2	13				2
中文系	60：88 1	65：56 2	82：76 2	55：74 1		77：71 2	68：69 1	65：69 1	10				5
教育系	46：101 1	68：58 2	70：76 1	44：86 1	71：77 1		73：77 1	54：92 1	8	1	1	1.029	6
外语系	57：86 1	75：61 2	65：64 2	42：85 1	69：68 2	77：73 2		67：71 1	11				4
历史系	61：82 1	76：39 2	101：75 2	63：64 1	69：65 2	92：54 2	71：67 2		12				3

表 8.6　A、B、C 三队比赛结果

A：B	82：75
A：C	64：71
B：C	91：84

表 8.7　比赛成绩计算表

队	比赛场数	胜场数	负场数	积分	得失分	得失分率	名次
A	2	1	1	3	146 / 146	1.0	3
B	2	1	1	3	166 / 166	1.0	1
C	2	1	1	3	155 / 155	1.0	2

如果上述所有步骤都被用过了，3 个队排列仍相同，则将用抽签来决定最终的名次排列。抽签的方法由到场的技术代表或当地比赛组织者确定。

三、混合制

同时采用两种制度进行的比赛称为混合制。在篮球比赛中，常把比赛分为两个阶段，前一阶段采用分组循环制，后一阶段采用淘汰制，或者相反。在决赛阶段采用淘汰制时，大多数采用“交叉赛”或“同名次赛”来决定名次。

（一）交叉赛

若第一阶段分两组循环赛后，排出小组名次进行交叉赛，即 A 组的第 1 名对 B 组的第 2 名，B 组的第 1 名对 A 组的第 2 名，两场比赛胜队决 1、2 名，负队决 3、4 名；以此类推决出其余名次（图 8.6）。

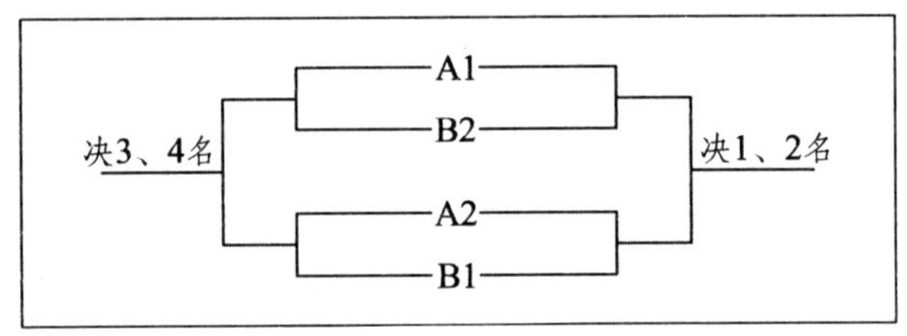

图 8.6 交叉赛方法

（二）同名次赛

把第一阶段各组决出的同名次的队编在一起，胜者名次列前。如果第一阶段是分四个组循环，先由四个组的第 1 名（Al、Bl、Cl、Dl）决 1—4 名（图 8.7）。依此类推。

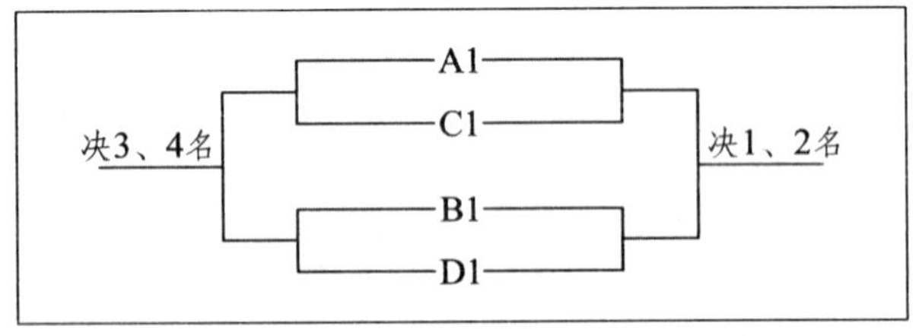

图 8.7 同名次赛方法

（三）佩奇制决赛（PAG 制）

假如第一阶段分两组进行单循环，排出各组的名次，A、B 两组的 1、2 名采用佩奇制，决出 1 ~ 4 名（图 8.8）：A1 对 B1、A2 对 B2。A2 对 B2 的负者为第 4 名，胜者与 A1 对 B1 的负者比赛，负者为第 3 名，胜者与 A1 对 B1 的胜者决赛，决出冠亚军。

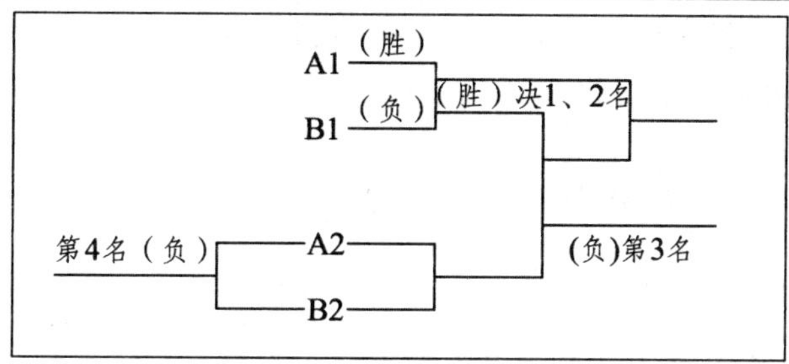

图 8.8　佩奇制决赛方法

四、国内外篮球竞赛方法简介

（一）奥运会篮球比赛

以 2004 年奥运会男篮比赛为例，经过各洲预选赛后，进入奥运会最后决赛的有 12 支球队。第一阶段，将 12 支球队分为两个小组，采用单循环赛排定小组名次。第二阶段，两个小组获前 4 名的球队进行交叉淘汰赛，决出 1～8 名；两个小组获第 5、6 名的球队进行交叉淘汰赛决出 9～12 名。

（二）世界篮球锦标赛

世界篮球锦标赛有 16 支球队参赛。第一阶段，将 16 支球队分成 4 个小组，每组 4 个队进行单循环排出小组名次。各小组前两名决 1～8 名，后两名决 9～16 名。第二阶段，将第一阶段前 8 名与后 8 名的队各分为两个小组，每组 4 个队再进行单循环。第三阶段，前 8 名的两个小组中的前两名进行交叉淘汰赛决 1～4 名。用同样方法排出 5～8，9～12，13～16 名。

（三）美国 NBA 职业篮球联赛

目前 NBA 有 30 支球队，分东、西部两个联盟。每年联赛分常规赛和季后赛两个阶段，比赛均采用主客场制。常规赛从每年的 11 月初开始至第二年的 4 月 20 日左右结束。季后赛从 4 月下旬开始至 6 月下旬决出总冠军为止。在常规赛中，同一赛区同一联盟的球队相互之间比赛 4 场，不同联盟之间的球队相互比赛 2 场。常规赛结束时，按照比赛胜率（胜场数/82）的高低排出东、西部各自的前 8 名进入季后赛。季后赛采用淘汰制，第一轮和第二轮（东、西部联盟半决赛）采用 5 战 3 胜制，第三轮（东、西部联盟决赛）和 NBA 东、西部总冠军赛采用 7 战 4 胜制。

（四）中国 CBA 篮球联赛

CBA 联赛有 14 支球队参加，分南、北两大赛区。常规赛：同赛区打两个主客场，不同赛区打一个主客场。季后赛：南、北赛区总积分前 4 名进入季后赛，采用交叉淘汰制排出名次。

（五）全国运动会篮球比赛

通过预赛产生 12 支球队进入决赛。第一阶段，分两个小组单循环排出小组 1～6 名。第二阶段，采用交叉淘汰赛的方法，获小组 1 ~ 2 名的球队决 1 ~ 4 名；获小组 3 ~ 4 名的球队决 5 ~ 8 名；其他名次的决赛均采用此方法。

（六）CUBA 联赛（中国大学生篮球联赛）

中国大学生篮球联赛分东南、西南、东北、西北四个赛区，男、女各有 32 支球队参加。第一阶段：各赛区分别采用先分组单循环、后淘汰的赛制，排出赛区前 2 名。第二阶段：各赛区前 2 名组成（男、女）8 强，采用主客场双淘汰制决出总冠军。

（七）中国“大超”篮球联赛

“大超”联赛也是中国大学生篮球比赛的一项赛事。参加的 16 支球队分南、北两个赛区，进行主客场制比赛。第二阶段由各赛区前 4 名进行交叉淘汰赛，最终产生总决赛队伍，进行总决赛。

（八）三人制篮球赛

TBBA 全国大学生三人篮球联赛以省（市）为单位，每单位男子报两队，女子报一队，参加全国总决赛。比赛办法是；先将报名参赛的男、女队分别采用抽签方法分成若干小组，进行小组单循环，再进行交叉淘汰赛，直至决出总冠军。

1. 如何制定篮球竞赛规程？
2. 美国 NBA 篮球比赛和中国 CBA 篮球比赛在赛制上有什么区别？
3. 篮球比赛的制度有哪几种？比赛的场数和轮次如何计算？
4. 简述单淘汰编排方法。
5. 简述单循环编排方法。
6. 试述篮球比赛成绩计算和名次评定的方法。

参考文献

[1] 王家宏：《球类运动——篮球》，高等教育出版社 2005 年版。
[2] 郭玉佩：《篮球竞赛裁判手册》，人民体育出版社 2002 年版。

第九章　篮球裁判工作

【本章学习目标】通过学习认知和识记篮球规则的一些基本概念，掌握篮球最新规则的精神，准确理解规则的意图，在掌握了解裁判知识的同时，熟练掌握裁判临场的常规步骤及方法，提高篮球裁判员的执裁能力。

【本章学习要点】

1. 每场篮球比赛由两个队参加，每队出场 5 名队员，比赛由 4 节组成，每节 10 分钟。每一决胜期为 5 分钟，在比赛时间结束时得分较多的队，将是比赛的胜者。

2. 常见的违例有：① 队员出界和球出界；② 非法运球；③ 带球走；④ 3 秒违例；⑤ 被严密防守员；⑥秒违例；⑦ 24 秒违例；⑧ 球回后场违例；⑨掷球入界违倒；⑩ 脚踢球和拳击球违例；⑪ 罚球违例。

3. 常见的犯规有：①侵人犯规；② 双方犯规；③ 违反体育道德的犯规；④ 技术犯规；⑤ 取消比赛资格的犯规。

4. 两位裁判员应至少在此时（第二半时开始前不迟于 5 分钟）一起进入比赛场地与记录台人员见面，并检查比赛设备和监督队员的赛前练习。

5. 为管理所有其他节的掷球入界，主裁判员应在记录台对面的中线延长部分占位，在掷球入界队员的后场一侧。在第 1 节开始时，主裁判员在面对向记录台的一侧站立，准备步入中圈做第 1 节开始的抛球。抛球时，建议他不要将哨子含在嘴里。

6. 主裁判永远是追踪裁判。追踪裁判和前导裁判各有自己的分工和合作职责。

7. 比赛情况下的分工与配合有：① 罚球时裁判员的分工与配合；② 快攻时裁判员的分工与配合；③ 全场紧逼防守时裁判员的分工与配合。

8. 裁判方法有两人制和三人制的执裁方法。

9. 手势宣判程序有：① 当发生违例时手势的宣判程序；② 当发生一般性质犯规时手势的宣判程序；③ 当发生一般性质犯规并出现投球中篮时手势的宣判程序；④ 当发生带球撞人犯规时手势的宣判程序；⑤ 当发生双方犯规时手势的宣判程序。

【基本概念】交替拥有、违例队员、出界和球出界、非法、运球、带球走、中枢脚、3 秒违例、8 秒违例、24 秒违例、球回后场、犯规、侵人犯规、罚则、双方犯规、违反体育道德的犯规、技术犯规。

【关键名词】篮球竞赛规则、比赛通则、被严密防守的队员、掷球入界违例、脚踢球罚球违例、两人执裁技巧、三人执裁方法、赛前责任、每节开始、前场区域分工与配合、手势宣判程序、记录台工作方法、记录表、能力、基本素质、基本功、组织教法。

第一节 篮球裁判工作的意义和要求

一、篮球裁判工作的意义

篮球裁判工作是篮球运动的主要组成部分，而篮球裁判员作为篮球比赛的组织和执法者，在正确理解裁判法和规则的前提下，以良好的职业道德执裁，这对促进篮球运动技术和战术水平的提高，合理保护比赛队员的身体，使比赛公平、公正的开展有重要的意义。良好的篮球裁判工作不光对竞技水平的提高有促进作用，同时对运动员的道德品质、思想作风的教育也有一定的作用。

二、篮球裁判工作的要求

1. 篮球裁判工作的要求

（1）必须热爱这项工作，能谦虚谨慎，依据规则的精神公平、公正的执裁。

（2）能对比赛的进展进行预判，能主动性的控制比赛，使比赛顺利进行。

（3）精通篮球技战术和规则、裁判法。掌握统一的尺度，公正执法。

（4）能和其他裁判人员互相尊重、学习、支持、团结。搞好裁判工作。

2. 篮球裁判员具备的素质

（1）篮球裁判员应具有较高的职业道德和敬业精神。

（2）篮球裁判员应具有精通业务素质。表现在规则的理解和裁判法、技战术的理解上。

（3）篮球裁判员应具有良好的心理和身体素质，具体表现在在执裁判断上自信、果断、冷静，身体素质上要有速度、有耐力、灵敏性好。

第二节 篮球运动主要规则阐释

一、常见违例及其罚则

违例是违反规则。罚则是判对方失去球权，在就近的地点掷界外球，篮板后面的地方除外。主要包括队员出界和球出界、非法运球、带球走、时间类违例、球回后场、脚踢球等。

（一）队员出界和球出界

当队员身体的任何部分接触界线上、界线上方或界线外的除队员以外的地面或任何物体时，即是队员出界。当球触及了在界外的队员或任何其他人员；界线上、界线上方或界线外的地面或任何物体；篮板支撑架、篮板背面或比赛场地上方的任何物体即是球出界。

在球出界、甚至球触及了除队员以外的其他物体而出界之前，最后触及球或被球触及的队员是使球出界的队员。如果球出界是由于触及了界线上或界线外的队员或被他所触及，是该队员使球出界。

（二）非法运球

当在场上已获得控制活球的队员将球掷、拍、滚或运在地面上，并在球触及另一队员之前再次触及球为运球开始。当队员双手同时触及球或允许球在一手或双手中停留时为运球结束。队员第一次运球结束后不得再次运球，除非在两次运球之间他在场上已失去了控制活球，如投篮、被对方触及球、传球或漏接后触及了另一队员或被另一队员触及。下列情况不算运球：连续投篮、运球前后的漏接、用拍击的方式试图获得球等。

（三）带球走

当队员在场上持着一个活球，其一脚或双脚超出本规则所述的限制向任一方向非法移动是带球走。判断带球走的关键是确定和观察持球队员的中枢脚。

中枢脚的确立及行进：

1. 对在场上接住活球的队员中枢脚的确立

（1）双脚着地时：一脚抬起的瞬间，另一脚成为中枢脚。

（2）移动中或运球时：如果一脚正触及地面，该脚成为中枢脚；如果双脚离地后队员双脚同时落地，一脚抬起的瞬间，则另一脚成为中枢脚：如果双脚离地后队员一脚落地，于是，该脚成为中枢脚。如果队员抬起那只脚并双脚同时落地停止，那么，哪只脚都不是中枢脚。

2. 对在场上控制了活球并已确立中枢脚的队员的带球行进

（1）传球或投篮时，中枢脚可抬起，但在球离手前任一脚不得落回地面。

（2）运球开始时，在球手之前，中枢脚不得抬起。

（3）停止时哪只脚都不是中枢脚时：开始运球，在球出手之前哪只脚都不得抬起；传球或投篮，一脚或双脚可提起，但在球离手前不得落回地面。

（四）时间类违例

1. 3 秒违例

当某队在前场控制活球并且比赛计时钟正在运行时，该队的队员不得停留在对方队的限制区内超过持续的 3 秒钟，否则为违例。下列情况可以默许：

（1）他试图离开限制区。

（2）他在限制区，当他或他的同队队员正在做投篮动作并且球正离开或恰已离开投篮队员的手时。

（3）他在限制区已接近 3 秒钟时运球投篮。

2.（被严密防守的队员）5 秒违例

一名队员在场上正持着活球，这时对方队员处于积极的防守位置，距离其不超过 1 米，该队员被严密防守。一名被严密防守的队员必须在 5 秒钟内传、投或运球，否则为违例。

3. 8 秒违例

每当一名队员在他的后场获得控制活球时，他的队必须在 8 秒钟内使球进入他的前场，否则为违例。当先前已控制球的队由于下列情况的结果被判在后场重新掷球入界时，8 秒钟周期应以任何剩余的时间继续：球出界；一名同队队员受伤了；一次跳球情况；一次双方犯规；双方球队的相等罚则抵消。

4. 24 秒违例

每当一名队员在场上获得控制活球时，他的队必须在 24 秒钟内尝试投篮。在 24 秒钟装置的信号发出前，球必须离开投篮队员的手，而且球离开投篮队员的手后，球必须触及篮圈或进入球篮，否则为违例。

（五）掷球入界违倒

当发生下列情况时为掷球入界队员违例：

（1）可处理球后，球离手的时间超过 5 秒。

（2）球离手前或离手时触及场内地面。

（3）裁判员递交球后，沿界线方向超出 1 米或向两个方向移动。

（4）掷球入界后，在球触及场内其他队员前又首先触及球。

（5）球未触及场内队员而直接出界。

（6）将球直接掷入球篮。

（六）球回后场违例

控制活球的队员不得使球非法地回他的后场，否则为违例。宣判球回后场违例必须符合以下三个条件：

（1）该队已控制球。

（2）该队在前场最后触及球。

（3）该队在后场最先触及球。

（七）脚踢球违例

故意踢或用腿的任何部分阻挡球或用拳击球是违例。球偶然地接触到腿的任何部分，或腿的任何部分偶然地触及球，不是违例。

（八）罚球违例

1. 当发生下列情况时为罚球队员违例

（1）可处理球后，球离手的时间超过 5 秒。
（2）球中篮或触及篮圈前触及罚球线或限制区地面。
（3）球未中篮并未触及篮圈。
（4）做罚球的假动作。

2. 当发生下列情况时为在抢篮板球位置站位的队员违例

（1）干扰罚球队员。
（2）罚球队员的球离手前进入限制区。

二、常见犯规及其罚则

犯规是规则的违犯，含有与对方队员的非法身体接触和／或违反体育道德的举止。犯规者的每一犯规应被登记，记入记录表并相应地被处罚。它包括侵人犯规、违反体育道德的犯规、技术犯规、双方犯规、取消比赛资格的犯规。其中侵人犯规有，非法用手、拉人、推人、阻挡和带球撞人、过分挥肘等。

（一）侵人犯规

侵人犯规是队员与对方队员的接触犯规，无论球是活球或是死球。队员不应通过伸展他的手、臂、肘、肩、髋、腿、膝或脚来拉、阻挡、推、撞、绊、阻止对方队员行进；以及不应将其身体弯曲成“反常的”姿势（超出他的圆柱体）；也不应放纵任何粗野或猛烈的动作。

罚则：
（1）应给犯规队员登记一次侵人犯规。
（2）如果对没有做投篮动作的队员发生犯规：
① 由非犯规的队在最靠近违犯的地点掷球入界重新开始比赛。
② 如果犯规的队处于全队犯规处罚状态时，则应运用全队犯规——处罚条款。
（3）如果对正在做投篮动作的队员发生犯规，应按下列所述判给投篮队员若干罚球：
① 如果投篮成功，应计得分并判给 1 次追加的罚球。
② 如果从 2 分投篮区域的投篮不成功，应判给 2 次罚球。
③ 如果从 3 分投篮区域的投篮不成功，应判给 3 次罚球。

（二）双方犯规

双方犯规是两名互为对方的队员大约同时相互发生侵人犯规的情况。罚则：应给每一犯规队员登记一次侵人犯规；不判给罚球。

（三）违反体育道德的犯规

根据裁判员的判断，一名队员不是在规则的精神和意图的范围内合法地试图去直接抢球，发生的接触犯规是违反体育道德的犯规。

1. 判断违反体育道德的原则

（1）如果一名队员不努力去抢球并发生接触，这是违反体育道德的犯规。

（2）如果一名队员在努力抢球中造成过分的接触（严重犯规），则该接触应被判定是违反体育道德的犯规。

（3）如果一名队员正做合法的努力去抢球（正常的争抢）发生了犯规，这不是违反体育道德的犯规。

2. 罚　则

（1）登记犯规队员一次违反体育道德的犯规。

（2）应判给被犯规的队员相应的罚球，以及随后在记录台对面的中线延长部分掷球入界，或在中圈跳球开始第 1 节的比赛。

（3）罚球的次数应按如下规定：

① 如果对没有做投篮动作的队员发生犯规：应判给 2 次罚球。

② 如果对正在做投篮动作的队员发生犯规：如果中篮应计得分并加判给 1 次罚球。

③ 如果对正在做投篮动作的队员发生犯规，并没有得分：应判给 2 或 3 次罚球。

（四）技术犯规

技术犯规是包含（但不限于）行为性质的队员非接触的犯规。

如果一次技术犯规发生，罚则：

（1）由一名队员，应给他登记一次技术犯规，作为队员犯规并作为全队犯规之一计数。

（2）由一名教练员、助理教练员、替补队员或随队人员，给教练员登记一次技术犯规，并不作为全队犯规之一计数。

（3）应判给对方队员 2 次罚球，以及随后在记录台对面的中线延长部分掷球入界，或在中圈跳球开始第 1 节的比赛。

（五）取消比赛资格的犯规

队员、替补队员、教练员、助理教练员或随队人员任何恶劣的违反体育道德的行为都是取消比赛资格的犯规；一名队员被登记了 2 次违反体育道德的犯规时，该队员也应被取消比赛资格。罚则：

（1）应给犯规者登记一次取消比赛资格的犯规。

（2）相应的罚球以及随后在记录台对面的中线延长部分掷球入界，或在中圈跳球开始第 1 节的比赛。

（3）罚球的次数应按如下规定：

① 如果对没有做投篮动作的队员发生犯规或如果是一次技术犯规：应判给 2 次罚球。

② 如果对正在做投篮动作的队员发生犯规：如果中篮应计得分并加判给 1 次罚球。

③ 如果对正在做投篮动作的队员发生犯规，并没有得分：应判给 2 或 3 次罚球。

三、一般规定

（1）篮球比赛的定义：每场篮球比赛由 2 个队参加，每队出场 5 名队员。每队的目标是在对方球篮得分，并阻止对方队得分。

（2）比赛的胜者：在比赛时间结束时得分较多的队，将是比赛的胜者。

（3）比赛时间：比赛由 4 节组成，每节 10 分钟。每一决胜期为 5 分钟。

（4）交替拥有：交替拥有是以掷球入界而不是以跳球来使球成活球的一种方法。

（5）球中篮和它的得分值：球进入球篮，如是罚球得 1 分；如是从 2 分区投篮得 2 分；如是从 3 分投篮区投篮得 3 分。

（6）罚球：是给予一名队员从罚球线后的半园内的位置，在无争抢的情况下得 1 分的机会。

第三节　篮球裁判员执裁技巧

一、两人制裁判员执裁技巧

（一）赛前责任

1. 赛前 20 分钟

两位裁判员应至少在此时（第二半时开始前不迟于 5 分钟）一起进入比赛场地与记录台人员见面，并检查比赛设备和监督队员的赛前练习。主裁判员负责批准比赛场地、比赛计时钟和所有技术设备，包括记录表。主裁判员还要挑选能达到下述标准的比赛用球（一个用过的球）：当球从 1.80 米的高度（从球的底部量起）落到球场地面或木质地板上，反弹起来的高度在 1.20 ~ 1.40 米之间（从球的顶部量起）。一旦比赛用球确定后，他应在球上做出明显的标记，任何一队都不得用此球进行赛前练习。

在赛前和半时热身练习中，两位裁判员应站在记录台对面的位置，并仔细地观察两个球队任何可能导致比赛设备损坏的行动。运动员抓篮圈因而导致篮圈或篮板的损坏，是不能容忍的。如果裁判员观察到这种不道德的行为，必须立即警告违犯队的教练员，如再犯，则判违犯者一次技术犯规。

2. 赛前 10 分钟

裁判员在检查记录员已经填写好的记录表后，要确保双方教练员在此时确认本队队员的姓名、号码以及教练员们的姓名并督促双方教练员在记录表上签字，然后指出本队开始上场的 5 名队员。

3. 赛前 6 分钟

目前流行的做法是在此时向观众介绍队员、教练员和裁判员。

此时，两裁判员应移向靠近记录台的位置，主裁判员还应令所有队员停止热身练习并回到他们各自的球队席区域；按照惯例应首先介绍“甲”队（秩序册中队名列前的队），其通常是主队，且球队席常常位于记录台的左侧，然后介绍另外一队，最后介绍临场裁判员们。

4. 赛前 3 分钟

待一切介绍完毕后，主裁判员应鸣哨并以手势表示：离比赛开始还有 3 分钟。此时队员们还可做最后一程的赛前练习。

5. 赛前 1 分 30 秒

此时，主裁判员要令所有的队员停止热身练习并立即回到他们各自的球队席区域。主裁判员在确认每一位裁判人员都已做好了开始比赛的准备和所有队员没有穿戴不合法的装备后，他还要与副裁判员握手并彼此祝福好运。主裁判员在进场后还应以握手的方式清楚地指明双方各自的场上队长。至此，裁判员的赛前工作即告结束。

（二）每节开始

1. 每节开始前的管理

主裁判员在第 1 节比赛开始步入中圈之前和在所有其他节开始时管理掷球入界之前，应用“拇指向上”的手势查看副裁判员并通过他了解记录台人员是否都已做好了开始比赛的准备。主裁判员应绝对确保一切事情都就绪后，才进行比赛开始的抛球或掷球入界。在第 1 节开始时，主裁判员在面对向记录台的一侧站立，准备步入中圈做第 1 节开始的抛球。抛球时，建议他不要将哨子含在嘴里，以避免伤害事故的发生。副裁判员在靠近记录台边线的中点处占位。他是自由裁判，不介入跳球的管理，但应做好在球被合法拍击后移向比赛前方的准备。

为管理所有其他节的掷球入界，主裁判员应在记录台对面的中线延长部分占位，在掷球入界队员的后场一侧。执行掷球入界的队员应骑跨在中线延长部分。副裁判员应在对面的罚球线延长部分的边线占位，在掷球入界队的前场，以便监控所有队员。

2. 开局的抛球

抛球前，主裁判员应核实两名跳球队员都做好了准备，每人的双脚都站在靠近本方球篮的半个中圈内，并且一只脚靠近中线。

球应在两名跳球队员之间被垂直向上抛起，球的最高点要超过任一跳球队员跳起时所能达到的高度。

主裁判员在抛球时不应试图急于后退，以免影响抛球的准确性。建议他在抛球后应尽量保持静止，并在原地观察比赛，以免影响队员的行动，待队员和球离开中圈后，他再移至追踪裁判员的位置。

副裁判员必须观察和判断跳球队员的拍球以及其余 8 名非跳球队员的行为是否合法。一旦球被第一次合法拍击时，他应立即做出“时间开始”的手势并移向比赛的前方，占据前导裁判员的位置。

3. 跳球后裁判员的移动

（1）当球被拍向副裁判员右侧时，他应向球的同一方向移动，跑至比赛的前面并继续移动至端线，建立他作为前导裁判的位置。

执行抛球的主裁判员应留在圆圈内的位置上观看比赛。当比赛离开了中场区域，他占据沿边线的追踪裁判员位置（如图 9.1 所示）。

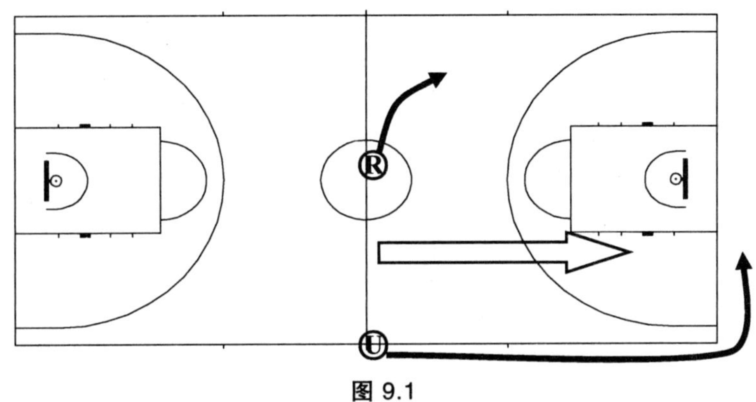

图 9.1

（2）当球被拍向副裁判员左侧时，他应向球的同一方向移动，跑至比赛的前面并继续移动至端线，建立他作为前导裁判员的位置。

执行抛球的主裁判员应在原位置上稍等片刻，然后他越过场地朝记录台移动，并占据追踪裁判员位置（如图 9.2 所示）。

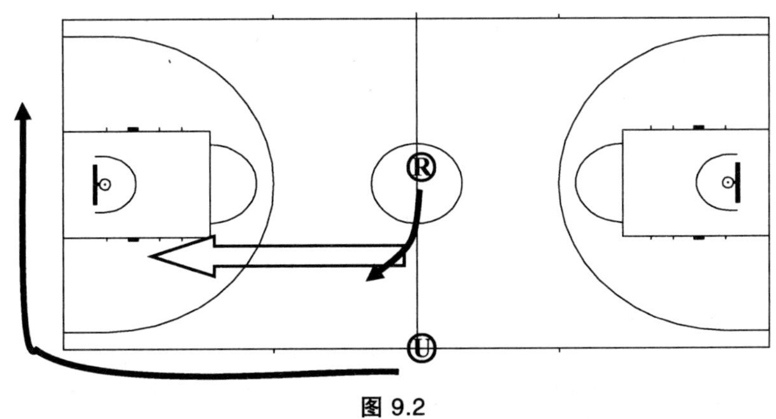

图 9.2

每当球队控制球出现改变和出现一个新的比赛方向，两裁判员必须调整位置，他们仍负责同一界线，追踪裁判变成新的前导裁判，前导裁判变成新的追踪裁判。

（三）裁判员前场区域分工与配合

为了达到综观、控制比赛的目的，两位裁判员的主要工作和任务是：要不停地移动，从而尽可能好地寻找到最佳的观察位置和角度，并把所有的队员都置于他们的视野之内，以便能观察到攻、守队员之间的空间。如果没有空间，那就一定有接触。此时，他们就必须确定这种接触是否影响了比赛的正常进行。如果此接触并未影响比赛的正常进行，那么，他可将此接触当作意外情况不予宣判；如果此接触影响了比赛的正常进行，那么，他就必须宣判犯规。

现代执裁要求两位裁判员在临场工作中既明确分工，又真诚合作。当一名裁判员负责有球区域时，另一位裁判员则负责无球区域。为了便于理解与应用，我们把前场划分成①至⑥号的长方形区域（如图 9.3 所示）。

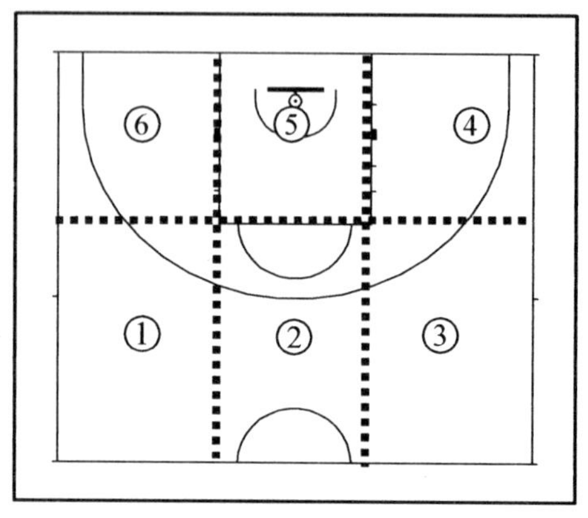

图 9.3

1. 追踪裁判员的占位和责任

当球在①区时，追踪裁判员负责观察球周围的比赛，尤其要注意队员运球、投篮或传球以及防守他的队员的情况。

当球在②区时，他仍是负责观察有球区的比赛。

当球在③区时，他还是主要负责有球区，当有球队员在那里被严密防守时，为了寻找最佳的观察位置和角度，他认为需要跑出多远就跑多远，但一旦情况允许，他应该立即回到正常的追踪裁判位置。他虽对他右侧的边线不负责任，但当球从③区的边线出界时，他应给同伴以协助。

当球在①②和③时，追踪裁判应位于球的左后方 3 ~ 5 米处，向前不要超过罚球线的延长线。他还要负责中线和他左侧的边线。

当球在④区时，他对球周围的比赛没有责任，他的主要任务是观察无球区，特别是掩护的情况。

当球在⑤区时，两位裁判员都要观察球周围的比赛，特别是投篮的情况。追踪裁判重点负责观察球的飞行、球是否中篮以及攻、守队员的干涉得分和对球干扰的行为。遇抢篮板球时，追踪裁判还应对从不利位置上去抢球的队员保持高度警觉。

当球在⑥区的 2 分投篮区时，两位裁判员还是都要观察球周围的比赛，但当球靠近罚球线延长线时，追踪裁判应重点贞责球周围的比赛。

当球在⑥区的 3 分投篮区，追踪裁判应负责球周围的比赛，特别是在投篮之时。

当球在浅阴影区内时，追踪裁判负责有球区域，其中深阴影区是两裁判员共同负责的区域（如图 9.4 所示）。

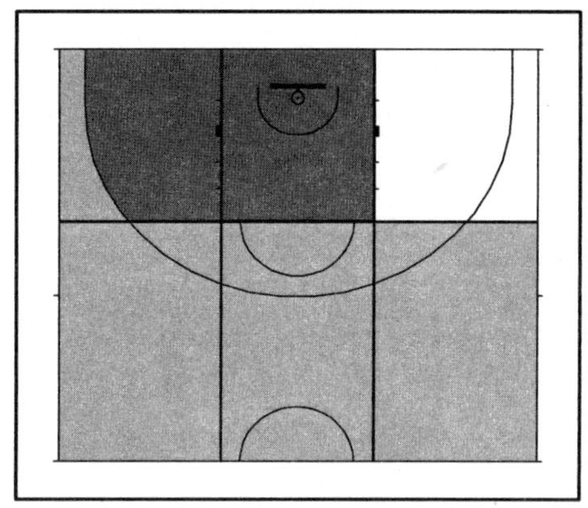

图 9.4

当传球、运球或投篮的球推向球篮或端线时，追踪裁判必须插进到罚球线延长线附近，以便更好地寻找攻、守队员之间的空间。

如果进攻队继续从他的后场掷球入界，而且进入前场的时间少于 8 秒钟时，追踪裁判应通知双方球队剩余的秒数。

每当球传入一个新的区域并且两裁判员对有球区域的责任发生改变时，追踪裁判应主动与同伴建立目光联系。

在由追踪变前导裁判的转换中，追踪裁判切记不要将视线离开比赛，他要在所有的时间里都把目光集中在队员和比赛上。

2. 前导裁判员的占位和责任

前导裁判应总是位于比赛的前方，因此需要他“快中求快”，到达端线后，他要在④区的 3 分线和端线的交点与⑥区限制区梯形线和端线的交点之间保持移动。他要尽可能地占据在距端线 2 米的界外位置上，以便获得最佳的观察位置和角度。虽然他必须知道球在哪里，但这并不意味着他总是要盯着球，或对球周围的比赛负有责任。

就界线而言，他负责就近的端线和他左侧的边线。

当球在①区时，他主要负责观察无球区的比赛，要注意掩护的情况。

当球在②区时，他的主要责任仍是观察无球区，身体要正对场地，预见任何可能出现的球向球篮方向转移的情况。

当球在③区时，他还是重点观察无球区域，特别是要注视低策应区内的队员们。

当球在④区时，他还是应以身体正对场地，并负责观察球周围以及有球一侧低策应区的比赛。

当球在⑤区时，虽然他和追踪裁判的主要责任都是在有球区，但他的次要责任是注视有球一侧的低策应区内的队员们。

当球在⑥区的 2 分投篮区时，两位裁判员还是都要观察球周围的比赛，但当球靠近端线时，前导裁判应重点负责球周围的比赛。

当球在⑥区的3分投篮区时，前导裁判不负责有球区域，此时，他要注视低策应区以及无球区内的所有队员，特别是掩护的情况。

当球在阴影区时，前导裁判负责球周围的比赛（图9.5）。

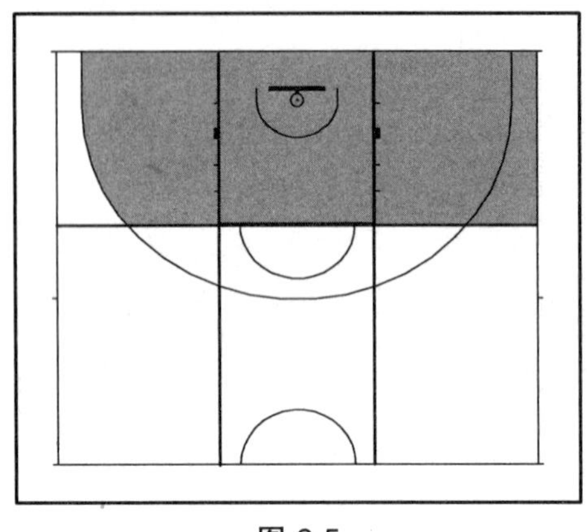

图 9.5

3. 忠　告

（1）裁判员应熟悉自己的责任区，除共管区之外，两位裁判员应尽力避免都注视球和球周围的比赛的现象。

（2）当一名裁判员主要负责无球区时，他要观察远离球的比赛，要始终依据“监控”原则把所有队员都置于两裁判员的视野之间。

（3）在对违例或犯规的宣判中，既没有主、副裁判之分，也没有级别高、低之分，更没有老、少之分。因此，每位裁判员都有独立宣判违例和犯规的权力。当两位裁判员对同一起违例或犯规几乎同时鸣哨时，他们要立即建立目光联系。在通常情况下，应由最靠近违例或犯规地点的裁判员进行宣判，如果很难区分出离哪位裁判员最近，那么，此时就要看比赛朝哪位裁判员进行，此时，这位裁判员就应对此违例或犯规进行宣判。

（4）如果一名裁判鸣哨宣判犯规，此时，没有鸣哨的另一名裁判必须站在原来的位置，有时甚至还要向后退上几步，以便将场上所有队员都置于自己的视野之中，从而达到“监控”的目的。因为当宣判裁判向记录台报告犯规时，他是唯一一位能监控场上情况的裁判员。

（5）在球出界的情况下，只在他的同伴向他寻求帮助时才给予帮助，此应在赛前准备会上，确定联系方法。

（6）在所有时间内裁判员们要尽力做到不仅知道球在哪里、所有队员在哪里，而且也要知道他的同伴在哪里。知道球在哪里，并不意味着一定要注视着球。

（7）在快速反击，特别是以多打少的情况下，最靠近比赛的裁判员应决定是否宣判犯规，裁判员应避免从10米以外、甚至更远的地方做出宣判。

（8）裁判员尽早确定他在比赛中的判罚尺度，这样将有利于控制比赛。队员们将依据他的尺度来调整比赛方式和自己的行为。仅在队员的动作已影响了比赛时，裁判员才鸣哨宣判犯规，附带的身体接触应该被忽略，但粗野的动作必须被判罚。

（9）当裁判员做出宣判时，他要正处于能看清比赛全貌的位置上，因而，这就要求他要不停地移动，一般多采用侧身跑和横滑步，尽力在攻、守队员之间保持尽可能好的视角，并寻找攻、守队员之间的空间。在所有一对一的情况下，他不但要寻找两队员之间的空间，而且还要特别注意防守队员的动作。

（10）当攻方队员确实已进入限制区内时，他才开始计算时间。当他将要宣判3秒违例时，一定要知道球在哪里，并确认攻方队员确已因此行为而获得了额外利益。

（11）如因为某些行为而确实需要警告队员或教练员时，裁判员应尽可能地不要中断比赛，如果必须中断，那么就一定要判其技术犯规。

（12）不允许运动员、或教练员们以及随队人员等以戏剧性的姿态、或无休止的抱怨来成为全场注意的中心，对这种行为，裁判员必须尽早、果断地加以制止。如运动员、或教练员以及随队人员等试图恐吓和骚扰裁判员时，他应大胆判其技术犯规。

（13）通常情况下，当裁判员宣判了争球或犯规后，两裁判员都要交换他们在场上的位置。但有时也应灵活运用此项规定，可多采取"就近落位"的原则，这样将有利于比赛的尽快、流畅进行。

（14）裁判员与自己的同伴、也包括记录台裁判人员在一起工作时，要好似一个整体，要尽力做好合作。在把球递交给掷球入界队员之前和在进入罚球区，或跳球圈执行罚球，或跳球之前，执行裁判一定要与同伴、也包括记录台裁判人员建立目光联络，以防止新情况的出现。

（四）几种比赛情况下的分工与配合

1. 罚球时裁判员的分工与配合

（1）允许队员在抢篮板球区域占位的罚球：

① 追踪裁判员的占位与责任。追踪裁判员不负责递交任何一次的罚球，但他应在前导裁判员将球递交给罚球队员后移至罚球队员的左侧的罚球线延长部分与3分线的交点处，随之做出相应的罚球次数手势。此时他负责：A.计算时间，判定罚球队员是否5秒钟违例；B.观察罚球队员是否踩线、假装罚球等行为；C.观察在他对面位置区占位的队员们的行为；D.观察球的飞行和球在篮圈上的情况；E.如果罚球中篮，确认是否有效，并做出相应的手势。

② 前导裁判员的占位与责任。前导裁判应位于端线外，两腿骑跨靠近④区罚球区梯形线的延长线，负责所有罚球的递交球，并做出相应的罚球手势。他还要观察在他对面位置区占位的队员们的行为。在还有后续的罚球时，他负责捡球，并将球反弹传给罚球队员。在最后或仅有一次的罚球，当球离开罚球队员的手后，他应向右迈出一步，以便更好地观察抢篮板球的情况。

（2）禁止队员在抢篮板球位置占位的罚球：当出现完成一组罚球后，因还有后续的罚则：其或是掷球入界、或是另一组罚球的情况时，裁判员应禁止任何队员在抢篮板球位置区占位，且所有的队员都要位于罚球线的延长部分和3分投篮线之后，此时，宣判首起、或该起犯规的裁判员负责管理第一组、或这一组罚球，而另一裁判则或是在记录台对面边线的中点占位，待罚球完成后，负责管理掷球入界，或是等待或是管理另一组罚球。

分工与配合的方法与"允许队员在抢篮板球位置占位的罚球"的情况基本相同。

2. 全场紧逼防守时裁判员的分工与配合

当出现全场紧逼防守时，这将打乱裁判员正常的区域分工，给执裁带来困难，因而，这就要求裁判员们应投入更多的精力并保持更加密切的配合。

当有3名或更多的防守队员在对方的后场时，前导裁判不要急于移至端线，他应协助同伴观察场上情况，直至球越过中线。如果只有 2 名或更少的防守队员在对方的后场时，前导裁判则必须移至端线并观察就近半场内的所有队员。

追踪裁判则应根据场上情况尽量靠近比赛，仔细地观察可能发生的任何违犯。

此时，两裁判员之间的距离不要太远，以免出现中场区域无人观察的局面，他们要特别注意接应球时和夹击过程中攻防队员之间的动作是否合法以及 5 秒、8 秒和球回后场违例的发生。

3. 快攻时裁判员的分工与配合

当出现快攻时，原追踪裁判应立即撤到边线附近，面向场内做侧身跑，并始终保持在攻势的前方观察比赛，成为新的前导裁判。如果他落在了球的后面，他可以在不妨碍队员行动前提下，适当地深入场内，去追抢好的观察角度，变被动为主动。

此时，原前导裁判也应快速跟进，成为新的追踪裁判，此时他要特别注意球回后场以及持球移动等违例的发生。

二、三人执裁方法

（一）基本原则

（1）在任何情况下，三位裁判员之间必须保持宽广的三角形，面向场内监控所有队员。

（2）正常攻守转换时，三位裁判员的换位原则是，追踪→前导、中央→中央、前导→追踪。

（3）宣判犯规的裁判员向记录台报告犯规后，他必须移动到记录台对面的位置上，因此，前导裁判员和靠近记录台的裁判员不宣判犯规不换位，如宣判犯规则要和记录台对面的裁判员换位；而记录台对侧的裁判员宣判了犯规不换位，不宣判犯规则要和宣判犯规的裁判员换位。

（4）宣判犯规的裁判员必须面向记录台执行罚球，他一定成为中央裁判员。

（5）裁判员宣判了犯规后，他只要跑出人群就可以向记录台报告，而要换位的裁判员则要慢慢地移向新的位置并捡球，另一裁判员则应选择一合适位置，监控所有队员，直到向记录台做出报告的裁判员转身观察队员为止。

（6）掷前场端线球时，前导裁判员应位于篮板与球之间；掷后场端线球时，追踪裁判员则应位于边线与球之间。

（7）每位裁判员负责各自就近的界线，追踪裁判员还要负责中线。

（8）裁判员们要始终知道：①球的位置；②其他裁判员的位置；③队员们的位置。

（9）凡未在《篮球裁判员手册（3 人执裁）》中提及的内容，均按《篮球裁判员手册（2 人执裁）》中的规定执行。

（二）基本的场地覆盖范围和责任

1. 基本的场地覆盖范围（见图 9.6）

L 为前导裁判，分工负责主要在 1 区
C 为中央裁判，分工负责主要在 2 区
T 为追踪裁判，分工负责主要在 3 区

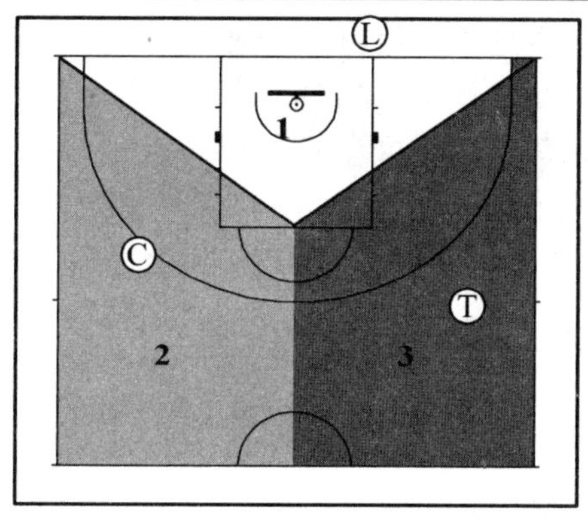

图 9.6

2. 基本的责任

当球在某裁判员的区域内，他负责球周围的比赛。
当球在另一裁判员的区域内，他应负责本区域内的无球队员。

（三）球在前场时的基本分工区域（记录台一侧或对侧）（见图 9.7（a）（b））

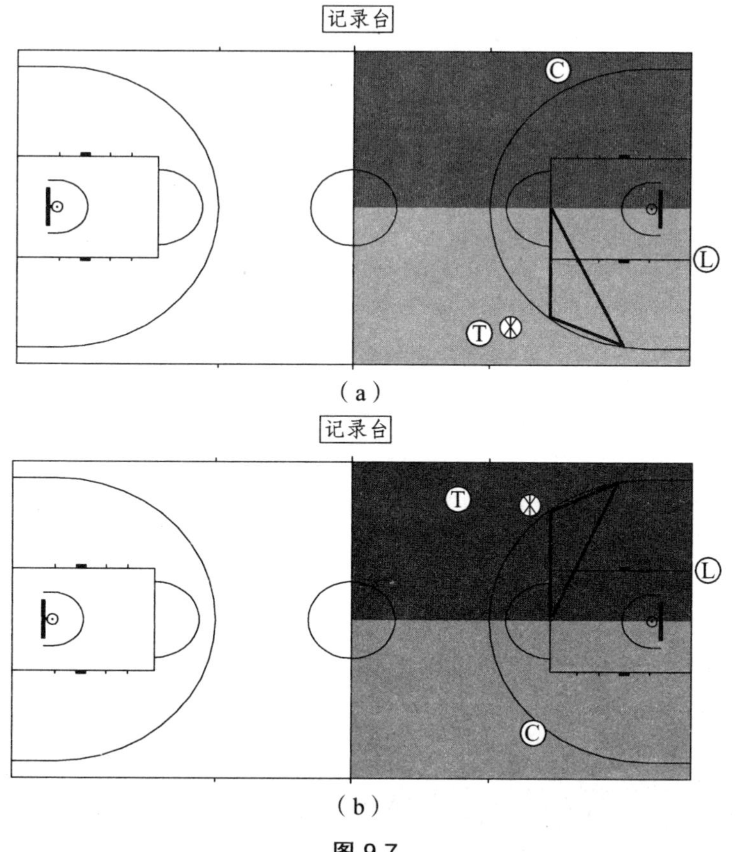

图 9.7

（1）每一裁判员负责一个基本分工区域。

（2）当球在某裁判员的基本分工区域内，该裁判员对球周围附近的犯规和违例负责。

（3）当球不在某裁判员的基本分工区域内，该裁判员负责本区域内的所有队员。

（4）前导裁判员和追踪裁判员共同负责共管的区域（三角区域）。

（四）当球从记录台一侧传或运到对侧，或者从对侧传或运到记录台一侧时的基本移动（见图 9.8）

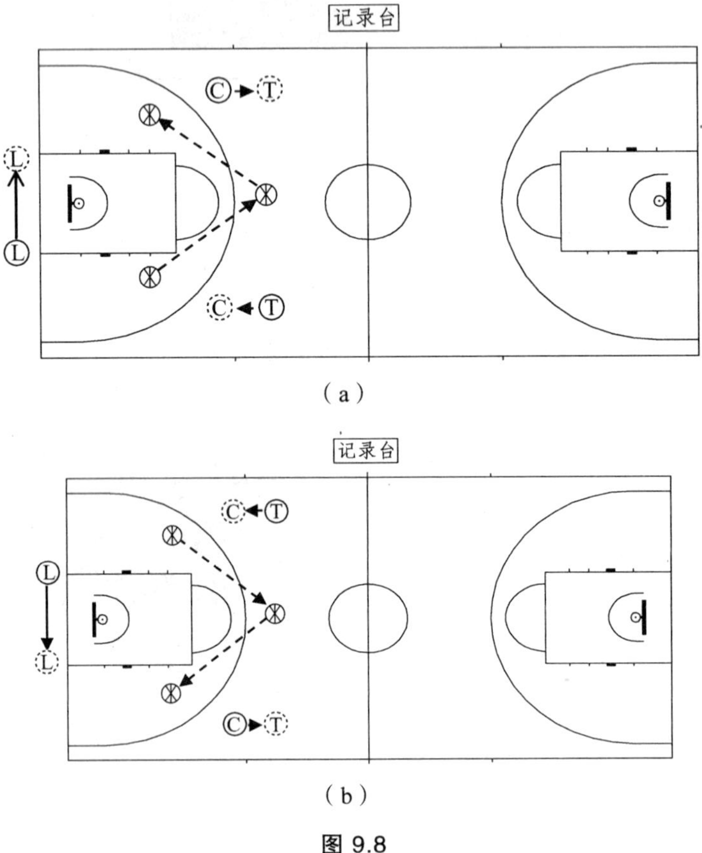

（a）

（b）

图 9.8

（1）当球传到离中央裁判员最近的罚球线延长部分的前方时，前导裁判员移动到球侧（快速投篮或直接运球上篮时的除外）。

（2）追踪裁判员移动到中央位置。

（3）中央裁判员移动到追踪位置。

（4）前导裁判员负责发动轮转，并且对继续对策应位置的队员负有责任，甚至在移动越过限制区的延伸部分时也是如此。

（五）当球从后场到前场时的变换区域（见图 9.9）

（1）追踪裁判员移动到前导位置。

（2）中央裁判员移动到新的中央位置。

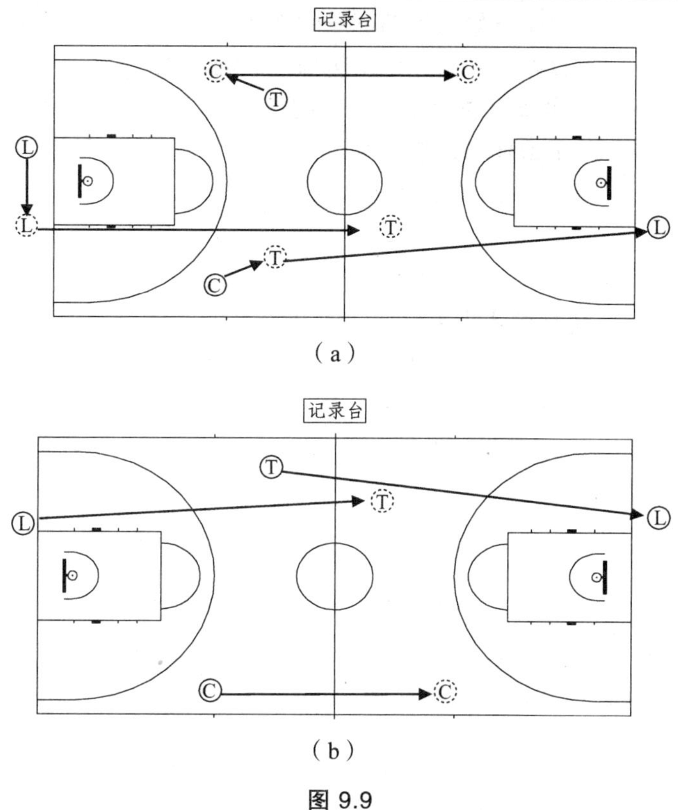

图 9.9

（3）前导裁判员成为新的追踪裁判员。

（4）前导裁判员继续支配轮转，并且继续对策应位置的队员负有责任，甚至在移动越过限制区的延伸部分时也是如此。

三、裁判员手势及宣判程序

以下阐明的手势是唯一正式的手势。它们必须被所有的裁判员在所有的比赛中使用。记录台人员也要通晓这些手势。

规则规定：对于国际篮联举办的正式比赛，球队应使用 4 至 15 的号码。但对于各个国家篮球协会举办的各级别比赛，该国篮协有权批准最多为两位数的任何其他号码。为此，中国篮协规定：20 号以上号码的表示方法为：先用右手（和左手）出示十位数—放下—再用右手（和左手）出示个位数。右手握拳表示“十”。

裁判员手势主要有如下一些手势：

（一）单个手势

1. 得分手势

有 1 分手势；2 分手势、三分试投手势；3 分投篮成功手势；取消得分，或取消比赛手势。

1 分手势：握拳，伸出食指，做从腕部下屈的动作。
2 分手势：握拳，伸出食指、中指，做从腕部下屈的动作。
三分试投手势：握拳，伸展食指、中指，大拇指。
3 分投篮成功手势：两手都伸出试投手势。
取消得分，或取消比赛手势：双臂像剪的动作胸前交叉一次。

2. 有关计时钟的手势

有违例的停表手势；犯规的停表手势；计时开始手势；24 秒复位手势。
违例的停表手势：单臂举起，伸开手掌。
犯规的停表手势：单臂举起，一拳紧握，另一掌心向下指向犯规者腰部。
计时开始手势：手掌伸开，做砍劈动作。
24 秒复位手势：握拳，食指伸出，做划圈动作。

3. 管理手势

有替换手势、招呼入场手势、暂停手势、联络手势、可见得时间计算手势
替换手势：鸣哨的同时，两臂在胸前前臂交叉。
招呼入场手势：单臂伸开，手掌摆向身体。
暂停手势：鸣哨的同时，成"T"型食指示之。
联络手势：裁判员和记录台之间的练习，握拳拇指向上。
可见得时间计算手势：手臂挥摆，手指显示计数时间。

4. 违例类型的手势

违例类型的手势有带球走手势；两次运球手势；携带球手势；三秒手势；五秒手势；八秒手势；二十四秒手势；球回后场手势；故意脚球手势；球出界手势；跳球手势.
带球走手势：两臂在胸前转动双拳。
两次运球手势：两臂在胸前做轻拍动作。
携带球手势：单手臂放于体侧做朝前半转的动作。
三秒手势：单手臂伸出，握拳示三指。
五秒手势：单手臂伸出脸前，握拳示五指
八秒手势：双手伸出脸前，握拳示八指
二十四秒手势：单手臂屈肘，手指触肩。
球回后场手势：摆动手指食指指示。
故意脚球手势：手指指脚。
球出界手势：食指平行边线指示于。
跳球手势：两拇指向上随后指向拥有箭头的方向。

5. 犯规类型的手势

犯规类型的手势有非法用手；阻挡；过分挥肘；拉人；推人或不带球撞人；带球撞人；控制球队犯规；双方犯规；技术犯规；违反体育道德的犯规；取消比赛资格的犯规。

非法用手：一手臂击另一手臂腕部。
阻挡：双手置于髋部。
过分挥肘：屈肘向后摆肘。
拉人：一手臂向下抓住另一手臂。
推人或不带球撞人：双手模仿推人动作。
带球撞人：握拳击掌。
控制球队犯规：握拳指向犯规球队的球篮。
双方犯规：在头上交叉挥动紧握的双拳。
技术犯规：在头上成“T”字形，手掌示之。
违反体育道德的犯规：头上，一臂向上抓住另一臂的手腕。
取消比赛资格的犯规：紧握双拳，双臂伸出。

6. 罚球手势

一次罚球：握拳举起食指。
两次罚球：握拳举起食指和中指。
三次罚球：握拳举起食指、中指和大拇指。

7. 球权方向手势

防守队员犯规后的球权方向手势：单臂，食指指向，手臂平行边线。
进攻队员犯规后的球权方向手势：单臂，握拳，手臂平行边线。

8. 罚球管理的手势

① 在限制区内手势：
一次罚球：单臂水平伸食指。
两次罚球：单臂水平伸食指、中指。
三次罚球：单臂水平伸食指、中指和大拇指。
② 在限制区外手势
一次罚球：单臂屈肘举头上，握拳伸食指。
两次罚球：双臂屈肘举头上，双手手指并拢伸开。
三次罚球：双臂屈肘举头上，双手手指并拢伸开三指。

9. 向记录台报告一起犯规（3 个步骤）

第一步—队员的号码
从四号开始到十五号，四到九号，单臂手指依次伸出，十号为握拳，十一号到十五号，双臂报号，一臂握拳，另一臂伸手指。
第二步—犯规的类型
第三步—判给罚球的次数，或比赛的方向

10. 罚球管理（2 个步骤）

第一步—在限制区内

第二步—在限制区外

（二）手势宣判程序

1. 当发生违例时手势的宣判程序

（1）停止计时钟。
（2）违例性质。
（3）比赛方向。

2. 当发生一般性质犯规时手势的宣判程序

（1）停止计时钟。
（2）在有争议的情况下，指出在何处罚球。
（3）跑至离记录台 6～8 米，且能让记录员看清的位置停住。
（4）出示犯规队员号码，并停留几秒钟。
（5）犯规性质。
（6）罚则（罚球次数或比赛方向）。
（7）跑至比赛重新开始的合适位置。

3. 当发生一般性质犯规并出现投球中篮时手势的宣判程序

（1）停止计时钟。
（2）两分或三分投篮成功（或取消得分）。
（3）在有争议的情况下，指出在何处罚球。
（4）跑至离记录台 6～8 米，且能让记录员看清的位置停住。
（5）两分或三分投篮成功（或取消得分）。
（6）出示犯规队员号码，并停留几秒钟。
（7）犯规性质。
（8）罚则：一次罚球。
（9）跑至比赛重新开始的合适位置。

当在犯规的同时出现投球中篮时，为避免来自观众、教练员和队员附加压力，裁判员应立即做出中篮是否有效的手势。

4. 当发生带球撞人犯规时手势的宣判程序

（1）停止计时钟。
（2）控制球队犯规（指向犯规队球篮）。
（3）跑至离记录台 6～8 米，且能让记录员看清的位置停住。
（4）出示犯规队员号码，并停留几秒钟。
（5）带球撞人。
（6）控制球队犯规（指向犯规队球篮）。
（7）跑至比赛重新开始的合适位置。

5. 当发生双方犯规时手势的宣判程序

（1）停止计时钟。
（2）双方犯规。
（3）跑至离记录台 6 ~ 8 米，且能让记录员看清的位置停住。
（4）一手指向甲方球队席，出示甲方犯规队员号码，并停留几秒钟。
（5）一手指向乙方球队席，出示乙方犯规队员号码，并停留几秒钟。
（6）罚则：进攻方向，或跳球--进攻方向（根据交替拥有箭头方向）。
（7）跑至比赛重新开始的合适位置。

第四节 记录台工作方法

一、座 序

为了使记录台人员在比赛中能协同配合，国际篮联对记录台人员的座序做了如下安排（图 9.10）：

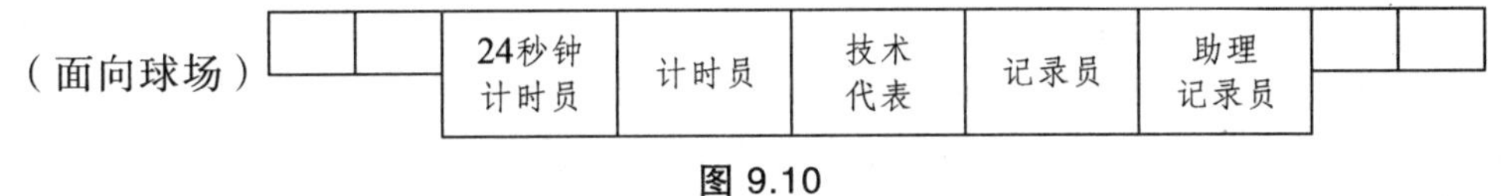

图 9.10

由于我国的具体情况，记录台人员的组成和他们的座序是按下列方式安排（图 9.11）：

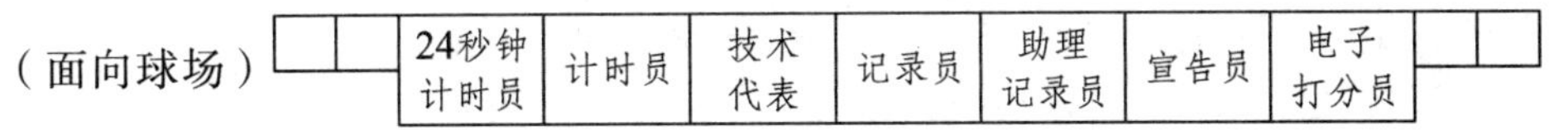

图 9.11

二、工作职责

（一）宣告员

按规则规定，是不设宣告员的，但根据我国篮球比赛的传统和实际，宣告员实际上承担着记录员、计时员、24 秒计时员和助理记录员的部分职责。

1. 宣告员的职责

（1）按时主持入场仪式，使比赛准时开始。
（2）及时、准确地通知裁判员某队请求暂停、换人、某队员已达 5 次犯规，某队每节已达 4 次犯规，远投 3 分等情况。
（3）准确地执行暂停时间的计时。
（4）必要时按赛会要求介绍运动员、规则知识及对观众进行宣传教育。

（5）通常情况下，他为记录台组长，是记录台人员与技术代表、裁判员之间的纽带。
（6）准备好备用器材。

2. 宣告员常用术语

（1）赛前。
① 赛前 7 分钟。鸣哨并宣告“请双方队员停止练习，准备入场”
② 赛前 6 分钟。主持入场仪式
例如：
“2010 年××中国男子 CBA 篮球联赛，××队对××队的比赛现在开始”
“下面介绍双方运动员、教练员和担任本场比赛的裁判员。（先客队）××队，×号，××（依号码顺序）；主教练××，教练员××。（后主队）××队，×号，××（依号码顺序）；主教练××，教练员××。担任本场比赛的主裁判××，××级；第一副裁判××，××级；第二副裁判××，××级”
③ 赛前 4 分 30 秒。待介绍完裁判员后，宣布：“请全体起立，奏国歌”。礼毕，宣布：“请坐下”。宣布：“请双方队员相互致意”。
④ 赛前 3 分钟。（在第 3 节开始前只运用此程序）。鸣哨并宣布：“距离比赛（或第 3 节比赛）开始还有 3 分钟”
⑤ 赛前 1 分 30 秒。鸣哨，以通知球队：距离比赛（或第 3 节比赛）开始还有 1 分 30 秒。（在第 3 节开始前运用此程序）。
⑥ 赛前 30 秒（在第 1 节开始前运用此程序）介绍首发阵容（先客后主）。“介绍首发阵容”（先客队）“××队，×号，××”；（后主队）“××队，×号，××”。
（2）赛中。
① 替换时：鸣哨并宣告：“××队请求换人”；“双方请求换人”；“××队请求替换罚球队员”。
② 暂停开始时：鸣哨并宣告：“××队请求暂停”。
暂停结束时：已达 50 秒时，鸣哨；已达 1 分钟时，鸣哨并宣告：“暂停时间到”。
③“××队第×节全队犯规累计已达 4 次”。
④ 鸣哨并宣告：“××队×号已达 5 次犯规”。
⑤“远投 3 分”。
⑥“第×节比赛结束，场上比分××比××，××队领先”。
“全场比赛结束，比分××比××，××队胜”。

（二）计时员

（1）按规则规定掌握好比赛时间，准确开动和停止比赛计时钟。
（2）每节或决胜期时间终了，要准确、及时地发出信号。
（3）准备好备用器材。
（4）当裁判员了解情况时，应实事求是地予以回答，并听从处理。

（三）24 秒计时员

（1）按照规则要求准确地开动、停止、复位、继续等操作 24 秒计时装置。
（2）协助助理记录员操作位于自己一侧的全队犯规指示器和全队犯规标志牌。

（3）准备好备用器材。

（4）当裁判员了解情况时，应实事求是地予以回答，并听从处理。

（四）助理记录员

（1）每当队员犯规时，应与记录员核实后，及时出示相应的犯规次数牌，以表示其犯规次数。

（2）按规则要求，操纵全队犯规次数指示器及全队犯规标志牌。

（3）督促、核实24秒计时员正确操作位于自己一侧的全队犯规次数指示器和全队犯规标志牌。

（五）记录员

记录员应根据裁判员的宣判及双方教练员的合理要求，在助理记录员的协助下，准确无误地记录比赛情况。

（1）国际篮联世界技术委员会记录表如图9.12所示：

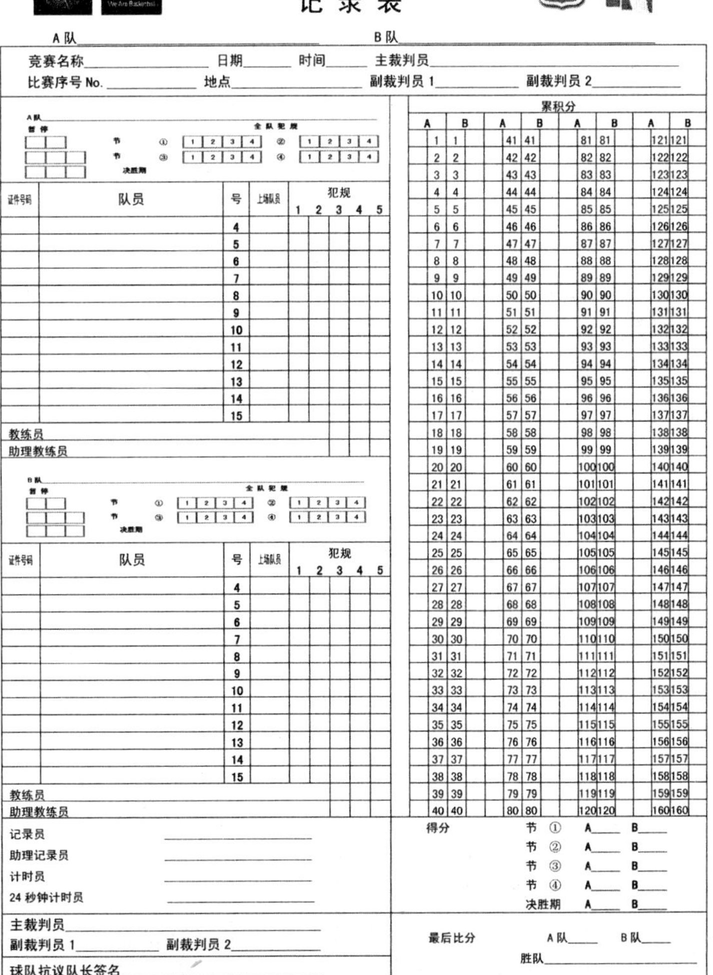

FIBA

国际篮球联合会
记录表

A队________　B队________

竞赛名称________ 日期______ 时间______ 主裁判员________

比赛序号No.________ 地点________ 副裁判员1________ 副裁判员2________

A队________

暂停

全队犯规

节 ① 1 2 3 4　② 1 2 3 4

节 ③ 1 2 3 4　④ 1 2 3 4

决胜期

证件号码	队员	号	上场队员	犯规 1	2	3	4	5
		4						
		5						
		6						
		7						
		8						
		9						
		10						
		11						
		12						
		13						
		14						
		15						

教练员

助理教练员

B队________

暂停

全队犯规

节 ① 1 2 3 4　② 1 2 3 4

节 ③ 1 2 3 4　④ 1 2 3 4

决胜期

证件号码	队员	号	上场队员	犯规 1	2	3	4	5
		4						
		5						
		6						
		7						
		8						
		9						
		10						
		11						
		12						
		13						
		14						
		15						

教练员

助理教练员

累积分

A	B	A	B	A	B	A	B
1	1	41	41	81	81	121	121
2	2	42	42	82	82	122	122
3	3	43	43	83	83	123	123
4	4	44	44	84	84	124	124
5	5	45	45	85	85	125	125
6	6	46	46	86	86	126	126
7	7	47	47	87	87	127	127
8	8	48	48	88	88	128	128
9	9	49	49	89	89	129	129
10	10	50	50	90	90	130	130
11	11	51	51	91	91	131	131
12	12	52	52	92	92	132	132
13	13	53	53	93	93	133	133
14	14	54	54	94	94	134	134
15	15	55	55	95	95	135	135
16	16	56	56	96	96	136	136
17	17	57	57	97	97	137	137
18	18	58	58	98	98	138	138
19	19	59	59	99	99	139	139
20	20	60	60	100	100	140	140
21	21	61	61	101	101	141	141
22	22	62	62	102	102	142	142
23	23	63	63	103	103	143	143
24	24	64	64	104	104	144	144
25	25	65	65	105	105	145	145
26	26	66	66	106	106	146	146
27	27	67	67	107	107	147	147
28	28	68	68	108	108	148	148
29	29	69	69	109	109	149	149
30	30	70	70	110	110	150	150
31	31	71	71	111	111	151	151
32	32	72	72	112	112	152	152
33	33	73	73	113	113	153	153
34	34	74	74	114	114	154	154
35	35	75	75	115	115	155	155
36	36	76	76	116	116	156	156
37	37	77	77	117	117	157	157
38	38	78	78	118	118	158	158
39	39	79	79	119	119	159	159
40	40	80	80	120	120	160	160

记录员________

助理记录员________

计时员________

24秒钟计时员________

得分

节 ① A____ B____

节 ② A____ B____

节 ③ A____ B____

节 ④ A____ B____

决胜期 A____ B____

主裁判员________

副裁判员1________ 副裁判员2________

球队抗议队长签名________

最后比分　A队____ B队____

胜队________

图9.12

它由1张正页和3张副页组成，每一张颜色均不同。正页是白色，交国际篮联。第一张副页是蓝色，交给竞赛的组织部门；第二张副页是粉红色，交给胜队；最后一张副页是黄色，交给负队。

（2）在比赛开始前至少20分钟时，记录员要按下列样式准备记录表：

① 他应在记录表顶部的空间内登入两队的名称。第一队应总是当地（主）队。

对于联赛或在中立球场的比赛，第一队应是秩序册中列前的队。第一队应是“A”队，第二队应是“B”队。

② 然后，他应登入：竞赛的名称、比赛的序号、比赛的日期、时间和地点、主裁判员和副裁判员的姓名。

③ 接着，他应使用由教练员或他的代表提供的成员名单来登入双方球队成员的姓名。

“A”队位于据记录表的上部，“B”队位于下部。

④ 在每队表格的底部，记录员应登入（用印刷体字母）该队教练员和助理教练员的姓名。

（3）在比赛前至少10分钟时，双方教练员应：

① 确认他们的名单，包括球队成员的姓名和相应的号码。

② 确认教练员和助理教练员的姓名。

③ 指明比赛开始时上场的5名队员，并在队员号码旁边的“上场队员”栏内画一小“×”。

④ 在记录表上签字。“A”队教练员应首先提供上述资料。

（4）在比赛开始时，记录员应在每一队比赛开始时上场的5名队员的小“×”上圈上圆圈。

（5）在比赛期间，当替补队员第一次进入比赛时，记录员应在队员号码旁边的“上场队员”栏内画一小“×”（不套圆圈）。

（6）要登记的暂停。

① 在每半时和每一决胜期期间准予的要登记的暂停应登记在记录表上，在球队名称下方适当的空格内登入一个大“×”。

② 在每半时和每一决胜期结束时，未用过的空格用适当的两条平行的横线标示。

（7）犯规。

① 队员犯规可能是侵人的、技术的、违反体育道德的或取消比赛资格的，应登记在该队员的名下。

② 教练员、助理教练员、替补队员相随队人员的犯规可能是技术的或取消比赛资格的，应登记在教练员的名下。

③ 所有的犯规应按下述登记：

A. 侵人犯规应登入“P”来表示。

B. 对队员的技术犯规应登入“T”来表示。

C. 教练员因他自身违反体育道德的行为的技术犯规应登入“C”来表示。第二次同样的技术犯规也应登入“C”来表示，随后在剩余的空格内登入“D”。

D. 教练员因任何其他原因的技术犯规应登入“B”来表示。

E. 违反体育道德的犯规应登入“U”来表示。第二次违反体育道德的犯规也应登入“U”来表示，随后在所有剩余的空格内登入“D”。

F. 取消比赛资格的犯规应登入“D”来表示。

G. 包含罚球的任何犯规，应在“P”“T”“C”“B”“U”或“D”的旁边加相应的罚球次数（1、2 或 3）来表示。

H. 对双方球队包含严重程度相同的罚则并按第 42 条（特殊情况）被抵消的所有犯规，应在“P”“T”“C”“B”“U”或“D”的旁边登入一个小“c”来表示。

I. 在每一节的结束时，记录员应在已经被用过的和那些还未被用过的方格之间画一粗线。在比赛结束时，记录员应用一粗横线将剩余的空格划掉。

（8）全队犯规。

① 在记录表中，每一节有 4 个空格（紧靠球队的名称下面，队员的姓名上面）供登入全队犯规用。

② 每当一名队员发生了一起侵人的、技术的、违反体育道德的或取消比赛资格的犯规，记录员应使用一个大“×”依次在指定的空格内标示，对那名队员的球队记录犯规。

（9）累积分。

① 记录员应记录两队按时间顺序得分的累积分表。

② 记录表上有 4 个累积分栏。

③ 每一栏再被分成 4 行。左边的两行给“A”队，右边的两行给“B”队。中间行是给每个球队的累积分（160 分）。

记录员应，首先，在刚得分球队所累计的新的得分总数上对任一有效的投篮得分画一个斜线/以及对任一有效的罚球得分涂一实圈●。然后，在新的得分总数同一侧的空格内（在新的/或●旁边）登 A 投篮或罚球得分的队员号码。

（10）附加说明。

① 队员的 3 分投篮得分应通过画一圆圈套住该队员的号码来记录。

② 队员无意地投入本方球篮得分应作为对方球队的队长得分来记录。

③ 当球没有进入球篮的得分（第 31 条——干涉得分和干扰）应作为试投队员的得分来记录。

④ 每节比赛结束时，应分别画一粗体圆圈“O”套在每一球队的最后得分数上，并在这些分数下面以及得这些最后分数的每一位队员号码下面画一粗横线。

⑤ 在每节和开始时，记录员应从得分中断处继续按时间顺序记录累积分。

⑥ 每当可能，记录员应与公开的记录板核对他的累积分。如果有不一致，并且他的记录是正确的，他应立即采取行动去改正记录板。如果有疑问或其中一球队对改正有异议，球一成死球并比赛计时钟停止时就通知主裁判员。

（11）总结。

① 在比赛结束时，记录员应在每一球队的最终得分数下面以及得这些最后分数的每一位队员号码下面画两条粗横线。而且，为了划掉每一队的剩余数字（累积得分），他应画一斜线到该栏的底部。

② 在每节结束时，记录员应在记录表下端的适当区间内登入那节的比分。

③ 比赛结束时，记录员应登入最后比分和胜队的名称。

④ 在助理记录员、计时员和 24 秒钟计时员在记录表上用印刷体字写入姓名后，记录员应在其上写入姓名。

⑤ 一旦副裁判员签字，主裁判员应最后批准并在记录表上签字。主裁判员在记录表上签字后，就结束了裁判员对比赛的管理和联系。

如果某队长在记录表抗议格内签字（使用标示“球队抗议队长签名”的空格），记录台人员和副裁判员应在主裁判员的处理中留下，直到他允许大家离开。

1. 篮球裁判员应具备哪些基本素质?
2. 篮球裁判员的基本功应包括哪些？应如何进行自我训练?
3. 三裁判员的执裁原则是什么?
4. 如何确定持球队员的中枢脚?
5. 绘图说明在两裁判员执裁中的半场区域分工及配合方法。
6. 绘图说明在三裁判员执裁中的半场区域分工。
7. 采用各种练习方式，熟练掌握 58 例单个手势及手势宣判程序。
8. 参加临场实践工作 5～10 场，并做好赛后总结。

参考文献

[1] 郭玉佩:《篮球竞赛裁判手册》，人民体育出版社 2002 年版。
[2] 闫育东:《篮球裁判晋级必读》，北京体育大学出版社 2008 年版。
[3] 中国篮球协会:《篮球规则》，光明日报出版社 2010 年版。
[4] 中国篮球协会:《篮球裁判员手册（2 人执裁与 3 人执裁）》，光明日报出版社 2010 年版。